V&R

Die DDR im Blick der Stasi

Die geheimen Berichte an die SED-Führung

Herausgegeben von Daniela Münkel
im Auftrag des Bundesarchivs

Die DDR im Blick der Stasi 1971

Die geheimen Berichte an die SED-Führung

Bearbeitet von Ronny Heidenreich

Vandenhoeck & Ruprecht

Mit 6 Abbildungen

Hinweis:
Der gesamte Berichtsjahrgang 1971 ist unter https://1971.ddr-im-blick.de in Form einer elektronischen Datenbank abrufbar, die komfortable Recherchemöglichkeiten bietet.

Umschlagabbildung: Offizielles Wandbild Erich Honeckers als SED-Parteivorsitzender (Ausgabe 1971) in der Wilhelm-Pieck-Sporthalle in Ludwigslust, Aufnahme von 1981.
Quelle: bpk/Bundesstiftung Aufarbeitung/Harald Schmitt

Informationen zum Bundesarchiv und zur Edition:
www.stasi-unterlagen-archiv.de und www.ddr-im-blick.de

Bibliografische Information der Deutschen Nationalbibliothek:
Die Deutsche Nationalbibliothek verzeichnet diese Publikation in der Deutschen Nationalbibliografie; detaillierte bibliografische Daten sind im Internet über https://dnb.de abrufbar.

Satz: SchwabScantechnik, Göttingen
Druck und Bindung: Hubert & Co GmbH & Co. KG, Göttingen,
Diese Publikation und die Online-Datenbank wurden mit EB.Suite realisiert.
© Ovidius GmbH, Berlin, 2017
Printed in the EU

Vandenhoeck & Ruprecht Verlage | www.vandenhoeck-ruprecht-verlage.com

ISSN 2198-4301
ISBN 978-3-525-35226-7

Inhalt

Vorwort

Daniela Münkel

Die DDR im Blick der Stasi
Die geheimen Berichte an die SED-Führung 1953 bis 1989

Das Jahr 1971 war das Jahr des Machtwechsels in der DDR: Erich Honecker übernahm nach dem nicht ganz freiwilligen Rücktritt von Walter Ulbricht die Macht in Partei und Staat. Mit diesem personellen Wechsel an der Spitze des SED-Staates ging auch ein Politikwechsel einher. Das unumstößliche Bündnis mit der Sowjetunion und die »Einheit von Wirtschafts- und Sozialpolitik« bildeten nun die Grundlage der SED-Politik. Mit dem Abschluss des Moskauer Vertrages am 12. August 1970 begann die sozial-liberale Bundesregierung unter Bundeskanzler Willy Brandt ihre neue Deutschland- und Ostpolitik in Vertragswerken umzusetzen. Für die DDR bedeutete hier das Jahr 1971 eine Zäsur – das Transitabkommen vom 17. Dezember 1971 war das Erste von mehreren Vertragswerken, das die Beziehungen beider deutscher Staaten regelte und damit eine neue Ära einleitete. Diese innen- und außenpolitischen Entwicklungen spiegeln sich in den 122 Berichten des Jahrgangs 1971 genauso wider wie wirtschaftliche Probleme aller Art, Korruption, Fluchten und Grenzzwischenfälle, Probleme mit den sowjetischen Besatzungssoldaten sowie diverse Protesthandlungen.

Die Berichte der ZAIG, die 36 Jahre lang in unterschiedlichen Formen und Frequenzen angefertigt wurden, sind eine zeitgeschichtliche Quelle von hohem historischen Wert. Sie offenbaren den spezifischen Blick der Stasi auf und in die DDR: Hinweise auf vermeintliches oder wirkliches oppositionelles Verhalten sind dort ebenso zu finden wie die Beschreibung von Problemlagen in Wirtschaft und Versorgung, die Wiedergabe von Stimmungen in der Bevölkerung sowie Statistiken zu Devisenumtausch, Ausreise- und Fluchtfällen. Scheinbar Triviales steht hier neben den größeren und kleineren »Schwierigkeiten«, die sich bei der Etablierung und Aufrechterhaltung der SED-Herrschaft und dem Aufbau des »real existierenden Sozialismus« ergaben. Es entfaltet sich ein breit gefächertes Spektrum, eine Art Tiefenbohrung in die DDR-Gesellschaft, geprägt von der geheimpolizeilichen Sicht, die vor allem darauf bedacht war, politisch abweichendes Verhalten und sicherheitsrelevante Probleme aufzudecken und zu neutralisieren. Darüber hinaus mussten die MfS-Verantwortlichen aber auch ihre besondere »Parteiergebenheit« und politisch-ideologische Festigkeit unter Beweis stellen, was ihren Blick trüben konnte und sie zeitweise daran hinderte, über politische Stimmungen und Missstände völlig ungeschminkt zu informieren. Dabei ist jedoch zeitlich zu differenzieren: In der Frühzeit waren die Berichte viel weniger ideologisch überformt und damit authentischer als in den 1970er-Jahren. Manche Berichte sind auch als Zeugnisse einer politisch-ideologischen Selbstvergewisserung zu verstehen.

Der Wert der hier edierten Quelle ist ambivalent: In den unterschiedlichen Schwerpunkten, die die Staatssicherheit in ihrer Berichterstattung über die Jahrzehnte hinwegsetzte, spiegeln sich in komprimierter Form objektive Problemlagen von Gesellschaft, Politik und Ökonomie. Gleichzeitig offenbaren sich der spezifische Tunnelblick und die ideologisch bedingten Wahrnehmungsverzerrungen der Staatssicherheit. All dies schmälert nicht den Wert der Berichte, muss aber bei ihrer Interpretation berücksichtigt werden.[1]

Bei den geheimen Berichten des MfS an die SED-Führung handelt es sich, mit Ausnahme der ersten Jahre, nicht in erster Linie um allgemeine Stimmungs- und Lageberichte – diese sind zwar zu finden, aber selten in dichter Abfolge. Bei dem Gros der Texte handelt es sich um Meldungen von Einzelvorkommnissen und deren »Analyse«. Ein direkter Vergleich mit den vom Sicherheitsdienst der SS seit 1938 verfassten »Meldungen aus dem Reich« ist demzufolge nur bedingt möglich.[2]

Das Berichtswesen der DDR-Staatssicherheit an die SED-Führung unterlag zwischen 1953 und 1989 mannigfaltigen Veränderungen. Dies gilt für den Aufbau und den Charakter der Berichte genauso wie für den organisatorischen Rahmen ihrer Entstehung.[3] Auch hier lässt sich wie insgesamt für das Ministerium für Staatssicherheit ein Ausbau- und Professionalisierungsprozess konstatieren.

Am Beginn der regelmäßigen Berichtsserie an die SED-Führung standen der Aufstand vom 17. Juni 1953 und die daraus resultierenden Reaktionen der Partei- und Staatsführung. Um für nachfolgende Zeiten zu gewährleisten, dass die Parteiführung rechtzeitig über »sicherheitsrelevante« Entwicklungen informiert wird, installierte der neue Chef der Staatssicherheit, Ernst Wollweber, im August 1953 ein hierarchisch von unten nach oben organisiertes Informationssystem: vom Kreis über den Bezirk bis hin zur Zentrale in Berlin. In der MfS-Zentrale und in den Bezirksverwaltungen wurden Informationsgruppen gebildet, die aus einer Vielzahl von Einzelinformationen die zur »Lagebeurteilung« relevanten Sachverhalte auswählen sollten. So entstand ein »Informationsdienst zur Beurteilung der Situation« mit einem festen Gliederungsschema, der bis Ende 1954 täglich, phasenweise auch mehrmals täglich, produziert wurde. Danach wurde die Berichtsfrequenz auf

1 Zum Quellenwert von MfS-Unterlagen allgemein vgl. Engelmann, Roger: Zum Quellenwert der Unterlagen des Ministeriums für Staatssicherheit. In: Henke, Klaus-Dietmar; Engelmann, Roger (Hg.): Aktenlage. Die Bedeutung der Unterlagen des Staatssicherheitsdienstes für die Zeitgeschichtsforschung. Berlin 1995, S. 23–55; zu den ZAIG-Berichten vgl. u. a. Münkel, Daniela: Die DDR im Blick der Stasi 1989. In: APuZ 21–22/2009, S. 26–32.

2 Vgl. Boberach, Heinz (Hg.): Meldungen aus dem Reich. Die geheimen Lageberichte des Sicherheitsdienstes der SS. 17 Bde., Herrsching 1984.

3 Zu Veränderungen von Aufbau und Struktur der »Zentralen Auswertungs- und Informationsgruppe« (ZAIG) im MfS sowie zur Entwicklung des Berichtswesens vgl. ausführlich Engelmann, Roger; Joestel, Frank: Die Zentrale Auswertungs- und Informationsgruppe (MfS-Handbuch). Hg. BStU. Berlin 2009.

zweimal wöchentlich festgelegt und im November 1955 auf einmal alle zwei Wochen reduziert. Außerdem gab es in der Anfangszeit die Serie »Sonderinformationen«, die in der Edition als Vorläufer der Hauptserie »Informationen« behandelt wird, und eine »Analysen« genannte Serie von 14-täglichen Überblicksberichten bzw. ausführlichen, zeitlich übergreifenden Berichten zu Einzelthemen.

Im Jahr 1957 geriet die Informationstätigkeit der Stasi in den Strudel der Auseinandersetzungen zwischen Ernst Wollweber und Walter Ulbricht.[4] Letzterer war insbesondere über die Stimmungsberichte erbost,[5] die er als »Schädigung der Partei« und Instrument, welches die »Hetze des Feindes legal« verbreite, bezeichnete.[6] Der »Informationsdienst« wurde zum Ende des Jahres 1957 eingestellt, das Stimmungs- und Lageberichtswesen der Staatssicherheit stark eingeschränkt. Die Schwerpunkte der Berichterstattung wurden nunmehr auf die sogenannte »Feindtätigkeit« und Mängel in der Produktion gelegt.

Zu einer Neuordnung und Systematisierung des MfS-Berichtswesens kam es dann in den Jahren 1959/60: Die »Zentrale Informationsgruppe« (ZIG) war nun die zuständige Instanz für das gesamte Informationswesen der Staatssicherheit inklusive der HV A (Hauptverwaltung A – Aufklärung). Im Dezember 1960 erließ Erich Mielke, der seit November 1957 an der Spitze des Ministeriums für Staatssicherheit stand, den Befehl 584/60, mit dem die Informationstätigkeit des Ministeriums auf eine neue Grundlage gestellt wurde. Die »Informationsarbeit« wurde wieder als eine Kernaufgabe des MfS festgeschrieben. Hieraus resultierte auch eine personelle Expansion der ZIG. Die Berichte, die jetzt wieder Bevölkerungsstimmungen enthalten sollten, befassten sich darüber hinaus vor allem mit den Themen »Feindtätigkeit«, »Republikflucht« sowie Missständen aller Art in der DDR-Ökonomie. Im Unterschied zur Anfangszeit des Berichtswesens der Staatssicherheit kam der Analyse jetzt ein stärkeres Gewicht im Rahmen der »Informationstätigkeit« zu.[7] Mit dieser Umstrukturierung ging eine besonders strenge Handhabung des Geheimschutzes der Berichterstattung einher, das heißt, die Berichte durften nur an namentlich genannte Adressaten oder deren engste Mitarbei-

4 Vgl. Engelmann, Roger; Schumann, Silke: Der Ausbau des Überwachungsstaates. Der Konflikt Ulbricht – Wollweber und die Neuausrichtung des Staatssicherheitsdienstes der DDR 1957. In: Vierteljahrshefte für Zeitgeschichte 43(1995)2, S. 341–378.

5 Zu den Stimmungsberichten vgl. ausführlich: Münkel, Daniela; Bispinck, Henrik (Hg.): Dem Volk auf der Spur … Staatliche Berichterstattung über Bevölkerungsstimmungen im Kommunismus. Deutschland – Osteuropa – China (Analysen und Dokumente; 50). Göttingen 2018.

6 Sitzung des Kollegiums des Ministeriums für Staatssicherheit vom 7. Februar 1957, dokumentiert in: Engelmann, Roger; Schumann, Silke: Der Ausbau des Überwachungsstaates. Der Konflikt Ulbricht – Wollweber und die Neuausrichtung des Staatssicherheitsdienstes der DDR 1957. In: Vierteljahrshefte für Zeitgeschichte 43(1995)2, S. 357.

7 Insgesamt wurden nun fünf Berichtsformen festgelegt: »Sofortmeldung«, »Ergänzungsmeldung«, »Einzelinformation«, »Bericht«, »Militärische Sonderinformation«. Alle diese Formen sind der Hauptserie der Berichterstattung, den »Informationen« zuzuordnen.

terinnen und Mitarbeiter ausgehändigt und mussten nach Kenntnisnahme zurückgegeben werden. Außerhalb der Führungshierarchie des MfS bekamen in der Regel Mitglieder des Politbüros, des Sekretariats des ZK der SED sowie des Ministerrates die Informationen zugestellt. Ein analoges Informationswesen bestand in den Bezirken und Kreisen.

Die nächste wichtige Veränderung folgte im Jahr 1965: Mit der Einrichtung eines einheitlichen Auswertungs- und Informationssystems im MfS wurde die ZIG in die »Zentrale Auswertungs- und Informationsgruppe« (ZAIG) umgebildet, was für die Diensteinheit einen bedeutenden Kompetenzzuwachs und längerfristig auch einen Expansionsschub zur Folge hatte. Neu war nun vor allem, dass Bewertung und Zuordnung von Informationen einen zentralen Stellenwert erhielten und die Informationsflüsse innerhalb des MfS-Apparates präzise geregelt wurden. Einen weiteren Einschnitt bildete die Zeit von 1969 bis 1974: Die ZAIG expandierte erneut und wurde nun endgültig zu einem »Funktionalorgan des Ministers« ausgebaut. Der Einsatz der EDV professionalisierte das Informations- und Auswertungswesen des MfS in den folgenden Jahren weiter. Im Jahr 1972 wurde das Aufgabenprofil der ZAIG dann nochmals neu konturiert: Zentral blieben die permanente Analyse der »politisch-operativen Lage« sowie die Informationstätigkeit für die Partei- und Staatsführung. Diese Aufgaben wurden im Bereich 1 der ZAIG thematisch spezialisierten Arbeitsgruppen zugeordnet, zu denen im Jahr 1981 noch eine weitere hinzukam, die sich überwiegend um die Themen Kirche, Kultur und politische Dissidenz kümmerte.[8] Nun hatte sich für das Informations- und Auswertungswesen der Staatssicherheit eine Struktur herausgebildet, die bis zu ihrer Auflösung Ende 1989 Bestand haben sollte.

Was die Form der Berichte betrifft, so unterlagen auch diese deutlichen Veränderungen. Ab Juni 1956 bildeten die Einzelinformationen eine durchnummerierte Reihe mit lückenlos überlieferten Verteilern, die erkennen lassen, dass der überwiegende Teil dieser Berichte neben den internen Empfängern auch an Vertreter der politischen Führung ging. Aus dieser Berichtsreihe entwickelten sich dann Ende der 1960er und Anfang der 1970er-Jahre drei nicht scharf voneinander abzugrenzende Serien: die Serie »Informationen«, die für die politische Führung bestimmt war, sowie die Serien »K« (Verschiedenes, ab 1969) und »O« (Reaktionen der Bevölkerung, ab 1972), in die hochrangige Berichte aufgenommen wurden. Die Reihen erschienen in unregelmäßigen Abständen mit einem Gesamtumfang von ca. 350 Berichten pro Jahr.

Die »Informationen« waren die zentrale Berichtsreihe des MfS, mit der vor allem die Mitglieder des SED-Politbüros über einzelne sicherheitspolitische Ereignisse und Vorgänge in Kenntnis gesetzt wurden. Die O-Reihe ent-

8 Die Zuständigkeitsbereiche der Arbeitsgruppen waren daneben u. a. folgende: internationale Themen, Spionage- und Terrorabwehr, Volkswirtschaft und Verkehr, Flucht, Ausreise, grenzüberschreitender Verkehr sowie Militärabwehr.

stand möglicherweise deshalb, weil die Berichterstattung über die Bevölkerungsstimmung auch unter Erich Honecker eine heikle Angelegenheit blieb. Das MfS fertigte primär zur Information der eigenen Leitungsebene Berichte mit einem internen Verteiler über die Reaktionen der DDR-Bevölkerung auf bestimmte Ereignisse an. Dennoch gingen einige dieser Dokumente auch an Erich Honecker und andere hochrangige Vertreter der politischen Führung. Die Berichte, die nach der Prüfung durch die Verantwortlichen des MfS nicht als »Information« klassifiziert und ausgefertigt wurden, wurden in der ZAIG-Mappe K zur Ablage gebracht. Die übrigen Adressaten waren im Regelfall die Stellvertreter des Ministers für Staatssicherheit sowie andere hochrangige Leiter von MfS-Diensteinheiten.

Die Berichtsreihen, die sich auf das DDR-Inland beziehen, werden vollständig ediert. Nicht erfasst werden die Berichte, die sich mit dem Ausland, in der Regel dem westlichen Ausland – mit einem Schwerpunkt auf der Bundesrepublik –, befassen und von der HV A erstellt wurden.[9]

Dazu wird die Edition in zwei unterschiedlichen Publikationsformen zugänglich gemacht: einer Buchversion im Umfang von 320 Seiten, die eine ausführliche Einleitung und im Dokumententeil eine Auswahl des jeweiligen Gesamtjahrganges präsentiert, und einer Datenbank (https://1971.ddr-im-blick.de), auf der der komplette Jahrgang hinterlegt ist und die komfortable Recherchemöglichkeiten bietet. Ein Jahr nach Erscheinen eines Bandes wird der jeweilige Jahrgang auch im Internet unter www.ddr-im-blick.de zugänglich sein. Damit werden auch jahrgangsübergreifende Recherchen möglich.

Die Erstellung jedes einzelnen Jahrganges ist immer aufs Neue eine große Herausforderung, die nur mit einem funktionierenden Team zu leisten ist und jedem Einzelnen viel abfordert. Dafür sei allen gedankt. Mein ganz besonderer Dank geht an den Bearbeiter dieses Jahrgangs Ronny Heidenreich. Des Weiteren gilt es Martin Stief für seine stete Unterstützung und Heike Thiel für ihr besonderes Engagement bei den Recherchen zu danken. Ebenso gilt mein Dank Oliver Lesting, Kristina Steinmetz und Ina Herrmanowski für ihre engagierte Mit- und Zuarbeit. Gleiches gilt für das Publikationssachgebiet mit Ralf Trinks und Christiane Neumicke sowie für die Kolleginnen und Kollegen der Bibliothek des Stasi-Unterlagen-Archivs, die nahezu jedes noch so abseitig erscheinende Buch beschafften.

9 Die Listen der sogenannten Westberichte, die sehr große Überlieferungslücken von knapp 50 % aufweisen, sind mit Titel und Signatur auf der auf der Homepage des Stasi-Unterlagen-Archivs recherchierbar (www.stasi-unterlagen-archiv.de).

Einleitung 1971

Ronny Heidenreich

1. Das Jahr 1971: Ein historischer Überblick

In der Geschichte der DDR war 1971 eine Zäsur. Nach monatelangem Tauziehen erfolgte mit dem Rücktritt Walter Ulbrichts am 3. Mai 1971 der einzige Machtwechsel an der Spitze der SED vor der Friedlichen Revolution im Herbst 1989.[1] Der neue Parteichef Erich Honecker sollte die DDR in ihren Untergang führen. Doch 1971 war für viele der Wechsel an der Spitze mit Hoffnungen verbunden. Der jüngere und scheinbar pragmatische Honecker legte einen völlig anderen Politikstil an den Tag als sein Vorgänger. Die DDR schien zehn Jahre nach dem Mauerbau im Inneren konsolidiert, wenngleich die wirtschaftspolitischen Reformprojekte Ulbrichts zu spürbaren Verwerfungen gerade bei der Konsumgüterproduktion geführt hatten. Die unter Honecker auf dem VIII. Parteitag im Juni 1971 offiziell proklamierte und entgegen langfristigem ökonomischem Sachverstand durchgesetzte und später so bezeichnete Einheit von »Wirtschafts- und Sozialpolitik« bildete fortan die Leitplanke der SED-Politik. Die DDR schloss sich damit einer allgemeinen Entwicklung des sozialistischen Lagers an, den Lebensstandard der Bevölkerung zu heben.[2] Diese Entscheidung hatte aber auch ganz pragmatische machtpolitische Gründe. Nachdem Teile der polnischen KP-Führung unter dem Eindruck von Massenprotesten wegen Versorgungsschwierigkeiten im Dezember 1970 zurücktreten mussten, galt es 1971 ähnliche Entwicklungen in der DDR zu verhindern. Mittelfristig sollte sich die Hoffnung, dass mit sozialpolitischen Maßnahmen die Loyalität der Bevölkerung zu erkaufen sei, jedoch als Trugschluss erweisen.

Der Machtwechsel vollzog sich in einer deutschland- und außenpolitisch bewegten Zeit. Nach den ersten deutsch-deutschen Begegnungen in Erfurt und Kassel 1970 mehrten sich für viele in der DDR aber auch im westlichen Ausland die Hoffnungen, dass die Aussöhnungs- und Verständigungspolitik der sozialliberalen Koalition unter dem auch in der DDR überaus populären Bundeskanzler Willy Brandt Erleichterungen mit sich bringen würde. Auch wenn die Gespräche nicht zuletzt auf sowjetischen Druck hin von der SED abgebrochen werden mussten, liefen parallel die Verhandlungen zu einem Vier-Mächte-Abkommen über Berlin. Honecker erwies sich dabei als treuer

1 Noch immer grundlegend: Kaiser, Monika: Machtwechsel von Honecker zu Ulbricht. Funktionsmechanismen der SED-Diktatur in Konfliktsituationen 1962 bis 1972. Köln 1997 sowie Malycha, Andreas: Die SED in der Ära Honecker. Machstrukturen, Entscheidungsmechanismen und Konfliktfelder in der Staatspartei 1971 bis 1989. München 2014.

2 Steiner, Andre: Von Plan zu Plan. Eine Wirtschaftsgeschichte der DDR. München 2004, S. 165 ff.

Erfüllungsgehilfe der sowjetischen Deutschlandpolitik, ohne Eigenmächtigkeiten wie Ulbricht durchzusetzen. Er beteuerte unmittelbar nach seinem Machtantritt das feste Bündnis mit der Sowjetunion und erhob die ideologische Abgrenzung zum Westen stärker als sein Vorgänger zur Staatsräson. Zugleich ließ sich die aufziehende neue Phase in den deutsch-deutschen Beziehungen nicht mehr aufhalten. Eine Verständigung der Siegermächte des Zweiten Weltkrieges über die Berlin-Frage war Voraussetzung für weitere konkrete Annäherungen zwischen beiden deutschen Staaten. Am 3. September 1971 brachte der Abschluss des Vier-Mächte-Abkommens den erwarteten Durchbruch. Kleinere Schritte wie die Wiederaufnahme des Telefonverkehrs zwischen Ost- und Westberlin und die Umsetzung des bereits Ende 1970 abgeschlossenen Postvertrages deuteten erste konkrete Erleichterungen an. Das Transitabkommen, das am 17. Dezember 1971 unterzeichnet werden konnte, war das erste Folgeabkommen, das die Beziehungen der beiden Staaten auf eine neue Stufe hob, auch wenn die Liberalisierung des Grenzregimes in allererster Linie Bundesbürgern und Westberlinern zugutekam. Für die SED, die hartnäckig um internationale Anerkennung bemüht war, bedeuteten diese Schritte zwar einen Reputationsgewinn. Zugleich sah die neue SED-Führung genau wie das MfS die Kontakterleichterungen aber mit Sorgen, da von ihnen eine neue und nur schwer abzuschätzende Gefahr für ihre Herrschaft im Inneren auszugehen schien. Insofern sah sich auch die Staatssicherheit 1971 vor mannigfache Herausforderungen gestellt.

2. Das MfS im Machtwechsel

Die Rolle der Staatssicherheit als eines der wichtigsten Machtinstrumente des SED-Staates und ihres Ministers Erich Mielke während des Machtwechsels sind erstaunlicherweise in der Forschung nur am Rande behandelt worden. Das später symbiotische Verhältnis zwischen Mielke und dem neuen Parteichef Erich Honecker lässt die Vermutung zu, dass diese Verbindung bereits 1971 gefestigt war und damit auch in den kritischen Monaten des Machtwechsels eine gewisse Rolle gespielt haben dürfte.[3] Dies umso mehr, als das Verhältnis von Walter Ulbricht zu Mielke deutlich weniger vertrauensvoll war. Ulbricht schätzte zumindest in der Spätzeit seiner Herrschaft weder die Berichte des Parteiapparates noch des MfS, sondern verließ sich auf seine eigenen Beratergremien, namentlich den von ihm geschaffenen Staatsrat.[4] Es war schließlich auch Ulbricht, der die Staatssicherheit 1957 wegen ihrer aus seiner Sicht zu kritischen Berichterstattung maßregelte.[5] Die Entfremdung zwischen dem Par-

3 Zu den Beziehungen Honecker–Mielke vgl. Malycha, Andreas: Die SED in der Ära Honecker. Machstrukturen, Entscheidungsmechanismen und Konfliktfelder in der Staatspartei 1971 bis 1989. München 2014, S. 87.

4 Kaiser, Monika: Machtwechsel von Honecker zu Ulbricht. Funktionsmechanismen der SED-Diktatur in Konfliktsituationen 1962 bis 1972. Köln 1997, S. 82 f. u. 400 ff.

teichef und dem Staatssicherheitsminister war Ende der 1960er-Jahre auch auf anderen Feldern zu spüren. Mielke verbanden in zentralen Fragen eher mit Honecker denn mit Ulbricht ähnliche Weltsichten: Beide standen sowohl der von Ulbricht eingeschlagenen und zunehmend emanzipativen Deutschlandpolitik skeptisch gegenüber, wie sie auch die Wirtschaftsliberalisierung mit all ihren zutage tretenden Schwierigkeiten ablehnten.[6]

Die ZAIG-Berichte sollten der obersten Parteiführung über beide Problemkreise Informationen an die Hand geben. Insofern ist es höchst interessant, in welchem Maße sich das MfS in den kritischen Monaten positionierte. Zunächst ist auffällig, dass die deutschlandpolitisch intensiven späten 1960er-Jahre – besonders nach dem Amtsantritt der sozialliberalen Koalition in der Bundesrepublik 1969 – mit einem sprunghaften Aufwuchs der für diese Fragen zuständigen HV-A-Berichterstattung einhergingen. Der Anteil der ohnehin stets weit überwiegenden außenpolitischen Berichte der ZAIG stieg von 76,5 Prozent im Jahr 1966 auf 88,2 Prozent im Jahr 1971 an und erreichte damit seinen absoluten Höchstwert.[7] Inwiefern die Berichte der HV A Ulbrichts außenpolitische Initiativen stützten oder Probleme aufzeigten, ist nicht Gegenstand des vorliegenden Projektes.

Aufschlussreicher sind die vorliegenden innenpolitischen Berichte. Es zeigt sich, dass Mielke den Parteichef über die offiziellen Verteiler nicht mehr persönlich über die Lage im Land informierte.[8] Ulbricht, der noch bis zum 3. Mai 1971 als Parteichef amtierte, erhielt seit dem Herbst 1970 keine einzige nachweisbare innenpolitische ZAIG-Information mehr. Die letzte einschlägige »Parteiinformation« erreichte ihn am 18. September 1970.[9] Diese Zurückhaltung ist umso erstaunlicher, als die Schwierigkeiten der DDR-Wirtschaft eine zentrale Rolle bei den Auseinandersetzungen um die Entmachtung Ulbrichts spielten.[10] Die ZAIG jedenfalls hatte die Versorgungsschwierigkeiten und die

5 Engelmann, Roger; Schumann, Silke: Kurs auf die entwickelte Diktatur. Die Neuausrichtung des Staatssicherheitsdienstes 1956/57. Berlin 1995.

6 Vgl. Malycha, Andreas: Die SED in der Ära Honecker. Machstrukturen, Entscheidungsmechanismen und Konfliktfelder in der Staatspartei 1971 bis 1989. München 2014, und Kaiser, Monika: Machtwechsel von Honecker zu Ulbricht. Funktionsmechanismen der SED-Diktatur in Konfliktsituationen 1962 bis 1972. Köln 1997, S. 324 ff.

7 Vgl. die Aufstellung bei Gieseke, Jens: Annäherungen und Fragen an die »Meldungen aus der Republik.« In: Ders. (Hg.): Staatssicherheit und Gesellschaft. Studien zum Herrschaftsalltag in der DDR. Göttingen 2007, S. 79–98, hier 86.

8 Ob Mielke, ähnlich wie später Honecker, Ulbricht gesprächsweise mit Informationen versorgte, ist nicht bekannt.

9 Vgl. Information 973/70; BArch, MfS, ZAIG, 1790. Am 23.12.1970 wurde ein innenpolitischer Bericht im Sekretariat Mielkes angehalten und gelangte damit nicht zur Verteilung. Der Verteilervorschlag nannte Ulbricht, war allerdings dort bereits mit einem Fragezeichen versehen. Außenpolitische Berichte erhielt Ulbricht weiterhin, in geringerem Umfang noch über seine Entmachtung am 3.5.1971 hinaus.

10 Malycha, Andreas: Die SED in der Ära Honecker. Machstrukturen, Entscheidungsmechanismen und Konfliktfelder in der Staatspartei 1971 bis 1989. München 2014, S. 48.

angesichts der Aufstände in Polen daraus resultierende unmittelbare Gefahr für die Stabilität des SED-Regimes mit ihren Berichten durchaus im Auge. Mielke selbst sprach im März 1971 vor seinen Mitarbeitern mit Blick auf die Unruhen in Polen von »ernsten Lehren«, weil nach seiner Einschätzung der dortige »Parteiapparat« die Stimmung im Lande und die zugrunde liegenden volkswirtschaftlichen Probleme ignoriert hätte.[11] Eine solche Analogie war eine kaum bemäntelte Kritik an der Wirtschaftspolitik Ulbrichts und letztlich auch dem Parteichef selbst.

Mit derartiger Kritik, die sich zwangsläufig aus dem Aufzeigen von Missständen ergab, machte sich MfS selbst angreifbar. Dies hatte Mielke 1957 in der Auseinandersetzung mit Ulbricht über den Zuschnitt der Stasi-Informationen am eigenen Leib erfahren müssen.[12] Inwiefern der Minister seinen Parteichef nun aus Eigenschutz oder politischem Kalkül auf Distanz hielt oder aber Ulbricht sich schlicht nicht für innenpolitische Vorgänge interessierte und diesbezügliche Fragen den zuständigen ZK-Beauftragten überließ, lässt sich an dieser Stelle nicht abschließend klären. Im Zentrum der Aufmerksamkeit des SED-Chefs stand jedenfalls die Außen- und Deutschlandpolitik.[13] Trotzdem bleibt festzuhalten, dass Mielke die ZAIG-Informationen über Probleme der DDR-Wirtschaft schwerpunktmäßig den Kritikern Ulbrichts, allen voran Honecker, vorlegte und damit nolens volens spätestens im Herbst 1970 Partei für den designierten SED-Vorsitzenden ergriff und von dieser Linie bis zum vollzogenen Machtwechsel nicht mehr abwich.

Wann Mielke über die bevorstehende Ablösung Ulbrichts im Bilde war, die spätestens während der Moskau-Reise hochrangiger Mitglieder der SED-Parteiführung Mitte April 1971 beschlossene Sache war, lässt sich nicht sagen.[14] Die in unterschiedlichen Versionen kolportierte final erzwungene Abdankung Ulbrichts im Gästehaus der Regierung in Dölln am 2. Mai 1971 erfolgte jedenfalls bereits mit Hilfe der Staatssicherheit, deren Personenschutz die Aktion Honeckers flankierte.[15] In der Stasi-Zentrale waren derweil alle

11 Rede des Ministers auf der zentralen Dienstkonferenz, März 1971; BArch, MfS, ZAIG, 33263, Teil 1, Bl. 394 f.

12 Engelmann, Roger; Schumann, Silke: Kurs auf die entwickelte Diktatur. Die Neuausrichtung des Staatssicherheitsdienstes 1956/57. Berlin 1995, sowie Bispinck, Henrik (Bearb.): Die DDR im Blick der Stasi 1956. Die geheimen Berichte an die SED-Führung. Göttingen 2016.

13 Das zeigt auch ein Blick auf die Statistik. Während Ulbricht im ersten Quartal 1971 keinen einzigen innenpolitischen Bericht erhielt, waren es im gleichen Zeitraum des Vorjahres lediglich fünf. Insgesamt lässt sich in der zweiten Hälfte der 1960er-Jahre eine klar abfallende Tendenz der innenpolitischen Unterrichtung ablesen. Erhielt Ulbricht 1965 noch 72 einschlägige Berichte, waren es 1968 nur noch 30, 1970 insgesamt neun.

14 Dazu ausführlich Kaiser, Monika: Machtwechsel von Honecker zu Ulbricht. Funktionsmechanismen der SED-Diktatur in Konfliktsituationen 1962 bis 1972. Köln 1997, S. 434 ff.

15 Am 2.5.1971 begab sich Honecker in Begleitung eines bewaffneten Personenschutzkommandos zu Ulbricht in das Gästehaus der Regierung und ließ dieses abriegeln, um Ulbricht mit dieser Drohkulisse zu einer finalen Verzichtserklärung zu bewegen. Der Journalist Peter-Ferdinand Koch kolportierte in diesem Zusammenhang eine dramatische Version der Ereig-

Vorkehrungen getroffen, um den Machtwechsel auf der für den Folgetag kurzfristig anberaumten 16. Tagung des Zentralkomitees abzusichern.

Als am 3. Mai 1971 um 19.30 Uhr die Abendnachrichten der »Aktuellen Kamera« begannen, war das Topthema natürlich die Tagung des ZK der SED und der dort formal abgesegnete Rücktritt Walter Ulbrichts. Die meisten Mitarbeiter des MfS wie auch alle anderen DDR-Bürgerinnen und -Bürger dürften von dieser grundstürzenden Veränderung aus dem Fernsehen erfahren haben. Unmittelbar nachdem die Meldung verlesen worden war, gingen ab 19.33 Uhr mit der höchsten Dringlichkeitsstufe versehene Einsatzbefehle über die Fernschreiber des MfS.[16] Der zeitliche Verzug sollte vielleicht den Eindruck erwecken, die Staatssicherheit habe im Vorhinein nichts von der Ranküne gewusst. Besonders glaubwürdig war das nicht. Der Einsatzbefehl zitiert einleitend nahezu wortwörtlich die Verlautbarung des DDR-Fernsehens, die also bereits vorgelegen haben musste. Die Entbindung Walter Ulbrichts und die »einstimmige« Wahl Honeckers zum neuen Parteichef hatte auf Weisung des Staatssicherheitschefs »unsere volle Zustimmung« zu finden. Um dies auch in den eigenen Reihen widerspruchslos durchzusetzen, sollte gegenüber den Mitarbeitern »Klarheit über die Beschlüsse« der Parteiführung geschaffen werden. Vor allem aber sei absehbar, dass der »Gegner« die Beschlüsse für seine »Aufweichungs- und Zersetzungstätigkeit« nutzen werde, weshalb ab sofort »erhöhte Wachsamkeit und eine ständige Arbeitsbereitschaft« angeordnet wurde. Ziel der Aktion war die Absicherung des Machtwechsels und vor allem die Unterbindung von Kritik an Honecker.[17] Die ZAIG war ständig zu informieren, besondere Vorkommnisse an den Zentralen Operativstab und »besonders wichtige Informationen« direkt an Mielke durchzustellen.[18]

Noch am gleichen Abend wurden die Leiter der Diensteinheiten und der Parteisekretär in der Normannenstraße zusammengerufen. Vermutlich Mielke persönlich erläuterte seinen engsten Mitarbeitern die Ereignisse nochmals. Entsprechend der offiziellen Lesart handele es sich um einen allein durch das Alter Ulbrichts begründeten und deshalb »naturgemäßen« Vorgang, der letztlich die »Kollektivität« und »Kontinuität« der Partei unter Beweis stelle. Nunmehr komme es darauf an, das »volle Vertrauen« des neuen Parteichefs

nisse, die quellenmäßig aber nicht zu belegen ist. Vgl. Malycha, Andreas: Die SED in der Ära Honecker. Machstrukturen, Entscheidungsmechanismen und Konfliktfelder in der Staatspartei 1971 bis 1989. München 2014, S. 64–66.

16 Der Befehl wurde ab 19.33 Uhr an die Bezirksverwaltungenper Fernschreiben abgesetzt. Vgl. die Notizen auf Entwurf Befehl 12/71, 3.5.1971 (3. Exemplar); BArch, MfS, BdL 1419.

17 Die Problemwahrnehmung wird im vom Mielke redigierten Entwurf des Einsatzbefehls deutlich: So sei unbedingt zu verhindern, dass »unter Ausnutzung der Entbindung des Genossen Walter Ulbricht« Störaktionen durchgeführt würden. Dieser allzu deutliche Hinweis wurde in der Endfassung dahingehend abgeschwächt, dass der Gegner geneigt sein könne, diesen Vorgang »auszunutzen«. Entwurf Befehl 12/71, 3.5.1971 (3. Exemplar); BArch, MfS, BdL, 1419.

18 Entwurf Befehl 12/71, 3.5.1971 (3. Exemplar); BArch, MfS, BdL 1419, Bl. 1.

zu gewinnen, »der uns aus unserem jahrzehntelangen gemeinsamen Kampf bekannt« sei. Dass diese neue Zeit eine neue Etappe in der Arbeit der Staatssicherheit einläuten sollte, betonte Mielke ausdrücklich. Ging es doch nach seinen Worten um nichts weniger als darum, sich jetzt »noch enger um das ZK zusammenzuzuschließen und noch konsequenter um die Durchsetzung der Politik der Partei zu ringen«.[19] Um dies auch nach außen hin zu dokumentieren, wurde von der Parteiorganisation im MfS eine vorbereitete Ergebenheitsadresse an Honecker persönlich übersandt.[20]

Bemerkenswert ist, dass der am Abend des 3. Mai erlassene Befehl keine zeitliche Befristung der Überwachungsaktion festlegte und damit auch die »ständigen« Berichtspflichten ohne Widerruf Geltung behielten. In den frühen Morgenstunden herrschte in den MfS-Dienststellen republikweit hektische Betriebsamkeit. Überall wurden entsprechend den Vorgaben aus Ostberlin Erkundigungen eingeholt und die Erkenntnisse neben den Zentralstellen auch mit den örtlichen Partei- und Staatsorganen geteilt.[21] Der Berichtstakt war immens: Alle vier Stunden sollte ein Bericht abgegeben werden. Erst am 10. Mai 1971 wurde der Einsatzbefehl aufgehoben.[22]

Von der Informationsflut, welche die Zentrale in den Tagen nach dem 3. Mai erreicht haben muss, ließ sich im MfS-Archiv nur wenig ermitteln. Die ZAIG befasste sich nachweisbar mit der Auswertung der Westmedien, deren Berichterstattung täglich der Führungsebene der Staatssicherheit zur Kenntnis gegeben wurde.[23] Hinweise, dass die MfS-Führung Honecker oder andere Mitglieder des Politbüros über die Ergebnisse der laufenden Aktion informierte, finden sich hingegen nicht. In der Sache dürfte dies auch unerheblich gewesen sein, da die MfS-Dienststellen mit dem örtlichen Parteiapparat in Verbindung standen und anfallende Neuigkeiten über diesen Umweg mittelbar zum Sektor Parteiinformation beim ZK gelangten. Denn auch der Parteiapparat befand sich in Alarmbereitschaft und versorgte die Führung in Ostberlin laufend mit Stimmungsberichten.[24]

19 Entwurf Redemanuskript, undatiert [vor 3.5.1971]; BArch, MfS, ZAIG 4747. Das Papier war von der ZAIG vorbereitet worden.

20 Brief an Honecker, 3.5.1971; BArch, MfS, ZAIG 4747.

21 So legte der Einsatzbefehl der KD Genthin die ständige Zusammenarbeit mit dem Sektor Information und dem 1. Sekretär der SED-Kreisleitung sowie den spiegelbildlichen Einrichtungen des Kreises fest. KD Genthin, Maßnahme- und Kräfteplan, 4.5.1971; BArch, MfS, BV Magdeburg, KD Genthin 3970.

22 BV Magdeburg an KD Genthin, 10.5.1971; BArch, MfS, BV Magdeburg, KD Genthin 3970. Vgl. auch die Eintragung im Postausgangsbuch SdM zur Aufhebung des Befehls 12/71; BArch, MfS, SdM 458, Bl. 468.

23 Vgl. die Berichte über Reaktionen auf die 16. Tagung des ZK, 4.–6.5.1971; BArch, MfS, ZAIG 11414.

24 Vgl. die Berichte der SED-KL Genthin an die SED-BL Magdeburg; BArch, MfS, BV Magdeburg, KD Genthin 3790.

Was die Parteiorganisationen über Reaktionen auf den Machtwechsel berichteten, lässt sich aufgrund fehlender Unterlagen nur in Ausschnitten beurteilen. Einen mittelbaren Rückschluss auf die Stimmung im Lande lassen die monatlichen Lageberichte der SED-Bezirksleitungen zu, die allein für die Augen des Parteichefs bestimmt waren. Redaktionell bearbeitete Auszüge aus diesen Berichten wurden an die Mitglieder und Kandidaten des Politbüros verteilt.[25] Diese sensiblen Stimmungsberichte waren bezeichnenderweise die ersten Unterlagen, die Honecker wenige Tage nach seinem Machtantritt Mielke – offiziell noch nicht Mitglied des Politbüros – zukommen ließ. Ab dem 11. Mai 1971, also einen Tag nach Ende der Sonderaktion, gingen im Ministerbüro die ersten allein für Honecker bestimmten Lageberichte der SED-Bezirkschefs in der Normannenstraße ein.[26]

Von den Maiberichten sind in den Unterlagen des ZK-Apparates nur fünf der fünfzehn Bezirke einschließlich der gekürzten Zusammenfassungen für die Politbüromitglieder erhalten. Auffällig ist zweierlei: Erstens enthielten die Parteiberichte zwar sprachlich verklausulierte, aber deutlich kritische Meinungsäußerungen. Zweitens wurden eben diese Passagen in den von Honecker zur Verteilung im Politbüro freigegebenen Zusammenfassungen nochmals sprachlich entschärft. Am Ende konnte so der Eindruck entstehen, die Zustimmung in der Bevölkerung für den neuen Parteichef sei überwältigend. So ließ Honecker beispielsweise seine Politbürokollegen über die Lage im Bezirk Cottbus wissen, es gebe zwar »vereinzelt« Unverständnis über seine Ernennung vor dem Parteitag, doch sei »fast ausnahmslos« »volles Verständnis« für den Abgang Ulbrichts wie auch eine zustimmende Haltung zu Honecker als neuem starken Mann zu verzeichnen.[27] Im Ausgangsbericht des Cottbusser Parteichefs Werner Walde las sich das ein wenig anders: »Fast ausnahmslos« habe die Diskussion um Ulbrichts Ablösung die öffentliche Diskussion nach dem 3. Mai beherrscht, auch wenn in den »bisher bekannten Meinungen« Zustimmung überwiege. Die angeblich »vereinzelte« Kritik war nach Walde tatsächlich breiter. So habe es »aus allen Teilen der Bevölkerung« keine »vereinzelten«, sondern »einzelne Fragen« gegeben, auf die, wie Walde seinem Parteichef nahelegte, »wir Antwort geben müssen«. Mehr noch habe in den kritischen ersten Tagen nach Bekanntwerden des Machtwechsels »unklaren und feindlichen Diskussionen« entgegengetreten werden müssen, die Walde gleichwohl als

25 Die Berichte finden sich in der Ablage der Abt. Parteiorgane des ZK der SED. Vgl. BArch, DY 30/76557 und DY 30/76558. Vgl. auch Niemann, Mario: »Schonfärberei und Schwarzmalerei«. Die Parteiinformation der SED. In: Brunner, Detlev; Niemann, Mario (Hg.): Die DDR – eine deutsche Geschichte. Wirkung und Wahrnehmung. Paderborn u. a. 2011, S. 159–185.

26 Vgl. die Eintragungen im Posteingangsbuch, ZK; BArch, MfS, SdM 483, Bl. 84 f. Vermerkt ist der Eingang der Berichte aus den Bezirksleitungen Gera, Leipzig und Suhl am 11.5.1971, am 27. Mai wurden dann die Berichte aus Cottbus, Frankfurt/O. und Neubrandenburg nachgereicht; ebenda, Bl. 88 f.

27 Bericht an Mitglieder und Kandidaten des PB, 24.5.1971; BArch, DY 30/2206.

»Spekulationen und Verleumdungen« verstanden wissen wollte, die der Bevölkerung selbstredend von »feindlichen Propagandazentren« eingeflüstert worden seien.[28] Der Neubrandenburger Parteichef Johannes Chemnitzer berichtete, es gebe neben aller Einmütigkeit und Geschlossenheit durchaus Fragen zum Zeitpunkt des Personalwechsels wie auch die statutenmäßige Rechtmäßigkeit der Absetzung angezweifelt würde.[29] Vergleichsweise zurückhaltend äußerte sich der Suhler Parteichef Hans Albrecht: Er »gehe davon aus«, dass die Wahl Honeckers »überall gut aufgenommen« worden sei und betonte, wenigstens innerhalb der Partei habe nicht gegen »falsche Auffassungen oder Unklarheiten« vorgegangen werden müssen.[30] Eben solche verschwieg Erich Mückenberger, seines Zeichens Erster Sekretär der SED-Bezirksleitung Frankfurt/Oder und designierter Vorsitzender der einflussreichen Zentralen Parteikontrollkommission, der ausschließlich »Einmütigkeit« über die personellen Veränderungen an Honecker meldete.[31] Tatsächlich hatte es aber mindestens in seinen lokalen Parteiinformationen Spekulationen über Streitigkeiten innerhalb der Parteiführung gegeben.[32] Ähnlich auch in Leipzig: Wie Honecker die Politbüromitglieder wissen ließ, gäbe es auch dort »volle Zustimmung« und »vollstes Vertrauen.«[33] Was die Zusammenfassung an die Politbüromitglieder unterschlug, war eine im Originalbericht enthaltene Passage, der zufolge sich viele Parteimitglieder wohlwollend über den scheidenden Parteichef Walter Ulbricht geäußert hatten.[34]

Die Informationspolitik Honeckers gegenüber dem Politbüro und der Umstand, dass er die Lageberichte seiner Bezirkschefs an Mielke weiterleitete, können als Indizien gelten, dass sich der neue Parteichef über die tatsächliche Lage im Land unsicher war. Sehr wahrscheinlich in Reaktion darauf fertigte schließlich die ZAIG einen Stimmungsbericht über die Folgen der 16. ZK-Tagung.[35] Dieser ging nicht direkt an Honecker, sondern wurde in zwei Ausfertigungen Mielke persönlich übersandt. Ein Exemplar war für die »Einsatzmappe« vorgesehen, was darauf schließen lässt, dass der Stasichef die Unterlage Honecker persönlich zur Kenntnis gegeben hatte.[36]

Das MfS jedenfalls betonte ähnlich wie die Parteiorganisationen, das Plenum sei auf großes Interesse gestoßen, was sich schon an der starken Nach-

28 Informationsbericht SED-Bezirksleitung Cottbus, 24.5.1971, S. 3; BArch, DY 30/76558.

29 Bericht an Mitglieder und Kandidaten des PB, 20.5.1971; BArch, DY 30/2273.

30 Bericht an Mitglieder und Kandidaten des PB, 10.6.1971; BArch, DY 30/2309. Informationsbericht SED-Bezirksleitung Suhl, 2.6.1971, S. 1; BArch, DY 30/76558.

31 Bericht an Mitglieder und Kandidaten des Politbüros, Mai 1971; BArch, DY 30/2227.

32 Die Angelegenheit wurde Günter Mittag zur Klärung übergeben; vgl. BArch, DY 3032/42.

33 Bericht an Mitglieder und Kandidaten des Politbüro, 11.6.1971; BArch, DY 30/2260.

34 Informationsbericht SED-Bezirksleitung Leipzig, 3.6.1971; BArch, DY 30/76558.

35 Der Bericht selbst ist undatiert. Die Berichtsnummer 415/71 wurde am 11.5.1971 verteilt, sodass der Bericht vermutlich etwa um diese Zeit entstand. Vgl. Postausgangsbuch ZAIG 1971; BArch, MfS, ZAIG 8516, Bl. 466 f.

36 Vgl. Information 416/71.

frage nach Tageszeitungen gezeigt habe. Natürlich sei der Rücktritt Ulbrichts das zentrale Thema, doch werde ganz in der offiziellen Lesart mit Blick auf dessen Gesundheitszustand »volles Verständnis« für diesen Schritt geäußert – wenngleich »wiederholt hervorgehoben« werde, dass dies erst auf dem Parteitag erwartet worden war. Hinsichtlich des neuen starken Mannes bescheinigte Mielke, dass »überwiegend Zustimmung« festzustellen sei, wenngleich eingeräumt wurde, dass »in allen Bezirken« auch »Vorbehalte« geäußert würden: Honecker habe nicht genügend Erfahrung, er sei unbeliebter als sein »volkstümlicher« Vorgänger und ein »Dogmatiker«, namentlich im Hinblick auf die Deutschlandpolitik. Befürchtungen, die von Honecker vertretene scharfe Abgrenzung zur Bundesrepublik würde beispielsweise denkbare Reiseerleichterungen torpedieren, seien anzutreffen. Schlimmer aber noch las sich, dass sowohl unter den Genossen als auch den Parteilosen die Geschlossenheit der SED bezweifelt würde. Mielke warnte, eine Schwächung der Führung könne letztlich ähnliche Unruhen wie in der Tschechoslowakei und Polen hervorrufen, was unter dem durchsetzungsstarken Ulbricht verhindert werden konnte. Besonders ein in Teilen der Bevölkerung vermuteter Gegensatz zwischen Regierungschef Willi Stoph und SED-Chef Honecker werde als potenzielles Problem wahrgenommen. Ulbricht habe die »Fraktionskämpfe« kleinhalten können. Das sei nun nicht mehr gewährleistet.[37]

Inwiefern Honecker tatsächlich einen inneren Machtkampf hatte fürchten müssen, ist an dieser Stelle nicht zu klären, doch im Lichte der bisher zur Verfügung stehenden Quellen eher unwahrscheinlich.[38] Stoph hatte sich frühzeitig in das Lager der Ulbricht-Kritiker geschlagen und trat während der kontroversen Diskussionen auf dem 14. ZK-Plenum im Dezember 1970 als einer der Hauptkritiker des angeschlagenen Parteichefs auf.[39] Vielleicht machte ihn aber eben diese prominente Rolle in den Augen vieler DDR-Bürger und westlicher Beobachter potenziell zu einem natürlichen Nachfolger.[40] Hinzu kam, dass es Stoph und nicht Honecker gewesen war, der im zurückliegenden Jahr 1970 als Repräsentant der DDR bei den ersten deutsch-deutschen Begegnungen in Erfurt und Kassel aufgetreten war.

Ob Stoph einen Führungsanspruch artikulierte, ist nicht bekannt. Dennoch wurde er von der Honecker-Fraktion in den kritischen Tagen im April 1971 und mittelbar auch von Mielke in die Schranken verwiesen. Anlass war eine Pressekampagne in der Bundesrepublik. Am 24. April 1971 begann die Tageszeitung »Die Welt« mit der Veröffentlichung einer Artikelserie über die Machtverhältnisse im Ostberliner Parteiapparat.[41] Die aufsehenerregenden

37 Ebenda.

38 Stoph galt als stärkster Konkurrent Honeckers. Przybylski, Peter: Tatort Politbüro. Die Akte Honecker. Berlin 1991, S. 119–121.

39 Kaiser, Monika: Machtwechsel von Honecker zu Ulbricht. Funktionsmechanismen der SED-Diktatur in Konfliktsituationen 1962 bis 1972. Köln 1997, S. 429 ff.

40 Vgl. beispielsweise Der zweite Mann. In: Der Spiegel, 18/71.

Meldungen wurden von anderen Zeitungen, Fernsehsendern und Radiostationen aufgegriffen. Denn »Die Welt« präsentierte mit Werner Obst einen ehemaligen Mitarbeiter Stophs als vermeintlichen Kronzeugen. Allerdings konnte Obst, der zwischen 1964 und 1968 zuletzt als Abteilungsleiter im Büro des Ministerrates tätig gewesen und im Herbst 1969 während einer Dienstreise in Rumänien geflohen war, aus eigener Anschauung kaum Kenntnis von den Machtkämpfen der zurückliegenden Monate haben. Stoph wurde die Affäre dennoch zum Verhängnis. Umso mehr, als die Flucht von Obst auch von Seiten des MfS bis dahin unter der Decke gehalten und damit die übrigen Politbüromitglieder von den Enthüllungen überrascht worden waren.[42] Stoph musste sich gegenüber der Parteiführung erklären. Am 30. April 1971 – vier Tage vor der Absetzung Ulbrichts – versandte er an die Mitglieder des Politbüros eine persönliche Stellungnahme. Er musste einräumen, dass Obst tatsächlich Geheimnisträger war, Zugang zu Verschlusssachen auch der Parteiführung gehabt hatte, an der Ausarbeitung von Gesetzesvorlagen vor allem im Wissenschaftsbereich beteiligt gewesen war und Interna über Personen und Zusammenhänge in der Spitze des Staats- und Parteiapparates kannte. Schadensbegrenzend sei allein, dass sein ehemaliger Mitarbeiter ab 1968 zur Vorbereitung seiner Dissertation mit anderen Aufgaben betraut und schließlich zum Jahresende aus dem Ministerrat ausgeschieden war.[43] Den Protokollen der ZK-Sitzungen und des Politbüros nach zu urteilen wurde Stophs Bericht nicht auf die Tagesordnung gesetzt und damit eine Aussprache über den brisanten Fall unterbunden. Gleichwohl kursierte der Bericht innerhalb der Parteiführung. Bezeichnend bleibt aber vor allem, dass sich der Regierungschef persönlich verantworten musste und nicht die eigentlich für diesen sensiblen Sicherheitsfall zuständige Staatssicherheit. Der mit dem Bericht indirekt erbrachte Nachweis der Unzuverlässigkeit Stophs war geeignet, den Regierungschef als Nachfolger Ulbrichts gezielt zu diskreditieren und auf seinen Platz hinter Honecker zu verweisen.[44]

Am Ende versicherte das MfS in seinem Stimmungsbericht jedoch, insgesamt seien erwähnte »negierende, abwertende und direkt feindliche Äußerun-

41 Vgl. die Artikelserie »Der Sozialismus besiegt sich selbst«. In: Die Welt, 24., 26.–30.4.1971 sowie 3.–11.5.1971, vor allem der Beitrag »Die Nachfolge Walter Ulbrichts«. In: Die Welt v. 29.4.1971, S. 3.

42 Ein ZAIG-Bericht über die Flucht von Obst ist nicht nachweisbar. Vgl. Abgabelisten 1969; BArch, MfS, ZAIG 14384.

43 Stoph an Mitglieder des Politbüros, 30.4.1971; BArch, DY 30/50894.

44 Der Vorgang weist gewisse Parallelen zum Fall Elli Barczatis auf, die als Sekretärin im Vorzimmer des damaligen Ministerpräsidenten und Stoph-Vorgängers Otto Grotewohl als V-Frau für die Organisation Gehlen tätig gewesen war. Obwohl das MfS frühzeitig Anhaltspunkte für die Spionagetätigkeit hatte, beschränkte sich die Staatssicherheit mehr als drei Jahre auf eine Beobachtung. Die Verhaftung von Elli Barczatis im März 1955 nährte wenigstens im Westen Spekulationen, ob damit die Stellung Grotewohls im aufziehenden Machtkampf der Parteiführung geschwächt werden sollte. Heidenreich, Ronny: Die DDR-Spionage des BND. Von den Anfängen bis zum Mauerbau. Berlin 2019, S. 453 ff.

gen« Ausnahmeerscheinungen, die zumeist von einschlägig bekannten regimekritischen Opponenten kämen. Alles in allem, so der Honecker nahegebrachte Tenor, drohe keine ernsthafte Gefahr.[45]

Die erste Etappe des Machtwechsels war damit reibungslos verlaufen. Nicht nur in der Bevölkerung wurde nun mit Spannung auf den Mitte Juni 1971 bevorstehenden VIII. Parteitag geschaut, der noch »eine Reihe von Funktionsentbindungen und Ablösungen bringen« werde.[46] Das MfS beobachtete die Großveranstaltung wie üblich mit einer Überwachungsmaßnahme, die intern die Deckbezeichnung »Aktion Meilenstein« trug.[47] Bezeichnenderweise hielt sich die Staatssicherheit mit der politischen Berichterstattung über die Reaktionen auf den ersten großen Auftritt Honeckers neuerlich zurück. Dabei wies ZAIG-Chef Werner Irmler einen Tag nach Beginn des Parteitages sämtliche Diensteinheiten noch einmal »eindringlich« an, Reaktionen in der Bevölkerung »gewissenhaft aufzuklären und einzuschätzen«, da »auf Grund der Situation [...] äußerste Wachsamkeit« an den Tag gelegt werden müsse.[48] Trotz der angeordneten intensiven Informationssammlung fertigte die ZAIG keinen Bericht. Dass dies unterblieb dürfte daran gelegen haben, dass das MfS mit dem Parteiapparat in Kontakt stand und sich deshalb eine Spitzenberichterstattung erübrigte. Umso mehr als sich trotz des allgemeinen Alarmismus herausstellte, dass der Parteitag ohne besondere Vorkommnisse verlief. Die ZAIG konstatierte in ihrem internen Abschlussbericht sogar einen Rückgang einschlägiger politischer Straftaten.[49] Die Staatssicherheit beschränkte sich daher auf die organisatorische und logistische Absicherung, indem sie beispielweise die Berliner SED-Bezirksleitung und Willi Stoph auf Baumängel und die störanfällige Stromversorgung am Tagungsort aufmerksam machte.[50] Hinzu kam eine verstärkte Berichterstattung der ZAIG über Sicherheitsvorfälle wie Verkehrsunfälle, deren Meldung unmittelbar in Zusammenhang mit der erhöhten Einsatzbereitschaft im Umfeld des Parteitages stand.[51]

Die im Stimmungsbericht vom Mai 1971 erwarteten personalpolitischen Rochaden auf dem Parteitag blieben hingegen aus. Honecker beließ selbst jene Politbüromitglieder in ihren Positionen, die sich nicht aktiv am Sturz Ulbrichts beteiligt hatten. Gleichzeitig rückten Honecker-Vertraute wie Werner Kroli-

45 Vgl. Information 416/71.

46 Ebenda.

47 Ordnung über die Informationstätigkeit während der Aktion Meilenstein, 17.5.1971; BArch, MfS, BdL-Dok., Nr. 1415.

48 ZAIG, Irmler, an alle Diensteinheiten, 15.6.1971; BArch, MfS, ZAIG, 27587, Bl. 15. Anlass für das Schreiben Irmlers war die Nichtteilnahme Walter Ulbrichts an der Eröffnung des Parteitages, obwohl der abgesetzte Parteichef noch am Vortrag Delegationen offiziell begrüßt hatte und es deshalb im In- und Ausland Unruhe gebe.

49 Abschlussbericht Aktion Meilenstein, 16.7.1971; BArch, MfS, ZAIG 11414, Bl. 315–323.

50 Vgl. Information 558/71.

51 Vgl. die Informationen 572/71, 578/71 und 591/71 über schwere Verkehrsunfälle während des Parteitages.

kowski, Hermann Axen oder Werner Lamberz als Vollmitglieder in das Politbüro auf. Unter den Kandidaten des Politbüros waren zwei neue Gesichter: zum einen Harry Tisch, bislang Parteichef in Rostock, und Staatssicherheitsminister Erich Mielke. Sein Foto fand sich am 20. Juni 1971 unter den Mitgliedern der neuen Parteiführung im Zentralorgan »Neues Deutschland« wieder.[52] Auch wenn Mielke noch fünf Jahre auf die Vollmitgliedschaft im innersten Führungszirkel warten musste, so war der Staatssicherheitschef trotz seines Kandidatenstatus nun ständiger Gast bei den Zusammenkünften des Politbüros.[53] Für die Bedeutung seines Ministeriums im Machtgefüge der DDR und die Berichterstattung an die Parteiführung konnte dies nicht ohne Folgen bleiben.

3. Ausgewählte Themenfelder der Berichte

Zunächst weisen die Themen der ZAIG-Berichte aus dem Jahr 1971 im Vergleich zu anderen Jahrgängen kaum Besonderheiten auf. Schwerpunktmäßig berichtete das MfS an die Partei- und Staatsführung über Sicherheitsfälle wie Fluchten und Grenzzwischenfälle und Protesthandlungen. Ein zweiter Schwerpunkt zeichnet sich auf dem Gebiet der Wirtschaft ab, wobei wiederum Havarien, Störungen und Fälle vermuteter Misswirtschaft und Korruption Anlass für die Unterrichtungen boten. Diese scheinbare Normalität erstaunt angesichts der innen- und außenpolitischen Herausforderungen, denen sich die SED ausgesetzt sah.

3.1 Wirtschaftsprobleme

Ein Schwerpunkt der Berichterstattung war die ökonomische Lage in der DDR, namentlich deren Störungen, die in den Augen des Ministers zu wirtschaftlichen Verwerfungen beitrugen und deshalb – auch präventiv – zu verhindern waren.[54] Mielke musste sich vor seinen Führungskadern Anfang März 1971 gegen Stimmen aus den eigenen Reihen wehren, die eine solche umfassende und im Tagesgeschäft kleinteilige Überwachung des Wirtschaftslebens für unangemessen hielten. Ziel war letztlich auch weniger, jeden Brand zu melden, sondern vielmehr die verantwortlichen Kader des Verwaltungs- und Wirtschaftsapparates zu überwachen und zur Einhaltung der Vorschriften zu bewegen: »Wenn dieses Einwirken manchen Leitern nicht passt, ist das eine an-

52 Das Politbüro und das Sekretariat des ZK. In: ND v. 22.6.1971, S. 3.

53 Abgesehen von Mielkes fünfwöchigen Sommerurlaub im Juli 1971 wohnte er jeder Sitzung des Politbüros bei. Vgl. die Anwesenheitslisten der Politbürositzungen Juni, Juli, August 1971; BArch, DY 30. Vgl. Eintrag im Postausgangsbuch SdM, 23.6.1971; BArch, MfS, SdM 541, Bl. 331.

54 Mielke bezifferte den volkswirtschaftlichen Schaden auf immerhin drei bis vier Prozent jährlich. Rede des Ministers auf der zentralen Dienstkonferenz, März 1971; BArch, MfS, ZAIG 33263, Teil 2, Bl. 430 f.

dere Sache, aber wer seinen Verpflichtungen nicht nachkommt, wird immer wieder darauf aufmerksam gemacht« – und hier zeigte sich der begrenzte Einfluss des MfS, wenn der Minister fortfuhr – »notfalls an der nächsthöheren Stelle«.[55] Dieses Hineinregieren der Stasi in den Wirtschafts- und Staatsapparat war offensichtlich auch außerhalb des Ministeriums nicht unumstritten. Mielke jedenfalls betonte, man werde diese Arbeit fortsetzen, auch wenn darauf hingewirkt worden sei, dass »sich das MfS nicht mehr mit derartigen Dingen zu beschäftigen habe, weil das keine Angelegenheit des MfS sei«.[56]

Die Dringlichkeit die Wirtschaftsprobleme im Blick zu behalten, hatte vor dem Hintergrund der Ereignisse in Polen eine unmittelbar systemrelevante Dimension. Die Dezember-Unruhen des Vorjahres infolge einer massiven Versorgungskrise hatten den Rücktritt eines Teils der alten Parteiführung zur Folge, nachdem Versuche, die Demonstrationen gewaltsam niederzuschlagen, nicht zu einer Befriedung geführt hatten. Die SED-Führung beobachtete die Vorgänge genau und insbesondere der Flügel um Erich Honecker fühlte sich in der Auffassung bestärkt, dass nur ein Umsteuern in der Wirtschafts- und Sozialpolitik die Herrschaft sichern könne. Die Hoffnung, durch soziale und ökonomische Wohltaten die Loyalität der Bevölkerung erkaufen zu können, sollte sich mittelfristig als Auslöser für die finale Krise der DDR erweisen. Kurzfristig hingegen schien es durchaus folgerichtig, dass dieses Konzept erfolgversprechend sein könnte.

Mielke bestärkte solche Annahmen. Im März 1971 unterstrich der Minister im Kontext der Debatten um die Wirtschaftsaufklärung seines Apparates, dass es auch in der DDR zu polnischen Verhältnissen komme könne, sei »nicht völlig ausgeschlossen«. Die letzten Monate hätten gezeigt, dass »durch falsche oder unpopuläre Maßnahmen verschiedener staats- und wirtschaftsleitender Organe leicht bestimmte Rückwirkungen besonders auf labile Menschen hervorgerufen und solche Menschen ›in Bewegung‹ gesetzt werden können«.[57] Angesichts der Versorgungsschwierigkeiten und den sich abzeichnenden Problemen bei deren Bewältigung müsse mit »beträchtlichen Auswirkungen auf die Werktätigen und breite Bevölkerungskreise« gerechnet werden.[58] Besonders bedenklich schien Mielke, dass die schweigende Masse gefährlich werden könne, weil der »Ausgangspunkt ihrer Unzufriedenheit nicht oder nicht in erster Linie politisch orientiert« sei, diese aber

55 Rede des Ministers auf der zentralen Dienstkonferenz, März 1971; BArch, MfS, ZAIG 33263, Teil 2, Bl. 436.

56 Rede des Ministers auf der zentralen Dienstkonferenz, März 1971; BArch, MfS, ZAIG 33263, Teil 1, Bl. 395. Interventionen in Bezug auf die Berichterstattung seitens des übergeordneten Parteiapparates sind für Jahre 1956/57 belegt, als Ulbricht Kritik an der Art der Stimmungsberichterstattung der Staatssicherheit übte. Ein Bezug der Einlassungen Mielkes auf diesen Vorgang ist aus dem Kontext der Rede nicht wahrscheinlich.

57 Rede des Ministers auf der zentralen Dienstkonferenz, März 1971; BArch, MfS, ZAIG 33263, Teil 1, Bl. 282–286.

58 Ebenda, Bl. 384.

umso leichter »gegen den Sozialismus in Bewegung geraten« könne.[59] Es müsse also alles daran gesetzt werden, dass es »unter gar keinen Umständen zu ähnlichen Erscheinungen wie in Polen kommen« werde.[60]

3.2 Versorgungslage

Der Alarmismus des Ministers war nicht unberechtigt. Die Versorgungskrise, die Gefahr einer politischen Instabilität angesichts des Machtwechsels und die latente Unzufriedenheit in der Bevölkerung bildeten eine gefährliche Mischung. Mielke gab seinen Mitarbeitern deshalb den Auftrag, insbesondere die Stimmungen in der Bevölkerung zu den Versorgungsproblemen genau und möglichst flächendeckend zu erfassen. Gleiches galt für die ebenfalls prekäre Energieversorgung. Solche Hinweise sollten nicht nur das eigene Ministerium, sondern auch den Partei- und Staatsapparat in die Lage versetzen, frühzeitig und präventiv gegen Krisenherde vorzugehen.

Ein besonderer Schwerpunkt lässt sich aus den ZAIG-Berichten gleichwohl nicht erkennen. 1971 wurden nur ganze zwei Stimmungsanalysen gefertigt, die sich mit den skizzierten Problemkreisen beschäftigten.[61] Auch wenn Mielke darauf pochte, dass nur das MfS in der Lage sei, die wahre Stimmungslage zu ergründen und den Parteiapparat »objektiv, schnell und noch qualifizierter« als bisher über diese Fragen zu unterrichten, so war der Rückfluss an die SED überaus spärlich.[62] Nur ein Stimmungsbericht erreichte nachweislich Honecker und Werner Lamberz. Der Inhalt eines weiteren wurde vermutlich durch Mielke Honecker zur Kenntnis gegeben. Letztlich war sich auch Mielke bewusst, dass weder die Methoden der Informationserhebung noch die analytische Auswertung des Materials zu validen Schlüssen führen würden: Was an Stimmungsberichten in der Zentrale einging, sei mitunter »wahllos« und für eine Lagebeurteilung sowohl republikweit wie auch lokal nur schwer zu gebrauchen. Diese harsche Kritik des Ministers verwundert. Die ZAIG-Berichte legten stets einen Schwerpunkt auf die Stimmung im Lande. Trotzdem hielt es Mielke aber auch nach fast zwanzig Jahren für nötig, auf die »wachsende Bedeutung« solcher Unterrichtungen hinzuweisen.[63]

Immerhin warnte der am 7. Januar 1971 an Honecker und Lamberz abgesetzte erste Stimmungsbericht entsprechend der Bedrohungsperzeption Mielkes vor Gerüchten über bevorstehende Preissteigerungen sowie eine Anhebung der Sozialversicherungsbeiträge, mit denen die gestiegenen Löhne wieder aufgefangen werden würden. Zwar sei solches Gemunkel noch die Ausnahme, aber

59 Ebenda, Bl. 283.
60 Ebenda, Bl. 317.
61 Vgl. die Informationen 17/71 und 130/71.
62 Rede des Ministers auf der zentralen Dienstkonferenz, März 1971; BArch, MfS, ZAIG 33263, Teil 1, Bl. 321.
63 Ebenda, Bl. 319.

eine »steigende Tendenz« unverkennbar und damit ein ernstzunehmendes innenpolitisches Problem zu erwarten.[64] Dass es Unmut gab, war auch im Parteiapparat bekannt. Ihn erreichten unter anderem Protestbriefe, die zur »weiteren Bearbeitung« an das MfS übergeben wurden.[65] Zu den im Januar 1971 eingeleiteten Gegenmaßnahmen, die ad hoc zur Abmilderung der Versorgungsengpässe gedacht waren und zugleich Vorboten der dann auf dem Parteitag propagierten Einheit von »Wirtschafts- und Sozialpolitik« waren, gehörten die zum 1. Februar 1971 eingeführte Absenkung der Einzelhandelsverkaufspreise, Rentenerhöhungen sowie die Einführung einer freiwilligen Zusatzversicherung, die das Politbüro am 21. Januar 1971 bestätigte. Diese Kehrtwende war maßgeblich von Honecker getragen, der wahrscheinlich auch bei Mielke eine Einschätzung anforderte, wie diese Maßnahmen aufgenommen würden. Aus dem Parteiapparat waren Honecker deutlich kritische Stimmen aus der Bevölkerung zur Kenntnis gelangt, wonach die Preissenkungen Augenwischerei und die Zusatzversicherung unvollkommen seien.[66] Der wahrscheinlich Mitte Februar 1971 entstandene ZAIG-Bericht hingegen bescheinigte den Maßnahmen breite Zustimmung, ja in Teilen sogar Begeisterung und Verwunderung über den Zeitpunkt der inmitten einer unübersehbaren Wirtschaftskrise getroffenen Maßnahmen. Dass damit – zutreffend – Unruhen wie in Polen verhindert werden sollten, qualifizierte die Stasi als ein vereinzelt auftretendes »abwertendes« Argument.[67]

Die übrigen ZAIG-Berichte über die DDR-Wirtschaft beschäftigten sich mit konkreten Zwischenfällen, die nach Einschätzung des MfS aus verschiedenen Gründen systemgefährdend erschienen. Dabei war das MfS – wie schon Mielke eingeräumt hatte – weit davon entfernt, vollständig und regelmäßig über alle Vorfälle zu informieren. Das war auch gar nicht notwendig, weil die Parteiführung parallel aus anderen Bereichen über Zwischenfälle informiert wurde, sodass im Zweifelsfall eine Unterrichtung seitens des MfS obsolet wurde. So war beispielsweise die verheerende Explosion im Kraftwerk Schwarze Pumpe am 28. April 1971 zuerst vom Innenministerium an die Abteilung Sicherheitsfragen des ZK gemeldet und die weitere Untersuchung in Zusammenarbeit mit der Staatssicherheit angekündigt worden.[68] Die ZAIG fertigte wenige Tage später einen ausführlichen Untersuchungsbericht, der zur Verteilung im Politbüro und den einschlägigen Ministerien vorgesehen war. Er wurde jedoch im Büro Mielke zurückgezogen und verschwand in der Ablage.[69] Ähnlich verhielt es sich bei einem tragischen Zwischenfall in Leuna mit mehr

64 Vgl. Information 17/71.

65 Vgl. ein in Bitterfeld kursierendes Flugblatt, das sich u. a. gegen die Erhöhung der Schuhpreise richtete. Abteilung Sicherheitsfragen an Mielke, 30.4.1971; BArch, MfS, SdM 1126.

66 Vgl. Auszüge aus dem Monatsbericht der SED-Bezirksleitung Cottbus, 23.2.1971; BArch, DY 3032/129.

67 Vgl. Information 130/71.

68 Abt. Sicherheitsfragen an Büro Honecker, 29.4.1971; BArch, DY 30/50889.

69 Vgl. Information 404/71.

als 50 Schwerverletzten wenige Tage zuvor. Dort war zufällig Chemieminister Günter Wyschofsky vor Ort, der sofort die Abteilung Sicherheitsfragen ins Bild setzte.[70] Das MfS beteiligte sich zwar an den anstehenden Ermittlungen der Schadensursache, fertigte aber keinen nachweisbaren Bericht für die Parteiführung.

Ein Kernbereich, den das MfS im Jahr 1971 immer wieder beschäftigte, war der Energiesektor. Sowohl die Versorgung der Bevölkerung als auch der Industrie mit Elektrizität war eine zentrale Voraussetzung sowohl für den Erfolg der Wirtschaftspolitik als auch der von Honecker angestrebten sozialen Ruhigstellung des Landes. Stromabschaltungen, wie sie zum Jahreswechsel 1970/71 infolge von Havarien, nicht ausreichenden Kraftwerkskapazitäten und Lieferengpässen von fossilen Brennstoffen für die Energieerzeugung vorgenommen werden mussten, waren ein ernsthaftes Problem. Erstmals seit 1963 erlebte die DDR zu Jahresbeginn wieder an zwei Tagen Flächenabschaltungen.[71] Trotz Ad-hoc-Maßnahmen gelang es nur unter Mühen, die Energieversorgung zu stabilisieren. Am 7. Januar 1971 wurden die Redaktionen der DDR-Presse mit »Argumentationshinweisen« der Parteiführung versehen, um absehbarer Kritik an Stromausfällen entgegenzutreten und gleichzeitig die Bevölkerung zu Stromeinsparungen aufzurufen.[72]

3.3 Energieversorgung: Das Kraftwerk Thierbach

Zu den Großkraftwerksanlagen, welche die Energieversorgung in der DDR auf sicherere Füße stellen sollten, gehörte das Braunkohlekraftwerk Thierbach bei Leipzig. Im Jahr 1969 ging der erste von insgesamt vier 210-Megawatt-Blöcken ans Netz. Die vollständige Inbetriebnahme des mithilfe sowjetischer Techniker errichteten Kraftwerkes sollte schließlich im Mai 1971 erfolgen. Von Thierbach aus sollte nicht nur der Großraum Leipzig mit Strom versorgt werden. Auch die Industriegebiete Buna bei Schkopau und Piesteritz waren von den Leistungen des Kraftwerks abhängig.

Dabei war die Lage in Thierbach alles andere als stabil. Die Engpässe in der Energieversorgung waren wenigstens in Teilen auf Havarien und Ausfälle im neuen Großkraftwerk zurückzuführen. Die Probleme waren innerhalb des Partei- und Staatsapparates hinlänglich bekannt, wie auch die örtlich zuständige Leipziger Bezirksverwaltung und auch die ZAIG ständig über die Lage vor Ort informiert waren.[73] Anfang 1971 spitzte sich die Lage so zu, dass der Ministerrat Mitte Februar mit der Verabschiedung eines Maßnahmenplanes zur Behebung der größten Mängel den laufenden Probebetrieb sowie die Inbe-

70 ZK-Abt. Grundstoffindustrie an Büro Honecker, 15.4.1971; BArch, DY 30/50874.
71 ZK-Abt. Grundstoffindustrie an Mittag, 3.3.1971; BArch, DY 30/3032.
72 ZK-Abt. Agitation an Redaktionen, 7.1.1971; BArch, DY 30/529.
73 Vgl. ZK-Abt. Sicherheitsfragen an Mittag, 28.1.1971; BArch, DY 30/529, Bl. 117 ff.

triebnahme des Kraftwerkes sicherzustellen versuchte.[74] Dass Thierbach Anfang Mai 1971 offiziell vollständig ans Netz ging, täuschte über die anhaltend prekäre Lage hinweg.[75] Die ZAIG hielt sich bis zu diesem Zeitpunkt mit eigenen Einschätzungen aus den Diskussionen innerhalb des Partei- und Regierungsapparates heraus. Erstmals berichtete sie am 14. Juni 1971 über eine spontane Arbeitsniederlegung von Berliner Monteuren auf der Baustelle des Kraftwerkes. Mit Blick auf den bevorstehenden Jahrestag des Volksaufstandes vom 17. Juni 1953 könnte der Bericht Ausdruck des allgemeinen Alarmismus der Staatssicherheit sein, mit dem sie auf jegliche Protesthandlungen in diesen Tagen reagierte. Der Verteilerkreis klammerte allerdings die für diese Fragen zuständige Sicherheitsabteilung und Honecker aus und umfasste stattdessen neben Regierungschef Willi Stoph und seinem Stellvertreter Horst Sindermann den Minister für Schwermaschinenbau Gerhard Zimmermann und den stellvertretenden Bezirksparteichef von Berlin Konrad Naumann. Es ist daher eher plausibel, dass der Vorfall die erste Wortmeldung der Staatssicherheit in dem seit Monaten währenden Diskussionsprozess um die katastrophale Lage in Thierbach war. Darauf deutet auch hin, dass es der Staatssicherheit weniger um die Protesthandlung an sich ging, da ausdrücklich Verständnis für die zugrundeliegenden miserablen Arbeitsbedingungen geäußert wurde, sondern die bereits hinlänglich bekannten Ursachen wie Leitungsprobleme und mangelnde Qualifikation des eingesetzten Personals hervorgehoben wurden.[76]

Anfang August 1971 kam es infolge erneuter Ausfälle in Thierbach und in anderen Braunkohlekraftwerken erneut zu flächendeckenden Stromausfällen. Da die eingeleiteten Maßnahmen nicht ausreichten, um genügend Strom einzuspeisen, musste kurzfristig Energie aus der Tschechoslowakei importiert werden. Der Minister für Kohle und Energie Klaus Siebold plädierte dafür, eine generalstabsmäßige Untersuchung der »Kraftwerksausfälle« im Rahmen einer Regierungskommission zu erörtern und Gegenmaßnahmen zu ergreifen.[77] Parallel wurde die sowjetischen Ingenieursdelegation, welche den Aufbau und die Inbetriebnahme des neuen Kraftwerkes begleitete, im ZK vorstellig. Die sowjetischen Genossen bestätigten, dass der Betrieb seit Übergabe des Werkes an die DDR äußerst störanfällig war. Ursächlich seien unqualifiziertes Personal aber ebenso die Ignoranz der deutschen Kollegen und eine inkompetente Werksleitung. Das fachlich vernichtende Urteil der hoch angebundenen sowjetischen Expertenkommission war geeignet, die Reputation der DDR zu beschädigen. Mindestens ebenso schwer aber wog, dass sich die sowjetischen Genossen diskriminiert fühlten. Das alles konnte nunmehr nicht auf der Arbeitsebene bleiben. ZK-Wirtschaftssekretär Günter Mittag informierte Erich Honecker am 17. August 1971 über die Entwicklung in Thierbach.[78] Die ZK-Abteilung

74 Erwähnt in Information 893/71.
75 Letzter Turbinenblock im Kraftwerk Thierbach. In: ND v. 9.5.1971, S. 3.
76 Vgl. Information 562/71.
77 Minister Siebold an Mittag, 5.8.1971; BArch, DY 3032/530.

Grundstoffindustrie setzte daraufhin am 23. August 1971 eine Untersuchungskommission ein, die ausführlich die Schadensursachen für die Havarien und die Lage vor Ort erkunden sollte.[79] Die vorgelegte Analyse förderte letztlich Bekanntes zu Tage: Neben schlechter Leitungstätigkeit und Personalproblemen wurde nun auch das politisch heikle Problem der Zusammenarbeit mit den sowjetischen Ingenieuren prominent herausgestellt und namentlich die Leitung des Kraftwerkes ins Kreuzfeuer gestellt.[80] Honecker entschied, den Vorgang den Politbüromitgliedern zur Kenntnis zu geben und gab am 27. September 1971 den Bericht der ZK-Abteilung in den Umlauf.[81]

Jetzt brachte sich auch die ZAIG wieder ins Spiel. Am 23. September übersandte sie Mittag, Horst Sindermann und ZK-Mitglied Wolfgang Rauchfuß ihre Sicht der Dinge.[82] Ausgehend von einer schweren Havarie am 8. August 1971 bescheinigte das MfS den eingesetzten Kommissionen, dass deren Einsatz und Maßnahmenkataloge nicht zu einer substanziellen Verbesserung der Lage beigetragen hätten. In Anbetracht des Umstandes, dass die Untersuchungen in starkem Maße von der ZK-Abteilung getragen worden waren, verwundert diese harsche Einschätzung. Umso mehr, als das MfS empfahl, zur Abstellung der Probleme Minister Siebold verantwortlich zu machen. Konkret brachte die Staatssicherheit die Ablösung leitender Kader wie des Werksleiters ins Gespräch, wenigstens aber sollten disziplinarische Maßnahmen ergriffen werden. Das jedoch hatte die ZK-Abteilung wenige Wochen zuvor bereits selbst ins Spiel gebracht und war im Falle des Kraftwerkleiters bereits vor Abgang des Berichtes erfolgt.[83] Die weitere Zuständigkeit für die grundsätzliche Verbesserung der Lage in Thierbach blieb der Darstellung der ZK-Abteilung zufolge in Verantwortung des Parteiapparates, namentlich der Abteilung Grundstoffindustrie. Günter Mittag ließ sich von dieser Anfang November 1971 noch einmal über den Stand der Dinge informieren. Inzwischen hatte sich die ZK-Abteilung mit den sowjetischen Spezialisten über einen neuerlichen Maßnahmenplan verständigt, der trotz unübersehbarer Schwierigkeiten Früchte zu tragen begann.[84]

78 Mittag an Honecker, 17.8.1971; BArch, DY 3032/530, Bl. 12–16.

79 Wambutt an Mittag, 18.8.1971; BArch, DY 30 3032/530, Bl. 28; Wambutt an Mittag, 30.8.1971; BArch, DY 30 3032/530, Bl. 35 und Abt. Grundstoffindustrie, Beratung mit SED-KL Borna, 21.9.1971; BArch, DY 3032/493, Bl. 209–211.

80 Vgl. Niederschrift über die Besprechung mit den sowjetischen Ingenieuren, 23.8.1971; BArch, DY 3032/530, Bl. 63–68.

81 Abt. Grundstoffindustrie, Situation im Kraftwerk Thierbach, 27.9.1971; BArch, DY 30/66320.

82 Vgl. Information 905/71. Die Information selbst ist auf den 22. September datiert, nach dem Postausgangsbuch gelangte sie am Folgetag zur Verteilung. Postausgangsbuch ZAIG; BArch, MfS, ZAIG 8517, Bl. 129.

83 ZK-Abt. Grundstoffindustrie, Bericht über die Lage in Thierbach, 30.8.1971; BArch, DY 30/530, Bl. 35–63.

84 ZK-Abt. Grundstoffindustrie an Mittag, 1.11.1971; BArch, DY 30/530.

Die ZAIG-Berichte über die Lage im Kraftwerk Thierbach blieben damit ohne erkennbare Folgen. Einerseits waren die Ursachenanalysen bereits bekannt und lieferten damit allenfalls Bestätigendes. Bei der Behebung der Probleme ergriffen die beteiligten Partei- und Staatsorgane eigene Initiativen, die sich im vorliegenden Fall wenigstens zum Teil mit den Empfehlungen des MfS deckten. Die von Mielke angedeuteten Schwierigkeiten, sich gerade auf dem Gebiet der Volkswirtschaft gegenüber den anderen Akteuren durchzusetzen oder wenigstens Gehör zu verschaffen, finden damit Bestätigung. Ähnlich verhielt es sich auch mit einer zweiten, umfassenden Studie über das allgemeine Havariegeschehen in den großen Betrieben und Kombinaten der DDR, die Ende August 1971 in der ZAIG entstand und geeignet gewesen sein dürfte, die Notwendigkeit durchgreifender Maßnahmen auch jenseits von Thierbach zu unterstreichen. Inhaltlich vermied die Staatssicherheit eine Positionierung und beschränkte sich auf eine kleinteilige Aufzählung der Störfälle und des dadurch entstandenen Schadens. Einzig eine Verbesserung der gesetzlichen Vorschriften sei nach Einschätzung der Staatssicherheit angeraten. Der Bericht wurde jedoch zurückgehalten und verschwand in der Ablage.[85] Offensichtlich zu spät kam das MfS auch mit einer Einschätzung über die Leistungsfähigkeit des Ferngasnetzes der DDR. Die Parteiführung hatte Ende Juni 1971 dem Abschluss eines seit 1968 ausgehandelten Lieferabkommens von sowjetischem Erdgas über die Tschechoslowakei zugestimmt, das Anfang Juli 1971 in Prag unterzeichnet wurde.[86] Das MfS warnte nun die zuständigen Minister am 14. Juli 1971, dass die Versorgungssicherheit aufgrund technischer Mängel der Trassen nicht gewährleistet werden könne.[87]

3.4 Goldrausch

Ein anderer ZAIG-Bericht zeigt, dass das MfS trotz seines Überwachungsanspruches nicht alle Verfehlungen aufdecken konnte und wollte. Im Falle des Berliner Metallhütten- und Halbzeugwerks (BMHV) war es der dortige Leiter der Abteilung Wirtschaftskontrolle, der Anfang November 1971 in einer an Erich Honecker persönlich gerichteten Denunziation Unterschlagungen und Planmanipulationen aufdeckte.[88] Wahrscheinlich weil sich frühzeitig abzeichnete, dass der wirtschaftliche Schaden in die Millionen gehen könnte, wurde die Aufklärung des Vorfalls innerhalb des Parteiapparates belassen und ZK-Wirtschaftssekretär Günter Mittag federführend mit der Untersuchung beauftragt. Die Arbeitsgruppe unter Beteiligung der Finanzrevision und des zuständigen Ministeriums legte Honecker bereits am 23. November 1971 einen Be-

85 Vgl. Information 893/71.
86 Vgl. BArch, DY 30/50976.
87 Vgl. Information 669/71.
88 Aktenvermerk, o. D. [18.11.1971]; BArch, DY 30/62181.

richt vor. Die Anschuldigungen hätten sich nicht nur bewahrheitet, auch seien weitere schwere Verstöße festgestellt worden. Inzwischen waren auch personelle Konsequenzen gezogen worden: Gegen drei führende Mitarbeiter wurden Anklagen geprüft, weitere nachgeordnete Funktionäre hatten mit Disziplinarmaßnahmen zu rechnen.[89] Honecker entschied, kurzfristig am nächsten Tag das ZK mit der Angelegenheit zu befassen.[90] Was genau die Mitglieder des Zentralkomitees erfuhren, ist aus den dünnen Protokollnotizen nicht zu erfahren. Mittag wurde jedenfalls beauftragt, an Regierungschef Stoph einen Zwischenbericht zu senden.[91] Was Stoph mitgeteilt wurde, hatte horrende Dimensionen. Die ermittelten Fehlbeträge für das laufende Jahr beliefen sich auf annähernd eine Million DDR-Mark. Insgesamt habe die Revision Rückstände in Höhe von 15,6 Millionen DDR-Mark ergeben. Das Ministerium wurde mit der Prüfung beauftragt, ob es sich hier nur um die Spitze des Eisberges handelte und es ähnliche Vorfälle in anderen Bereichen des VEB gegeben habe.[92]

Am Folgetag gelangte ein ZAIG-Bericht mit dem unverfänglichen Titel »Situation im Bereich Edelmetall des VEB Berliner Metallhütten- und Halbzeugwerk« auf den Schreibtisch von Stophs Stellvertreter Wolfgang Rauchfuß.[93] Ein zweites Exemplar wurde Finanzminister Siegfried Böhm zugestellt.[94] Die Vorgänge im BMHV bekamen mit dieser Unterrichtung eine ganz neue Qualität. Jenseits der bekannten und im Bericht erwähnten Untersuchungen des ZK meldete das MfS nun den Diebstahl von knapp 80 Kilogramm Platin und mehr als fünf Kilogramm Gold mit einem Marktwert von mehr als sechs Millionen DDR-Mark. Damit dürfte es sich sehr wahrscheinlich um einen der größten Edelmetalldiebstähle in der Geschichte der DDR gehandelt haben. Zu allem Überfluss sei das Diebesgut wenigstens in Teilen nach Westberlin und Westdeutschland gebracht und dort wahrscheinlich an Geheimdienste verkauft worden. Anscheinend passten diese Vorgänge ohne Weiteres in die aufgedeckten chaotischen Zustände des Betriebes. Tatsächlich aber verschwieg der Bericht mehr, als er zur Aufklärung beitrug. Der kapitale Edelmetallraub war der Staatssicherheit bereits seit mehreren Wochen bekannt. Der Berliner SED-Chef Konrad Naumann war bereits am 8. Oktober 1971 über die Festnahme zweier Mitarbeiter des Betriebes unterrichtet worden, was die ZAIG in ihrer Darstellung unterschlug.[95] Ebenfalls unerwähnt blieb, dass sich auch der eigentliche Drahtzieher des Diebstahls in MfS-Untersuchungshaft

89 Abt. Maschinenbau und Metallurgie an Büro Honecker, 23.11.1971; BArch, DY 30/62181.

90 Protokoll der ZK-Sitzung vom 24.11.1971 sowie die Notiz auf: Abt. Maschinenbau und Metallurgie an Büro Honecker, 23.11.1971, beide in: BArch, DY 30/62181.

91 Vgl. Beschluss des ZK über die Information zu Manipulationen im BMHV, 24.11.1971; BArch, DY 30/5748.

92 Information über die Manipulation, o. D. [1.12.1971]; BArch, DY 30/5748.

93 Vgl. Information 1145/71.

94 Der Bericht selbst ist auf den 1.12.1971 datiert. Das Postausgangsbuch vermerkt den Versand am Folgetag. Postausgangsbuch ZAIG; BArch, MfS, ZAIG 8517, Bl. 180 f.

95 Vgl. BArch, MfS, BV Bln, AKG 843.

befand. Für die Staatssicherheit drohten die Nachforschungen des ZK-Apparates zu einem ernsten Problem zu werden. Denn wie sich bereits in den ersten Vernehmungen herausstellte, war der verhaftete Dieb kein Unbekannter: Der offenbar mit mehreren westlichen Geheimdiensten verbandelte zwielichtige Mann hatte sowohl für die HV A als auch für einen Sonderbereich des Mielke-Stellvertreters Bruno Beater und sehr wahrscheinlich auch für einen sowjetischen Militärgeheimdienst als Waffenhändler gearbeitet. Die beiden vom MfS offiziell an die SED-Bezirksleitung gemeldeten Verhafteten waren in diesem Netz nur »kleine Fische«, die zeitweilig bei der Beschaffung und Ausschleusung des Platins behilflich gewesen waren. Zu allem Überfluss stellte sich im Verlaufe der Untersuchungen heraus, dass in Beaters Bereich der mehrere Jahre währende Platinklau bekannt gewesen und geduldet worden war, sodass an eine Aufklärung des Vorfalles oder gar eine Aburteilung nicht zu denken war. Der Drahtzieher wurde 1972 – offiziell im Zuge der Amnestie – aus der Untersuchungshaft entlassen. Die beiden »kleinen Fische« hingegen erhielten langjährige Haftstrafen.[96] Nicht nur deshalb hatte sich der Edelmetallraub im BMHW und der Ostberliner Halbwelt herumgesprochen. Nach Aktenlage gelang es dem MfS darauf hinzuwirken, dass die ZK-Untersuchungen an diesen Teil der Geschichte nicht weiter rührten und dieser spektakuläre Diebeszug jenseits des scheinbar harmlosen ZAIG-Berichts keine größeren Kreise zog.

3.5 Fluchten und Fluchtversuche

Am Nachmittag des 13. August 1971 beging die SED mit einer Parade der Kampfgruppen auf der Karl-Marx-Allee den 10. Jahrestag des Mauerbaus, nachdem die Parteiführung noch am Morgen dem Sozialisten Karl Liebknecht auf dem Friedhof der Sozialisten in Friedrichsfelde anlässlich seines 100. Geburtstages die Ehre erwiesen hatte.

Was die Staatssicherheit zu diesem Tag zu berichten hatte, konnte den Eindruck erwecken, die DDR-Bürger hätten sich nach einem Jahrzehnt mit der Mauer abgefunden. Wie Erich Honecker in einem ersten Bericht am 13. August nachlesen konnte, waren bis zum Mittag des Tages in der gesamten Republik nur sieben Funde von Flugblättern und Losungen zu verzeichnen.[97] Mehr als 200 Flugblätter hatte die Staatssicherheit allerdings rings um den Alexanderplatz sichergestellt, wo sich neben der Staats- und Parteiführung auch die Bevölkerung zu den offiziellen Feierlichkeiten einfand. Mielke, der auf der Ehrentribüne an der Kundgebung teilnahm, übergab dem Parteichef den Bericht sehr wahrscheinlich am Rande der Veranstaltung persönlich.[98]

96 Alle Angaben nach BArch, MfS, GH 27/74, 16 Bde.

97 Vgl. Information 815/71.

98 Das Postausgangsbuch vermerkt die Übergabe des Berichtes 815/71 durch Mielke persönlich, der die Unterrichtung gegen 13.30 Uhr von der ZAIG ausgehändigt bekam; BArch, MfS, ZAIG 8517.

Den für Honecker sicherlich ärgerlichen Vorfall am Alexanderplatz konnte die Staatssicherheit ganz im Sinne der SED-Führung aufklären und vermeldete drei Tage später die Festnahme des Friedensaktivisten Christian Richter.[99]

Während sich die Partei- und Staatsführung auf die Feierlichkeiten vorbereitete, ereigneten sich auf einem Inlandsflug von Erfurt nach Ostberlin dramatische Szenen. Ein 20-jähriger Student hatte in der Maschine einen 16-jährigen Schüler als Geisel genommen und wollte den Piloten zur Landung auf dem Westberliner Flughafen Tempelhof zwingen. Er konnte durch das Eingreifen einer Stewardess überwältigt werden.[100] Dem Geiselnehmer, der wegen seiner politischen Einstellung von der Exmatrikulation bedroht war, sei es, wie das MfS berichtete, darum gegangen, ein auch international beachtetes Zeichen gegen die Mauer zu setzen.[101] Mit der Verhaftung zerschlug sich dieser Plan. Die versuchte Entführung blieb ein gut gehütetes Geheimnis, das erst nach der Friedlichen Revolution bekannt wurde.[102]

Ungeachtet der vom MfS gemeldeten vergleichsweise ruhigen Lage am 13. August hielt die Fluchtbewegung aus der DDR 1971 an. Infolge des immer weiter perfektionierten Grenzstreifens, insbesondere die für Leib und Leben folgenschwere Verminung der innerdeutschen Grenzanlagen, wurden die Mittel und Wege in den Westen zu gelangen, immer riskanter.[103] Zwei Einwohner aus Guben versuchten Anfang November 1971 mit Hilfe eines fluguntauglich gemachten NVA-Hubschraubers zu fliehen. Auch wenn die beiden Männer es tatsächlich geschafft hatten, das Fluggerät zu starten, war der Hubschrauber technisch nicht in der Lage zu fliegen. Die Verhaftung rettete den beiden nach Einschätzung der ZAIG sehr wahrscheinlich das Leben.[104]

Jenseits solch ungewöhnlicher Aktionen registrierte das MfS Tausende Fluchtversuche, von denen die wenigsten erfolgreich verliefen.[105] Allein in den zehn Tagen zwischen dem 10. und 20. Juni 1971 zählte die Staatssicherheit in Zusammenhang mit den Maßnahmen zur Absicherung des VIII. Parteitages 87 Fluchten bzw. Fluchtversuche. An diese Art von Normalität hatte sich der Sicherheitsapparat gewöhnt. Trotz dieser zunächst groß erscheinenden Zahl maß ihr die Staatssicherheit keine besondere Bedeutung bei. Im Gegenteil ver-

99 Vgl. Information 820/71.
100 Vgl. Information 819/71.
101 Vgl. Information 823/71.
102 Christel Wehage und Eckhardt Wehage. In: Hertle, Hans-Hermann; Nooke, Maria (Hg.): Die Todesopfer an der Berliner Mauer 1961–1989. Ein biographisches Handbuch. Berlin ³2019, S. 295–298.
103 Vgl. Information 1209/71.
104 Vgl. Information 1123/71.
105 In der zweiten Hälfte der 1970er-Jahre registrierte das MfS jährlich im Durchschnitt annähernd 4 000 Fluchtversuche. Angaben für das Jahr 1971 liegen nicht vor. Vgl. Gelungene und verhinderte Fluchtversuche aus der DDR (1976–1989). Statistik auf der Webseite Chronik der Mauer, online abrufbar unter: https://www.chronik-der-mauer.de (letzter Zugriff: 12.1.2022).

mochte das MfS einen signifikanten Anstieg nicht zu erkennen.[106] Gemessen an der Zahl bildeten Berichte über Fluchten und Fluchtversuche nach den Wirtschaftsberichten die zweitgrößte Gruppe. Doch waren die 21 geschriebenen Informationen, von denen nur 16 zur externen Verteilung gelangten, schon rein quantitativ weit davon entfernt, der Parteiführung einen Eindruck von den Dimensionen oder der Dynamik der Fluchtbewegung zu vermitteln.

Nach welchen Kriterien die MfS-Führung über die Weitergabe von Informationen zu Fluchten bzw. Fluchtversuchen entschied, bleibt nebulös. Die Parteiführung jedenfalls verließ sich in diesen Fragen nicht auf die Geheimpolizei. Von den insgesamt 17 einschlägigen Erstinformationen, die 1971 Eingang in die Ablage der zuständigen ZK-Abteilung für Sicherheit fanden, gingen nur zwei gesichert auf die Staatssicherheit zurück. Elf Berichte erreichten die Parteiführung aus dem Verteidigungsministerium, das die Grenztruppen befehligte und deshalb erster Ansprechpartner bei Grenzzwischenfällen war. Je eine weitere Meldung lässt sich dem Parteiapparat sowie dem ebenfalls an der Grenze tätigen Zoll zuordnen.[107]

Das bedeutet nicht zwangsläufig, dass hier verschiedene Institutionen mit ihren Berichten konkurrierten. Auch wenn es wenigstens 1971 keine festgelegten Meldeordnungen an die Parteiführung gab, zeigt sich, dass das MfS seine Berichterstattung im Hintergrund mit den anderen Ministerien koordinierte. So lässt sich nachweisen, dass die ZAIG ihren Bericht über den tragischen Amoklauf des Grenzsoldaten Gerhard Meyer am Weihnachtstag 1971[108] vor Abgang mit dem stellvertretenden Verteidigungsminister Heinz Keßler abstimmte und erst nach dessen Freigabe die Unterrichtung im Vorzimmer Mielkes vorlegte.[109] Nur die Hälfte der abgesetzten ZAIG-Berichte erreichten Politbüromitglieder. Die meisten Berichte erhielt Verteidigungsminister Heinz Hoffmann, der wahrscheinlich wie schon im Falle Gerhard Meyer auf diesem Wege über den Fortgang der Ermittlungsbemühungen der Staatssicherheit auf dem Laufenden gehalten wurde.

Diese Beteiligung des MfS an der Aufklärung der Zwischenfälle dürfte demnach ein wesentliches Motiv für die Berichterstattung gewesen sein. So wurde die ZK-Abteilung Sicherheit am 5. Juli 1971 erstmals durch das Verteidigungsministerium über die geglückte Fahnenflucht eines Grenztruppen-Leutnants am frühen Morgen des Vortages in Kenntnis gesetzt und ihr mitgeteilt, dass die Untersuchung durch eine Kommission des Chefs der Grenztruppen geführt werde.[110] Die ZAIG legte am 6. Juli 1971 einen an die Abteilung Sicherheitsfra-

106 Abschlussbericht Aktion Meilenstein, 16.7.1971; BArch, MfS, ZAIG 11414.

107 Zwei Informationen zu Fluchten ließen sich nicht zuordnen. Vgl. BArch, DY 30/93520.

108 Der an der Grenze eingesetzte Wehrpflichtige Gerhard Meyer versuchte am Heiligen Abend 1971, eine Krankenschwester zu überwältigen und verletzte diese. Bei der versuchten Festnahme erschoss Meyer zwei Polizisten und erlitt während des Schusswechsels selbst tödliche Verletzungen. Vgl. Information 1123/71.

109 Vgl. Notiz und Entwurf in BArch, MfS, HA I 5865, Teil 1.

gen gerichteten eigenen Bericht vor, der zwar (bei den Grenztruppen ermittelte) detaillierte Angaben zum Fluchthergang enthielt, aber hinsichtlich der Motive ebenso im Vagen blieb wie die bereits vorliegende Information des Verteidigungsministeriums. Immerhin scheint die Untersuchung in Zuständigkeit der Grenztruppen aufgehoben worden zu sein, da das MfS den ZK-Apparat wissen ließ, die Ermittlungen würden in eigener Zuständigkeit fortgeführt.[111]

Desertionen aus den eigenen Reihen werden in den ZAIG-Berichten des Jahres hingegen nicht erwähnt. Sie unterlagen offenbar einer noch größeren Geheimhaltung. So geht nur aus der Ablage der ZK-Abteilung Sicherheit hervor, dass sich am 15. Januar 1971 ein Angehöriger der HV A in den Westen abgesetzt hatte. Die aus der Normannenstraße unterrichtete ZK-Abteilung Sicherheit informierte Erich Honecker über den brisanten Fall. Obwohl der Deserteur erst seit einem knappen Jahr als Unterleutnant hauptamtlich zur HV A gehörte, war er seit 1964 für den Auslandsgeheimdienst als Kurier nach Westdeutschland eingesetzt. Nach späterer Einschätzung des MfS hatte der Deserteur wahrscheinlich schon seit längerem die Seiten gewechselt und sich vom Verfassungsschutz anwerben lassen. Darauf deutete hin, dass im Frühjahr 1971 mindestens vier IM der HV A in Niedersachsen festgenommen wurden.[112] Der Honecker am 15. Januar 1971 angekündigte »ausführliche Bescheid« ließ sich in den Unterlagen der ZAIG nicht ermitteln und erreichte den SED-Sicherheitschef – wenn überhaupt – auf anderem Wege.[113]

Ein weiteres denkbares Motiv für die Vorlage von Berichten über Fluchtfälle könnte deren Schwere gewesen sein, wozu insbesondere die tödlich geendeten Versuche zählen. Von den zehn bekannten Todesfällen an der innerdeutschen Grenze des Jahres 1971[114] finden sich allerdings nur drei in den Berichten der ZAIG wieder.[115] Ähnlich in Berlin: Auch hier berichtete die Staatssicherheit mit den Informationen zu den Fällen Dieter Beilig und Werner Kühl nur über zwei der insgesamt fünf dokumentierten Grenztoten des Jahres.[116] Insgesamt setzte die Staatssicherheit damit 1971 nur über gut ein Drittel der Todesopfer des Grenzregimes Berichte an die SED-Führung ab.

110 Borning an Verner, 5.7.1971; BArch, DY 30 93520, Bl. 249 f.

111 Vgl. Information 635/71.

112 Vgl. BArch, MfS, AOP 2746/84.

113 Borning an Honecker, 21.1.1971; BArch, DY 30/93520, Bl. 237. Ähnlich auch im Falle der gescheiterten Desertion des Grenztruppenangehörigen Wolfgang G., über dessen Tod die Abt. Sicherheitsfragen am 1.6.1971 Erich Honecker informierte. Die Untersuchungen würden in Zuständigkeit der Bezirksverwaltung für Staatssicherheit geführt. Ob und in welcher Form das MfS die Parteiführung weiterhin unterrichtete, ist nicht belegt. Borning an Honecker, 1.6.1971; BArch, DY 30/93520, Bl. 247.

114 Schroeder, Klaus; Staadt, Jochen (Hg.): Die Todesopfer des DDR-Grenzregimes an der innerdeutschen Grenze 1949–1989. Ein biografisches Handbuch. Frankfurt/M. 2017.

115 Die Staatssicherheit unterrichtete die Parteiführung am 18.2.1971 über den Tod von Frank Möller (Information 142/71), Karl-Heinz Fischer (Information 274/71) und Klaus Seifert (Information 319/71).

Ein gewisser Mehrwert für die Leser in der Parteiführung dürfte darin bestanden haben, dass das MfS insbesondere in jenen Fällen, die im Westen bekannt geworden waren und damit geeignet waren, dem SED-Regime politischen Schaden zuzufügen, versuchte, mit Hintergrundinformationen und Handlungsempfehlungen zu reüssieren. In dieser Hinsicht ist der Grenzübertritt der beiden Westberliner Werner Kühl und Bernd Langner interessant, die in den späten Abendstunden des 24. Juli 1971 die Grenzmauer zwischen Neukölln und Treptow überkletterten. Werner Kühl wurde dabei von Grenzsoldaten erschossen. Sein Begleiter Bernd Langner geriet in Haft. Der Vorfall war von Westberliner Seite aus beobachtet worden, allerdings war nichts Genaues über die Identität der vermeintlichen Flüchtlinge bekannt. Mehrere regionale und überregionale westliche Medien griffen den Vorfall als neuerlichen Beleg für das unmenschliche Grenzregime der DDR auf.[117] Erst nach Erscheinen der ersten Pressemeldungen legte die Staatssicherheit am 26. Juli 1971 einen Bericht vor, der Paul Verner, Nachfolger Honeckers als Leiter der ZK-Abteilung Sicherheit, sowie dessen Bruder Waldemar Verner, seines Zeichens stellvertretender Minister und Chef der politischen Hauptverwaltung der NVA, zugestellt wurde. Anlass für den Bericht war weniger der »Grenzzwischenfall« an sich, als vielmehr die in den Westzeitungen tatsächlich zu Unrecht erhobene Behauptung, es seien drei DDR-Bürger bei einem Fluchtversuch zu Tode gekommen. Der Bericht der Staatssicherheit enthielt die Empfehlung, in einer Pressenotiz klarzustellen, dass es sich bei den beiden Personen um Bürger Westberlins – und damit nach Lesart der SED – um eine gezielte Provokation des Westens gehandelt hatte.[118] Trotz der durch die DDR-Nachrichtenagentur ADN tatsächlich veröffentlichten Information wurde die von der SED verbreitete Version im Westen nicht geglaubt.[119]

Angesichts des bevorstehenden 10. Jahrestages des Mauerbaus und der durch den Vorfall beeinträchtigten laufenden deutsch-deutschen Verhandlungen entschied sich die SED-Führung schließlich am 3. August 1971 zu einer neuerlichen publizistischen Initiative. Dies war ganz im Sinne des MfS, das wenige Tage zuvor am 29. Juli 1971, mit einem zweiten Bericht über den Fall Werner Kühl die Parteiführung zu diesem Schritt drängen wollte. Bezeichnend ist, dass dieser Bericht nicht von der eigentlich zuständigen ZAIG gefertigt wurde, sondern auf den stellvertretenden Minister und Agitationsbeauftragten der Staatssicherheit Bruno Beater zurückgeht. Im Gegensatz zur nüchternen Aufmachung und den geschliffenen Formulierungen der ZAIG-Berichte kam dieser nun Honecker und Paul Verner zugestellte Be-

116 Vgl. die Informationen 972/71 (Dieter Beilig) und 774/71 bzw. 744a/71 (Werner Kühl und Bernd Langner).

117 Vgl. u. a. Der 153. Mord an der Mauer. 20 Meter vor West-Berlin scheiterte die Flucht von drei Männern. In: Bild. Berlin-Ausgabe v. 26.7.1971, S. 1.

118 Vgl. Information 635/71.

119 Westberliner verübten schwere Grenzprovokation. In: ND v. 27.7.1971, S. 2.

richt geradezu hemdsärmelig daher. Auf der ersten Seite prangten zwei Passfotos von Kühl und Langner und der Bericht selbst enthielt eine ganze Reihe von Handlungsempfehlungen und politischen Analysen, die so gar nicht den Gepflogenheiten der ZAIG entsprachen. Wohl deshalb vermerkte die Abteilung auf dem Ablageexemplar »nicht von ZAIG gefertigt«. Zu allem Überfluss ließ Beater die Leser wissen, er habe mit Propagandachef Albert Norden telefoniert, der das MfS ausdrücklich ermuntert haben soll, aus dem Vorfall eine »hübsche Sache« zu machen.[120]

Die Vorlage wurde von Honecker intensiv durchgearbeitet und mit Anmerkungen versehen. Auch wenn der Parteichef nur die wenigsten Vorschläge übernahm und die meisten der nach Honecker »zu plumpen« Ideen Beaters strich, so folgte er doch einer durchaus richtigen Argumentation: Da die vorliegenden Informationen des MfS über Kühl und Langner keine Anhaltspunkte für westliche Machenschaften erkennen ließen, äußerte Beater Bedenken, die seit Wochen tobende Presseschlacht weiter zu befeuern. Während die Leiche von Werner Kühl in aller Heimlichkeit eingeäschert wurde, legte der SED-Chef fest, dass Bernd Langner nach Westberlin abzuschieben sei, »sofern er dazu den Wunsch« habe. Am 30. August 1971 wurden er und eine Urne mit der Asche von Werner Kühl auf der Sandkrugbrücke an die Westberliner Polizei übergeben.[121]

Im Detail war das MfS mit seinen Vorschlägen einer Öffentlichkeitsarbeit ins Leere gelaufen, auch wenn sich sowohl die ZAIG als auch Beater bemühten, im Sinne der SED zu agieren. Dies könnte erklären, weshalb die Staatssicherheit in ähnlich gelagerten Fällen davon absah zu intervenieren. Die Befürchtung, die Westpresse könnte Grenzzwischenfälle gerade zum 10. Jahrestag des Mauerbaus für Negativschlagzeilen benutzen, zeichnete sich wenige Tage vor dem 13. August erneut ab. Das Verteidigungsministerium informierte am 11. August 1971 die ZK-Abteilung Sicherheit über die geglückte Fahnenflucht eines Leutnants der Grenztruppen im Raum Hildburghausen, dessen erfolgreiche Desertion von den Westmedien aufgegriffen wurde, womit ähnliches Störfeuer drohte. Die Staatssicherheit nahm in diesem Fall keine Unterrichtung der Staatsführung vor. Honecker hingegen maß dem Vorfall so viel Bedeutung bei, dass er die Meldung den Mitgliedern des Politbüros zur Kenntnis gab.[122] Ähnlich aufmerksamkeitsträchtig und politisch potenziell heikel war die geglückte Flucht des Abgeordneten des Potsdamer Stadtparlaments Helmut Schimpfermann, der am Vorabend des 17. Juni 1971 und damit wenige Tage vor dem VIII. Parteitag der SED die Grenzanlagen bei Klein-Glienicke mit Frau und Kindern überwand. Zwar gehörte Schimpfermann nicht der SED, sondern der NDPD an und war nur Redakteur des Lokalblattes »Brandenburgische Neues-

120 Vgl. die Notiz Beaters auf Information 635/71.

121 Werner Kühl. In: Hertle, Hans-Hermann; Nooke, Maria (Hg.): Die Todesopfer an der Berliner Mauer 1961–1989. Ein biographisches Handbuch. Berlin 2019³, S. 329–333.

122 Wansierski an Honecker, 11.8.1971; BArch, DY 30/93520, Bl. 252.

te Nachrichten«. Doch verfügte er aufgrund seiner republikweiten Tätigkeit als Pressefotograf und seiner – wenn auch untergeordneten – politischen Funktion über genügend Insiderkenntnisse, die sich im Westen wenigstens mittelbar gegen den neuen Parteichef verwenden ließen. Entsprechend wurde Honecker sofort von der Abteilung Sicherheitsfragen über die Flucht unterrichtet.[123] Vom MfS erhielt der neue Parteichef nach Aktenlage keine Unterrichtung. Dass eine zu befürchtende mediale Ausschlachtung des Falles durchaus im Raum stand, deutete Schimpfermann mehrere Jahrzehnte später an: Er habe sich seinerzeit gegen eine Veröffentlichung seiner Flucht im Westen verwahrt.[124]

Letztlich scheinen damit auch weder die Publizität noch die von den Vorfällen ausgehende potenzielle politische Gefahr für die SED handlungsleitende Gründe für das MfS gewesen zu sein, über Fluchten und Fluchtversuche an die Parteiführung zu berichten.

3.6 Vier-Mächte-Abkommen über Berlin

Die MfS-Berichterstattung über Grenzzwischenfälle hatte 1971 vor dem Hintergrund der laufenden Verhandlungen über ein Vier-Mächte-Abkommen über Berlin neben der deutschlandpolitischen auch eine internationale Dimension. Das am 3. September 1971 in Westberlin unterzeichnete Abkommen endete für die SED mit einer Niederlage: Ihre fast zwei Jahrzehnte andauernden Bemühungen um eine Neutralisierung Westberlins waren ebenso endgültig gescheitert, wie die angestrebte Einschränkung der westalliierten Sonderrechte an den Grenzen aber auch innerhalb der DDR. Ein besonderer Dorn im Auge des MfS waren die faktisch nicht zu verhindernden Militärspionagefahrten der westlichen Militärverbindungsmissionen, die auch 1971 an die SED-Führung und in kleinerem Umfang dem KGB bzw. der sowjetischen Botschaft gemeldet wurden.[125] Das Sicherheitsproblem betraf vor allem Einrichtungen der sowjetischen Truppen, wenngleich sich die französische Militärmission auch ungeniert für MfS-Einrichtungen am Stadtrand von Berlin interessierte.[126] In allen Fällen musste sich die Staatssicherheit auf die Dokumentation der westlichen Spionage beschränken. Ob und in welchem Maße wenigstens diplomatische Schritte unternommen wurden, lag in den Händen der sowjetischen Militärverwaltung. Die US-Verbindungsmission vermerkte in ihrem Jahresbericht 1971, dass die Situation vor dem Hintergrund der laufenden Außenministergespräche deutlich angespannt gewesen sei.[127]

123 Meldung vom 17. Juni 1971; BArch, DY 30/93520, Bl. 248.
124 Per Obstleiter über die Mauer. In: Potsdamer Neueste Nachrichten v. 12.8.2006.
125 Vgl. die Informationen 628/71, 692/71, 764/71 und 768/71.
126 Vgl. die Informationen 692/71 und 764/71.
127 USMLM Unit History 1971, S. 5, online abrufbar unter: http://www.coldwarspies.com/resources/uh1971cpr.pdf (letzter Zugriff: 11.9.2021).

Ebenfalls Zaungäste waren SED und MfS bei Störungen im alliierten Transitverkehr von und nach Westberlin. Das MfS dokumentierte solche Zwischenfälle dennoch akribisch, war doch eine Einigung zwischen der Sowjetunion und den Westalliierten über die Zugangswege (und Kontrollmodalitäten) eine der zentralen Frage des Vier-Mächte-Abkommens. So beschreibt ein interner ZAIG-Bericht vom 15. Januar 1971 die sowjetische Blockade amerikanischer und britischer Fahrzeuge an den Checkpoints Alpha und Bravo – im Sprachgebrauch der Staatssicherheit an den Grenzübergänge Marienborn und Drewitz.[128] Tatsächlich hatte das sowjetische Militär am 12. Januar 1971 für mehrere Stunden die Passage mehrerer Militärfahrzeuge verweigert, um – erfolglos – mit Durchsetzung neuer Kontrollprozeduren im Vorfeld eines anstehenden sowjetisch-alliierten Außenministertreffens Fakten zu schaffen.[129] Aktiv wurde schließlich die SED, die am 19. Januar 1971 ein Treffen der FDP-Bundestagsfraktion in Westberlin zum Vorwand nahm, um nunmehr den zivilen Verkehr von und nach Berlin zu behindern.[130] Dies erfolgte selbstredend nicht ohne Billigung (oder vielleicht sogar auf Anweisung) Moskaus.[131] Entsprechend alarmiert unterrichtete die ZAIG dann am 29. Januar 1971 das KGB, Honecker, Stoph und den DDR-Unterhändler Wolfgang Kohl über veränderte Kontrollmaßnahmen der Westberliner Polizei am Checkpoint Charlie, die entgegen bisheriger Gepflogenheiten die Pässe von osteuropäischen und finnischen Diplomaten sowie der Insassen von drei sowjetischen Fahrzeuge sichteten.[132] Mielke ließ den Vorgang mit einem »Eilt«-Vermerk an die SED-Führung durchstellen und empfahl, die sowjetische Führung zu unterrichten. Dies könnte mit Blick auf das bevorstehende Botschaftergespräch am 5. Februar 1971 erfolgt sein. Hinweise, dass die sowjetische Seite den Vorgang aufgriff oder dieser überhaupt von Seiten der SED herangetragen worden war, finden sich jedoch nicht.[133]

128 Vgl. K-Bericht 1/20.

129 Die sowjetische Seite erklärte den Vorfall später offiziell zu einem »Missverständnis«, was die These einer Drohgebärde bestärkte. Memorandum Sonnenfeldt an Kissinger, 29.1.1971; Foreign Relations, 1969–1979, Vol. XL, S. 502–508.

130 Vgl. Geplante BRD-Aktivitäten verletzten Status Westberlins. In: ND v. 25.1.1971, S. 2.

131 Die sowjetische Delegation hatte den Amerikanern in den Botschaftsgesprächen offen mit einem solchen Schritt gedroht. Presidential Daily Brief, 21.1.1971. CIA Electronic Reading Room, online abrufbar unter: https://www.cia.gov/readingroom/docs/DOC_0005992435.pdf (letzter Zugriff: 11.9.2021).

132 Vgl. die Informationen 83/71 und 83a/71.

133 Im Gegenteil nutzte der amerikanische Botschafter die Gelegenheit, sich gegenüber seinem sowjetischen Kollegen über die Schikanen der östlichen Seite zu beschweren. Memorandum from Helmut Sonnenfeldt of the National Security Council Staff to the President's Assistant for National Security Affairs (Kissinger), 9.2.1971. Foreign Relations, 1969–1979, Vol. XL, S. 521–524. Zwei Tage zuvor, am 3.2.1971, trafen sich Bahr und Kohl zu bilateralen Unterredungen. In der vom Politbüro genehmigten Gesprächskonzeption wurde Kohl zwar angehalten, sich nochmals nachdrücklich gegen die »Provokationen« der Bundespräsenz in Westberlin zu beschweren. Ein Hinweis auf die vom MfS gemeldeten Vorfälle am Checkpoint Charly lässt sich nicht nachweisen. Protokoll Nr. 4/71, Sitzung des Politbüros am 2. Februar 1971, Anlage 2: Verhandlungen Kohl/Bahr am 3. Februar 1971; BArch, DY 30/43283.

Vor allem aber war das Vier-Mächte-Abkommen die Voraussetzung für alle folgenden deutsch-deutschen Verträge. Mielke stand einer Annäherung der beiden deutschen Staaten – ähnlich wie Honecker – ablehnend gegenüber und wurde nicht müde, die damit einhergehenden Gefahren für die innere Stabilität der nach dem Mauerbau gerade erst konsolidierten Gesellschaft zu betonen. Die Bedrohungsperzeption fand die Staatssicherheit in den von der sozialliberalen Koalition angestoßenen Reformen des Bundesnachrichtendienstes bestätigt. Der westdeutsche Auslandsgeheimdienst befand sich in einer tiefen Krise. Ineffiziente Aufklärungsmethoden und wenig substantiierte, dafür aber ideologisch überformte Berichte namentlich über den sowjetischen Machtbereich sowie eine Reihe politischer Skandale über Personalkontinuitäten aus der Zeit des Nationalsozialismus sowie Vorwürfe innenpolitischer Spionage machten einen grundlegenden Neuaufbau des BND notwendig.[134]

Ein Schwerpunkt der Reformen war die nach dem Mauerbau und der Aufdeckung schwerwiegender Verratsfälle am Boden liegende DDR-Spionage, deren Erkenntnisse die neue Ostpolitik der Bundesregierung flankieren sollte.[135] Die ZAIG beschäftigte sich 1971 in zwei ausführlichen Analysen mit der Lage des BND. Zum einen mit publizistischen Kampagnen, mit denen das MfS die in der Bundesrepublik durch die »Spiegel«-Serie »Pullach intern« ausgelöste mediale Skandalisierung des frühen Gehlen-Dienstes durch eigene Enthüllungen zu befeuern gedachte.[136] Bedrohlich erschien dem MfS zutreffend, dass es unbeschadet aller Kritik der Bundesregierung um eine Forcierung der DDR-Spionage Pullachs ging. Zugleich bleibt zwischen den Analysen der ZAIG und den praktisch nicht mehr vorhandenen Aufklärungsmöglichkeiten des BND in Ostdeutschland eine deutliche Diskrepanz.[137] Dass der MfS-Führung vorgeschlagen wurde, unter anderem durch publizistische Herausstellung verhafteter BND-Spione auf dessen anhaltende Gefährlichkeit hinzuweisen, diente einerseits der Abschreckung des Gegners wie auch der eigenen Bevölkerung. Es war zugleich aber auch Imagepflege in eigener Sache: Die Bekämpfung des äußeren Feindes im Inneren unterstrich die Bedeutung des MfS für die Herrschaftssicherung, zumal die bevorstehenden Kontakterleichterungen in der Bedrohungskommunikation der Staatssicherheit das Einfallsstor für westliche Geheimdienste weiter öffnen würden.[138] Letztlich blieb die ZAIG[139] in den Denkmustern des frühen Kalten Krieges verhaftet. Denn während die Spionage mit V-Leuten

134 Dülffer, Jost: Geheimdienst in der Krise. Der BND in den 1960er Jahren. Berlin 2018.

135 Vgl. dazu ausführlich Heidenreich, Ronny: Die DDR-Spionage des BND. Von den Anfängen bis zum Mauerbau. Berlin 2019, S. 602 ff.

136 Dülffer, Jost: Pullach intern. Innenpolitischer Umbruch, Geschichtspolitik des BND und »Der Spiegel«, 1969–1972. Marburg 2015.

137 Vgl. K-Bericht K 1/21.

138 Vgl. K-Bericht K 1/22.

139 In welchem Maße die für Spionageabwehr und Gegenspionage zuständige HA II an der Ausarbeitung der Vorlage beteiligt war, geht aus dem Bericht nicht hervor. Eine Zuarbeit ist sehr wahrscheinlich, da die Vorlage mehrere Operationen der HA II erwähnt.

trotz Reiseerleichterungen an Bedeutung verlor, erwähnte die ZAIG den entscheidenden und damit für die Sicherheit der DDR gefährlichsten Punkt – den massiven Ausbau der technischen Spionage – bezeichnenderweise nicht.

Über die Reaktionen auf den Abschluss des Vier-Mächte-Abkommens am 3. September 1971 oder das nachfolgende Transitabkommen setzte die ZAIG keinen Bericht an die Parteiführung ab. Dabei war die Staatssicherheit auch bei diesen Ereignissen intern angehalten, die Stimmung in der Bevölkerung unter Kontrolle zu halten. Die in Zusammenhang mit dem Vier-Mächte-Abkommen entstandenen Berichte der Leipziger MfS-Bezirksverwaltung lassen eine breite Enttäuschung und Verbitterung erkennen. Zentraler Punkt waren Reiseerleichterungen. »Vorteile« hätten hier »einzig und allein die Westberliner«, während für DDR-Bürger nichts zu erwarten sei.[140] Das Vertragswerk biete deshalb nur dem »Feind«, nicht aber der eigenen Bevölkerung etwas.[141] Ähnlich auch der Tenor aus anderen SED-Bezirksleitungen an die Führung in Ostberlin.[142] Vielleicht waren es eben diese überwiegend kritischen Töne, die Mielke davon abhielten, Honecker mit ähnlichen Einschätzungen über die Lage im Land ins Bild zu setzen.

3.7 Kirchen

Kirchenpolitisch war 1971 im Spiegel der ZAIG-Berichte ein ruhiges Jahr. Die Trennung der evangelischen Kirche von der EKD war vollzogen und eine aus Sicht des Regimes einvernehmliche Zusammenarbeit mit den Protestanten im Lande schien gewährleistet, auch wenn das MfS prominente Kritiker wie Johannes Hamel weiterhin im Blick behielt.[143] Entsprechend beschränkte sich die Kircheninformation auf die Unterrichtung der zuständigen ZK-Abteilung. Bewährungsprobe für den neuen Burgfrieden war die Synode des Bundes Evangelischer Kirchen in der DDR im Juli in Eisenach. Während die ZAIG der Zusammenkunft nur im Vorfeld einen Bericht widmete, stellte die Abteilung Kirchenfragen nach Ende der Synode befriedigt fest, dass oppositionellen Positionen in der Kirchenführung nicht verfingen und die evangelische Kirche dabei sei, sich zu einem Partner der sozialistischen Gesellschaft zu entwickeln. Zur Bestätigung ihrer Einschätzung zitierte die ZK-Abteilung den sonst verhassten RIAS. Dieser habe ganz im Sinne der SED berichtet, dass der »Kirchenbund der Oppositionsrolle den Abschied« gegeben hätte.[144]

140 Information 21/71, 9.9.1971; BArch, MfS, BV Leipzig, AKG 00238, Bl. 145–148, hier 146.
141 Information 21/71, 16.9.1971; BArch, MfS, BV Leipzig, AKG 00238, Bl. 149–152.
142 Vgl. Information über den Monatsbericht Frankfurt/O., 11.10.1971; BArch, DY 30/2227; Information über den Monatsbericht Wismut, 21.9.1971; BArch, DY 30/2314.
143 Vgl. Information 296/71.

Verdächtig erschienen dem MfS lediglich Aktivitäten einiger evangelischer Geistlicher, die sich um Kontakte zu deutschsprachigen protestantischen Gemeinden vorrangig in der Sowjetunion bemühten. Die ZAIG fertigte zwei ausführliche Analysen über diesen Kreis und die Auslandsarbeit des evangelischen Missionswerkes »Gustav-Adolf-Werk«. Sie erweckte den Eindruck, mit den beobachteten Zusammenkünften einer konspirativen Vereinigung auf die Spur gekommen zu sein.[145] Entsprechend wurden die Empfänger darauf hingewiesen, die vorgelegten Informationen seien höchst sensibel und deshalb nicht weiter zu verwenden. Tatsächlich handelte es sich um einen lockeren und halboffiziellen Gesprächskreis einiger interessierter Theologen und Laien, der sich regelmäßig traf.[146] Mit der unterstellten Gefährlichkeit war es damit nicht weit her. Ging der erste Bericht noch an die Abteilung Kirchenfragen, wurde ein wenige Wochen später zur Verteilung nunmehr auch an Honecker und Paul Verner vorbereiteter Bericht vor Abgang kassiert.

Auch die katholische Kirche schien sich im Sinne der SED zu verhalten. Das einzige gesellschaftliche Ereignis des Jahres neben der eher außenpolitisch wichtigen Zusammenkunft der Berliner Konferenz katholischer Christen,[147] über das die ZAIG berichtete, war die Einweihung der Christus-Kirche in Rostock. Der an die zuständige ZK-Abteilung übersandte ZAIG-Bericht vermeldete nichts Bedenkliches: Der Unmut in der Bevölkerung gegen den Abriss des Vorgängerbaus war besänftigt und zur Befriedigung der SED von den Kirchenoberen selbst eingefangen worden. Ansonsten hätten selbst die Gespräche am Rande gezeigt, dass auch die katholischen Kirchenführer auf ein Einvernehmen aus seien.[148] Aufschlussreich ist der ZAIG-Bericht in anderer Hinsicht. Da es sich bei der Kirchweihe in Rostock um ein offizielles Ereignis handelte, war die Abteilung Kirchenfragen selbst vor Ort und fertigte einen eigenen Bericht über die Veranstaltung. Auffällig ist, dass einige Passagen wortgleich in der ZK-Ausarbeitung und der ZAIG-Information enthalten sind. Wer von wem abschrieb, ist nicht zu klären. Einen Mehrwert hatte die geheim gestempelte und mit einem besonderen Schutzhinweis versehene Unterrichtung des MfS für den ZK-Apparat schwerlich. Umso mehr als der Bericht der Abteilung Kirchenfragen eine Information enthält, die durchaus sicherheitsrelevant gewesen wäre und eigentlich in die Zuständigkeit des MfS fiel. So sei mehreren Journalisten im Vorfeld die Einreise verweigert worden, was Befürchtungen nährte, im Westen könnte es negative Schlagzeilen geben. Diese

144 Abt. Kirchenfragen an Mitglieder und Kandidaten des Politbüros, Bericht über 3. Tagung der Synode des Bundes der Evangelischen Kirchen in der DDR, 16.8.1971; BArch, DY 30/ 51067.

145 Vgl. die Informationen 164/71 und 264/71.

146 Für diese Einschätzung danke ich Pfarrer i. R. Ludwig Burmeister, der an den diesen Zusammenkünften teilnahm.

147 Vgl. Information 189/71.

148 Vgl. Information 586/71.

Besorgnis sollte sich, soweit aus dem Parteibericht ersichtlich ist, als unbegründet erweisen. Der konservative »Rheinische Merkur« kritisierte zwar die aus seiner Sicht zu harmonische Einweihungszeremonie, nahm aber von einem Seitenhieb auf den Ausschluss unabhängiger Presse Abstand.[149]

3.8 Sowjetisches Militär

Zu den eher unerwarteten Themen des Jahrganges zählen acht Berichte, die das MfS 1971 über Vorfälle unter Beteiligung sowjetischer Besatzungssoldaten verfasste. Die rund eine halbe Million Militärs umfassende Besatzungsarmee war im Alltag der DDR präsent, insbesondere an jenen Orten, an denen sich Unterkünfte und Einrichtungen der Westkräfte der sowjetischen Truppen befanden.[150] Konflikte waren dabei unausweichlich. Besonders der am 14. Januar 1971 fertiggestellte umfassende Sammelbericht über Verkehrsunfälle unter Beteiligung sowjetischer Militärs sticht dabei heraus.[151] Das MfS listete akribisch die im Verlaufe des Jahres 1970 registrierten 155 Verfehlungen auf, die von einfachen Verstößen gegen die Straßenverkehrsverordnung bis hin zu schwersten Verkehrsunfällen mit insgesamten 14 Toten und Dutzenden Verletzten reichten. Was die Staatssicherheit mit diesem an das KGB in Karlshorst übergebenen Bericht bezweckte, bleibt im Unklaren. Denkbar ist, dass die sowjetische Geheimpolizei ob der zahlreichen Unfälle, die nicht selten durch Trunkenheit oder grobe Fahrlässigkeit verursacht wurden, selbst gegen solche Disziplinarverfehlungen vorgehen wollte.

Im Fokus der MfS-Berichterstattung standen allerdings Vorfälle, bei denen Angehörige des sowjetischen Militärs zu Schaden gekommen waren. Zum einen durch Verkehrsunfälle wie bei Magdeburg Ende Juni 1971, die erhebliche Personen- und Sachschäden nach sich zogen.[152] Die Mehrzahl der gemeldeten Vorfälle bezog sich auf Ereignisse, bei denen sowjetische Soldaten bzw. Militäreinrichtungen das Ziel von Angriffen aus der Bevölkerung waren. Insgesamt zählte die Staatssicherheit bis Ende September elf solcher Vorfälle. Darunter eine nach Darstellung des MfS provozierte tödliche Schlägerei in Stendal, die von den deutschen Angreifern mit einer angeblichen Vergewaltigung gerechtfertigt wurde, obwohl die Soldaten nur nach dem Weg gefragt hatten.[153] Auch das Verhalten des jungen NVA-Soldaten, der zwei sowjetische Soldaten beim Kirschenpflücken am Rande eines Munitionslagers bei Halberstadt überraschte und gezielt auf einen 19-jährigen Rekruten

149 ZK-Abteilung Kirchenfragen, Bericht über die Übergabe und Einweihung der katholischen Kirche am 12.6.1971 in Rostock, o. D.; BArch, DY 30/95138.
150 Satjukow, Silke: Besatzer. »Die Russen« in Deutschland 1945–1994. Göttingen 2008.
151 Vgl. Information 32/71.
152 Vgl. Information 621/71.
153 Vgl. Information 511/71.

schoss, wirft Fragen auf.[154] Hinzu kamen mehrere Fälle von Vandalismus und gezielter Zerstörung von Friedhöfen und Ehrenhainen für während des Zweiten Weltkrieges gefallene Rotarmisten. Die Feststellung des MfS, wonach auch hier fast alle Täter jung waren und unter Alkoholeinfluss gestanden hatten, legt den Verdacht nahe, dass es sich hier um jugendliche Devianz handelte.[155] Was die Staatssicherheit aber im Kern registrierte, waren letztlich rassistisch und weniger politisch gegen die Sowjetunion gerichtete Übergriffe. Die offiziell tabuisierte historische Erfahrung der Nachkriegsverbrechen, die Angehörige der Roten Armee bei der Befreiung Deutschlands verübt hatten, dürften diesem gesellschaftlichen Klima den Boden bereitet haben.[156] Hier kamen sehr wahrscheinlich tradierte antikommunistische und russophobe Verhaltensmuster zum Tragen, deren Wurzeln weit vor 1945 zurückreichten und Negativstereotype verfestigten. Für die Staatssicherheit zeichnete sich ein Problem ab: weil die Mehrheit der ermittelten und zumeist sehr jungen Täter weder einschlägig aktenkundig war, noch eigene biografische Erfahrungen mit der Kriegs- und Nachkriegszeiten haben konnten, hatte sie kaum eine Chance, solche Vorfälle zu verhindern.

4. Die ZAIG im Jahr 1971

Der Machtwechsel in der Parteiführung und der Aufstieg Mielkes in das Politbüro konnten nicht ohne Rückwirkung auf die Tätigkeit der ZAIG bleiben. Die Zentrale Auswertungs- und Informationsgruppe war ins Leben gerufen worden, um die Arbeit der Geheimpolizei nach innen anzuleiten und zugleich den Informationsfluss gegenüber den zentralen Instanzen von Partei und Staat abzuwickeln. Politisch gesehen war die ZAIG damit ein wichtiges Machtinstrument.

Die ZAIG befand sich seit 1968 in einem ständigen Wachstumsprozess, sowohl personell wie auch hinsichtlich der ihr übertragenen Kompetenzen. Abgeschlossen war dieser Aufwuchs in beiden Feldern noch nicht: 1971 war der vorgesehene Stellenplan immerhin zu knapp 80 Prozent besetzt, eine Grundsatzentscheidung über das abschließende Aufgabenprofil stand noch aus. Die 1971/72 konturierten Strukturen der ZAIG sollten hingegen bis zur Friedlichen Revolution Bestand haben.[157]

154 Information 639/71.

155 Vgl. Information 970/71.

156 Vgl. Müller, Christian Th.: »O' Sowjetmensch!« Beziehungen von sowjetischen Streitkräften und DDR-Gesellschaft zwischen Ritual und Alltag. In: Ankunft – Alltag – Ausreise. Migration und interkulturelle Begegnung in der DDR-Gesellschaft. Hg. v. Müller, Christian Th. ; Poutrus, Patrice G. Köln 2005.

157 Engelmann, Roger; Joestel, Frank: Die Zentrale Auswertungs- und Informationsgruppe (MfS-Handbuch). Hg. BStU. Berlin 2009, S. 62.

Es führt an dieser Stelle zu weit, auf die einzelnen nach innen gerichteten administrativen und inhaltlichen Neuerungen – unter denen unter anderem die Einführung der EDV eine zentrale Rolle spielte – einzugehen. Die folgenden Ausführungen beschränken sich daher auf das Berichtswesen der ZAIG, das seit 1965 im Stellvertreterbereich 1 unter Heinz Seidel federführend bearbeitet wurde. Die ersten Anzeichen für Veränderungen in diesem zentralen Arbeitsbereich lassen sich auf Ende 1970 datieren. Der zeitliche Zusammenhang zur Wahl der Honecker-Gefolgsleute Hermann Axen und Werner Lamberz zu Mitgliedern bzw. Kandidaten des Politbüros am 11. Dezember 1970 ist auffällig. Ob Mielke zu diesem Zeitpunkt bereits Signale erhielt, dass sein Aufstieg in den innersten Parteizirkel bevorstand, lässt sich nicht sagen.

Auffällig aber ist, dass der Minister die ZAIG gerade jetzt anwies, erstmals systematisch zu ergründen, welche Wirkung die MfS-Berichte in den Schaltstellen von Partei und Regierung entfalteten.[158] Irmler ließ im Dezember 1970 eine Aufstellung anfertigen, wie die Berichtsempfänger mit den vorgelegten Informationen umgingen. Neben organisatorischen Fragen die Über- und Rückgabe betreffend sollte der Umfang der jährlich übergebenen Informationen und deren Rücklauf, vor allem aber Hinweise auf die Bearbeitung wie Anmerkungen, Unterstreichungen oder wenigstens Sichtvermerke systematisch erhoben werden. Ebenfalls von Interesse war die Frage, ob die Informationen von den Adressaten weitergegeben worden waren.

Nach Aktenlage nahm die ZAIG eine solche Evaluation erstmalig vor. Das bestätigen auch die zahlreichen Fehlmeldungen in den Irmler vorgelegten Listen.[159] Von den insgesamt 49 Berichtsempfängern, die das gesamte Politbüro und dessen Kandidaten sowie ausgewählte ZK-Sekretäre und Minister umfassen, war in 18 Fällen nicht bekannt, auf welchem Wege die Berichte zugestellt wurden. Noch weniger wusste die ZAIG, was mit den Berichten passierte. Eigentlich waren die Berichte nur zur persönlichen Information bestimmt und durften nicht weitergegeben werden. Ob dies auch eingehalten wurde, entzog sich letztlich der Kenntnis und Kontrolle der Staatssicherheit.[160] Zugleich wusste das MfS in einigen Fällen trotz formaler Geheimschutzanordnung um die geübte Praxis, dass die Empfänger die Berichte weiterreichten. Im Falle der Parteichefs Honecker und Ulbricht konnte dagegen nichts einzuwenden sein. Doch auch von den Politbüromitgliedern Hermann Axen und Horst Sindermann sowie Außenminister Otto Winzer, Verteidigungsminister Heinz Hoffmann und dem Chef der Plankommission Gerhard Schürer war bekannt, dass die an sie gerichteten Unterlagen weiter gestreut wurden, als der Verteiler fest-

158 Irmler an Mielke, 8.1.1971 mit Anlagen sowie die zugrunde liegende Erhebung Übersicht über den Empfang und die Behandlung der Informationen, o. D. [Ende Dezember 1970]; BArch, MfS, ZAIG 5636, Bl. 185–198.

159 Überliefert sind zwei Übersichten mit insgesamt 49 Empfängern. Vgl. BArch, MfS, ZAIG 5636, Bl. 185–198.

160 In den Listen wurde in diesen Fällen »unbekannt« vermerkt (insgesamt 29-mal, bei zwei Adressaten fehlt die Eintragung).

legte. Hinzu trat ein zweites Problem: Trotz der vom MfS angemahnten Rückgabe der Berichte hielt sich die Mehrheit der Partei- und Staatsfunktionäre nur widerstrebend daran. Im Falle der Minister Wolfgang Rauchfuß und Otfried Steger sowie der ZK-Sekretäre Günter Mittag und Günther Kleiber war bis dato überhaupt kein Bericht zurückgegeben worden, obwohl sie bereits seit Jahren die geheimen MfS-Unterlagen erhielten. Wirtschaftssekretär Günter Mittag war Spitzenreiter: Nach Berechnungen der ZAIG hatte sein Büro bis Ende 1970 rund 900 Lageberichte gehortet, von denen kein einziges Exemplar zurück in die Zentrale gelangt war.

Die Staatssicherheit wusste um diese Regelverstöße und tolerierte sie stillschweigend. Eine Reglementierung gerade der übergeordneten SED-Funktionäre verbot sich für die Geheimpolizei. Das Machtgefälle zwischen SED und MfS führte Herrmann Axen dem Staatssicherheitsminister vor Augen. Axen verwahrte sich persönlich gegen Mielkes strikte Rückgabepolitik: Die Informationsberichte würde er solange behalten, wie er sie für seine Arbeit benötige.[161] Der Vorgang war keine Ausnahme. Nahezu alle Empfänger verhielten sich so, auch wenn sich die Rückgabedisziplin ab Mitte 1970er-Jahre aus Sicht des MfS verbesserte. Als die Staatssicherheit unter dem Eindruck der Friedlichen Revolution Ende Oktober 1989 begann, sämtliche noch ausstehenden ZAIG-Berichte aus den ZK-Büros am Werderschen Markt zurückzufordern, lagen dort mitunter noch Vorgänge aus den frühen 1960er-Jahren.[162] Dass das MfS nicht strikter auf die Einhaltung pochte, dürfte pragmatische Gründe gehabt haben. Sowohl der lange Verbleib und wie auch die Verteilung der MfS-Informationen in den Fachabteilungen bzw. Stellvertreterbereichen des ZK-Apparates und der Ministerien waren letztlich ein gutes Anzeichen, dass die ZAIG-Unterrichtungen bei den Empfängern auf Interesse stießen.

Andere handfeste Anhaltspunkte für die Relevanz der Berichte konnte die ZAIG kaum ermitteln. Ernüchternd dürfte die Feststellung gewesen sein, dass sich bei Durchsicht der zurückgegebenen Berichte nur in sieben Fällen weitergehende Bearbeitungsvermerke finden ließen. Zu diesen eifrigen Lesern gehörten Erich Honecker, Hermann Axen und Gerhard Weiss, die »fast jede« Informationen »durchgearbeitet« hätten. Immerhin »viele« Informationen seien durch die Hände von Propagandachef Alfred Norden, des stellvertretenden Außenministers Wolfgang Kiesewetter und des für gesamtdeutsche Arbeit zuständigen ZK-Funktionärs Erich Glückauf gegangen. Ähnliches ließ sich auch aus den Rückgabeexemplaren von Walter Ulbricht herauslesen. Dass wenigstens eine Lektüre erfolgte, belegten Sichtvermerke bei weiteren 17 Empfängern. Die übrigen Adressaten – und damit die weit überwiegende Mehrheit – reichte die Papiere jungfräulich in die Normannenstraße zurück, sodass die ZAIG im Dunkeln tappte, ob und wenn ja welche Relevanz die vorgelegten Berichte gehabt hatten. Alles in allem dürfte das Mielke unter

161 Axen an Mielke, 11.3.1976; BArch, MfS, ZAIG 4619, Bl. 4.
162 Vgl. die Aufstellungen in BArch, MfS, ZAIG 8191.

dem 8. Januar 1971 vorgelegte Evaluationsergebnis wenig Anlass zur Freude geboten haben. Dem Stasi-Chef müsste bei genauer Lektüre aufgefallen sein, dass nur fünf Empfänger den Berichten seines Ministeriums erkennbar Aufmerksamkeit schenkten. Immerhin strich sich der Minister die säumigen Empfänger an; wahrscheinlich mit der Absicht, bei Gelegenheit die Rückgabe der Berichte anzumahnen.[163]

Der lückenhafte Kenntnisstand der ZAIG über den Umgang und den Verbleib der Berichte dürfte dem Umstand geschuldet sein, dass die Verteilung der Informationen zum Teil außerhalb ihres Zuständigkeitsbereichs erfolgte. Trotz der zentralen und koordinierenden Funktion, die Mielke der Irmler-Abteilung zugedacht hatte, war diese keineswegs vollständig Herr über die Informationsflüsse. Die ZAIG belieferte Anfang der 1970er-Jahre in erster Linie die Mitglieder und Kandidaten des Politbüros, mithin also die oberste Parteiführung, selbst. Die Übergabe der Berichte in den ZK- und Regierungsapparat erfolgte über die einschlägigen Hauptabteilungen des Ministeriums. So war die für Volkswirtschaft zuständige HA XVIII Ansprechpartner für die Wirtschaftsressorts der Regierung und des ZK-Apparates. Die HA XX hielt unter anderem den Kontakt zur Abteilung Kirchenfragen beim ZK der SED, die Hauptabteilung I versorgte das Verteidigungsministerium mit Berichten. Ein weiteres wichtiges Verteilzentrum war die HV A, deren schwerpunktmäßig außenpolitische Informationen die Auswerteabteilung VII des Auslandsgeheimdienstes in die Ministerien und Fachabteilungen des ZK-Apparates weitergab.[164] Dreh- und Angelpunkt blieb zwar die ZAIG, welche die aus den Fachabteilungen eingereichten Vorlagen redigierte, in die Formulare übertrug und den Verteiler mit dem Ministerbüro abstimmte, dann aber die fertigten Ausarbeitungen an die Hauptabteilungen zurückreichte. Auf den ZAIG-Berichten sind diese Kommunikationskanäle 1971 in den Verteilern und zum Teil auch den Postausgangsbüchern noch gut nachvollziehbar. Hinter den Empfängern finden sich entsprechende Weiterleitungsvermerke, die bis Ende des Jahrzehnts aus den Berichtsköpfen verschwinden, ohne dass sich damit das dahinterstehende System grundlegend änderte.

In welchem Maße diese institutionalisierten Kanäle neben dem Austausch der Berichte auch genutzt wurden, um Hintergrundgespräche zu führen oder gar Arbeitsaufträge entgegenzunehmen, lässt sich gegenwärtig nicht abschließend beurteilen. Deutlich aber ist, dass sich mehrere leitende Funktionäre der Hauptabteilungen spätestens in den 1970er-Jahren als Gesprächspartner in den Ministerien und ZK-Abteilungen etabliert hatten.[165] Ein früher Hinweis

163 Irmler an Mielke, 8.1.1971 mit Anlagen, Irmler an Mielke, 8.1.1971 mit Anlagen.

164 Vgl. auch Zuständigkeitsabgrenzungen zwischen den Hauptabteilungen (Mitte der 1970er-Jahre) in BArch, MfS, ZAIG 5636b.

165 Vgl. die verstreuten Hinweise bei Rüdiger Bergien: Im »Generalstab« der Partei. Organisationsstruktur und Herrschaftspraxis in der SED-Zentrale (1949–1989). Berlin 2017, u. a. S. 319–333 u. 403–405, zu den engen Kontakten der HA XVIII vgl. auch Malycha, Andreas:

auf die Intensität solcher Beziehungen liefert die Information Nr. 33/71. Sie wurde Außenminister Otto Winzer entgegen den sonstigen Gepflogenheiten über die Hauptabteilung XX zugestellt.[166] In direkter persönlicher Ansprache – »meines Erachtens« – wurde Winzer eine Empfehlung gegeben, wie das skizzierte Problem zu lösen sei. Wer sich dahinter verbarg, ließ sich nicht ermitteln. Doch lässt sich die Formulierung so interpretieren, dass zwischen Winzer und seinem Gesprächspartner der HA XX ein Vertrauensverhältnis bestand, das solche Formulierungen zuließ.[167]

Die insgesamt wenig ermutigenden Signale aus den ersten Evaluationsbemühungen der ZAIG thematisierte Mielke Anfang März 1971 auch vor den Führungskadern seines Ministeriums. Die grundlegende Verbesserung der Informationsbeschaffung und -auswertung sowie das Berichtswesen nahmen in seinen Ausführungen breiten Raum ein. Mielke betonte, eine »Vervollkommnung des Informationssystems« sowohl nach innen als auch nach außen sei anzustreben.[168] Unverblümt gab er zu verstehen, dass insbesondere die internen Informationsflüsse zu ausufernd, unkoordiniert und in der Sache nicht zielführend seien – ganz davon abgesehen, dass der analytische Gehalt der Berichterstattung stark verbesserungswürdig sei. Dies war Aufgabe der ZAIG, die beauftragt wurde, Verfahrensabläufe für eben diese Prozesse in allen Bereichen des Dienstes auszuarbeiten.

Zunächst setzte die ZAIG die begonnene Bestandsaufnahme fort. Nach dem Vorbild der Evaluierung des zentralen Berichtswesens erging Ende März ein ähnlich gelagerter Auftrag in die Bezirke. Auch dort wurde die Kommunikation mit den örtlichen Partei- und Staatsapparaten in den Blick genommen. Neben der Frage, in welchem Umfang die Bezirksverwaltungen und Kreisdienststellen überhaupt an den lokalen Partei- und Staatsapparat berichteten, wollte die ZAIG auch mehr über den Rücklauf und die Reaktionen erfahren. Die ZAIG wollte wissen, ob die MfS-Bezirksverwaltungen Maßnahmen vorgeschlagen hätten und was daraus geworden sei: Falls nur informiert würde, sei nach Einschätzung der Verwaltung etwas passiert und wenn ja, was? Auf welche Art von Berichten würden die Empfänger besonders ansprechen oder reagieren? Nicht zuletzt sollten Vorschläge unterbreitet werden, was im Bereich des Berichtswesens verbessert werden könne.[169]

Rückmeldungen ließen sich nur aus der Bezirksverwaltung Berlin ermitteln. Was deren Leiter und Mielke-Vertrauter Generalmajor Erich Wichert an die ZAIG berichtete, lässt deutliche Ernüchterung durchblicken: Zwar infor-

Die SED in der Ära Honecker. Machstrukturen, Entscheidungsmechanismen und Konfliktfelder in der Staatspartei 1971 bis 1989. München 2014, S. 258 ff.

166 Otto Winzer gehörte zum Verteilerkreis der HV A.

167 Vgl. Information 33/71.

168 Rede des Ministers auf der zentralen Dienstkonferenz, März 1971; BArch, MfS, ZAIG 33263, Teil 2, Bl. 646.

169 Kurze thesenhafte Darlegungen; BArch, BV Berlin, AKG 859.

miere man die SED-Bezirks- und Stadtbezirksleitungen und gebe diesen mitunter sogar Handlungsempfehlungen. Doch was dann passiere, lasse sich in der Regel nicht sagen. Immerhin konnte Wichert einige wenige Beispiele für Maßnahmen anführen, die er auf vorausgegangene Meldungen seines Hauses zurückführte. Dies ändere aber grundsätzlich nichts daran, dass es »so gut wie keine Resonanz auf die übergebenen Informationen« gebe. Entsprechend schien es »wünschenswert«, wenn es Rückmeldungen gebe, um bei der weiteren »Bereitstellung, Einschätzung und Erarbeitung von Informationen« zu wissen, »welchen Wert der Nutzer der Information [...] beimisst und wie sich das in der Praxis zeigt«.[170]

Die Klagen der Berliner Bezirksverwaltung dürften in der Zentrale angesichts der zurückliegenden Evaluation auf der zentralen Ebene nicht überrascht haben, bot sich doch hier ein sehr ähnliches Bild. Dass Mielke die damit einhergehende Frustration seiner Mitarbeiter kannte, hatte er auf der Dienstkonferenz durchblicken lassen. Mit Blick auf die Anfang 1971 prekäre Energieversorgung beklagte der Minister, dass man zwar »rechtzeitig« über die Probleme berichtet und – so Mielke – die Partei auch Maßnahmen ergriffen habe. Dass es dennoch zu Problemen komme, liege daran, dass die Funktionäre des Staats- und Wirtschaftsapparates die beschlossenen Maßnahmen nicht umsetzten würden.[171] Eine Kritik an dem intern ruchbaren Desinteresse der Parteiführung verbot sich in diesem Rahmen, sodass der Sündenbock selbstredend an anderer Stelle zu suchen war. An der Grundaussage ändert das nichts: Das Gros der Berichterstattung blieb wenigstens 1971 nach Aktenlage ohne greifbare Folgen.

Vor diesem Hintergrund ging die ZAIG in den ersten Junitagen daran, auf einer Arbeitstagung die Prozesse der Informationsgewinnung und -verarbeitung einer gründlichen Überprüfung zu unterziehen. Erster Schritt war die am 10. Juni 1971 allen Einheiten übersandte Aufforderung, zunächst die Frage in den Blick zu nehmen, inwiefern die Informationsgewinnung in Einklang mit dem Informationsbedarf stünde und daraus abgeleitet, wie die Steuerung und Erfassung des Meldungsaufkommens sowie die Verarbeitung gestaltet werde. Mithin also ging es um nichts weniger als die Frage, inwieweit das MfS in der Lage war, zielgerichtet und wirkungsvoll zu arbeiten.[172] In den beigefügten Richtlinien versuchte die ZAIG der Informationsbeschaffung eine klare Richtung zu geben. Nicht was gesammelt wird, sei wichtig, sondern was gebraucht werde. Diese eigentlich grundsätzliche Frage spielte bislang offensichtlich in der geheimpolizeilichen Praxis eine nachgeordnete Rolle. Nach dem Eindruck der Zentrale arbeitete der Apparat eher nach dem Motto, dass alles gesammelt werde, dessen man habhaft werden könne. Insofern wurden die Leiter beauf-

170 BV Berlin, Wichert, an ZAIG, 23.4.1971; BArch, MfS, BV Berlin, AKG 859.

171 Rede des Ministers auf der zentralen Dienstkonferenz, März 1971; BArch, MfS, ZAIG 33263, Teil 1, Bl. 393.

172 ZAIG an Leiter, 10.6.1971; BArch, MfS, HA I 5685, Teil 1, Bl. 85–86.

tragt darzulegen, ob und was für die Ermittlung des Informationsbedarfs getan werde. In diesem Punkt machte sich die ZAIG offenbar nicht allzu viele Hoffnung: Falls eine solche Praxis bislang nicht bestanden habe, wie sei die Informationsbeschaffung dann eigentlich organisiert?[173]

Zielten diese Maßnahmen letztlich auf eine Steigerung der Effizienz namentlich der IM-Netze und eine Strukturierung der Informationsflüsse im MfS ab, blieb die Gretchenfrage von diesen Maßnahmen unberührt. Die von der ZAIG beschworene Bedarfsermittlung war letztlich von den Wünschen und Interessen der externen Empfänger abhängig. Angesichts der Zentralisierungsbestrebungen des Informationsflusses konnten solche Einschätzungen aber nur von jenen kommen, die mit den Abnehmern kommunizierten – allen voran Mielke und die engere MfS-Führung. Damit würde ein äußerst sensibles Verfahren geschaffen. Die Frage, was die obersten Führungsgremien interessierte, war letzten Endes eine Machtfrage, weil sie Einblicke in das Arkanum des SED-Staates offenbarte. Die ZAIG unternahm dennoch einen Vorstoß. In den Unterlagen ist der Entwurf für eine interne Ordnung über regelmäßige Rückinformationen des Ministers und seiner Stellvertreter überliefert. Dahinter stand die Erwartung, aus der Kommunikation der obersten Führung mit den Abnehmern in Partei und Staat die eigene Informationsbeschaffung zu verbessern.[174] In Kraft gesetzt wurde diese Vorlage nicht. Eine solche Praxis zu institutionalisieren – auch unter den von der ZAIG vorgeschlagenen höchsten Geheimhaltungsbestimmungen – war letztlich zu viel.[175] Unbeschadet gingen die Diskussionen um die Neuordnung der internen Berichtssysteme weiter, auch wenn sich das MfS damit einer Chance beraubte, eine zielgerichtete Politikberatung zu etablieren.

Die noch über das Jahresende anhaltende Bestandsaufnahme und Neukonzeption des Berichtswesens dürfte wenigstens in Teilen erklären, weshalb das MfS den Machtwechsel nicht zu einer Informationsoffensive nutzte. Im Gegenteil setzte die Staatssicherheit 1971 im Vergleich zu anderen Jahrgängen ausgesprochen wenige innenpolitische Berichte ab. Von den insgesamt 1 215 registrierten Berichtsnummern des Jahres widmeten sich nur 122 und damit rund elf Prozent inneren Vorgängen der DDR.[176] Abzüglich jener zehn Berichte, die als »nicht rausgegangen« zurückgezogen wurden und weiteren acht Berichten, die von vorherein nur zur internen Unterrichtung gedacht waren

173 Vgl. Punkt 1 der Inhaltlichen Anforderungen. MfS, HA I 5685, Teil 1, Bl. 87.

174 So sollten der Minister und seine Stellvertreter angehalten werden, ausgehend von den Festlegungen der obersten Führungsebenen des Staats- und Parteiapparates (genannt werden Staatsrat, Nationaler Verteidigungsrat und Ministerrat), den nachgeordneten Diensteinheiten »neue Erkenntnisse« und »Schlussfolgerungen« für die Auswertung und Beschaffung zukommen zu lassen; BArch, MfS, ZAIG 11642, Bl. 129–130.

175 Entwurf für eine vorläufige Ordnung zu Rückinformationen, undatiert [1971]; BArch, MfS, ZAIG 11642, Bl. 129–133.

176 Insgesamt waren 1 249 Berichtsnummern vorgesehen, 34 davon wurden nicht genutzt. Vgl. Abgabeliste; BArch, MfS, ZAIG 8795.

und keinen externen Verteiler aufweisen, versorgte die Staatssicherheit den Partei- und Staatsapparat mit nur 104 einschlägigen Unterrichtungen.

5. Adressaten, Rezeption und Wirkung der Berichte

Da auch weiterhin eine nachvollziehbare externe Beauftragung unterblieb, stellte sich nicht nur für die ZAIG die Frage, zu welchen Themen überhaupt Berichte geschrieben werden sollten. Die stereotype Beteuerung, das MfS richte sich nach den Beschlüssen der Partei, mochte für die großen Linien der Politik zutreffend sein, im kleinteiligen und vor allem aktuellen Tagesgeschäft half sie kaum weiter.

Wie bereits die über die Fachabteilungen abgewickelte Verteilung der Berichte gezeigt hat, dürften unmittelbare Arbeitskontakte eine Rolle gespielt haben. Dies trifft vor allem für die Kirchenberichte zu, die nur in Ausnahmefällen an das Politbüro gingen und in der Regel als Arbeitsunterlage für die Abteilung Kirchenfragen beim ZK der SED geschrieben wurden. Entsprechend ist davon auszugehen, dass es angesichts des eingespielten Informationsflusses Absprachen zwischen Staatssicherheit und der Abteilung Kirchenfragen gab, was von Interesse war.[177]

Was im Politbüro und ZK außerdem interessierte, war für die Staatssicherheit deutlich schwieriger zu eruieren. Trotz der besonderen Stellung im Machtgefüge des SED-Staates war das MfS von den Diskussionen innerhalb der Parteiführung ausgeschlossen. Das enge Verhältnis zwischen Mielke und Honecker mochte dieses Manko wenigstens in Teilen kompensieren. Ob die aus späteren Jahren kolportierten Vieraugengespräche zwischen Mielke und Honecker im Anschluss an die Politbürositzungen bereits 1971 stattfanden, lässt sich nicht sagen. Gelegenheit dem Staatssicherheitsminister gesprächsweise Aufträge zu erteilen, dürfte Honecker aber genügend gefunden haben.

In der Korrespondenz Mielkes mit dem ZK und dem Politbüro finden sich Belege für eine andere Art der »Auftragssteuerung«. Überliefert sind zahlreiche An- und Nachfragen von Politbüro- und ZK-Mitgliedern zu vorgelegten Berichten oder Sachverhalten, die aber fast ausschließlich außen- und deutschlandpolitische Themen betreffen.[178] Insofern zeigt sich hier erneut, dass die Inlandsberichterstattung des MfS an die Parteiführung auf vergleichsweise wenig Interesse stieß. Zudem fungierte für die Parteispitze neben Mielke auch sein Stellvertreter Bruno Beater als Ansprechpartner.[179] In seiner Eigenschaft als Propagandabeauftragter der Staatssicherheit hielt er

177 Alle sieben zur Verteilung gelangten einschlägigen Berichte gingen nur an Paul Verner und Willi Barth.

178 Vgl. BArch, MfS, SdM 1127.

179 So hielt Beater zur Information 1231/71 mit Hager Rücksprache und wies an, den vorbereiteten Bericht nicht zuzustellen.

vor allem engen Kontakt zu Hermann Axen, Kurt Hager und Albert Norden und versorgte diese mit Informationen, die über die ZAIG kommuniziert wurden. 1971 lassen sich zwei Ausarbeitungen nachweisen, die auf Anweisung von Beater geschrieben wurden.[180] In beiden Fällen ging es weniger um Hintergrundberichterstattung, als vielmehr um eine Abstimmung von Propagandamaßnahmen, mit denen auf bestimmte innenpolitische Ereignisse reagiert werden sollte. Ähnliches lässt sich auch über das KGB sagen, das ebenfalls zu den Empfängern der ZAIG-Berichte gehörte und durch direkte Nachfragen einen gewissen Einfluss auf die Auswahl der Themen nahm.[181]

Mit Mielkes Aufstieg zum Kandidaten des Politbüros boten sich nun Möglichkeiten, die SED-Spitze zielgerichteter zu informieren. Bis dahin hatte Mielke in seiner Eigenschaft als ZK-Mitglied zwar regelmäßig die Tagesordnungen anstehender Sitzungen erhalten und umgekehrt das auch anderen ZK-Mitgliedern zugänglich gemachte Hintergrundmaterial und Parteibeschlüsse erhalten. Die dabei halbjährlich übersandten gedruckten »Arbeitspläne«, d. h. die langfristigen Terminübersichten von ZK und Politbüro, boten einen gewissen Anhalt für die Vorbereitung von Themen in der ZAIG, die diese Materialien zur Auswertung überlassen bekam.[182] Exklusives Wissen war dies nicht, zumal das ZK in der Spätphase der Ära Ulbricht als Ort der Entscheidungsfindung wie auch das Politbüro in den Hintergrund getreten waren. Mit dem Machtantritt Honeckers erhielt das Politbüro vorrübergehend seine frühere Bedeutung zurück, bevor es ab Mitte der 1970er-Jahre wieder an Bedeutung verlor.[183]

Mit seiner Wahl zum Kandidaten des Politbüros Mitte Juni 1971 hatte Mielke unmittelbaren Zugang zu den Diskussionen des engsten Parteizirkels. Der Minister gedachte, von dieser Möglichkeit Gebrauch zu machen. Unmittelbar nach seiner Berufung wurde das in der Normannenstraße eingehende Politbüro-Material innerhalb der Staatssicherheit verteilt und ausgewertet. Bereits seit Jahresbeginn war sämtliches ZK- und später Politbüromaterial entgegen den bisherigen Gepflogenheiten im Vorzimmer des Ministers gesondert erfasst worden.[184] Die ZAIG gehörte seitdem zu den regelmäßigen Empfängern. Spätestens Anfang 1972 ging sie dazu außerdem über, die Tagesordnungen anstehender Politbüro-Sitzungen gefiltert in die Fachabteilungen weiterzureichen. Von dort wurden dann Vorschläge für Material und Berichte

180 Vgl. die Informationen 783/71 und 1238/71.

181 Vgl. die Mitteilung des KGB an Beater, undatiert; BArch, MfS, SdM 668, Bl. 20.

182 Vgl. die Einträge im Posteingangsbuch ZK; BArch, SdM 483, Bl. 28.

183 Malycha, Andreas: Die SED in der Ära Honecker. Machstrukturen, Entscheidungsmechanismen und Konfliktfelder in der Staatspartei 1971 bis 1989. München 2014, S. 70 ff., sowie Bergien, Generalstab.

184 Vgl. SdM 458 und 483. Das alte Posteingangsbuch (SdM 458) enthält nach dem 1.1.1971 nur noch Schreiben der ZK-Abteilung Sicherheit, während zuvor sämtliches ZK-Material dort registriert wurde.

erbeten, die den »Genossen Minister sachkundig« und besonders »vom Standpunkt der Sicherheit her« in die Lage versetzen sollten, seine Kollegen zu unterrichten.[185] Dass sich nunmehr das MfS mit dieser Praxis über die Geheimhaltungsvorschriften des Parteiapparates hinwegsetzte, indem illegale Kopien gefertigt und archiviert wurden, steht auf einem anderen Blatt. Doch auch dieses 1971 verbesserte System hatte Grenzen. Änderungen der Tagesordnungen und insbesondere tagesaktuelle Problemstellungen ließen sich auf diese Weise nicht vorausplanen. Was auf den Zusammenkünften des Politbüros tatsächlich besprochen wurde, ging aus den abschließenden Tagesordnungen hervor, die in der Regel mit kaum mehr als 24 Stunden Vorlauf eintrafen. Unbeschadet konnte Mielke mit dieser Art von Vorbereitung und – wichtiger noch – in Kenntnis der Debatten innerhalb der Parteiführung theoretisch in einem Maße Einfluss nehmen, das ihm bislang nicht möglich gewesen war.[186]

Vorläufig hat es allerdings den Eindruck, dass Mielke wenigstens 1971 diese neuen Möglichkeiten noch nicht voll ausschöpfte. Das zeigt schon die erwähnte geringe Anzahl abgesetzter Berichte. Eine Korrelation der Berichtsinhalte mit den im Politbüro behandelten Themen bleibt zudem wie in anderen Jahrgängen die Ausnahme. Entscheidend dürfte sein, dass das Politbüro nur am Rande überhaupt innenpolitische Probleme erörterte. Die Aufmerksamkeit der Parteiführung war 1971 ganz auf die internationalen und vor allem deutschlandpolitischen Entwicklungen gerichtet. Dass Mielke aber an neuralgischen Punkten Einfluss nahm oder wenigstens die Entscheidungen Honeckers zu flankieren suchte, zeigen punktuell die Stimmungsberichte zur Versorgungslage, die im Zusammenhang mit den ersten neuen sozialpolitischen Maßnahmen standen. Eine Untersuchung, inwiefern die Politbürositzungen mit HV-A-Unterrichtungen flankiert wurden, steht aus und könnte hier andere Ergebnisse zeitigen. Umgekehrt lässt sich eine breitere Übereinstimmung der ZAIG-Berichte mit den Themen der ZK-Sitzungen feststellen, insbesondere auf dem Energie- und Wirtschaftssektor. Insgesamt bleibt auch mit Blick auf den Jahrgang 1971 der Eindruck, dass Mielke die ZAIG-Berichte nicht als offensives Einflussinstrument verstand oder nutzen wollte, sondern selektiv und zumeist anlassbezogene Informationspolitik betrieb, die ganz auf den neuen Parteichef zugeschnitten war. Honecker erhielt mit 28 innenpolitischen Unterrichtungen weit mehr Berichte als jede andere SED-Politiker. Diese herausgehobene Position wird noch deutlicher, wenn man bedenkt, dass von den 15 Mitgliedern des alten und 1971 neu gewählten Politbüros nur neun mit innenpolitischen ZAIG-Berichten bedacht wurden.[187] Unter den ZK-Mitgliedern war der Anteil noch geringer: Von den 116 Angehörigen des Zentralkomitees erhielten

185 ZAIG an HA, Auszug aus dem Arbeitsplan des Politbüros im 1. Halbjahr 1972; BArch, MfS, H A XX, 17658.

186 Vgl. die Einträge im Posteingangsbuch; BArch, MfS, SdM 483.

187 Keine innenpolitischen Berichte erhielten 1971 Ulbricht, Mückenberger, Norden, Grüneberg, Ebert und Warnke.

nur knapp fünfzehn Prozent (17) innenpolitische Lageberichte. Vierzehn von ihnen bekleideten zugleich Funktionen als Minister oder stellvertretende Minister und wurden wahrscheinlich nur deshalb im Verteiler berücksichtigt. Auf der Arbeitsebene unterrichtete die ZAIG sechs Mitarbeiter des ZK-Apparates, allen voran die dortigen Abteilungen für Sicherheit und Kirchenfragen.[188] Außerhalb des Parteiapparates gingen die ZAIG-Berichte an sieben Regierungsfunktionäre, die meisten von ihnen in der Funktion eines Ministers oder Staatssekretärs.[189]

6. Druckauswahl und Formalia

In dieser Buchausgabe liegt eine Auswahl der 211 edierten Dokumente des Jahres 1971 vor. Die Zusammenstellung umfasst sowohl standardmäßige Berichte als auch Exemplare mit besonderen formalen oder inhaltlichen Auffälligkeiten. In ihrer Gesamtheit sollen sie einen Eindruck von der innenpolitischen Dynamik des Jahres und der Vielfalt der wiedergegebenen Ereignisse vermitteln. Die Abschriften aller edierten Berichte des Jahres 1971 sind vollständig auf der Website https://1971.ddr-im-blick.de abrufbar. In Form einer Datenbank ist hier auch eine elektronische Volltextrecherche möglich.

Die Wiedergabe der Dokumente folgt grundsätzlich dem Original. Die Rechtschreibung ist den heutigen gültigen Regeln angeglichen. Während kleinere Tipp- und Rechtschreibfehler stillschweigend korrigiert werden, bleiben größere Orthografie- und Grammatikfehler aus Gründen der Quellenauthentizität unverändert. Ungewöhnliche Abkürzungen werden stillschweigend in übliche umgewandelt oder ausgeschrieben. Eventuelle Unterstreichungen, Randvermerke und Einkreisungen werden im Dokumentenkopf erwähnt, wenn sie gleichmäßig einen Großteil des Textes betreffen. Auf besondere Markierungen einzelner Wörter oder Sätze wird in einem Fußnotenkommentar aufmerksam gemacht.

Der Jahrgang 1971 weist in den Dokumentenköpfen einige Besonderheiten auf. Dazu gehören die bereits erwähnten Weiterleitungsvermerke in den Verteilern, die Hinweise auf die Kommunikationskanäle des MfS in den Staats- und ZK-Apparat geben. Zum anderen weisen viele Berichte zwei Datierungen auf, die in der Regel einige Tage voneinander abweichen. Es handelt sich sehr wahrscheinlich um das Datum der Bestätigung der Verteiler-

188 Aus der Abteilung Sicherheit wurden Walter Borning (Leiter), Fritz Renckwitz (zuständig für das MfS) und Bruno Wansierski (stellvertretender Abteilungsleiter) mit Berichten bedacht. Daneben Willi Barth als Leiter der Abteilung Kirchenfragen sowie Hillmar Weiss als Leiter der ZK-Abteilung für Handel, Versorgung und Außenhandel.

189 Otto Arndt (Minister für Verkehrswesen), Karl Dietzel (stellv. Minister für Volksbildung), Hermann Klare (Präsident der AdW), Michael Kohl (Staatssekretär des MfAA), Klaus Siebold (Minister für Grundstoffindustrie), Kurt Singhuber (Minister für Erzbergbau) und Gerhard Zimmermann (Minister für Schwermaschinenbau).

vorschläge, die nicht in der ZAIG, sondern dem Vorzimmer des Ministers erfolgten. In vielen Fällen sind die späteren Daten mit dem Tag des Postausgangs bei der ZAIG identisch. Die abweichenden Datierungen sind unter Vermerke erwähnt. Weist der Bericht nur ein Datum auf, wird dies wie üblich als Datum der Berichtsabfassung angenommen.

Gemäß § 32a des Stasi-Unterlagen-Gesetzes wurden die in den Texten erwähnten Personen der Zeitgeschichte sowie Amts- und Funktionsträger öffentlicher Institutionen vor der Veröffentlichung von Informationen zu ihrer Person benachrichtigt, wenn die Angaben nach einer Einordnung verlangen oder über ihre reine Funktionstätigkeit hinausgehen. Betroffene, die nicht zu diesen Personenkreisen gehören, wurden um eine Einwilligung für die Publikation von Daten zu ihrer Person gebeten. Um den Schutz der Persönlichkeitsrechte zu gewährleisten, war es bei einigen wenigen Berichten notwendig, Passagen, Personennamen oder Adressenangaben zu anonymisieren. Die Aussagekraft der Quellen wird dadurch aber in keiner Weise beeinträchtigt, da es sich hierbei in der Regel um weniger relevante Angaben handelt. Die mitunter sehr aufschlussreichen Anmerkungen und Richtigstellungen von Personen, die sich auf Nachfrage zu den sie betreffenden Aussagen der Berichte äußerten, wurden den Dokumenten als Fußnotenkommentar hinzugefügt. In den Anlagen zu den Berichten erwähnte Personen werden nicht kommentiert.

7. Schlussbetrachtung

Die Veränderungen in der Innen- und Außenpolitik der DDR spiegeln sich in den ZAIG-Berichten des Jahres 1971 nur in Ausschnitten. Hinsichtlich der Themen und Schwerpunktsetzungen kommunizierte die Staatssicherheit grundsätzlich altbekannte Inhalte wie Wirtschaftsprobleme, Fluchten oder Protesthandlungen. Die zwischen 1953 und 1989 geringste Anzahl innenpolitischer Unterrichtungen mag auf den ersten Blick den Eindruck erwecken, 1971 sei geradezu ereignisarm gewesen. Tatsächlich ergibt sich die politische Relevanz dieser wenigen Berichte durch ihre Einbettung in die Diskussionen des Partei- und Staatsapparates. In diesem Zusammenhang erwies es sich als ebenso aufschlussreich auf jene Themenfelder und Vorgänge zu schauen, die das MfS in seiner Berichterstattung ausklammerte, obwohl sie im Partei- und Staatsapparat eine wichtige Rolle spielten.

Jenseits der Herrschaftssicherung mit geheimpolizeilichen Mitteln blieb die nachrichtendienstliche Unterrichtung der Partei- und Staatsführung damit ein Gebiet, auf dem sich das MfS noch immer in der Findungsphase befand. Der Aufstieg Mielkes in den innersten Machtzirkel bot der ZAIG Anlass, eine Bestandsaufnahme vorzunehmen. Die Ergebnisse zeigten zweierlei: Zum einen bestätigte die geringe nachvollziehbare Resonanz auf die geheimen Lageunterrichtungen, dass das MfS an der Verbesserung seiner »Informationstätigkeit« zu arbeiten hatte. Die von der ZAIG im Nachgang zu ihren Evaluationsbemühungen angestoßenen Neuerungen zeitigten wenigstens 1971 noch keine greifbaren Konsequenzen. Andererseits bestätigten sie aber auch, dass Mielkes personenfixierte Informationspolitik, die nicht erst 1971 stark auf Erich Honecker zugeschnitten war, machtpolitisch durchaus rational war. Der neue starke Mann an der Spitze der SED gehörte nicht nur zu den eifrigsten Lesern der ZAIG-Berichte. Mielke verstand es, durch gezielte Platzierung von Themen und Berichten Honecker jene Informationen an die Hand zu geben, die dieser erwartete oder politisch nützlich einsetzen konnte. Inwiefern der offensichtliche Ausschluss des abgesetzten Parteichefs Ulbricht von der innenpolitischen Lageunterrichtung in diesem Zusammenhang zu sehen ist, bleibt eine offene Frage.

Die ZAIG-Berichte waren damit 1971 schwerlich geeignet, für die Parteiführung Seismograph der Lage im Lande zu sein. Die Auswahl der Themen und die Beschränkung des Adressatenkreises machten sie im machtpolitisch heiklen Jahr des Machtwechsels in erster Linie zu einem eklektischen Informationsinstrument für den neuen starken Mann an der Parteispitze.

8. Anhang: Adressaten der Berichte 1971

Tabelle 1: Adressaten der Berichte 1971 außerhalb des MfS

Name	Information Nr. (auch Nr. K-Bericht)	Anzahl
Abrassimow, Pjotr A. (Jg. 1912) sowjetischer Botschafter in der DDR	622	1
Arndt, Otto (Jg. 1920) Minister für Verkehrswesen und Generaldirektor der Deutschen Reichsbahn	768, 819	2
Axen, Hermann (Jg. 1916) SED-Politbüro, ZK-Sekretär für Außenpolitik	419, 464, 705, 752, 783,	5
Barth, Willi (Jg. 1899) Leiter der Arbeitsgruppe Kirchenfragen beim ZK	110, 164, 189, 296, 575, 586, 1067, 1118	8
Böhm, Siegfried (Jg. 1928) ZK-Mitglied, Minister der Finanzen	1145	1

Name	Information Nr. (auch Nr. K-Bericht)	Anzahl
Borning, Walter (Jg. 1920) Leiter der Abteilung Sicherheit beim ZK	34, 274, 319, 336, 519, 635, 639, 847, 899, 1209	10
Dickel, Friedrich (Jg. 1913) ZK-Mitglied, Minister des Innern und Chef der Deutschen Volkspolizei	980, 1231,	2
Dietzel, Karl (Jg. 1928) stellvertretender Minister für Volksbildung, ab Juni 1971 Mitglied der Jugendkommission des Politbüros	302	1
Ewald, Georg (Jg. 1926) ZK-Mitglied, Vorsitzender des Landwirtschaftsrates (Minister)	463	1
Fadekin, Iwan A. (Jg. 1917) Leiter der KGB-Gruppe in der DDR	596, 1063	2
Florin, Peter (1921) ZK-Mitglied, Staatssekretär im Außenministerium und 1. stellvertretender Außenminister der DDR	143, 288, 842	3
Hager, Kurt (Jg. 1912) SED-Politbüro, ZK-Sekretär für Wissenschaft, Bildung und Kultur	273, 274, 282, 288, 302, 314, 321, 721, 1078, 1119, 1231	11
Hoffmann, Heinz (Jg. 1910) ZK-Mitglied, Minister für Nationale Verteidigung	142, 152, 274, 319, 336, 768, 772, 827, 847, 1124, 1123, 1129, 1209, 1157	14
Honecker, Erich (Jg. 1912) SED-Politbüro, bis 2. Mai 1971 ZK-Sekretär für Sicherheitsfragen, ab 3. Mai 1971 Erster Sekretär des ZK der SED (Parteivorsitzender), ab 24. Juni 1971 Vorsitzender des Nationalen Verteidigungsrates	17, 47, 48, 69, 83, 110, 122, 139, 142, 143, 176, 267, 336, 348, 440, 482, 509, 622, 705, 744a, 815, 816, 819, 820, 1063, 1078, 1238 , 1092	28

Name	Information Nr. (auch Nr. K-Bericht)	Anzahl
Honecker, Margot (Jg. 1927) ZK-Mitglied, Ministerin für Volksbildung	282	1
Keßler, Heinz (Jg. 1920) ZK-Mitglied, Stellvertretender Minister für Nationale Verteidigung und Chef des Hauptstabes der NVA	1231	1
KGB Berlin-Karlshorst (»AG«)	32, 83a, 189, 273, 288, 321, 482, 591, 596, 622, 628, 639, 696, 705, 721, 768	16
Klare, Hermann (Jg. 1909) Präsident der Akademie der Wissenschaften (der DDR)	73	1
Kleiber, Günther (Jg. 1931) ZK-Mitglied, stellvertretender Vorsitzender des Ministerrates	673	1
Kohl, Michael (Jg. 1929) Staatssekretär für westdeutsche Fragen beim Außenministerium, seit 1970 Verhandlungsführer in den Verhandlungen zum Transitabkommen, zum Verkehrs- u. zum Grundlagenvertrag DDR – Bundesrepublik, ab 1971 Mitglied der Außenpolitischen Kommission beim Politbüro und der Westkommission beim Politbüro des ZK der SED	83, 705	2
Lamberz, Werner (Jg. 1929) ZK-Mitglied, ab Juli 1971 auch Mitglied des Politbüros, Leiter der Abteilung Agitation beim ZK der SED	17, 139, 226, 250, 282, 302, 622, 892, 956, 1183	10
Markowski, Paul (Jg. 1929) Kandidat, ab Juli 1971 Mitglied des ZK der SED und Mitglied der Außenpolitischen Kommission des Politbüros	464	1

Name	Information Nr. (auch Nr. K-Bericht)	Anzahl
Mittag, Günter (Jg. 1926) SED-Politbüro, ZK-Sekretär für Wirtschaft	130, 176, 621, 669, 673, 688, 746, 905, 980	9
Naumann, Konrad (Jg. 1928) ZK-Mitglied, ab Juli 1971 1. Sekretär der SED-Bezirksleitung Berlin	282, 302, 482, 558, 562	5
Neumann, Alfred (Jg. 1909) SED-Politbüro, 1. Stellvertreter des Vorsitzenden des Ministerrates	73, 136, 142, 143, 176, 274, 314	7
Prey, Günter (Jg. 1930) ZK-Mitglied, Minister für Wissenschaft und Technik	73	1
Rauchfuß, Wolfgang (Jg. 1931) ZK-Mitglied, stellvertretender Vorsitzender des Ministerrates	176, 669, 905, 1145	4
Renckwitz, Fritz (Jg. 1921) Sektorenleiter MfS in der Abteilung für Sicherheitsfragen beim ZK der SED	1231	1
Schürer, Gerhard (Jg. 1921) ZK-Mitglied, Vorsitzender der Staatlichen Plankommission	73, 673, 746,	3
Siebold, Klaus (Jg. 1930) Minister für Grundstoffindustrie	176, 669	2
Sindermann, Horst (Jg. 1920) SED-Politbüro, 1. Sekretär der SED-Bezirksleitung Halle, ab Juli 1971 stellvertretender Vorsitzender des Ministerrates	562,572, 578, 800, 819, 905, 980	7
Singhuber, Kurt (Jg. 1932) Minister für Erzbergbau, Metallurgie und Kali	669, 980	2

Name	Information Nr. (auch Nr. K-Bericht)	Anzahl
Sölle, Horst (Jg. 1924) ZK-Mitglied, Minister für Außenhandel und Innerdeutschen Handel	673, 746	2
Steger, Otfried (Jg. 1926) Kandidat, ab Juli 1971 Mitglied des ZK der SED, Minister für Elektrotechnik und Elektronik	673, 746	2
Stoph, Willi (Jg. 1914) SED-Politbüro, Vorsitzender des Ministerrats	66, 69, 73, 83, 176, 558, 562, 572, 578, 669, 673, 705, 721, 724, 1119	15
Verner, Paul (Jg. 1911) SED-Politbüro, 1. Sekretär der SED-Bezirksleitung Berlin, ab Juli 1971 Leiter der ZK-Abteilung für Sicherheitsfragen und Leiter des Jugendkommission im Politbüro	110, 122, 139, 189, 296, 575, 586, 621, 696, 705, 721, 744, 744a, 768, 772, 1118, 1238	17
Verner, Waldemar (Jg. 1914) ZK-Mitglied, Stellvertreter des Ministers für Nationale Verteidigung und Chef der Politischen Hauptverwaltung der NVA	744, 764	2
Wansierski, Bruno (Jg. 1904) Stellvertretender Leiter der ZK-Abteilung für Sicherheitsfragen	1099	1
Weiss, Hilmar (Jg. 1928) Leiter der Abteilung Handel, Versorgung und Außenhandel des ZK der SED	673, 746	2
Winzer, Otto (Jg. 1902) ZK-Mitglied, Minister für Auswärtige Angelegenheiten	33, 69, 73, 419, 482, 511, 524, 696, 705, 721, 816, 816a	12
Wyschofsky, Günther (Jg. 1929) ZK-Mitglied, Minister für chemische Industrie	73, 688	2

Name	Information Nr. (auch Nr. K-Bericht)	Anzahl
Zimmermann, Gerhard (Jg. 1927) Minister für Schwermaschinen- und Anlagenbau	176, 562	2

Tabelle 2: Name und Funktion der Adressaten innerhalb des MfS 1971

Name	Information Nr. (auch Nr. K-Bericht)	Anzahl
Abteilung Agitation	226	1
Abteilung X (Internationale Verbindungen)	69, 83, 189	3
Arbeitsgruppe des Ministers (AGM)	1231	1
Bezirksverwaltung für Staats-sicherheit Groß-Berlin	899	1
Bezirksverwaltung für Staats-sicherheit Cottbus	1123	1
Bezirksverwaltung für Staats-sicherheit Halle	819	1
Bezirksverwaltung für Staats-sicherheit Potsdam	519, 314	2
Bezirksverwaltung für Staats-sicherheit Suhl	842	1
Bezirksverwaltung für Staats-sicherheit Groß-Berlin (Leiter) Wichert, Erich (Jg. 1909)	122, 139, 226, 282, 302	5
Bezirksverwaltung fü Staats-sicherheit Erfurt (Leiter) Weikert, Martin (Jg. 1914)	673	1

Name	Information Nr. (auch Nr. K-Bericht)	Anzahl
Bezirksverwaltung für Staatssicherheit Karl-Marx-Stadt (Leiter) Gehlert, Siegfried (Jg. 1927)	673	1
Bezirksverwaltung für Staatssicherheit Leipzig (Leiter) Hummitzsch, Manfred (Jg. 1929)	210, 212, 213, 903	4
Einsatzmappe	416	1
Fahndungsführungsgruppe (FFG)	1126, 1231	2
Hauptabteilung HA VII (Ministerium des Inneren, Deutsche Volkspolizei)	139, 847, 1209, 899, 1126, 1231	6
Hauptabteilung I (NVA, Grenztruppen)	34, 142, 152, 274, 319, 336, 768, 772, 827, 1209, 847, 899, 1123, 1124, 1129, 1157, 1231	17
Hauptabteilung IX (Untersuchungsorgan)	314, 348, 440, 509, 519, 800, 816, 816a, 819, 842, 847, 899, 1124	13
Hauptabteilung VI (Passkontrolle, Tourismus, Interhotel)	83a, 419, 440, 596, 816, 819, 823	7
Hauptabteilung XIX (Verkehr, Post, Nachrichtenwesen)	139, 819, 823	3
Hauptabteilung XVIII (Leiter) Mittig, Rudi (Jg. 1925)	210, 212, 213, 903	4
Hauptabteilung XX (Staatsapparat, Kirchen, Kultur, Untergrund)	139, 820, 825, 842, 1078	5
Minister für Staatssicherheit Mielke, Erich (Jg. 1907)	K 1/20, K 1/25, 32, 66, 83a, 122, 130, 139, 210, 212, 213, (226), 288, 416, 705, 721, 744a, 815, 816, 820, 825, 903, 970, (980), 1126, 1145, 1231, 1243	28

Name	Information Nr. (auch Nr. K-Bericht)	Anzahl
Stellvertretender Minister für Staatssicherheit Beater, Bruno (Jg. 1914)	K 1/20, K 1/25, 17, 47, 48, 122, 596, 628, 696, 705, 721, 744a, 815, 816, 816a, 819, 820, 825, 1243	19
Stellvertretender Minister für Staatssicherheit Scholz, Alfred (Jg. 1921)	K 1/20, 122, 815, 816, 820, 825, 827	7
Stellvertretender Minister für Staatssicherheit Schröder, Fritz (Jg. 1915)	17, 33, 47, 48, 66, 69, 73, 83, 83a, 122, 130, 136, 139, 142, 143, 164, 176, 189, 210, 212, 213, 226, 267, 273, 282, 296, 302, 321, 464, 509, 524, 558, 562, 572, 575, 578, 586, 591, 669, 673, 688, 705, 746, 800, 903, 905, 980, 1078, 1231, 1119, 1145, 1067, 1118	53
Zentrale Auswertungs- und Informationsgruppe (ZAIG)	744	1
Zentrale Auswertungs- und Informationsgruppe (ZAIG) Hackenberg, Dieter (Jg. 1931)	519, 819, 970	3
Zentrale Auswertungs- und Informationsgruppe (ZAIG) Tannhäuser, Dieter (Jg. 1936)	K 1/22, 419	2
Zentrale Auswertungs- und Informationsgruppe (ZAIG) Schorm, Ursula (Jg. 1934)	17, 130	2
Zentraler Operativstab (ZOS)	815, 820, 825	3

Editionsgrundsätze

Daniela Münkel

Die geheimen Stasi-Berichte an die SED-Führung über die DDR werden vollständig ediert. Nicht aufgenommen werden die vorwiegend von der Hauptverwaltung A stammenden Berichte über die Bundesrepublik und das Ausland. Eine weitergehende Auswahl findet nicht statt. Die Dokumente sind in der Edition unabhängig von ihrer Zugehörigkeit zu einer Berichtsserie (»Informationsdienst«, »Analysen«, »Informationen«, »O-Reihe« und »K-Reihe«) chronologisch sortiert.[1] Dabei sind Nummerierung und Datum nicht immer kongruent. Sortierkriterium ist das Datum.

Um den Anforderungen einer zeitgemäßen Edition gerecht zu werden und insbesondere eine digitale Volltextrecherche zu ermöglichen, werden – neben der 320-seitigen Auswahledition in Buchform – das gesamte Textkorpus, die Einleitungstexte, die Faksimiles, die Fußnoten, die Dokumentenköpfe und -apparate sowie das Abkürzungs- und Dokumentenverzeichnis in Form einer Datenbank und ein Jahr nach Erscheinen des jeweiligen Jahrgangs im Internet publiziert (www.ddr-im-blick.de). Da die gesamte Edition in elektronischer Form vorliegt und durch die Datenbank mit komfortabler Volltextrecherche erschlossen werden kann, wurde auf die Erstellung von Registern verzichtet.

Kommentierung

Die Kommentierung wird möglichst knapp gehalten. Sie soll den historischen Kontext verständlich machen und eine Orientierungshilfe für die Nutzerinnen und Nutzer sein. Der Kommentar erläutert kurz Begriffe, Ereignisse und Sachverhalte, die aus dem Bericht nicht verständlich werden und ergänzt diese u. U. durch Hinweise auf einschlägige Forschungsliteratur. Darüber hinaus werden textkritische Hinweise gegeben sowie erwähntes veröffentlichtes Schriftgut bzw. audio-visuelle Medienprodukte nachgewiesen. Personennamen werden generell erläutert, wobei die Kommentierung sich auf die Angabe des Geburtsjahrgangs sowie diejenigen Ämter und Funktionen beschränkt, die die betreffende Person zum jeweiligen Zeitpunkt innehatte. Weitere Angaben erfolgen nur, wenn sie für den historischen Kontext des jeweiligen Dokumentes von Belang sind. Ausgenommen von der Erläuterung sind lediglich Personen von absoluter historischer Bedeutung, wie beispielsweise Stalin oder Hitler sowie für diesen Jahrgang Walter Ulbricht. Fehlende biografische Angaben bei anderen Personen sind darauf zurückzuführen, dass sie sich nicht mit vertretbarem Aufwand ermitteln ließen. Um jedes Do-

1 Zur Erläuterung der diversen Berichtsserien vgl. das Vorwort zu dieser Edition.

kument für sich verständlich zu machen und eine Häufung von Querverweisen zu vermeiden, wird jedes Dokument eigenständig kommentiert. Deshalb tauchen manche Fußnoten gleichen Inhalts in mehreren Dokumenten auf. Die Fußnotenzählung beginnt für jedes Dokument neu. Verweise auf die zentrale Presse der DDR (»Neues Deutschland«, »Berliner Zeitung«, »Neue Zeit«) werden durch die Verlinkung auf die ZEFYS-Portal der Deutschen Staatsbibliothek Berlin ergänzt. Für die Nutzung dieser Daten ist die Anmeldung auf der Website http://zefys.staatsbibliothek-berlin.de/ddr-presse/erforderlich. erforderlich.

Wiedergabe der Berichte

Die Berichte werden vollständig inklusive Titel, Text, Datumsangabe, Verteiler, Vermerke und Anlagen ediert. Seit Ende der 1950er-Jahre wurde für die Berichte ein vorgedrucktes Formblatt verwendet, das den Zusatz »Streng geheim! Um Rückgabe wird gebeten!« im Kopf führt. Der stereotype Text des Formblattes wird in der Edition nicht reproduziert. In der Buchversion werden – aus Platzgründen – Anlagen nur dann abgedruckt, wenn sie für das Verständnis des Hauptdokuments gänzlich unverzichtbar sind oder inhaltlich einen eigenständigen Charakter haben. Sofern den Berichten Fotos oder Grafiken als Anlagen beigefügt sind, werden diese in der Regel kurz beschrieben – wenn sie sehr aussagekräftig sind und dies rechtlich möglich ist, auch abgebildet.

Der Text der Berichte wird weitestgehend im Originaltextfluss publiziert. Abgewichen wird davon durch das Ignorieren von Seitenumbrüchen sowie durch die Tilgung von inhaltslosen bzw. inhaltsschwachen Leerzeilen, Zeilenumbrüchen und Trennungen. Die Anlagen werden nach den gleichen Regeln behandelt. Deren Überschrift wird – wenn sie vorliegt – wörtlich übernommen, allenfalls ergänzt um fehlende, aber sprachlich notwendige Bestandteile.

Da die Berichte in ihrer Endfassung archiviert wurden, finden sich in den Originalen nur wenige Streichungen, Zusätze oder Vermerke, die nachzuweisen wären. Die handschriftlichen Notizen am Blattrand sowie bedeutungstragende Unterstreichungen und Hervorhebungen werden in den Fußnoten dokumentiert. In Ausnahmefällen konnten Textteile ermittelt werden, die nicht in die Endfassung eingingen; diese werden am Ende des Berichtes nachgewiesen, um die Genese des Textes transparent zu machen.

Die Rechtschreibung ist der heute gültigen angepasst. Einfache Tipp- bzw. Schreibfehler werden stillschweigend korrigiert. Stark abweichende fehlerhafte Schreibweisen werden in Fußnoten angezeigt. Vom Bearbeiter vorgenommene Einfügungen und Auslassungen sind mit eckigen Klammern gekennzeichnet. Alle Formen der Texthervorhebung in den Dokumenten (Unterstreichung, Sperrung, Versalien usw.) werden durch Kursivierung wiedergegeben. Abkürzungen sind in der elektronischen Version mit ihrer Bedeutung verlinkt, im Buch steht ein Abkürzungsverzeichnis zur Verfügung.

Fremdsprachliche Begriffe, Namen und Eigennamen werden wie im Original, jedoch unter stillschweigender Korrektur eventueller Schreibfehler, wiedergegeben. Bereits aus dem Russischen in lateinische Buchstaben übertragene Worte werden nach den geltenden Transkriptionsregeln vereinheitlicht. Ebenfalls einheitlich – nach dem derzeit gültigen Duden – wurde die Schreibweise von »Westberlin« und »Ostberlin« festgelegt.

Dokumentenkopf und Dokumentenapparat

Der Dokumentenkopf setzt sich aus Datum und Titel des Berichtes zusammen. Die Datierung bei der Reihe »Informationen« bezieht sich entweder auf die Ausfertigung durch die ZAIG oder die Bestätigung durch Erich Mielke bzw. dessen Stellvertreter. Undatierte Berichte sind in der Datumszeile durch den Zusatz [ohne Datum] kenntlich gemacht. Sofern Erklärungen zum Datum nötig waren, sind diese in der Rubrik »Datum« angemerkt. Dies gilt vor allem, wenn die Datierung fehlt oder unvollständig ist und durch die Bearbeiter festgelegt wurde (»Datierung durch den Bearbeiter«). In diesen Fällen wird zusätzlich ein (genaues) Datum festgeschrieben, welches die chronologische Einordnung des Dokuments in die Datenbank ermöglicht (»Einsortierung«).

Der Titel der »Informationen« wird gleichlautend zum Original wiedergegeben. Da vor allem in den 1950er- und 1960er-Jahren die Titel der Berichte nicht immer systematisch vergeben wurden, sind diese unter dem Begriff »Information« vereinheitlicht worden. Die Registriernummern der »Informationen« werden in den Titel integriert. Die vom ZAIG-Sekretariat erst bei der Archivierung festgelegten Ablagenummern der Serien O und K werden ebenfalls im Titel nachgewiesen; sie stehen jeweils am Ende in eckigen Klammern. Die Serie »Sonderinformationen« der frühen 1950er-Jahre wird der Reihe »Informationen« zugeordnet. Diese wie auch die in den ersten Jahren bestehende Serie »Analysen« erhalten eine vom Bearbeiter vergebene – in eckigen Klammern stehende – technische Nummerierung (bestehend aus laufender Nummer, Schrägstrich und den letzten zwei Ziffern des Jahrgangs), um die Verwaltung der Berichte in der Editionsdatenbank zu ermöglichen. Das Gleiche gilt für die Vorformen der Serie »Informationsdienst« im Juni 1953, die eine – ebenfalls in eckigen Klammern gesetzte – technische Bezeichnung und Nummerierung erhalten (»Meldung«, laufende Nummer, Schrägstrich, letzte zwei Ziffern des Jahrgangs). Die Serie »Informationsdienst« selbst (1953–57) wird unter den vom MfS vergebenen ein- bis vierstelligen Nummern geführt – in der Datenbank mit dem Zusatz: Schrägstrich und letzte beide Ziffern des Jahrgangs, um die Zuordnung zum jeweiligen Berichtsjahrgang zu gewährleisten.

Der Dokumentenapparat gliedert sich in folgende Unterpunkte: Quelle, Serie, Verteiler (mit aufgeschlüsselten Namen, sortiert nach MfS-extern und -intern), Datum, Vermerke, Bemerkungen zu allen übrigen Fakten, Nachweis der Anlagen sowie Verweise, die sich auf ein anderes, gesamtes Dokument im direkten Ereigniszusammenhang beziehen. Verweise, die nur auf einzelne Sachverhalte Bezug nehmen, werden in den Fußnoten nachgewiesen. Die Verweise sind in der elektronischen Version verlinkt.

Schutz personenbezogener Daten

Nach dem »Gesetz über die Unterlagen des Staatssicherheitsdienstes der ehemaligen Deutschen Demokratischen Republik« (StUG) notwendige Anonymisierungen werden durch eckige Klammern kenntlich gemacht. Bei der in einigen Fällen unvermeidlichen Streichung längerer Passagen werden die Sachverhalte in eckigen Klammern kurz paraphrasiert. Gemäß § 32a StUG werden Personen der Zeitgeschichte, Inhaber politischer Funktionen und Amtsträger, die in den edierten Berichten vorkommen, vorab darüber informiert, welche Angaben zu ihnen veröffentlicht werden sollen. In der Regel wird in solchen Fällen auch darum gebeten, Anmerkungen oder Ergänzungen zu den Berichten zu machen. Die erhaltenen Rückmeldungen werden bei der Kommentierung berücksichtigt. In den Fällen, für die das StUG die Veröffentlichung von personenbezogenen Daten an die Zustimmung der betroffenen Person knüpft, ist diese erbeten worden.

Immer wiederkehrende MfS-Floskeln

Einige typische verschleiernde MfS-Floskeln tauchen in den Dokumenten immer wieder auf. Diese sollen nachfolgend erläutert werden. Eine sich wiederholende Kommentierung dieser Wendungen in den Fußnoten wird so vermieden. Steht in einem Bericht: dem MfS »wurde intern bekannt«, bedeutet dies in der Regel, dass die Informationen mit nachrichtendienstlichen Mitteln, häufig durch inoffizielle Mitarbeiter, erlangt wurden. Die Formulierung: »Diese Information ist wegen Quellengefährdung nur zur persönlichen Kenntnisnahme bestimmt«, deutet ebenfalls darauf hin, dass die Erkenntnisse aus geheimen Informationen von inoffiziellen Mitarbeitern bzw. mit geheimdienstlichen Mitteln gewonnen wurden.

Funktionen der Datenbank

Die digitale Datenbank für die Berichte bietet zwei unterschiedliche Zugänge zu den Dokumenten an: den Zugriff auf den einzelnen Jahrgang und die Volltextrecherche. Darüber hinaus gibt es eine Reihe weiterer Servicefunktionen, die die Benutzung und Auswertung der Dokumente für die Nutzerinnen und Nutzer erleichtern.

Bei Anklicken des einzelnen Jahrgangs öffnet sich das jeweilige Vorwort. In der rechten Seitenspalte sind die editorische Einleitung, die Faksimiles zum Jahrgang und die Dokumente verlinkt.

Die Unterseite »Dokumente« ist monatsweise geordnet und beinhaltet alle erfassten Berichte. Die einzelnen Dokumente sind innerhalb der monatlichen Auflistung nach Datum sortiert und mit Registriernummer und Kurzfassung des Dokumententitels aufgelistet. Die in den Dokumenten verwendeten Abkürzungen werden durch Mouse over aufgelöst, können aber auch unter dem Reiter »Abkürzungen« nachgeschlagen werden.

Informationen zur Suche finden sich in der Hilfefunktion zum Suchfeld. Suchergebnisse können nach Inhaltsbereich, Jahrgang, Serie und Zeitraum gefiltert werden. Die Sortierung ist nach Relevanz oder chronologischer Auflistung wählbar. Die Phrasensuche einer genauen Wortfolge ist durch die Eingabe der Suchbegriffe in Anführungszeichen möglich.

Die Editionsgrundsätze sind in der Rubrik »Über diese Edition« erläutert.

Blatt 1 zu Information 48/71

Faksimile von Blatt 1 zu Information 48/71

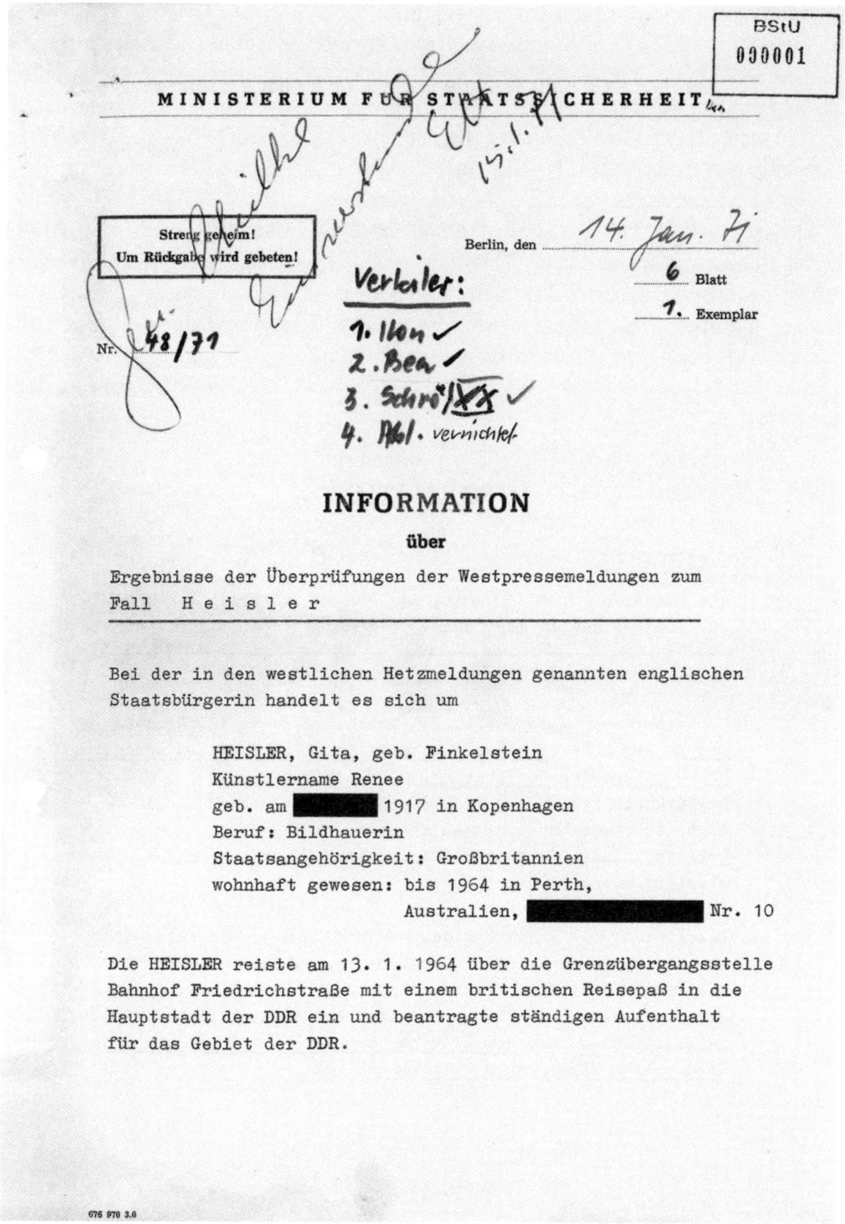

BStU
000001

MINISTERIUM FÜR STAATSSICHERHEIT

Streng geheim!
Um Rückgabe wird gebeten!

Berlin, den 14. Jan. 71

6 Blatt

1. Exemplar

Nr. 48/71

Verteiler:
1. Mon ✓
2. Bea ✓
3. Schrö ✓
4. Abl. vernichtet

INFORMATION

über

Ergebnisse der Überprüfungen der Westpressemeldungen zum
Fall H e i s l e r

Bei der in den westlichen Hetzmeldungen genannten englischen Staatsbürgerin handelt es sich um

HEISLER, Gita, geb. Finkelstein
Künstlername Renee
geb. am [redacted] 1917 in Kopenhagen
Beruf: Bildhauerin
Staatsangehörigkeit: Großbritannien
wohnhaft gewesen: bis 1964 in Perth,
Australien, [redacted] Nr. 10

Die HEISLER reiste am 13. 1. 1964 über die Grenzübergangsstelle Bahnhof Friedrichstraße mit einem britischen Reisepaß in die Hauptstadt der DDR ein und beantragte ständigen Aufenthalt für das Gebiet der DDR.

676 970 3.0

Blatt 1 zu Information 416/71

Faksimile von Blatt 1 zu Information 416/71

MINISTERIUM FÜR STAATSSICHERHEIT

BStU
000001

1. Min
2. Dbl.
3. Einsatzgruppe

Streng geheim!
Um Rückgabe wird gebeten!

Berlin, den

8 Blatt

2. Exemplar

Nr. 416 / 71

INFORMATION

über

die Reaktion der Bevölkerung der DDR zu den Beschlüssen des 16. Plenums des ZK der SED

Übereinstimmend besteht zu den Beschlüssen des 16. Plenums des ZK der SED ein reges Interesse in allen Bezirken und unter allen Teilen der Bevölkerung.
Das drückte sich u. a. auch darin aus, daß besonders am 4. 5. 1971 verstärkt an den Kiosken die Tageszeitungen aufgekauft und die darin veröffentlichten Beschlüsse eifrig studiert wurden.

Dabei steht die Erklärung des Genossen Walter Ulbricht, ihn aus Altersgründen von der Funktion des 1. Sekretärs des ZK der SED zu entbinden, im Vordergrund der Diskussion. Die Argumente der Bevölkerung sind vorwiegend durch Sachlichkeit gekennzeichnet, und dem Ersuchen des Genossen Walter Ulbricht wird volles Verständnis entgegengebracht.

670 970 3.0

Blatt 6 zu Information 744a/71

Faksimile von Blatt 6 zu Information 744a/71

Inf. wurde nicht von ZAIS gemacht

MINISTERIUM FÜR STAATSSICHERHEIT

Streng geheim!
Um Rückgabe wird gebeten!

Berlin, den 29. Juli 1971

Blatt

Exemplar

Nr. 744a/71

BStU
000006

INFORMATION

über

die Grenzprovokation in Berlin-Johannisthal am 24. 7. 1971

Am 24. Juli 1971, gegen 22.40 Uhr, drangen

K ü h l , Werner
geb. am 10. 2. 1949 in Berlin
polizeilich gemeldet in Westberlin 21
(Tiergarten), [redacted]

und

L a n g e r , Bernd
geb. am [redacted] 1948 in Berlin
polizeilich gemeldet in Westberlin 62
(Schöneberg), [redacted]

von Westberlin kommend in Berlin-Johannisthal in Höhe der Britzer Allee in die Hauptstadt der Deutschen Demokratischen Republik ein. Sie überwanden einen Streckmetallzaun, Drahtsperren und den Panzergraben. Beide wurden von zwei in der Nähe weilenden DDR-Bürgern bemerkt, die die Angehörigen der NVA-Grenze informierten. Durch zwei Postenpaare der NVA-Grenze wurde das weitere Eindringen der beiden Personen in die Hauptstadt der DDR bzw. deren beabsichtigte Rückkehr nach Westberlin nach ihrer Entdeckung unter Anwendung von Schußwaffen verhindert.
Kühl wurde durch einen Brustschuß tödlich verletzt und Langer erlitt unkomplizierte Schußverletzungen am linken Arm und am linken Oberschenkel.

676 970 3,0

Blatt 9 zu Information 783/71

Faksimile von Blatt 9 zu Information 783/71

MINISTERIUM FÜR STAATSSICHERHEIT

BStU 000009

2.8. 1. Ar 2. Abl

Streng geheim!
Um Rückgabe wird gebeten!

Berlin, den 2.8.71

11 Blatt

2. Exemplar

Nr. 783/71

INFORMATION

über

einige Probleme der Schadensfälle in der Volkswirtschaft

Im Jahre 1970 und im 1. Halbjahr 1971 analysierte und informierte das MfS über eine Reihe wichtiger Probleme und Vorkommnisse auf dem Gebiet Brände und Störungen in der Volkswirtschaft – ohne Verkehrswesen –, d. h. über Brände, Explosionen, Werkbahnhavarien, Havarien u. a. Störungen.
Schwerpunktmäßig wurden nachstehend angeführte Probleme bzw. einzelne Vorkommnisse komplex oder als Einzelfälle eingehender untersucht und darüber auch informiert.

1. Brände und Störungen bzw. erkannte Mängel in Datenverarbeitungszentren (Neubrandenburg, Schwerin, Rostock)

   Im DV-Zentrum Neubrandenburg ereignete sich ein Großbrand (Schaden insgesamt 9,0 Mio Mark – 2 R 300 vollständig zerstört), dessen Ausgangspunkt und sehr wahrscheinliche Ursache ein Kurzschluß infolge von Querschnittsverengung oder Isolationsfehler war.

676 970 3.0

Blatt 1 zu Information 1243/71

Faksimile von Blatt 1 zu Information 1243/71

MINISTERIUM FÜR STAATSSICHERHEIT

BStU 000001

Wird von Min. erledigt.

Streng geheim!
Um Rückgabe wird gebeten!

Berlin, den 7. Jan. 1972

7 Blatt

3. Exemplar

Anlage 1 Blatt

Nr. 1243/71

1. Min. ✓
2. Berater z. Kenntn. ✓
3. Abl.

INFORMATION

über

Probleme bei der Schaffung von Dienst- und Unterkunftsobjekten für das MfS in Berlin-Hohenschönhausen, Arendsweg

Auf der Grundlage des Beschlusses des Präsidiums des Ministerrates "über die materielle Sicherstellung der erforderlichen Baumaßnahmen an den Grenzübergangsstellen zur Gewährleistung des Transitverkehrs zwischen der BRD und Westberlin sowie des Reiseverkehrs von Bürgern Westberlins in die DDR einschließlich ihrer Hauptstadt" vom 24. 11. 1971 (B 2 - 287/71) ergibt sich mit großer Notwendigkeit die Schaffung von Dienst- und Unterkunftsobjekten für die zusätzlichen Sicherungskräfte des MfS.
Aus diesem Grund haben Beauftragte des MfS mit den zuständigen Mitgliedern des Magistrats Verhandlungen aufgenommen, vor allem mit dem

Oberbürgermeister, Gen. FECHNER,

Stadtrat, Gen. KÜMMEL, Leiter der Bezirksplankommission und

dem stellv. Leiter der Bezirksplankommission und Leiter der Abt. Räumliche Struktur, Gen. [redacted].

676 970 3.0

Blatt 1 zu Bericht K 1/21

Faksimile von Blatt 1 zu Bericht K 1/21

Reg.# 19/77 Ablage

BStU
000001

6.4.1977

K 21

Konzeption

für politisch-operative und publizistische Maßnahmen zur Förderung der politischen Auseinandersetzungen um die Rolle und Funktion des BND und zur Entlarvung der Hintergründe dieser Auseinandersetzungen

---

1. Ausgangspunkt für aktive Maßnahmen des MfS sind die mit der "Spiegel"-Veröffentlichung "Pullach intern" eingeleiteten Angriffe gegen den BND, die offensichtlich auf Initiativen von Strauß und hinter ihm stehenden Führungskreisen der CDU/CSU gemeinsam mit den am weitesten rechts stehenden SPD-Kreisen ausgelöst wurden.

   Diese Kräfte operieren mit Behauptungen, daß der BND auf Grund der Einflußnahme der SPD-Führung (besonders Ehmkes) im Sinne seiner stärkeren Ausrichtung auf die Bonner sogen. Ost- und Deutschlandpolitik in gewissem Maße "funktionsuntüchtig" geworden sei.

   Aus den bisherigen "Spiegel"-Veröffentlichungen und der darauf erfolgten Reaktion kristallisiert sich als eigentliche Zielsetzung immer deutlicher heraus:

   - Forcierung der Angriffe des Rechtskartells auf die "Ost- und Deutschlandpolitik" der Brandt/Scheel-Regierung und zur Schwächung ihrer Position insgesamt;

   - Zurückdrängung des Einflusses führender SPD-Vertreter auf den BND (als eines der wichtigsten Organe des westdeutschen staatsmonopolistischen Herrschaftssystems);

Ausgewählte Dokumente

14. Januar 1971

Information Nr. 48/71 über Ergebnisse der Überprüfungen der Westpressemeldungen zum Fall Heisler

Quelle: BArch, MfS, ZAIG 1889, Bl. 1–6 (1. Expl., zurückgegebenes Honecker-Exemplar).
Serie: Informationen.
Verteiler: Honecker – MfS: Beater, Schröder (über HA XX), Ablage.
Vermerk: Im Dokumentenkopf handschriftlich: »Gen. Mielke, einverstanden«, Paraphe Erich Honecker, 15.1.71 – auf der letzten Seite Unterschrift: »Mielke«.

[Faksimile von Blatt 1]

Bei der in den westlichen Hetzmeldungen genannten englischen Staatsbürgerin handelt es sich um *Heisler,* Gita, geborene Finkelstein, Künstlername Renee,[1] geboren am [Tag, Monat] 1917 in Kopenhagen, Beruf: Bildhauerin, Staatsangehörigkeit: Großbritannien, wohnhaft gewesen bis 1964 in Perth, Australien, [Straße, Nr.].

Die *Heisler* reiste am 13.1.1964 über die Grenzübergangsstelle Bahnhof Friedrichstraße mit einem britischen Reisepass in die Hauptstadt der DDR ein und beantragte ständigen Aufenthalt für das Gebiet der DDR.

In ihrer Begleitung befanden sich die Kinder *Heisler,* Karin,[2] geboren am [Tag, Monat] 1955 in Adelaide und [Name 1, Vorname 1], geboren am [Tag, Monat] 1957 in [Ort].

Aufgrund des Antrages der *Heisler* wurden die genannten Personen in das Aufnahmeheim für Ausländer nach Fürstenwalde eingewiesen. Im Ergebnis des Aufnahmeverfahrens wurde die *Heisler* mit beiden Kindern in der DDR aufgenommen.

Aus den Aufnahmeunterlagen ist zu entnehmen, dass die *Heisler* einer bürgerlichen Familie jüdischen Glaubens entstammt, die im zaristischen Russland lebte. Die *Heisler* lebte bis 1929 in Skandinavien und in Berlin, von wo sie 1937 nach Prag übersiedelte. Im April 1939 emigrierte sie mit ihrem

1 Gita Heisler, Künstlername Reneé, Jg. 1917, britische Bildhauerin, 1964 Übersiedlung in die DDR, Juli 1970 Flucht nach Österreich, 1971 Rückkehr nach Großbritannien. Weitere Angaben zur Person konnten nicht ermittelt werden. Vgl. Moore, Nicole; Spittel, Christina (Hg.): Australian Literature in the German Democratic Republic: Reading through the Iron Curtain. Anthem Press 2016, S. 172 f.

2 Karin Heisler verblieb nach der Flucht ihrer Mutter in der DDR. Im Januar 1971 wurde ihr die Ausreise nach Westberlin gestattet. Zuvor hatte der Fall internationales Aufsehen erregt. Der DDR wurde vorgeworfen, Karin Heisler gegen ihren Willen festzuhalten. Die SED reagierte mit Gegendarstellungen in den Zeitungen der DDR. Vgl. 15jähriges Mädchen als Geisel in Erziehungsheim der »DDR« festgehalten. In: Die Welt v. 12.1.1971, S. 2; DDR hält 15jährige Ausländerin in Jena zurück. In: Der Tagesspiegel v. 12.1.1971, S. 3; Denkt doch mal logisch! In: Berliner Zeitung v. 16.1.1971, S. 2; Hetzkampagne aus Westberlin. In: ND v. 21.1.1971, S. 2 u. 6.

Ehemann *Heisler,* [Vorname 2] nach London. Sie gehörte von 1943 bis Kriegsende der britischen Hilfsarmee als Kraftfahrer und Erziehungsinstrukteur an. In London absolvierte sie eine Kunstschule, die sie 1950 mit dem Diplom abschloss. Von 1952 bis Anfang 1964 lebte sie in Australien. Dort war sie überwiegend im Gaststättengewerbe sowie im Gesundheitswesen tätig. In Perth gründete sie eine private Experimentalschule, die jedoch aufgrund von Verschuldung wieder geschlossen wurde. Eigenen Angaben zufolge wurde die *Heisler* 1962 in Australien der Kindesentführung beschuldigt. Das Verfahren sei jedoch eingestellt worden, da die australischen Behörden angeblich negative Konsequenzen befürchtet hätten. Ihre im Januar 1964 erfolgte Übersiedlung in die DDR begründet sie damit, dass sie sich mit dem demokratischen Teil Deutschlands verbunden fühle und deshalb mit ihren Kindern hier leben wolle. Von ihrem Ehemann [Vorname 2] *Heisler* war sie bereits in Australien geschieden worden.

Nach Verlassen des Aufnahmeheimes lebte die *Heisler* von Januar 1964 bis Januar 1965 in Frankfurt (Oder), danach vier Jahre in Karl-Marx-Stadt[3] und seit dem 28.2.1969 in Halle (Saale), [Straße, Nr.].

Ihr Sohn [Vorname 1 Name 1] verstarb anlässlich eines ČSSR-Aufenthaltes am [Datum] in Prag aus bisher noch ungeklärten Gründen. Im Juli 1964 – während ihres Aufenthaltes in Karl-Marx-Stadt – nahm sie den australischen Jungen Patrice Barry McKenzie, geboren am [Tag, Monat] 1962 in [Ort], in ihrem Haushalt als Pflegekind auf. Patrice B. McKenzie war von Bekannten der *Heisler,* einer Familie [Name 2] und einer Frau [Name 3] aus Australien unter falschem Namen in die DDR gebracht worden, um ihm – nach eigenen Angaben – eine geordnete, progressive Erziehung zu ermöglichen, die in Australien nicht gewährleistet sei.[4]

Die *Heisler* arbeitete während ihres DDR-Aufenthaltes kurzfristig im VEB Papierwaren Frankfurt (Oder), [Passage mit schutzwürdigen Informationen nicht wiedergegeben]. Danach betätigte sie sich als freischaffende Grafikerin und Bildhauerin. Aus Unterlagen der Deutschen Volkspolizei geht hervor, dass die *Heisler* einen schlechten Leumund in den Wohngebieten hatte, [Passage mit schutzwürdigen Informationen nicht wiedergegeben]

Am 5.7.1970 trat die *Heisler,* Gita gemeinsam mit ihrer Tochter Karin und dem Patrice B. McKenzie über die Grenzübergangsstelle Schönberg mit ihrem Pkw Typ VW eine Privatreise in die Ungarische Volksrepublik an. Zum gleichen Zeitpunkt unternahm die Untermieterin der *Heisler,* die Leh-

3 Karl-Marx-Stadt wurde 1990 in Chemnitz zurückbenannt.

4 Die mutmaßliche Entführung des Jungen Barry McKenzie durch Gita Heisler erregte seinerzeit weltweites Aufsehen. Nach der Flucht Gita Heislers in den Westen wurde Barry McKenzie im Juli 1970 in Westberlin in die Obhut der Behörden genommen und kehrte zu seinen Eltern nach Australien zurück. Vgl. Barry, 8, Home Agaian – To Tears. In: The Sydney Morning Herald v. 7./8.9.1970; The McKenzie case. Barry comes home. In: The Bulletin, Australian Financial Times v. 19.9.1970, S. 35.

rerin für Russisch und Englisch, [Name 4, Vorname], geboren am [Tag, Monat] 1934, wohnhaft gewesen: Halle (Saale), [Straße, Nr.], als Angehörige der Robert-Franz-Singakademie[5] Halle ebenfalls eine Reise in die Ungarische Volksrepublik.

Nach Angaben der Karin *Heisler* reiste sie mit ihrer Mutter Gita und dem Patrice B. McKenzie von Ungarn aus nach Wien. Dort trafen sie mit zwei in Westberlin lebenden Bekannten ihrer Mutter zusammen, bei denen der Patrice McKenzie verblieb. Der Grund für diese Handlungsweise ist gegenwärtig noch nicht ermittelt.

Von Wien aus kehrten die *Heisler*, Gita und ihre Tochter Karin nach Budapest zurück. Sie trafen sich dort vereinbarungsgemäß mit der [Name 4, Vorname]. Die Gita *Heisler* erklärte dort ihrer Tochter Karin, dass sie in Begleitung der [Name 4] wegen einer Kunstausstellung nach Bulgarien fahren müsse. Sie empfahl deshalb ihrer Tochter, nach Wien zu fahren und dort auf sie zu warten. Nach diesem Gespräch trennte sich Karin *Heisler* von ihrer Mutter und der [Name 4], um mit der Bahn von Budapest nach Wien zu fahren. An der Grenzübergangsstelle Hegyshalom wurde sie am 9.7.1970 von den ungarischen Grenzsicherungsorganen an der Ausreise gehindert, da ihr Fremdenpass lediglich einen Ausreisestempel der DDR-Grenzübergangsstelle Schönberg und keinen Einreisevermerk für die Ungarische Volksrepublik aufwies.

Sie wurde, weil sie in Halle (Saale) wohnhaft war, der DDR-Botschaft in Budapest überstellt, durch diese am 10.7.1970 in die DDR zurückgeführt und im Kinderheim »Freundschaft« Halle (Saale), Reilstraße 78, untergebracht.

Nach Feststellungen der ungarischen Sicherheitsorgane reiste die *Heisler*, Gita mit ihrem Pkw am 9.7.1970 von Ungarn nach Jugoslawien über die Grenzübergangsstelle Letenye[6] aus. Für diese Ausreise benutzte sie ihren britischen Reisepass (Familienpass), in dem auch die Personalien ihrer Tochter Karin eingetragen waren. Da sich die [Name 4] in Budapest in ihrer Begleitung befand und beide gemeinsam angeblich eine Fahrt nach Bulgarien antreten wollten, die tatsächliche Ausreise der Gita *Heisler* jedoch nach Jugoslawien erfolgte, ist zu schlussfolgern, dass die [Name 4] unter Benutzung der Reisedokumente der Karin *Heisler* (Eintragung im britischen Familienpass und Visum) nach Jugoslawien geschleust wurde. Die konkreten Umstände des Schleusungsverlaufes konnten noch nicht geklärt werden.

Daraus ergibt sich, dass die damals 14-jährige Karin *Heisler* durch ihre Mutter im Zusammenhang mit der Schleusung der [Name 4] in der Ungarischen Volksrepublik ihrem Schicksal überlassen wurde.

5 Die Robert-Franz-Singakademie ist ein 1814 in Halle gegründeter traditionsreicher Laienchor.

6 Im Original: »Latenye«, Stadt in Ungarn an der Grenze zu Kroatien.

In einem Brief an ihre Eltern teilte die [Name 4] mit, dass sie eine günstige Gelegenheit zum ungesetzlichen Verlassen der DDR genutzt habe und sich gegenwärtig in Burgdorf/Hannover aufhält. Dort befand sich entsprechend eines vorliegenden Hinweises zu diesem Zeitpunkt auch die Gita *Heisler*.

Am 15.7.1970 und 16.7.1970 telegrafierte die Gita *Heisler* an das VPKA Halle und forderte Nachricht über den Verbleib ihrer Tochter und die Genehmigung ihrer Ausreise nach Westberlin. Im Zusammenhang damit teilt sie mit, ihr sei die »Zwangsrückführung« ihrer Tochter in die DDR durch ungarische Behörden bestätigt worden.

Außerdem sei darüber die britische Botschaft in Wien und die australische Botschaft in Budapest informiert. Am 2.8.1970 bat die Gita *Heisler* telegrafisch das VPKA Halle, der Tochter ihre vorübergehende Anschrift in Westberlin mitzuteilen. Durch die Heimleiterin wurde am 8.8.1970 an die Karin *Heisler* die Adresse ihrer Mutter übergeben. [Passage mit schutzwürdigen Informationen nicht wiedergegeben]

Um der westlichen Pressekampagne entgegenzutreten ist vorgesehen, eine Meldung zu veröffentlichen, die eine Entlarvung der westlichen Publikationen als gezielte Hetzkampagne gegen die DDR zum Inhalt hat.[7]

Nach dieser Presseveröffentlichung ist beabsichtigt, soweit die Karin *Heisler* dies selbst wünscht, sie auf dem bisher üblichen Wege nach Westberlin ausreisen zu lassen.[8]

7 Wer sich unter die Kleie mengt.... In: ND v. 16.1.1971, S. 2; Hetzkampagne aus Westberlin. In: ND v. 21.1.1971, S. 6.

8 Markierung der beiden letzten Absätze und Randvermerk »richtig«, vermutlich durch Erich Honecker.

15. Januar 1971

Information über besondere Vorkommnisse mit NATO-Besatzern an den Grenzübergangsstellen Drewitz und Marienborn/Autobahn am 12. Januar 1971 [K 1/20]

Quelle: BArch, MfS, ZAIG 4995, Bl. 1–7 (4. Expl.).
Serie: K 1 (Verschiedenes).
Verteiler: Kein Nachweis für externe Verteilung. – MfS: Mielke, Beater, Scholz, Ablage.
Vermerk: Im Dokumentenkopf: Tagebuchnummer ZAIG/60/71.
Anlage: Der Akte liegt ein nicht verteilter Ergänzungsbericht vom 15.1.1971 bei. Er wird nicht ediert.

Am 12.1.1971 kam es an den GÜST Drewitz und Marienborn/Autobahn zu längeren Standzeiten bei verschiedenen Fahrzeugen der westlichen Besatzungsmächte, die zwischen Westdeutschland und der selbstständigen politischen Einheit Westberlin sowie umgekehrt verkehren.

Im Einzelnen handelt es sich um folgende Vorkommnisse:

Ein Pkw der US-Besatzer sowie ein Lkw der britischen Besatzer reisten am 12.1.1971, um 11.30 Uhr bzw. 15.00 Uhr, aus Westberlin kommend, in die GÜST Drewitz ein. Beiden Fahrzeugen wurde seitens der sowjetischen Kontrollorgane um 18.00 Uhr die Ausfahrt in Richtung Marienborn – Helmstedt gestattet.

Am gleichen Tage, gegen 8.30 Uhr, sind von Westdeutschland aus kommend

- ein Lkw der französischen Besatzer,
- ein Lkw der US-Besatzer,
- drei Lkw und zwei Kübel-Fahrzeuge der britischen Besatzer,

in die GÜST Marienborn/Autobahn eingereist, um nach Westberlin weiterzufahren.

Gegen 19.00 Uhr ist durch die sowjetischen Kontrollorgane an der GÜST den genannten Fahrzeugen die Ausreise nach Westberlin freigegeben worden.

Zwischenzeitlich erschien um 16.00 Uhr an der GÜST Marienborn/Autobahn ein Fahrzeug der Militärpolizei, dessen Insassen die Besatzungen der wartenden Militärfahrzeuge mit Schlafdecken versorgten.

Zum Zeitpunkt des Aufenthalts dieses Fahrzeug-Konvois an der GÜST Marienborn/Autobahn führten zwei Hubschrauber des Bundesgrenzschutzes entlang der Staatsgrenze routinemäßige Aufklärungsflüge durch.

Nach uns vorliegenden Informationen liegen die Ursachen des längeren Aufenthalts der Besatzer-Fahrzeuge an den GÜST Drewitz und Marienborn/Autobahn darin begründet, dass die Fahrzeugbesatzungen nicht im Besitz ordnungsgemäßer Dokumente waren bzw. dass auf den Dokumenten entsprechende Stempel fehlten.

Nach westlichen Presseveröffentlichungen sei von den sowjetischen Kontrollorganen ein DDR-Transitstempel in den Begleitdokumenten verlangt worden bzw. es sei versucht worden, den Fahrern der Besatzer-Fahrzeuge ein Kontrollzettel mit einem DDR-Stempel auszuhändigen.[1]

Weiter wäre von den sowjetischen Kontrollorganen bemängelt worden, dass das Abfertigungsverfahren der fünfziger Jahre seitens der westlichen Besatzungsmächte nicht mehr richtig eingehalten werde und deshalb eine Rückkehr zum ursprünglichen Zustand notwendig sei.

Die sowjetischen Kontrollorgane würden sich weiter auf ein gewisses Protokoll von 1957 bei ihren Maßnahmen berufen und einen Transitstempel verlangen, wie er bislang nur bei alliierten Zivilfahrzeugen üblich war bzw. eine bestimmte Kategorie von Militärlastwagen betroffen hätte. Kleinere Militärfahrzeuge seien davon nicht betroffen gewesen.

Im Zusammenhang mit den Standzeiten der Besatzerfahrzeuge an den GÜST Drewitz und Marienborn werden diese Vorkommnisse durch die westlichen Massenmedien (Presse, Funk, Fernsehen) zum Anlass genommen, in scharfmacherischer Form gegen die Sowjetunion Stellung zu nehmen.

So werden u. a. festgelegte Ausbildungsmaßnahmen bzw. Übungshandlungen von Truppenteilen der Sowjetarmee bis Regimentsstärke, die ihren Standort in der Nähe der Verkehrswege der DDR haben, als mögliche Ursache für die Wartezeit der Besatzerfahrzeuge angegeben.[2] (Tatsächlich haben am 11. und 12.1.1971 seitens der Sowjetarmee Truppenbewegungen in Richtung Potsdam – Belzig stattgefunden, bei der die Autobahn Berlin – Marienborn bis zur Abzweigung Leipzig befahren wurde. Vom Stab einer Division der Sowjetarmee in Magdeburg fanden ebenfalls Fahrzeugbewegungen auf der Autobahn Magdeburg – Berlin statt, wobei es sich ausschließlich um Stabsfahrzeuge handelte.)

Truppenbewegungen der NVA oder polnischer Verbände haben in den genannten Zeiträumen in diesen Gebieten nicht stattgefunden. (Es befinden sich keinerlei polnische Truppen auf dem Territorium der DDR.)

Weiter werden durch die westlichen Massenmedien zusammengefasst folgende wesentliche Spekulationen bezüglich der Wartezeiten der NATO-Fahrzeuge an den GÜST Drewitz und Marienborn/Autobahn angestellt:

- Die globale Auseinandersetzung zwischen der Sowjetunion und den USA würde einen neuen Höhepunkt entgegengehen. Der Austragungsort sei wieder einmal Berlin, ohne diesen Vorgang dramatisieren zu wollen.
- Die Sowjetunion wolle den USA deutlich machen, dass jede antisowjetische Kampagne in den USA dazu benutzt werden kann, der USA-Regie-

1 Vgl. Alliierte Militärfahrzeuge gestern auf der Autobahn behindert. In: Der Tagesspiegel v. 13.1.1971, S. 1; Alliierte Fahrzeige im Berlin-Verkehr behindert. In: Die Welt v. 13.1.1971, S. 1.

2 Vgl. Alliierte Militärfahrzeuge gestern auf der Autobahn behindert. In: Der Tagesspiegel v. 13.1.1971, S. 1.

rung und deren Verbündeten sichtbare Demütigungen zuzufügen, da die Sowjetunion bezüglich Berlins am längeren Hebel sitzt.

- Die Sowjetunion wolle sich kurz vor dem nächsten Botschaftergespräch[3] am 19.1.1971 in und über Berlin eine bessere Ausgangsposition verschaffen.
- Die Sowjetunion wolle alle Möglichkeiten durchspielen, die eine Änderung des Viermächtestatus allein für Westberlin unterstreichen sollen.

Es werden aber auch solche Vermutungen darüber angestellt, dass diese Vorkommnisse eine von der Sowjetunion beabsichtigte Maßnahme sei, um die DDR-Behörden an der Kontrolle des alliierten Verkehrs zu beteiligen.

Seit einiger Zeit, so ist den westlichen Verlautbarungen weiter zu entnehmen, falle die Übereinstimmung der offiziösen Äußerungen zur Berlin-Frage in den verschiedenen sozialistischen Ländern auf. Es würde jeder Zusammenhang der Berlin-Frage mit den Verträgen verschiedener sozialistischer Staaten mit der BRD bestritten. Wenn aber ein Zusammenhang nicht ganz geleugnet werden könne, dann würden seitens der sozialistischen Staaten die Westmächte dafür verantwortlich gemacht, dass die Berlin-Gespräche[4] nicht vorangekommen sind.

Möglicherweise habe die Sowjetunion nach den Ereignissen in Polen[5] Interesse daran, Spannung zu erzeugen, um sie als Disziplinierungsfaktor wirken zu lassen.

Aus den bisher vorliegenden Erkenntnissen kann kein schlüssiger Beweis erbracht werden, dass die vom Gegner entwickelten Aktivitäten im Zusammenhang mit den Maßnahmen der sowjetischen Kontrollorgane an den GÜST Drewitz und Marienborn auf Handlungen im Rahmen der NATO-Kommandostabs-Übung »Wintex 71«[6] zurückzuführen sind.

3 Am 19. Januar 1971 trafen sich die Botschafter der Sowjetunion sowie der USA, Großbritanniens und Frankreich zum 13. Gespräch im Rahmen der Vier-Mächte-Verhandlungen über Berlin.

4 Seit dem 26. März 1970 verhandelten die Regierungen der USA, Großbritanniens und Frankreichs sowie der Sowjetunion über ein Vertragswerk, das den rechtlichen Status der seit 1945 von den Siegermächten gemeinsam verwalteten Stadt Berlin und für die Westalliierten besonders wichtig, den Zugang nach Westberlin, kodifizieren sollte. Das Vier-Mächte-Abkommen wurde am 3. September 1971 unterzeichnet und trat am 3. Juni 1972 in Kraft.

5 Als Reaktion auf die anhaltende Versorgungskrise und eine am 12. Dezember 1970 verfügte drastische Erhöhung der Preise für Nahrungsmittel und Waren des täglichen Bedarfs kam es ab dem 14. Dezember vor allem in den nördlichen Großstädten Polens zu Aufständen und Streiks. Am 17. Dezember beschloss die polnische Parteiführung den Einsatz von Militär gegen die Demonstranten. Bei den Kämpfen kamen in den kommenden zwei Tagen nach Schätzungen 41 Menschen ums Leben. In der Folge traten Teile der Parteiführung, darunter auch Parteichef Władysław Gomułka, am 20. Dezember 1970 zurück. Anfang 1971 kam es erneut zu Streiks in einigen Regionen Polens. Zur Beruhigung der Lage verfügte die polnische Parteiführung schließlich die Rücknahme der Preiserhöhungen.

6 Die WINTEX-Manöver der Nato-Staaten fanden zwischen 1968 und 1989 alle zwei Jahre statt. Die Übungen dienten der Vorbereitung auf eine militärische Konfrontation mit dem

Es wurden lediglich Feststellungen über Beobachtungshandlungen des Bundesgrenzschutzes sowie der Westberliner Polizei in den unmittelbaren GÜST-Bereichen gemacht.

Die Ausgangslage bei »Wintex 71« hat im Wesentlichen zum Inhalt, dass zur Stärkung des Prestiges der Sowjetunion und zur Erhaltung der politischen Vorherrschaft sich die Sowjetregierung zu einer Machtdemonstration entschlossen habe, die sich in einer Reihe von Grenzzwischenfällen und in der starken Verzögerung des Lastenverkehrs von und nach Westberlin zeige.

Weiter sind in der Ausgangslage außerdem Luftraumverletzungen, Häufung von Verletzungen internationaler Abmachungen, Grenzprovokationen usw. enthalten.

Die in diesem Zusammenhang erkannten gegnerischen Absichten wie Verstärkung der Beobachtungen des BGS in der Nähe der Staatsgrenze der DDR, ständiger Einsatz der BGS-Flugstaffel Nord sind als reine Maßnahmen innerhalb von »Wintex 71« anzusehen, in deren Verlauf Stäbe und Verbände des BGS mit einbezogen werden, wo z.B. wie vorgesehen, ab 12.1.1971 von der »Grenzüberwachung« zur »Grenzsicherung« überzugehen war.

In gleicher Richtung ist der Einsatz der Fernspähkompanie 100 des 1. westdeutschen Armeekorps Münster einzuschätzen. Diese Kräfte sind ebenfalls nach erfolgten Überprüfungen im Rahmen von »Wintex 71« tätig und operieren in der Nähe der Staatsgrenze der DDR.

Durch die operativen Linien der Aufklärung und äußeren Abwehr sind in Zusammenarbeit mit anderen zuständigen Organen Maßnahmen eingeleitet worden, um die Aktivitäten des Gegners unter ständiger Kontrolle zu halten und daraus weitere Schlussfolgerungen für notwendige Aufgaben unsererseits abzuleiten.

östlichen Militärbündnis des Warschauer Paktes. Die »WINTEX-71« Manöver fanden vom 27. Januar bis 7. Februar 1971 statt.

27. Januar 1971

Information Nr. 83a/71 über abweichende Kontrollmethoden der Westberliner Polizei bei Fahrzeugen diplomatischer Vertretungen vorwiegend sozialistischer Länder an der Westberliner Grenzübergangsstelle Check-Point-Charlie (Friedrichstraße)

Quelle: BArch, MfS, ZAIG 1893 , Bl. 5–6.
Serie: Informationen.
Verteiler: KGB Berlin-Karlshorst (»AG«) – MfS: Mielke, Schröder, HA VI, Bezirksverwaltung Berlin, Ablage (siehe Bemerkung).
Vermerk: Im Dokumentenkopf handschriftlich: »Gen. Schröder: entsprechend Anweisung überprüfen. Eilt! Inf[ormation] mit Ergebnis. Mielke, 28.1.71«.
Bemerkungen: Verteiler aus Bearbeitungsvermerken sowie dem Verteiler auf erster Seite der Information 83/71 rekonstruiert. Die Information 83a/71 ist eine frühere Fassung der Information 83/71; außerdem befindet sich eine redigierte Fassung mit handschriftlichen Anmerkungen in der Akte (Bl. 3–4), sie wird hier nicht ediert.
Verweis: Information 83/71.

Durch Beobachtung der Westberliner Grenzübergangsstelle Check-Point-Charlie wurde bekannt, dass am 25.1.1971 und 26.1.1971 durch Angehörige der Westberliner Polizei sowie des Zolls bei Fahrzeugen diplomatischer Vertretungen im Ein- und Ausreiseverkehr Passkontrollen durchgeführt wurden. Die Diplomatenpässe wurden auf Passbild-Identität und Schriftzeichen überprüft. Die sonst übliche Kontrollmethode bestand darin, dass Diplomatenfahrzeuge langsam, ohne anzuhalten, die West-Grenzübergangsstelle passieren konnten.

Im Einzelnen handelt es sich um
- 3 Diplomatenfahrzeuge der UdSSR
- 5 Diplomatenfahrzeuge der ČSSR
- 10 Diplomatenfahrzeuge der VR Polen
- 4 Diplomatenfahrzeuge der VR Ungarn
- 5 Diplomatenfahrzeuge der VR Bulgarien
- 1 Diplomatenfahrzeug der VR Rumänien
- 1 Diplomatenfahrzeug der VR Jugoslawien
- 1 Diplomatenfahrzeug der Sozialistischen Republik Kuba
- 3 Diplomatenfahrzeuge der Republik Finnland
- 3 Diplomatenfahrzeuge der VAR
- 1 Diplomatenfahrzeug der Republik Irak

An anderen Grenzübergangsstellen der selbstständigen politischen Einheit Westberlin wurden derartige abgleichende Kontrollmethoden nicht bekannt.

Es ist anzunehmen, dass es sich bei diesen gegnerischen Aktivitäten um sogenannte Gegenmaßnahmen auf die im Zusammenhang mit den rechtswidrigen Tagungen westdeutscher politischer Gremien sowie der rechtswidrigen

Ausübung bestimmter Bundespräsenzen[1] in der selbstständigen politischen Einheit Westberlin ergriffenen Maßnahmen seitens der DDR-Kontrollorgane handelt.

Bis zum 27.1.1971 erfolgten diese Kontrollen nur noch stichprobenartig und sind ab 10.00 Uhr eingestellt worden.

1 Dem Viermächte-Status von Berlin entsprechend galt Westberlin völkerrechtlich nicht als Teil der Bundesrepublik, auch wenn die Bundesregierung in Abstimmung mit den Alliierten den Anspruch auf Westberlin stets bekräftigte. Offizielle Veranstaltungen des westdeutschen Regierungsapparates und politischer Parteien auf Westberliner Gebiet galten vor diesem Hintergrund in den Augen der SED-Führung (und Moskaus) als illegitim und wurden insbesondere vor Abschluss des Grundlagenvertrages 1972 zum Anlass für Schikanen und Unterbrechungen des Transit-Verkehrs genommen. Ende Januar 1971 fand ein Besuch des Bundespräsidenten Gustav Heinemann in Westberlin statt. Auch die Bundestagsfraktion der FDP hielt eine Sitzung in Westberlin ab.

29. Januar 1971

Information Nr. 83/71 über Störmaßnahmen der Westberliner Polizei bei der Kontrolle von Fahrzeugen diplomatischer Vertretungen vorwiegend sozialistischer Länder an der Westberliner Grenzübergangsstelle Checkpoint Charlie (Friedrichstraße)

Quelle: BArch, MfS, ZAIG 1893, Bl. 1–2 (6. Expl.).
Serie: Informationen.
Verteiler: Honecker, Stoph, Kohl – MfS: Schröder, Abt. X, Ablage.
Vermerk: Im Dokumentenkopf zusätzliche Datierung: »29.1.« – ebenda: Verteiler für Information 83a/71: Mielke, KGB Berlin-Karlshorst (»AG«), HA VI, Bezirksverwaltung Berlin (siehe Bemerkungen).
Bemerkungen: Die Information 83a/71 ist eine frühere Fassung der vorliegenden Information; außerdem befindet sich eine redigierte Fassung der vorliegenden Information mit handschriftlichen Anmerkungen in der Akte (Bl. 3–4), sie wird hier nicht ediert.
Verweis: Information 83a/71.

Den Organen des MfS wurde bekannt, dass an der Westberliner Grenzübergangsstelle für Ausländer – Checkpoint Charlie – am 25.1.1971 und 26.1.1971 durch Angehörige der Westberliner Polizei sowie des Zolls bei Fahrzeugen diplomatischer Vertretungen im Ein- und Ausreiseverkehr Passkontrollen durchgeführt wurden. Die Diplomatenpässe wurden auf Passbild-Identität und Schriftzeichen überprüft. Die sonst übliche Kontrollmethode bestand darin, dass Diplomatenfahrzeuge langsam, ohne anzuhalten, die West-Grenzübergangsstelle passieren konnten. Es handelte sich dabei um insgesamt 37 Fahrzeuge, darunter allein 30 Fahrzeuge sozialistischer Staaten.

Im Einzelnen sind folgende CD-Fahrzeuge kontrolliert worden:
- UdSSR: 3
- ČSSR: 5
- VR Polen: 10
- VR Ungarn: 4
- VR Bulgarien: 5
- VR Rumänien: 1
- VR Jugoslawien: 1
- Sozialistische Republik Kuba: 1
- Republik Finnland: 3
- VAR: 3
- Republik Irak: 1

An anderen Kontrollpunkten der selbstständigen politischen Einheit Westberlin wurden derartige Störmaßnahmen nicht bekannt.

Am 27.1.1971 erfolgten diese Kontrollen nur noch stichprobenartig und wurden nach unseren Feststellungen ab 10.00 Uhr eingestellt.

Es wird gebeten, zu entscheiden, durch wen eine Abstimmung, insbesondere mit der sowjetischen Seite, über das weitere Verhalten zu derartigen Störmaßnahmen erfolgen soll.

[ohne Datum]

Information Nr. 130/71 über die Reaktion der Bevölkerung der DDR zu den Maßnahmen auf dem Gebiet der Einzelhandelsverkaufspreise

Quelle: BArch, MfS, ZAIG 1898, Bl. 1–5 (5. Expl.).
Serie: Informationen.
Verteiler: Mittag – MfS: Mielke, Schröder, Schorm (ZAIG/1), Ablage.
Datum: Datierung und Einsortierung durch den Bearbeiter: 15. Februar 1971 (nach ZAIG-Postausgangsbuch, BArch, MfS, ZAIG 8516, Bl. 383).

Die weitere Verbesserung der Arbeits- und Lebensbedingungen der Werktätigen wird nach wie vor in allen Schichten der Bevölkerung diskutiert, wobei im Umfang der Diskussionen eine abfallende Tendenz festzustellen ist.

Die *Maßnahmen werden* in erster Linie *als ein Ergebnis der kontinuierlichen Politik von Partei und Regierung auf allen Gebieten des gesellschaftlichen Lebens gewürdigt.*

Es wird zum Ausdruck gebracht, diese Feststellungen seien durch die ständige Beachtung der politischen und ökonomischen Erfordernisse sowie durch die Zielstellung der ständigen kontinuierlichen Verbesserung der Lebenslage der Bevölkerung möglich geworden.

Die beschlossenen *Maßnahmen* der Preissenkung,[1] Rentenerhöhung[2] und der freiwilligen Zusatzversicherung[3] *werden* von der Bevölkerung unter diesen Gesichtspunkten *in breitem* Umfang begrüßt.

Mehrfach wird die Bereitschaft zum Ausdruck gebracht, noch höhere Arbeitsleistungen zu erzielen. Die eingetretenen Vergünstigungen würden jeden einzelnen verpflichten, die Planaufgaben für das Jahr 1971 allseitig und termingerecht zu erfüllen.

1 Mit Wirkung vom 1. Februar 1971 wurden die Preise für bestimmte Verbrauchsgüter in der DDR gesenkt. Die SED-Führung beschloss im August 1971 grundsätzlich keine Preiserhöhungen für Konsumgüter zuzulassen. Vgl. Malycha, Andreas: Der »Konsumsozialismus« der Honecker-Ära und der Eklat um die Erhöhung der Verbraucherpreise im Herbst 1979. In: Deutschland Archiv Online, 3/2012; vgl. auch Beschluss des Ministerrates der Deutschen Demokratischen Republik auf dem Gebiet der Einzelhandelsverkaufspreise, der Sozialversicherung und der Renten vom 29.1.1971. In: ND v. 31.1.1971, S. 5 f.

2 Zum 1. März 1971 wurden die Renten angehoben. Die Einführung einer Zusatzrente sollte das Rentenniveau dauerhaft anheben. Sie sah vor, dass Einkommen über 600 Mark auf freiwilliger Basis mit dieser Abgabe belastet werden konnten. Trotz dieser Maßnahmen blieb das Rentenniveau bis 1989 weit unter dem Durchschnittseinkommen der DDR-Bevölkerung.

3 Zum 1. März 1971 wurde in Erweiterung der seit 1968 bestehenden freiwilligen Zusatzrentenversicherung eine freiwillige Zusatzversicherung als Ergänzung der gesetzlichen Altersrente (Zusatzrente) eingeführt. Einkommen über 600 Mark konnten auf freiwilliger Basis mit dieser Abgabe belastet werden. Trotz dieser Maßnahmen blieb das Rentenniveau bis 1989 weit unter dem Durchschnittseinkommen der DDR-Bevölkerung. Vgl. Schmidt, Manfred G.: Sozialpolitik der DDR. Wiesbaden 2004, S. 65–67.

In zahlreichen Diskussionen wird hervorgehoben, angesichts der auf dem 14. Plenum[4] charakterisierten angespannten Situation in unserer Wirtschaft[5] seien die neuen Maßnahmen nicht erwartet worden, zumal ab 1.3.1971 bereits Gehaltserhöhungen für breite Berufsgruppen wirksam werden. Man müsse sich in diesem Zusammenhang darauf einrichten, dass zukünftig höhere Arbeitsleistungen gefordert werden, um das erforderliche Niveau solcher Maßnahmen zu halten.

Es wird Erstaunen darüber zum Ausdruck gebracht, dass trotz der aufgetretenen Schwierigkeiten bei der Planerfüllung 1970 und beim Plananlauf 1971 zum gegenwärtigen Zeitpunkt derartige Maßnahmen durchgeführt werden können.

Häufig werden Zusammenhänge zu vorherigen Gerüchten über Preiserhöhungen, die in größerem Umfang aufgetreten waren, aufgezeigt. Betont wird, es habe sich wieder einmal gezeigt, dass man derartigen Gerüchten kein Gehör schenken solle.

Die Maßnahmen der Preiserhöhung bei Spirituosen werden vom überwiegenden Teil der Bevölkerung mit Verständnis aufgenommen und als gerechtfertigt angesehen.[6]

Häufig wurde sogar die Ansicht geäußert, dass auch noch eine höhere Steigerung bei den Alkoholpreisen gerechtfertigt gewesen wäre, wenn gleichzeitig Preiserhöhungen bei unbedingt notwendigen Waren vermieden werden bzw. dort weitere Senkungen durchgeführt werden können. Die Diskussionen über die Preiserhöhungen für Alkohol stehen nicht im Mittelpunkt der Argumentation.

Neben den allgemeinen positiven Reaktionen treten vereinzelt folgende abwartende und skeptische bzw. abwertende Argumentationen in Erscheinung:

- Die Maßnahmen könne man allgemein als positiv beurteilen. Aber die Motive seien in der Hauptsache politischer Art. Sie seien ökonomisch nicht vertretbar, würden nicht in das »Bild« passen, das vom 14. Plenum gezeichnet worden sei. Eigentliche Ursache seien die »Arbeitsunruhen« in Polen.[7] Es sollte mit den Preissenkungen ähnlichen Erscheinungen in der DDR vorgebeugt werden.

4 Die 14. Tagung (Plenum) des ZK der SED fand 9. bis 11. Dezember 1970 statt.

5 Zum Zuge der Machtkämpfe innerhalb der SED-Führung, die mit der Ablösung Walter Ulbrichts als Parteichef im Mai 1971 endeten, wurde Kritik der an der bisherigen Wirtschaftspolitik auf der Dezember-Tagung 1970 des ZK der SED geübt und diese auch öffentlich gemacht. Vgl. Malycha, Andreas: Die SED in der Ära Honecker. Machtstrukturen, Entscheidungsmechanismen und Konfliktfelder in der Staatspartei 1971 bis 1989. München 2014, S. 57–60.

6 Zum 1. Februar 1971 wurden die Preise für Spirituosen um durchschnittlich 20 Prozent angehoben.

7 Gemeint ist der Dezemberaufstand 1970 in Polen. In Reaktion auf die Anfang Dezember 1970 verfügte drastische Erhöhung von Preisen für Lebensmittel und Waren des täglichen Bedarfs kam es zwischen dem 14. und 22. Dezember 1970 vor allem in den nördlichen Landesteilen zu Streiks und Demonstrationen, die gewaltsam niedergeschlagen wurden.

- Die Preissenkungen betreffen nur solche Waren, die vorher durch »schleichende Preiserhöhung« sehr teuer geworden waren. Damit handele es sich nicht um eine Preissenkung, wie jetzt angegeben, sondern nur um eine »Preisregulierung«.
- Es werden Befürchtungen zum Ausdruck gebracht, dass die erfolgten Preissenkungen durch nachfolgende Preiserhöhungen, begründet mit Sortimentsänderungen oder Änderungen der Warenstruktur bzw. Qualitätsänderungen, beseitigt werden.
- Wiederholt gibt es Befürchtungen, dass die jetzt gesenkten Waren künftig nicht stabil im Warenangebot vorhanden sein werden.
- Mehrfach werden Vergleiche zu den in der BRD gültigen Einzelhandelspreisen angestellt. Dabei wird betont, die neuen Preise in der DDR seien trotzdem noch bedeutend höher als in der BRD, obwohl das Durchschnittseinkommen der Arbeitnehmer in der DDR etwa um ein Drittel kleiner sei als das in der BRD/Westberlin.
- Die preisgesenkten Waren seien lediglich Ladenhüter. Zum Beispiel seien Kühlschränke und Farbfernseher lediglich deshalb im Preis gesenkt worden, weil die Lagerbestände ständig ansteigen würden.
- Die Preiserhöhungen bei Spirituosen würden die Senkungen aufwiegen und der Staat verdiene dabei noch. Zum Beispiel wurde der Vergleich angestellt, dass die Rentenerhöhungen von 3,00 DM bei einem Teil der Rentner der Preiserhöhung von 3,00 DM für eine Flasche Weinbrand-Verschnitt entspreche.
- In anderen Diskussionen wird hervorgehoben, die Maßnahmen würden in der Hauptsache die besser verdienenden Bürger bevorteilen. Bürger mit hohem Einkommen würden z. B. nicht den billigen Alkohol kaufen, sondern die besseren Sorten, die im Preis nicht erhöht worden seien.
- Auch die freiwillige Zusatzrentenversicherung sei nichts für den »kleinen Mann«. Diejenigen, die schon einen hohen Verdienst hätten, bekämen jetzt auch noch Zuschüsse vom Betrieb für die Rentenversicherung. Das sei gegenüber dem Arbeiter mit einem Verdienst unter 600 DM ungerecht.
- Die teuren Kühlschränke und Farbfernsehgeräte, die im Preis gesenkt worden sind, könnten auch jetzt noch nicht von einem Arbeiter der unteren Lohngruppen oder von kinderreichen Familien erworben werden.

Vereinzelt, aber in allen Bezirken halten *in geringerem Umfang weiterhin Gerüchte* über angeblich noch zu erwartende Preiserhöhungen bei Butter, Fisch- und Fleischwaren, Kaffee und Zigaretten an.

Dabei wird in einigen Fällen geäußert, die Preiserhöhungen bei Spirituosen seien als »Test« zu werten. Es solle abgewartet werden, wie sich die Bevölkerung dazu verhalte. Danach würde entschieden, wie »bei weiteren Preiserhöhungen« vorgegangen werden könne.

17. Februar 1971

Information Nr. 136/71 über einige Probleme der Realisierung des Investvorhabens Polyurethan, Neubau und Prozessautomatisierung im VEB Synthesewerk Schwarzheide

Quelle: BArch, MfS, ZAIG 1899, Bl. 1–16 (3. Expl.).
Serie: Informationen.
Verteiler: Neumann – MfS: Schröder (über HA CVIII), Ablage.
Vermerk: Im Dokumentenkopf zusätzliche Datierung: »17.1.«.
Bemerkungen: Ablageexemplar der HA I mit Sichtvermerken ist überliefert in BArch, MfS, HA I 5865, Teil 1.
Verweis: Information 1162/70.

Ergänzend zu unserer Information 1162/70 vom 11.11.1970 möchten wir auf den neuesten Stand der Realisierung o. g. Probleme aufmerksam machen.

In der im November 1970 von uns gegebenen Einschätzung zu einigen Problemen der Realisierung des Investvorhabens Polyurethan, Neubau und Prozessautomatisierung im VEB Synthesewerk Schwarzheide wurde festgestellt, dass sich bereits im Herbst des Jahres 1970 bei der Realisierung der Vorhaben erhebliche Terminverzüge und Schwierigkeiten zeigten, die die Einhaltung der Staatsplantermine

- Konfektionierung (Elastogran AG)[1] 1.1.1971
- MDI[2]-Anlage (erster ENSA[3]-Teilkomplex 1.4.1971
- Polyesteralkoholanlage (Elastogran AG) 1.7.1971
- TDI[4]-Anlage (zweiter ENSA-Teilkomplex) 1.8.1971

infrage stellten.

Terminverzüge traten sowohl bei den Verkäufern durch

- nicht termin- und qualitätsgerechte Auslieferung der Dokumentationen und
- nicht termingerechte Auslieferung der Ausrüstungen

als auch beim Investitionsauftraggeber VEB Synthesewerk Schwarzheide durch

- fehlende Bau- und Montagekapazität
- nicht termingerechte Lieferung der DDR-Bestellungen an Ausrüstungen
- ungeklärte Roh- und Hilfsstoffversorgung
- fehlende Arbeitskräfte für das Inbetriebsetzen und Betreiben der Anlagen

auf.

1 Die Elastoplast GmbH mit Sitz in Hannover ist ein deutsches Chemieunternehmen, seit 2010 BASF Polyurethanes GmbH.

2 Methylendi(phenylisocyanat) (MDI) ist ein wichtiger Rohstoff zur Herstellung von Polyurethan.

3 ENSA war ein französisches Unternehmen, das an mehreren Bauvorhaben der chemischen Industrie in der DDR beteiligt war.

4 Toluylendiisocyanat (TDI) ist ein Zwischenprodukt bei der Herstellung von Polyurethan.

Bereits zu diesem Zeitpunkt konnte eine eindeutige Schuldbelastung der Verkäufer für auftretende Terminverzüge nicht mehr erfolgen, sodass formell für Lieferverzüge zwar Vertragsstrafen berechnet wurden, jedoch zumindest bereits zum damaligen Zeitpunkt bei der Fa. ENSA keine Aussicht auf eine Durchsetzung der Forderungen bestand.

Die Mehrzahl der am Vorhaben beteiligten DDR-Fachleute vertrat zum damaligen Zeitpunkt in Gesprächen den Standpunkt, dass es für die DDR volkswirtschaftlich vorteilhafter wäre, die Staatsplantermine um drei bis sechs Monate zu verschieben.

Unter diesem Aspekt wurde am 14.10.1970 durch die verantwortlichen Leiter des Investitionsauftraggebers des VEB Synthesewerkes Schwarzheide und des Generalauftragnehmers VEB Chemieanlagen- und Montagekombinat Leipzig eine »Komplexvorlage für die Abteilung Grundstoffindustrie des ZK der SED, Genossen Wambutt,[5] zur Inbetriebnahme der Polyurethanchemie im VEB Synthesewerk Schwarzheide«[6] erarbeitet und der Abteilung Grundstoffindustrie im ZK und dem Minister für chemische Industrie, Genossen Wyschofsky,[7] übergeben.

Auf Veranlassung der Abteilung Grundstoffindustrie im ZK und des Ministeriums für chemische Industrie erfolgte eine nochmalige Überarbeitung der Vorlage und wurde am 2.12.1970 erneut als »Material zur Vorbereitung der Berichterstattung zu Problemen der Realisierung des Automatisierungsvorhabens Polyurethane im VEB Synthesewerk Schwarzheide«[8] eingereicht.

Diese überarbeitete Komplexvorlage stellte, nach Auffassung der Verfasser, entsprechend der Situation eine reale Einschätzung mit konkret realisierbaren Terminen dar, und bildete, nach Einschätzung der Verantwortlichen, eine echte Grundlage für eine Beschlussfassung über eine Staatsplanterminveränderung beim Polyurethanvorhaben Schwarzheide um drei bis sechs Monate. Auf dieser Grundlage wurden die Konzeptionen für die Anfang Dezember 1970 stattgefundenen Verhandlungen mit den Firmen ENSA, Paris und Elastogran AG festgelegt.

Diese Einschätzung entsprach in ihrem wesentlichen Inhalt und ihren Schlussfolgerungen im Prinzip den in den Untersuchungen des MfS getroffenen Feststellungen.

5 Horst Wambutt, Jg. 1932, SED-Funktionär, 1956–61 Lehrstuhlleiter an der FDJ-Hochschule »Wilhelm Pieck« in Bogensee, 1964 Mitarbeiter, 1965–69 Sektorenleiter der Abteilung Maschinenbau und Metallurgie des ZK der SED, 1969–89 Leiter der Abteilung Grundstoffindustrie des ZK der SED, 1981–90 Abgeordneter der Volkskammer.

6 Die »Komplexvorlage« konnte nicht ermittelt werden.

7 Günther Wyschofsky, Jg. 1929, SED-Funktionär, 1964–89 Mitglied des ZK der SED, 1955–57 Sektorenleiter Chemie der Abteilung Grundstoffindustrie im ZK der SED, 1959–62 Leiter der Abteilung Grundstoffindustrie des ZK der SED, 1962–65 stellvertretender Vorsitzender der Staatlichen Plankommission, 1966–89 Minister für chemische Industrie.

8 Die Vorlage konnte nicht ermittelt werden.

Die vom VEB Synthesewerk Schwarzheide und dem VEB Chemieanlagen- und Montagekombinat Leipzig erarbeiteten Materialien waren u. a. die Grundlage für eine Beschlussvorlage des Ministerrates vom Dezember 1970.[9]

In dieser Beschlussvorlage: »Bericht über die Ergebnisse und Schlussfolgerungen zur Durchführung des Polyester- und Polyurethanprogramms« wird die besonders komplizierte Situation im VEB Synthesewerk Schwarzheide hervorgehoben.

Weiterhin wird angeführt, dass das Investitionsgeschehen zur Errichtung der Kapazitäten für Polyurethane weder im Jahre 1970 planmäßig abgelaufen ist noch zurzeit genügend Voraussetzungen dafür vorhanden sind, dass im Jahre 1971 die vorgesehenen Maßnahmen im Plan und in den Bilanzen entsprechend voll eingeordnet werden können.

In der Beschlussvorlage wurden die beim Polyurethan-Vorhaben aufgetretenen erheblichen Schwierigkeiten im Einzelnen dargelegt und es heißt u. a., dass dieser Umstand und eine Reihe von Unzulänglichkeiten im Inland, wie nicht netzplangerechte Bereitstellung von Lieferungen und Leistungen bei solch wichtigen Investgütern, wie Rohrleitungen, Pumpen und Verdichtern, Armaturen, technologischer Stahlbau, Elektrotechnik und anderen, dazu führten, dass der Minister für chemische Industrie für die Aufnahme des Probebetriebes den 1.10.1971 (sechs Monate später als vorgesehen) vorschlug, festzulegen.

Es wurde weiter eingeschätzt, dass auf der Grundlage getroffener Bilanzentscheidungen das Vorhaben in den Monaten Januar und Februar voll materiell mit Lieferungen aus der DDR abgesichert werden kann.

Als außerordentliche Probleme wurden die Fragen der rechtzeitigen Qualifizierung und Bereitstellung von Produktionsarbeitern für die Anlage, die Notwendigkeit der Klärung komplizierter Absatzstrategien auf der Grundlage einer intensiven Marktforschung und Klärung des wissenschaftlich-technischen Vorlaufes angesehen.

Bei uns vorliegende Einschätzungen besagen, dass nach Bekanntwerden der Terminverschiebung für den Probebetrieb um sechs Monate eine Versachlichung der Atmosphäre in der Frage der Realisierung des Investvorhabens eingetreten sei.

Gegenwärtig vorliegende Hinweise lassen jedoch erkennen, dass nach wie vor noch die gleichen Probleme, wie bereits in unserer Information vom November 1970 genannt, stehen und in der Zwischenzeit nicht ausreichend gelöst werden konnten, sodass die erneute Gefahr der Nichteinhaltung der geänderten Staatsplantermine steht.

Im Wesentlichen handelt es sich dabei um folgende Komplexe:

9 Vgl. Beschluss des Ministerrates der DDR über den Bericht über die Ergebnisse und Schlussfolgerungen zur Durchführung des Polyester- und Polyurethanprogramms, 1970; BArch, DC 20–I/4/2387.

1. Probleme in der Abwicklung der Auslandsverträge

Ausgehend von den Forderungen, den wissenschaftlich-technischen Höchststand beim PU-Komplex unter Berücksichtigung handelspolitischer Zielstellungen zu erreichen, wurden die Importverträge mit den Firmen ENSA, Paris und Elastogran AG, Westdeutschland abgeschlossen. Obwohl teilweise günstigere Bedingungen gegenüber anderen Verträgen des PE/PU-Programms erreicht werden konnten, wurden jedoch auch Bedingungen vereinbart, die von vornherein beträchtliche Schwierigkeiten in der DDR mit sich bringen mussten.

Solche Bedingungen sind z.B. die Verpflichtung der DDR, 30 Tage nach schriftlich spezifizierter Aufforderung durch den Verkäufer die Rohstoffe, Betriebsmittel und Hilfsstoffe für den Probebetrieb bereitzustellen.

Diese eingegangenen Verpflichtungen stimmen mit den plan- und bilanzmethodischen Festlegungen der DDR nicht überein.

Vertraglich wurde vereinbart, dass den Verkäufern die Verantwortung für die Montagedurchführung, Montageleitung und Überwachung obliegt.

Der Generalauftragnehmer, VEB Chemieanlagen- und Montagebaukombinat Leipzig, erkennt jedoch die Montageleitung durch den Verkäufer nicht an und verlangt die Übertragung der Verantwortung vom Verkäufer in seinen Verantwortungsbereich.

Aufgrund dieser Nichtanerkennung der Montageleitung werden den Verkäufern (speziell der Fa. ENSA, Paris) keine Arbeitskräfte vom Generalauftragnehmer zur Montagerealisierung zur Verfügung gestellt, was andererseits dazu führt, dass im konkreten Fall die Fa. ENSA damit in die Lage versetzt wird, eigene Terminverzüge der DDR anzulasten.

Die Fa. ENSA hat zum wiederholten Male diese Vertragsverletzungen des Generalauftragnehmers schriftlich gerügt und in diesem Zusammenhang Rechtsansprüche geltend gemacht. Der Generalauftragnehmer weicht den damit verbundenen Auseinandersetzungen aus.

Insgesamt ist die Klärung der Verantwortlichkeit dadurch außerordentlich kompliziert geworden.

Zurzeit ist, wie bereits früher aufgezeigt, eine eindeutige alleinige Belastung der Fa. ENSA nicht mehr gegeben.

2. Bauleistungen

Nach wie vor ist die Realisierung, auch die der veränderten Staatsplantermine, weiterhin stark durch eine nicht reale Planung der Bauleistungen gefährdet.

Die Bilanzierung für das PU-Vorhaben beinhaltet eine Leistung von 40 Mio. Mark, obwohl für die Investrealisierung eine Bauleistung von 60 Mio. Mark erforderlich ist.

Diese bilanzierte Baukennziffer beruht auf einer Bedarfsmeldung des Ministeriums für chemische Industrie an die Staatliche Plankommission vom November 1970.

Die Realisierung der zurzeit fehlenden Bauleistung von ca. 20 Mio. Mark im VEB Synthesewerk Schwarzheide würde die Verzögerung anderer geplanter Bauvorhaben des Bezirkes Cottbus zur Folge haben.

Dabei stehen gegenwärtig folgende drei Objekte zur Diskussion:
- Textilkombinat Cottbus
- Dieselwerkstatt des RAW Cottbus
- NVA-Vorhaben Doberlug-Kirchhain

Entsprechend des Vorschlages einer Arbeitsgruppe der Staatlichen Plankommission wurde dem Präsidium des Ministerrates empfohlen, die Bauleistungen für das Textilkombinat Cottbus um 9 Mio. Mark und des RAW Cottbus um 10 Mio. Mark zu verringern und die restlichen Bauleistungen aus der Reserve zur Verfügung zu stellen.

Die Entscheidung des Präsidiums des Ministerrates steht gegenwärtig noch aus.

Der amtierende Vorsitzende des Rates des Bezirkes Cottbus, Gen. Anders,[10] erklärte in diesem Zusammenhang in inoffiziellen Gesprächen sich mit Kürzungen an den Objekten Textilkombinat Cottbus und RAW Cottbus zugunsten des Polyurethan-Komplexes Schwarzheide nicht einverstanden.

Vonseiten des Hauptauftragnehmers Bau wird eingeschätzt, dass nach einem entsprechenden Bilanzentscheid des Präsidiums des Ministerrates die erforderlichen 60 Mio. Mark Bauleistung für das Synthesewerk Schwarzheide realisiert werden können, ohne dass eine Zuführung von Baukapazitäten erforderlich wird.

Begründet wird es damit, dass im Februar und März mit dem planmäßigen Abbau von Baukapazitäten im VEB Synthesewerk Schwarzheide begonnen werden sollte. Bei Wegfall dieses Abbaues wären genügend Arbeitskräfte zur Einhaltung der gestellten Termine vorhanden.

Die materielle Sicherstellung des Bauwesens kann ebenfalls als gesichert bezeichnet werden, da der Hauptauftragnehmer Bau (VEB Bau- und Montagekombinat Kohle und Energie Cottbus) bereits auf eine zu erbringende Bauleistung von 60 Mio. Mark orientiert wurde und die entsprechenden Maßnahmen einleitete.

10 Wolfgang Anders, Jg. 1921, SED-Funktionär, in den 1950er-Jahren im Staatsapparat tätig, 1957–59 Parteihochschule, 1959/60 2. Sekretär der SED-Kreisleitung Großenhain, 1960–63 Sekretär für Agitation und Propaganda beim Rat des Bezirkes Dresden, 1965–71 stellvertretender Vorsitzender des Rates des Bezirkes Cottbus.

Per 31.3.1971 will der Hauptauftragnehmer Bau 20 Mio. Mark Bauleistung realisieren. Die erbrachte Leistung per 10.2.1971 liegt bei 7,3 Mio. Mark.

Hierzu wird festgestellt, dass die Realisierung von 20 Mio. Mark per 31.3.1971 als real eingeschätzt werden kann.

Um diese Zielstellung zu erreichen, müssen vorhandene Reserven wie
- unbefriedigende Auslastung der vorhandenen Technik,
- lediglich 320 Arbeitskräfte stehen im Schichtbetrieb,
- eine Arbeit »rund um die Uhr« erfolgt nicht

unbedingt genutzt werden.

3. Rohstoffversorgung

Die gesamte Problematik der Rohstoffversorgung (Importe und inlandseitig) ist nach wie vor nicht gelöst.

Als Hauptgrund sind ungeklärte Termin- und Devisenfragen zu nennen. Überprüfungen haben ergeben, dass am 12.2.1971 beim MAW keine Mittel für notwendige Rohstoffimporte für das PU-Vorhaben protokolliert waren.

Inlandseitig treten ebenfalls eine Reihe von Schwierigkeiten in Erscheinung, um deren Behebung sich das Synthesewerk Schwarzheide seit Monaten bemüht.

Unklarheiten in der perspektivischen Abdeckung des PU-Vorhabens bestehen u. a. bei folgenden Rohstoffen:
- PCK Schwedt: Propan – nur bis 1972 laut Koordinierungsvereinbarung gesichert
- Staatliches Getränkekontor: Primasprit Perspektivbedarf nicht gesichert
- Leuna – Kontakte: NSW-Import; Valutamittelbereitstellung nicht geklärt
  - Diäthylentriamin: NSW-Import; Bedarf auf das dreifache gestiegen. In der Bilanz nur 35 % durch Leuna geplant.
  - Dimethylcyclohexylamin: NSW-Import. Durch Leuna werden lt. Abstimmungsprotokoll nur 10 % gesichert.
  - Buna: alle Produkte auf Basis Ethylen. Ab 1973 Bedarfsdeckung nicht geklärt.
- VVB Leichtchemie
  - Glycerin: durch Bilanzorgan werden nur 30 % des Bedarfs gesichert.
  - Trimethylolpropan: zurzeit nur 60 % des Bedarfs gesichert.
  - Fettsäure: nicht gesichert.
- CKB Bitterfeld
  - Chlor: Bedarf nur zu 60 % gesichert
  - NaOH:[11] Bedarf nur zu 50 % gesichert
- CFK Schwarza
  - Aktivkohle: keine Sicherung, da Import nicht bestätigt.

11 NaOH ist die chemische Bezeichnung für Natriumhydroxid.

4. Arbeitskräftebedarf

Wie schon in unserer Information vom November 1970 dargestellt, ist nach wie vor der Einsatz der erforderlichen Arbeitskräfte für das Betreiben der Polyurethan-Anlage ein ungelöstes Problem.

In der Vergangenheit erfolgte eine starke Konzentration auf den Einsatz polnischer Arbeitskräfte im VEB Synthesewerk Schwarzheide.

Nach dem gegenwärtigen Stand ist jedoch eine Zuführung von 759 Arbeitskräften aus der DDR notwendig, deren Unterbringung in Zwischenbelegungen und rechtzeitige Beschaffung von Wohnraum für eine Daueransiedlung nicht gewährleistet ist. Hinzu kommt, dass durch die fehlenden Arbeitskräfte der planmäßige Beginn der Ausbildung des Anlagenpersonals nicht gesichert ist.

Entsprechend eines Vorschlages des VEB Synthesewerkes Schwarzheide ist vorgesehen, zwei Koppersanlagen[12] der Fischer-Tropsch-Synthese[13] am 31.3.1971 außer Betrieb zu setzen.

Die frei werdenden Arbeitskräfte könnten für das Betreiben der PU-Anlage eingesetzt werden. Damit könnte die planmäßige Ausbildung des Anlagenpersonals beginnen und die Werbung weiterer Arbeitskräfte würde sich auf 449 beschränken.

Jedoch ist in diesem Zusammenhang zu beachten, dass mit der Teilstilllegung der Fischer-Tropsch-Synthese die ausfallenden Produkte wie Kogasin II und Paraffingatsch zur Bedarfsdeckung für mehrere Millionen Valutamark aus dem NSW importiert werden müssten.

5. Absatzprobleme

Das im VEB Synthesewerk Schwarzheide zu errichtende PU-Vorhaben wurde in seiner Konzeption maximal auf die Sicherung des Inlandbedarfes ausgerichtet. Nach neuesten Gesichtspunkten hat die Staatliche Plankommission für den Perspektivzeitraum eine wesentliche Erhöhung des Polyurethanexportes vorgesehen. Die damit verbundene Reduzierung der Inlandbedarfsdeckung ergibt, dass der vorgesehene Effekt zur Chemisierung der Volkswirtschaft nicht erreicht werden kann.

Der Inlandbedarf im Perspektivzeitraum liegt wesentlich über dem Vorschlag der Bedarfsdeckung der Staatlichen Plankommission.

12 Ein Koppers-Totzek-Reaktor bzw. eine Koppersanlage wird zur Vergasung von Kohlestaub genutzt.

13 Die Fischer-Tropsch-Synthese ist ein Verfahren zur Herstellung von Kohlenwasserstoffen.

[Anforderungen]	1971	1973	1974	1975	[Maßeinheit]
Inlandbedarf	41	55	66	76	kt
SPK-Vorschlag	23	35	44	55	kt

Seitens der Staatlichen Plankommission wurde von ursprünglich 20 000 Tonnen für den Export vorgesehenen PU-Produkten eine Erhöhung auf 35 000 Tonnen als verbindlich erklärt und möglicherweise eine Erhöhung auf 45 000 Tonnen angedeutet. Begründet wurde diese Maßnahme mit der relativ hohen Importquote für den VEB Synthesewerk Schwarzheide und die Zulieferbetriebe im Inland.

Die sich daraus ergebenden zwangsläufigen Kürzungen vorrangig bei Weichschaum ergeben im Inland eine Reihe von Konsequenzen, die sich auf folgende Bereiche negativ auswirken:

- Möbelindustrie, Fahrzeugindustrie und Schienenfahrzeugbau (außerordentlich exportintensiv);
- Wärme- und Kälteisolierungen bei der VVB EBM (DKK Scharfenstein)[14], Schiffsbau und Kombinat für Luft- und Kältetechnik;
- Bei Hart- und Weichschaum, Integralschaum, Klebern, Conthan, SML[15] und TBM[16] entstehen Auswirkungen in den Bereichen der Möbelindustrie, Schuhindustrie, Lederindustrie und Textilindustrie.
- Der Ausfall von Hartschaum beeinflusst insbesondere die Leichtbauweise.
- Es würden sich ferner Auswirkungen in verschiedenen Industriezweigen, wie z. B. Grundstoffindustrie (Kohle- und Energieprogramm), Erzbergbau- und Kaliindustrie (Klebstoffe für Aluminiumbau), ergeben.

Vorliegende Informationen besagen, dass durch eine Steigerung der Exporte das in Schwarzheide zur Verfügung stehende Exportsortiment nicht den Erfordernissen des Weltmarktes entspricht.

Darüber hinaus legt der Anlagenimport-Vertrag bezüglich des Polyurethan-Exportes Marktbeschränkungen fest, die einen sortimentsgerechten Export erschweren.

Die durch die Staatliche Plankommission festgelegte hohe Exportquote im Perspektivzeitraum durch Servicemöglichkeiten, Maschinenadaption und

14 Gemeint ist das spätere Kombinat Haushaltsgeräte Karl-Marx-Stadt, das aus der VVB Eisen-, Blech- und Metallwaren (EBM) hervorging. Der VEB dkk Scharfenstein produzierte Kühlschränke der Marke Foron.

15 SML war ein aus Polyurethan hergestelltes Kunstleder, das vor allem in der Schuhherstellung verarbeitet wurde.

16 TBM ist ein Kleb- und Dichtstoff.

Lizenzbeschränkungen haben zur Folge, in bestimmtem Umfange neben Vormischungen auch Rohstoffe zu exportieren. Dadurch wird die auf Vormischungen ausgelegte Gesamtkapazität der Anlagen reduziert.

6. Fragen der Ordnung und Sicherheit auf der Baustelle

Es wird eingeschätzt, dass die sich gegenwärtig in der Phase der Realisierung befindlichen Anlagen in einem teilweise unverantwortlichen Zustand befinden.

So ist gegenwärtig u. a. zu verzeichnen,

- dass Mann-Löcher[17] und Flansche an Behältern, Kolonnen und anderen Aggregaten vollkommen schutzlos sind. Es werden keinerlei Konservierungsmaßnahmen durchgeführt, sodass an diesen Behältern stellenweise Rostschichten von 0,5 mm Stärke auftreten. Die Aggregate sind den Witterungseinflüssen ausgesetzt. Schrauben sind zum großen Teil derartig korrodiert, dass sie nur schwer gangbar gemacht werden können.
- Da Rohrleitungsflansche stark korrodiert sind, bestehen keine ebenen Flächen mehr und die Dichtheit der Leitungen ist nicht mehr gewährleistet.
- Die an Druckbehältern angebrachten Stutzen wurden beim Transport bzw. bei der Lagerung so stark verbogen, dass Erneuerungen erfolgen müssen.
- Die als DDR-Beistellung produzierten Behälter für die Papi-Anlagen weisen einen ebenso schlechten Zustand auf wie die importierten Behälter.
- In den Rohrleitungsgräben werden Altpapier, Holz und Unrat abgelagert. Die beginnende Verschüttung und Verfüllung der Gräben hat zur Folge, dass nach einem Verfaulen dieser Gegenstände mit einem Absinken der Betonplatten zu rechnen ist.
- Zur Aufnahme von 1,5 m langen Spannschrauben zur Befestigung der Behälter mit den Fundamenten wurden in den Beton entsprechende Löcher eingebracht. Da diese Löcher nicht abgedeckt wurden, füllten sie sich mit Wasser, was zur Folge hatte, dass in der TDI-Anlage zwei Fundamente zerfroren.
- Weitere noch nicht montierte Aggregate weisen ebenfalls zahlreiche Schäden auf.

Völlig ungenügend ist die Bewachung des Polyurethan-Komplexes, sodass Diebstähle größerer Materialmengen festgestellt werden.

In einem Schreiben der Elastogran AG vom 22.1.1971 an das Synthesewerk wird u. a. auf folgende Diebstähle hingewiesen:

- 60 m Profilstahl,
- zwei automatische Ventile für Kühlmaschinen,
- Regelventil für die Heizungsanlage.

17 Ein Mannloch ist ein Einstieg oder eine Bearbeitungsöffnung an technischen Anlagen.

In dem Schreiben heißt es weiter, dass aus der Kühlmaschine zwei Regelarmaturen herausgesägt wurden, die für die Funktion der Anlage entscheidend sind. Die westdeutsche Firma verweist darauf, dass die Neubeschaffung der Armaturen große Schwierigkeiten bereitet und der Termin für den Probebetrieb zumindest in Teilbereichen infrage gestellt wird.

Von den Vertragspartnern werden gegenüber dem VEB Synthesewerk Schwarzheide entsprechende Forderungen nach Veränderung des derzeitigen Zustandes gestellt.

7. Energieversorgung

Unabhängig von der Klärung der vorgenannten Probleme sollte schon zum jetzigen Zeitpunkt dem Problem der Energieversorgung im VEB Synthesewerk Schwarzheide, unter besonderer Berücksichtigung des Betreibens der PU-Anlagen, Beachtung geschenkt werden.

Im Synthesewerk befindet sich ein überaltertes und kapazitätsmäßig nicht ausreichendes Kraftwerk.

Berechnungen haben ergeben, dass im Synthesewerk ohne Stilllegung der Fischer-Tropsch-Synthese und bei Vollbetrieb der PU-Anlage eine Dampffehlmenge von 40 bis 60 t/h auftreten würde.

Für den Fall der Stilllegung der Fischer-Tropsch-Synthese bestände im Synthesewerk bei einem Dampfaufkommen von 421 t/h ein Bedarf, einschließlich dem des PU-Komplexes, von etwa 420 t/h, d. h., dass für eine Produktionssteigerung kein Dampf mehr zur Verfügung stünde.

In diesem Zusammenhang muss bemerkt werden, dass für das Kraftwerk eine Beauflagung der technischen Überwachung vorliegt, beginnend ab 1973 bis 1975 alle Dampferzeugungsteile stillzusetzen, da die Druckteile der Kessel über 200 000 Betriebsstunden bei einer zulässigen Stundenzahl von 100 000 gelaufen sind.

Seitens des Synthesewerkes wurde im Jahre 1970 für die Rekonstruktion des Kraftwerkes eine Grundsatzentscheidung erarbeitet und der VVB Agrochemie vorgelegt.

Die erforderlichen Bauleistungen in Höhe von 15 Mio. Mark wurden beim Bau- und Montagekombinat Kohle und Energie Cottbus angemeldet. Bis zur Stunde weigert sich die VVB Kraftwerksanlagenbau die Rekonstruktion des Kraftwerkes zu bilanzieren.

18. Februar 1971

Information Nr. 142/71 über eine Grenzprovokation mit tödlichem Ausgang am 17. Februar 1971 im Raum Gaisa, Kreis Bad Salzungen

Quelle: BArch, MfS, ZAIG 1992, Bl. 1–2 (6. Expl.).
Serie: Informationen.
Verteiler: Honecker, Neumann, Hoffmann (über HA I) – MfS: HA I/AIG, Schröder (über HA VII), Ablage.
Vermerk: Im Dokumentenkopf zusätzliche Datierung: »18.1.«.
Bemerkungen: Das Ablageexemplar der HA I ist überliefert in BArch, MfS, HA I 5865, Teil 1.

Am 17.2.1971, gegen 19.08 Uhr, erfolgte ein gewaltsamer Grenzdurchbruch West – DDR im Raum der 6. Grenzkompanie Gaisa, Kreis Bad Salzungen.

Von den Grenzposten wurde festgestellt, dass zur angegebenen Zeit eine männliche Person in das Gebiet der DDR vordrang. Nachdem diese Person von den Posten der NVA/G angerufen wurde, eröffnete sie mit einer KK-Pistole das Feuer auf unsere Grenzstreife. Zu diesem Zeitpunkt befand sich der Provokateur etwa 700 m im Gebiet der DDR. Nachdem der Provokateur das Feuer auf unsere Grenzposten eröffnet hatte, wurde zurückgeschossen, wobei der Provokateur durch zwei Schüsse getroffen wurde.

Nach der sofort erfolgten Überführung des Grenzprovokateurs in das Krankenhaus Gaisa wurde um 20.00 Uhr der Tod durch innere Verblutungen festgestellt.

Von den Grenzposten wurden keine Feststellungen getroffen, dass das Vorkommnis auf westlicher Seite beobachtet worden war.

Bei dem Grenzverletzer handelt es sich um *Möller,* Frank,[1] geboren am 14.6.1946 in Ichtershausen, Kreis Arnstadt, zuletzt wohnhaft gewesen in Hitdorf/Rheinland, [Straße, Nr.].

Möller war ehemaliger Angehöriger der NVA-Grenze und gehörte der Grenzkompanie Gaisa an. Er wurde im Juli 1966 fahnenflüchtig und kehrte im Sommer 1967 in die DDR zurück. Von 1967 bis 1969 war er deshalb inhaftiert. Nach seiner Haftentlassung war *Möller* in Rudisleben, Kreis Arn-

1 Frank Möller, Jg. 1946, Arbeiter, nach abgebrochener Lehre 1965 Verpflichtung als Zeitsoldat in der NVA und Einsatz an der innerdeutschen Grenze, am 19. Juli 1966 Flucht in den Westen, am 10. Februar 1967 Rückkehr in die DDR mit anschließender Verhaftung, am 9. Juni 1967 Verurteilung zu fünf Jahren Gefängnis. In der Haft Anwerbung durch das MfS und anschließende vorzeitige Entlassung. Am 17. April 1970 erneute Flucht mit seiner Verlobten in den Westen. Frank Möller wurde am 17. Februar 1971 beim Versuch, aus der Bundesrepublik in die DDR zurückzukehren, erschossen. Vgl. Frank Möller. In: Schroeder, Klaus; Staadt, Jochen (Hg.): Die Todesopfer des DDR-Grenzregimes an der innerdeutschen Grenze 1949–1989. Ein biografisches Handbuch. Frankfurt/M. 2017, S. 307–310.

stadt,[Straße, Nr.] wohnhaft und bei der Deutschen Reichsbahn in Arnstadt beschäftigt.

Im April 1970 wurde *Möller* gemeinsam mit seiner Freundin [Name, Vorname], geboren am [Tag, Monat] 1950 in [Ort 1], wohnhaft gewesen in [Ort 2, Kreis, Straße, Nr.], erneut republikflüchtig.

Durch das MfS wurden die notwendigen Maßnahmen zur weiteren Untersuchung der Grenzprovokation und zur Absicherung des betreffenden Grenzabschnittes eingeleitet.

5. März 1971

Information Nr. 164/71 über die Bildung eines »Arbeitskreises für russische evangelische Kirchen« durch Vertreter des »Gustav-Adolf-Werkes« und der »Evangelischen Kirche der Union« in der DDR

Quelle: BArch, MfS, ZAIG 1904, Bl. 1–15 (3. Expl.).
Serie: Informationen.
Verteiler: Barth (über HA XX/4) – MfS: Schröder (über HA XX/4), Ablage.
Verweis: Information 264/71.

Dem MfS wurde intern bekannt, dass am 26. und 27. Januar 1971 in Berlin-Friedrichshain, Georgenkirchstraße (Gemeindehaus der Bartholomäus-Gemeinde), eine Zusammenkunft von Vertretern des »Gustav-Adolf-Werkes«[1] (GAW) und der »Evangelischen Kirche der Union« (EKU)[2] stattfand.

Die ca. 20 Teilnehmer dieser Zusammenkunft waren ausschließlich solche Personen, die nach Meinung der Organisatoren über spezielle Kenntnisse über die inneren Verhältnisse in der Sowjetunion verfügen.

Die Vorbereitung und Durchführung dieser Tagung erfolgte unter strengster Geheimhaltung. Alle Teilnehmer wurden zu größtem Stillschweigen verpflichtet.

Die Finanzierung der Zusammenkunft erfolgte durch die Kirchenkanzlei der »EKU«.

Organisatoren der Zusammenkunft waren:

- Oberkonsistorialrat *Meckel,*[3] Berlin, Kirchenkanzlei der »EKU«
- Propst *Schröder,*[4] Leipzig, Generalsekretär des »GAW«

1 Das »Gustav-Adolf-Werk« (GAW) ist das 1832 gegründete Diasporawerk der Evangelischen Kirche in Deutschland mit Sitz in Leipzig. 1948 erfolgte in den Westzonen die Gründung einer »Notgemeinschaft der Gustav-Adolf-Stiftung« in Kassel. 1970 wurde das dem Bund evangelischer Kirchen in der DDR zugeordnete GAW organisatorisch von dem in der Bundesrepublik bestehenden GAW getrennt. 1992 erfolgte die Wiedergründung eines gesamtdeutschen GAW. Vgl. Diasporaarbeit im Wandel der Zeit. Festschrift anlässlich des 175. Gründungsjubiläums des Gustav-Adolf-Werks e.V. – Diasporawerk der Evangelischen Kirche in Deutschland. Leipzig 2007.

2 Die Evangelische Kirche der Union (EKU) war ein seit 1954 bestehender institutioneller Zusammenschluss evangelischer Kirchen lutherischer und reformierter Tradition, der aus der Evangelischen Kirche der altpreußischen Union hervorging. Der EKU gehörten auf dem Gebiet der DDR die Evangelische Landeskirche Anhalts, die Evangelische Kirche in Berlin-Brandenburg, die pommersche Evangelische Kirche, die Evangelische Kirche der Kirchenprovinz Sachsen und die Evangelische Kirche der schlesischen Oberlausitz an.

3 Ernst Eugen Meckel, Jg. 1911, evangelischer Theologe, 1939–49 Missionar der Gossener Mission, 1955–59 Leiter des Evangelischen Jungmännerwerks, 1958–77 Oberkirchenrat bei der Kirchenkanzlei der EKU, 1959–77 stellvertretender Direktor der Berliner Mission, ab 1969 im Bund der Evangelischen Kirche der DDR für Ökumene zuständig.

4 Eberhard Schröder, Jg. 1925, evangelischer Theologe, 1938–60 Pastor in Helpt, 1961 Propst in Burg Stargard, 1962–67 Vorsitzender der Hauptgruppe Mecklenburg des »Gustav-Adolf-Werkes«, 1968–87 Generalsekretär des »Gustav-Adolf-Werkes« (der DDR) in Leipzig.

- Pfarrer [Name 1], Berlin-Blankenfelde
- Pfarrer *Diedrich,*[5] Groß-Glienicke.

Den Teilnehmern wurde folgende Tagesordnung bekannt gegeben:
- Vorstellung der Teilnehmer
- Vortrag zum Thema: »Reformation und Baltikum«

Referent: Dr. *Rogge,*[6] Berlin
- Reiseberichte
- Lichtbildervorträge
- Probleme der weiteren »Organisierung der Arbeit nach der Sowjetunion«

Dem MfS wurde eine Reihe interessanter Einzelheiten über den Inhalt der Tagung bekannt, die im Folgenden wiedergegeben werden:

Die Tagungsteilnehmer beschäftigten sich in der Hauptsache mit der Schaffung und Aufrechterhaltung von Kontakten zu in der Sowjetunion lebenden deutschen Christen und mit der gegenseitigen Informierung über die »inneren Verhältnisse« in der Sowjetunion, insbesondere bezogen auf das Verhältnis Staat – Kirche in diesen Territorien.

Die Zusammenkunft wurde mit einer Andacht eröffnet: In der Fürbitte hieß es u. a.:

»Wir danken Dir für die Gemeinden in der Sowjetunion, wir danken Dir für jeden einzelnen Christen dort, stärke sie alle Tage, gib ihnen die Freiheit der Kinder Gottes, gib uns Rat, wie wir ihnen helfen können.«

Im Anschluss an die Andacht stellte sich jeder Teilnehmer persönlich vor und gab dabei an, wie er zu den deutschen Christen in der Sowjetunion gestoßen sei und welche Verbindungen er zurzeit dorthin unterhält.

Die Ausführungen der Teilnehmer ließen erkennen, dass sie überwiegend seit Jahren zum Teil umfangreiche Kontakte in die verschiedensten Gebiete der Sowjetunion unterhalten und einen aktiven Briefwechsel mit dort lebenden deutschen Christen führen, der weit über das Maß eines persönlichen Briefverkehrs mit Bekannten hinausgeht und offensichtlich organisierten Charakter trägt.

So ging z. B. aus einigen Ausführungen hervor, dass etliche Personen, beispielsweise die Teilnehmer der internen Tagung Frau von *Holst*[7]/Berlin,

5 Hans-Christian Diedrich, Jg. 1936, evangelischer Theologe und Kirchenhistoriker, 1967–97 Pfarrer in Groß-Glienicke, veröffentlichte zahlreiche Schriften zur Geschichte der protestantischen Kirche in Russland und der Sowjetunion, 2005–2008 Privatdozent an der Universität Greifswald.

6 Joachim Rogge, Jg. 1929, evangelischer Theologe, 1959–89 Dozent für Kirchen- und Dogmengeschichte und später Rektor am Sprachenkonvikt Berlin, 1961–74 Pfarrer in der Gemeinde »Zur Barmherzigkeit« in Berlin-Lichtenberg, 1977–85 Präses der Kirchenkanzlei der EKU, 1986–95 Bischof der Görlitzer Landeskirche.

7 Margarete von Holst, Jg. 1902, Publizistin und Ehefrau des Pastors Walter von Holst (vor 1945 Pfarrer in Rakvere, Estland), 1961–64 kommissarische Leiterin des Pfarrfrauenbundes

Propst *Schröder*/Leipzig und Pfarrer *Rogler*[8]/Kottengrün, jeweils zu über 100 Personen in der Sowjetunion postalische Verbindung unterhalten und zum Teil über die schon bestehenden Verbindungen systematisch bereits mehrere Hundert Adressen von Sowjetbürgern deutscher Nationalität sammelten.

Während der Tagung konnte weiter festgestellt werden, dass Ziel und Inhalt der Kontakttätigkeit u. a. darin bestehen, möglichst detaillierte Informationen über Wohnorte sowjetischer Bürger deutscher Nationalität, Anzahl und Standorte von religiösen Gemeinden, gesellschaftliche und soziale Lage dieser Bürger sowie zur innenpolitischen Lage – besonders zum Verhältnis Staat – Kirche – zu erhalten.

Zu Beginn der Tagung legte Pfarrer [Name 1]/Berlin-Blankenfelde eine Reihe von Schwerpunkten dar, die seiner Meinung nach von den Tagungsteilnehmern bzw. von dem zu gründenden speziellen Arbeitskreis – der im späteren Verlauf der Tagung als »Arbeitskreis für russische evangelische Kirchen« bezeichnet wurde – gelöst werden sollen. Dabei führte er u. a. Folgendes aus:

Zurzeit sei die Aufrechterhaltung der Kontakte nach der Sowjetunion sehr schwierig. Viele Kontakte seien unterbrochen. Insbesondere seien die verschiedensten Paket- und Päckchensendungen nicht bei den Empfängern angekommen. Man dürfe jedoch unter keinen Umständen eine Isolierung der Deutschen in der Sowjetunion eintreten lassen.

Es sei unbedingt eine Kontinuität der Verbindungen durch Ausnutzung aller Möglichkeiten zu gewährleisten.

In diesem Zusammenhang wies er auf die neuen Bedingungen im Rahmen der Reisetätigkeit hin, die durch neue Verordnungen der Sowjetregierung entstanden seien. Mit diesen neuen Anordnungen wolle der Sowjetstaat eine finanzielle Barriere gegen Privatreisen von Sowjetbürgern nach dem Ausland errichten.[9]

in der DDR. Unterhielt private Kontakte zu protestantischen Gemeinden in der Sowjetunion. Vgl. Holst, Margarete von: Wie ein Vogel auf dem Ast. Wunder im Leben einer Frau und Mutter. Aus Aufzeichnungen, Reisetagebüchern und Briefen einer baltischen Pfarrfrau. Holzgerlingen 1998.

8 Walter Rogler, Jg. 1926, evangelischer Theologe, 1952–89 Leiter des christlichen Erholungsheimes in Kottengrün, Prediger im Sächsischen Landesverband Landeskirchlicher Gemeinschaften.

9 Die sowjetische Regierung erließ am 22. September 1970 die »Ordnung über die Einreise in die UdSSR und die Ausreise aus der UdSSR«. Sie erschwerte die Erteilung von Visa für Ausreisen, indem sie unter anderem festgelegte, dass besondere Auslandspässe benötigt werden, die nur unter bestimmten Voraussetzungen ausgestellt wurden. Vgl. Brendel, Thomas: Ein neues Gesetz zur Regelung von Ausreise und Einreise für Bürger der UdSSR. In: Osteuropa 42 (1992) 4, S. 303–309. Vgl. auch Poloschenje o wjesde w Sojuz Sowjetskich Sozialistischeskich Respublik i o wyjesde is Sojuza Sowjetskich Sozialistischeskich Respublik vom 22. September 1970. In: Sobranje Postanowlenij Prawitelstwa Sojuza Sowjetskich Sozialistischeskich Republik, Jg. 1970 (Nr. 1–21). Heppenheim 1978, S. 362–366.

Bei der »Arbeit nach der Sowjetunion« und bei der Analyse der inneren Verhältnisse dort dürfe man nicht unsere Maßstäbe anlegen. Die inneren Verhältnisse seien in Russland und später in der Sowjetunion von jeher durch Sektierertum gekennzeichnet.

So hätten viele heutige Praktiken der staatlichen und gesellschaftlichen Organe die Gesetze von 1875 gegen die Sektierer (Nichtzugehörige zur Russisch-orthodoxen Kirche) zur Grundlage.[10] Dies habe die unterschiedlichsten Auswirkungen. Unter anderem habe ein Teil der Baptisten ein positives Verhältnis zum Staat gefunden, weil sie offiziell zugelassen wurden, während sie in der Zarenzeit unterdrückt wurden.

Zur Gestaltung und Zielrichtung der analytischen Tätigkeit nannte Oberkonsistorialrat *Meckel* folgende Schwerpunkte:

- Analysierung der Rolle der osteuropäischen Kirchen innerhalb der Organisation »Konferenz Europäischer Kirchen« (KEK);[11]
- Untersuchung des Einflusses der Dänischen Telegrafengesellschaft[12] auf die evangelischen Christen in Russland. Bis 1926 seien alle Stationen der transsibirischen Telegrafenlinie von Dänemark ermittelt und betreut worden. Dabei sei gleichzeitig Missionierung in der Umgebung der Stationen betrieben worden, so z.B. in Irkutsk, Nowosibirsk usw. Der Kern vieler sibirischer Ortsgemeinden habe sich um die Stationen kristallisiert. Es sei anzunehmen, dass die alten Verbindungen noch bestehen. Deshalb müssten die Verbindungen von Dänemark nach Sibirien ermittelt werden. Dazu seien alle Kontakte von DDR-Christen nach Dänemark auszunutzen, insbesondere die Möglichkeiten, die sich im Rahmen des Nordisch-deutschen Kirchenkonvents[13] ergeben. Es sei auch zu überlegen, inwieweit das »Gustav-Adolf-Werk« mehr in den Nordisch-deutschen Konvent integriert werden könne.

10 Bis zum Erlass des Toleranzgesetzes von 1905 war der Betätigung von Religionsgemeinschaften außerhalb der russisch-orthodoxen Kirche engen Grenzen gesetzt. Weder eine Wahl der Religion noch die Missionierung waren nicht-orthodoxen Gemeinschaften gestattet. Das im Bericht erwähnte Gesetz gegen die Sektierer von 1894 (nicht 1875) richtete sich gegen protestantische und baptistische Gemeinden.

11 Die Konferenz Europäischer Kirchen (KEK) war eine 1959 begründete, zunächst nur lose ökumenische Organisation der Kirchen Europas, mit Ausnahme der katholischen Kirche. 1964 erfolgte der Beschluss einer fest institutionalisierten Kirchenkonferenz. Ziel war die Überwindung der politischen Teilung während des Kalten Krieges.

12 Die Große Nordische Telegrafengesellschaft wurde 1869 gegründet. Sie schloss Exklusivverträge mit Russland zur Verlegung von Seekabeln durch die Ostsee und den Bau einer Telegrafenlinie durch Sibirien. Die sowjetische Regierung beendete 1938 während des Großen Terrors die Zusammenarbeit mit dem dänischen Unternehmen.

13 Der Kirchenkonvent für Nord-, Ost- und Mitteleuropa (Nordisch-deutscher Kirchenkonvent) wurde 1949 mit dem Ziel der Aussöhnung zwischen den Deutschen und ihren skandinavischen Nachbarn nach dem Krieg gegründet. Im Mittelpunkt der Konferenzen standen Fragen des christlichen Lebens und Kontakte zwischen den Gemeinden.

- Analyse der Gemeindebildung in Sibirien vor 1914.[14] Es soll untersucht werden, ob aus diesen Entwicklungsprozessen kontinuierliche Verbindungen entstanden, die eventuell noch brauchbar sind.
- Untersuchung des historischen Ursprungs der zurzeit noch existierenden ethnischen Gruppen der Deutschen und anderer evangelischer Gruppen. (Pfarrer [Name 1] verwies in diesem Zusammenhang auf die Siedlungspolitik[15] Peter I.[16] und auf dessen Krieg mit Schweden.[17] So seien schwedische Kriegsgefangene die ersten fremden Siedler in Russland gewesen. Dadurch sei der schwedische Pietismus als erste Wurzel des evangelischen Glaubens in Russland anzusehen[18]).

Meckel wies weiter auf die Notwendigkeit der Herstellung von Kontakten zu den evangelischen Armeniern und auf die Durchdenkung organisatorischer Fragen, wie Anlegen einer Kartei, Benachrichtigungssystem usw., hin.

Als erster Referent sprach Dr. *Rogge,* Berlin, zum Thema: »Zwischen Wittenberg und Livland (Baltikum)«.

Er befasste sich mit den Anfängen der Reformation in den baltischen Ländern und bezeichnete sie als eine deutsche Angelegenheit. Die ersten Missionare seien deutsche Reformatoren gewesen. Die einheimischen Reformatoren bezeichnete er als »zwielichtige Gestalten«. Luthers Einfluss sei im Baltikum groß gewesen und alle führenden baltischen Theologen hätten die Wittenberger Universität bzw. später die Universitäten von Rostock und Königsberg besucht. Insgesamt habe das Deutschtum einen großen Einfluss auf die baltische Kultur gehabt.

Der anschließende erste Reisebericht wurde von Pfarrer *Diedrich,* Groß-Glienicke, gegeben. *Diedrich* hatte im Herbst 1970 eine Privatreise nach Frunse,[19] Alma-Ata,[20] Karaganda[21] und anderen Orten unternommen.

14 Unter dem Eindruck von Landarmut, diskriminierender Gesetzgebung und Einführung der allgemeinen Wehrpflicht begann in den 1870er-Jahren die Abwanderung protestantischer Siedler mit deutschsprachigen Wurzeln aus den Ansiedlungsgebieten in der heutigen Ukraine nach Sibirien und den mittleren Osten des damaligen Russischen Reiches.

15 Unter Zar Peter I. wuchs um 1700 durch Anwerbung von Handwerkern, Spezialisten und Militärs die Zahl protestantischer Gläubiger im Russischen Altreich. Sie ließen sich vor allem in St. Petersburg und Moskau nieder. Eine nennenswerte Ansiedlung von Protestanten jenseits der Städte begann erst unter Katharina II.

16 Peter I. (der Große), Jg. 1672, Zar von Russland.

17 Im Großen Neidischen Krieg (1700–21) stritten die Großmächte Schweden und Russland um die Vorherrschaft im Ostseeraum. Das Baltikum und Finnland gerieten in dieser Zeit unter russische Herrschaft.

18 Unter Zar Peter I. wurden Söldner aus Schweden und Livland für den Dienst in Russland angeworben, denen die Ausübung ihrer Religion gestattet war. Sie brachten Feldprediger mit, die erste protestantische Gemeinden in Russland begründeten.

19 Frunse war von 1926 bis 1991 der Name der Hauptstadt von Kirgistan, Bischkek.

20 Alama-Ata (russisch), seit 1991 offiziell kasachisch Almaty, Großstadt in Kasachstan.

21 Karaganda (russisch), seit 1991 offiziell kasachisch Qaraghandy.

Nach einigen Bemerkungen zum Nationalitätenproblem in der Sowjetunion ging *Diedrich* auf die deutschen evangelischen Gemeinden im Süden der Sowjetunion (Kasachstan, Kirgisien) ein. Die überwiegende Mehrheit der deutschen evangelischen Gemeinden sei nicht registriert. Die Treffen bzw. Gottesdienste würden unter bewusstem Ausschluss der Öffentlichkeit in Privatwohnungen stattfinden. Benutzt würden alte Gesangsbücher und Bibeln (von vor 1924). Die meisten Liedertexte würden handschriftlich verbreitet werden. Gemeindeleiter sei der fähigste Laie in der Bibelauslegung. Gottesdienste fänden viermal wöchentlich statt, mittwochs, sonnabends und zweimal sonntags. Die Gottesdienste seien immer mit Versammlungen verbunden. Viele kämen überhaupt nur der Versammlung wegen. Alle Zusammenkünfte seien vom Streben nach Zusammengehörigkeit und zum Teil nach der alten Heimat an der Wolga gekennzeichnet. Die jüngere Generation sei aus Angst wegen der Illegalität, aber auch wegen Sprachschwierigkeiten, nicht so stark vertreten. Deutsche Schulen gäbe es nur wenige, in den Großstädten seien überhaupt keine vorhanden.

Bei den Baptisten seien die Jugendlichen aktiver. Sie würden vor allem aus mennonitischen Elternhäusern stammen.

50 % der Baptisten in den aufgesuchten Städten seien Deutsche. Diese kämen zweimal wöchentlich in deutschsprachigen Versammlungen oder bei Taufen zusammen. Die Listen der Bewerber um die Taufe müssten bei den staatlichen Organen eingereicht werden. Aufgrund dieser Listen gäbe es dann Auseinandersetzungen, Belehrungen und Kritiken in den Betrieben.

In Kirgisien würden 59 neue evangelische Gemeinden bestehen, davon seien nur zwei offiziell registriert. Tauf- und Trauscheine würden aus Angst vor Repressalien nicht ausgestellt werden.

Die Gemeinden in Kirgisien seien insgesamt 15 000 Personen stark. Die Angst vor institutionellen und organisatorischen Dingen sei sehr groß.

Als Initiatoren für eine weitere Aktivierung der kirchlichen Tätigkeit müssten die baltischen evangelischen Kirchen in Erscheinung treten. Besonders aktiv sei der deutsche Gemeindepfarrer in Riga. Dieser habe Verbindungen bis nach Karaganda. Seine Tätigkeit würde jedoch durch eine übersteigerte Bürokratie behindert werden. Zur Durchführung einer Amtshandlung im Süden der Sowjetunion benötige er die Genehmigung der lettischen und der Zentralregierung. Die Maschinerie der Gesetzlichkeit werde allgemein gefürchtet.

Diedrich führte in diesem Zusammenhang weiter aus, viele der gesammelten Informationen seien von Robert *Stupperich*[22]/Münster in seinem Buch

22 Robert Stupperich, Jg. 1904, evangelischer Theologe, 1918 Übersiedlung aus Russland nach Berlin, nach dem Studium Pfarrer an verschiedenen Gemeinden in Brandenburg, 1942–45 Dozent an der Humboldt-Universität zu Berlin, britische Kriegsgefangenschaft, dann Pfarrer in Ostfriesland, 1957–76 Leiter des Ostkircheninstitutes an der Universität Münster, 1964–74 Professor an der Theologischen Fakultät der Universität Münster.

über die »Kirche im Osten«[23] zusammengefasst worden. (St. war bis 1945 Mitarbeiter des OKW und des Ministeriums Rosenberg für die besetzten Gebiete.[24] Heute ist er Mitarbeiter des Ostkircheninstituts der »Evangelischen Kirche in Deutschland« und Professor an der Theologischen Fakultät der Universität Münster). *Diedrich* sprach in diesem Zusammenhang von einer »Untergrundliteratur« in der Sowjetunion mit beachtlichen eigenständigen Leistungen. Diese Entwicklung sei im Anwachsen.

Illegale Aktivitäten gäbe es auch in Leningrad.[25] Hier treffe sich eine kleine evangelische Gemeinde in der Privatwohnung eines orthodoxen Bischofs. Dieser Bischof sei einmal das »Protektionskind« von Metropolit *Nikodim*[26] gewesen.

Im Anschluss an diesen Reisebericht wurde über folgende durchzuführende Maßnahmen und Initiativen diskutiert:
- Aktivierung der Ostverbindungen, der Reisen und des Materialversandes;
- stärkere Nutzung der ökumenischen Kontakte;
- Auftragserteilung an Theologen, die ins Ausland fahren;
- Ausbildung von einigen ausgesuchten jungen Theologen;
- Festlegung strategischer Schwerpunkte (Reiseziele) für die Reisetätigkeit;
- Forcierung von Privatreisen nach der Sowjetunion und Beratung der Reisekader durch den zu gründenden Arbeitskreis;
- Einrichtung einer zentralen Stelle zur Koordinierung der Arbeit nach der Sowjetunion;
- Ausnutzung der angeblich bestehenden Verbindungen von Prof. *Elliger*[27] und Pfarrer *Zwecker*[28] aus Westdeutschland nach der Sowjetunion. (Über die Form der Ausnutzung wurden keine Ausführungen gemacht.);

23 Gemeint ist vermutlich: Stupperich, Robert: Kirche und Staat in der Sowjetunion. Gesetze und Verordnungen (Schriftenreihe des Studienausschusses der Evangelischen Kirche der Union für Fragen der Orthodoxen Kirche, Band 1). Witten 1962.

24 Das Reichsministerium für die besetzten Ostgebiete (RMfdbO) war zwischen 1941 und 1945 die Zentralbehörde für die Zivilverwaltung in den von der Wehrmacht besetzten Gebieten im Baltikum und der Sowjetunion. Inoffiziell wurde es auch nach seinem Leiter, dem NS-Ideologen Alfred Rosenberg, bezeichnet.

25 Leningrad wurde 1992 in St. Petersburg zurückbenannt.

26 Nikodim von Leningrad, Jg. 1929, russisch-orthodoxer Theologe, 1963–78 Metropolit von Leningrad und Nowgorod, 1971–78 Präsident der Christlichen Friedenskonferenz.

27 Walter Elliger, Jg. 1903, evangelischer Theologe und Kirchenhistoriker, 1950–64 Professor für Kirchengeschichte an der Humboldt-Universität zu Berlin, Ausreise in die Bundesrepublik, 1964–76 Dekan der Theologischen Fakultät der Ruhr-Universität Bochum.

28 Hermann Zwecker, Jg. 1908, evangelischer Theologe und Pfarrer in Baden.

- Ausarbeitung eines Vorschlages zur Verbesserung der Arbeit von Pfarrer *Bachmann*[29] in Zelinograd[30] und Arthur *Pfeiffer*[31] in Moskau;
- Einsatz von schwäbisch sprechenden Personen aus Württemberg/Westdeutschland, um durch den Dialekt noch größeren Einfluss zu bekommen;[32]
- zur Erreichung der »Fernziele« müssten alle Möglichkeiten im zugänglichen Raum systematisch genutzt werden;
- für den Literatur-Versand müssten die Möglichkeiten der Berliner Theologischen Fakultät erkundet werden;
- Verbreitung der Basis zur Finanzierung von Reisen in die Sowjetunion (»GAW«, Ökumene, Kommissionen der »EKU«); Es wurde hervorgehoben, dass Generalsuperintendent *Schmitt*[33] Berlin, größte Bereitschaft zur Unterstützung zeigt;
- über ökumenische Gremien wie »Konferenz Europäischer Kirchen« und über Kirchen des kapitalistischen Auslandes sollen die Probleme der deutschen Gemeinden in der Sowjetunion »in die Welt getragen werden« bzw. soll von diesen Gremien Einflussnahme erfolgen.

Pfarrer [Name 1] fasste nach dem ersten Beratungstag die Diskussion zusammen und unterbreitete den Tagungsteilnehmern folgende Vorschläge:
- Es soll überlegt werden, welche Gremien und Personen in die Problematik der Tagung einbezogen werden können. (Propst *Schröder* und Oberkonsistorialrat *Meckel* wurden genannt.);
- Zielstellung und Lösungswege sind konkret zu umreißen;
- der Ökumenische Rat der Kirchen (Sekretär für Europa) ist für die Problematik und Tätigkeit zu interessieren;

29 Eugen Bachmann, Jg. 1904, evangelischer Theologe, bis 1934 Pfarrer in Leningrad (St. Petersburg), Verhaftung und Deportation mit Berufsverbot, 1954 Begründung einer deutschen Gemeinde unter den Deportierten in Kasachstan, die 1956 offiziell im damaligen Akomolinsk (heute Nur-Sultan, Kasachstan) zugelassen wurde und sich zu einem wichtigen Zentrum der russlanddeutschen Protestanten in der Sowjetunion entwickelte. 1972 Ausreise in nach Westdeutschland.

30 Zelinograd war 1961–91 der Name der Hauptstadt von Kasachstan, Nur-Sultan.

31 Im Original: »Pfeifer«. Arthur Pfeiffer, Jg. 1897, evangelischer Theologe, 1929–34 Pfarrer in einer Gemeinde in der Wolgadeutschen SSR, 1934 Verhaftung und Verbannung nach Kasachstan, 1955 Rückkehr nach Moskau und am Aufbau deutscher protestantischer Gemeinden beteiligt, 1958 Ruhestand.

32 Unter den Kolonisten, die sich im 19. Jahrhundert im damaligen Russland ansiedelten, befanden sich viele Bewohner aus Schwaben, die sich in anfänglich geschlossenen Siedlungen niederließen. Die traditionelle Pflege der Mundarten bestand auch nach den Deportationen der Stalin-Zeit fort.

33 Gerhard Schmitt, Jg. 1909, evangelischer Theologe, 1931 NSDAP-Mitglied, 1934 SA-Ausbilder, 1939 Ordination, Militärpfarrer, 1945 Pfarrer in Sanitz, 1954 Domprediger in Güstrow, 1954–59 Landessuperintendent in Güstrow, 1964–74 Generalsuperintendent in Ostberlin (Sprengel II).

- durch den Bund der Evangelischen Kirchen in der DDR[34] soll in Fühlungnahme mit dem »GAW« ein Pfarrer für Minderheitskirchen in Ost-Europa eingesetzt werden. Dieser Pfarrer soll keine repräsentative Person sein, sondern soll mit Rollkragenpullover im Jeep durch Busch, Steppe und Berge fahren und illegal Material transportieren können.[35]
  Des Weiteren müssen in dieser Funktion solche Sprachen wie Russisch, Rumänisch und Ungarisch beherrscht werden. Wenn eine solche Person zurzeit nicht zu finden ist, dann müsse schnellstens die Ausbildung eines entsprechenden Kandidaten erfolgen. Propst *Schröder* soll mit dem Bund und der »EKU« diesbezüglich Fühlung aufnehmen. Wenn die Stellenpläne beim Bund und bei der »EKU« Schwierigkeiten bereiten sollten, dann sollen Mittel des »GAW« verwendet werden.
- Der versammelte Personenkreis, der als »geheimer Kreis« bezeichnet wurde, soll sich zu einem Arbeitskreis konstituieren und sich einen Namen geben. Zweckmäßig sei ein relativ harmloser Name, der niemanden exponiere.
  Zu diesem Zweck wurden solche Bezeichnungen vorgeschlagen wie
  - »Evangelischer Arbeitskreis für russische evangelische Kirchen«;
  - »Kirchengeschichtlicher Arbeitskreis für osteuropäische Kirchenkunde«
  - »Evangelischer Arbeitskreis für russische Kirchengeschichte«
    (Im weiteren Verlauf der Tagung wurde dann mit der Bezeichnung »Evangelischer Arbeitskreis für russische evangelische Kirchen« operiert.)
- Die Gründung des Arbeitskreises solle der »EKU«, dem »GAW«, der Ökumene-Kommission des Bundes und Bischof *Noth,*[36] Dresden, mitgeteilt werden.

Am 27.1.1971 (2. Beratungstag) wurde die Tagung mit dem Verlesen einer Art Grundsatzerklärung fortgesetzt (Initiativ-Antrag). Der Entwurf dieser Erklärung, verlesen von Pfarrer *Nierth,*[37] Schraplau, hat folgenden Wortlaut:

34 Der »Bund der Evangelischen Kirchen in der DDR« (BEK) war der im Juni 1969 gegründete Zusammenschluss der acht auf dem Gebiet der DDR existierenden Landeskirchen. Die Konferenz der Kirchenleitungen war ein leitendes Gremium des BEK, das sich aus Mitgliedern der Kirchenleitungen der einzelnen Landeskirchen zusammensetzte.

35 Zur Verbringung von religiöser Literatur in die Sowjetunion vgl. Reichardt, Ann-Kathrin: Schmuggler, Spitzel und Tschekisten. Wie Stasi und KGB den Bibelschmuggel in die Sowjetunion bekämpften (BF informiert, Bd. 43). Hg. BStU. Berlin 2020.

36 Gottfried Noth, Jg. 1905, evangelischer Theologe, während der NS-Diktatur Mitglied im Landesbruderrat der Bekennenden Kirche Sachsen, 1953–71 Landesbischof der Evangelisch-Lutherischen Landeskirche Sachsen.

37 Wolfram Nierth, Jg. 1932, evangelischer Theologe, Pfarrer in Schraplau, 1977 Hauptinitiator des Querfurter Papiers »Frieden und Gerechtigkeit heute«, 1986 Ausreise in die Bundesrepublik.

1. Der Arbeitskreis hält es für unumgänglich, dass in die ökumenischen Kontakte nach der Sowjetunion Fachleute der evangelischen Werke einbezogen werden, damit bei den verschiedenen Verbindungsmöglichkeiten nicht mehr an spezifischen Nöten dieser relativ isolierten Gemeinden durch Unkenntnis vorbeigegangen wird.

2. Gedacht ist an den Nordisch-deutschen Konvent, an die Konferenz Europäischer Kirchen und an Organe des Ökumenischen Rates der Kirchen. Sodann gehört dazu das Bemühen, von relativ geschlossenen Kirchen des Baltikums aus, die Sammlung der evangelischen Gemeinden, ihre Fortbildung und Ausbildung der Mitarbeiter durch direkten oder Fernunterricht voranzutreiben, um einen Ausgleich für die desertierenden Kräfte herbeizuführen. Es wäre dies ein gegebener Ausgangspunkt, weil andere Kristallisationspunkte für den südlichen Zerstreuungsraum der Evangelischen völlig fehlen.

3. Ferner gehören zu den weiteren Schwerpunkten direkte theologische Beratungs- und Steuerungsdienste von hier aus durch gründliche und mit den dortigen Problemen vertraute Kräfte. Zu solchen Schwerpunkten gehören neben der Koordinierung mit den baltischen Kirchen Frunse, Duschanbe,[38] Nowosibirsk und andere noch zu benennende Orte.

4. Die Informationssammlung, ihre Umsetzung in praktische Aktionen zugunsten der zerstreuten Gemeinden, ist zu forcieren. Die Vermittlung der verschiedenen ökumenischen Hilfsbemühungen mit den mannigfaltigen internationalen Instanzen bedarf eines besonderen osteuropäischen Pfarrers, in dessen Händen die vielerlei Fäden zusammenlaufen und neu geknüpft werden müssen.

4a. Als Alternativvorschlag kann auch an einen Lenkungsausschuss des Arbeitskreises gedacht werden, der diese entscheidenden Funktionen für die Kontakte auszuüben hätte.

In der Diskussion zu diesem Entwurf wurde die Notwendigkeit der Schaffung eines Teams hervorgehoben, da ein einzelner – es wurde auf Pfarrer *Gennrich*[39] verwiesen – »behindert« werden könne. Kritisiert wurden jedoch die offenen Formulierungen. Ein Teilnehmer verwies darauf, dass die Tätigkeit des Arbeitskreises von der Sicht des Rechts in der Sowjetunion eine Einmischung in die inneren Angelegenheiten der Sowjetunion ist. Wenn dies nach außen dringen würde, wären die Sache und der Kreis erledigt und abgeschossen. Die richtigen und zu unterstützenden Intentionen des Entwurfs müssten in »harmlosere Worte gekleidet« werden. Für die Funktion eines Koordinators müsse ein rüstiger pensionierter Pfarrer oder eine Person, die nur im Nebenamt Pfarrer ist, vorgeschlagen werden. (Der Unauffälligkeit

38 Im Original: »Dushambe«, Hauptstadt von Tadschiskistan.
39 Paul Wilhelm Gennrich, Jg. 1902, evangelischer Theologe, 1929–36 Pfarrer der deutschen-evangelischen Gemeinde in Lissabon, 1949–67 Generalsekretär des »Gustav-Adolf-Werkes« in Leipzig.

halber). Weiterhin wurde vorgeschlagen, in die Tätigkeit des Arbeitskreises die Erfahrungen und Möglichkeiten der Baptisten mit einzubauen.

Die Fertigstellung und Endfassung des Entwurfs solle zu einem späteren Zeitpunkt erfolgen.

Nach dieser Diskussion wurden weitere Reiseberichte gegeben. Es sprachen der Generalsekretär des Bundes freikirchlicher evangelischer Gemeinden in der DDR (Baptisten) *Dammann,*[40] Frau [Name 2, Vorname], ehemalige Lehrerin aus Ludwigsfelde und Pfarrer Gernot *Friedrich*[41] aus Jena.

Dammann hatte auf seiner Fahrt zum Weltkongress der Baptisten in Japan im Juni 1970 die Reise in Moskau, Chabarowsk und Nachodka[42] unterbrochen und dort Baptisten-Gemeinden aufgesucht.

Er verfügt sowohl über gute Verbindungen zu den leitenden Personen der offiziellen Baptisten-Gemeinden als auch zu den illegalen Baptisten, den sogenannten Initiativ-Baptisten. Sein Plan besteht u. a. darin, mittels »Privatreisen in den sibirischen, südlichen und ukrainischen Raum vorzustoßen«. Er wolle in diesem Zusammenhang im Sommer 1971 nach Nowosibirsk fahren.

Die [Name 2] berichtete über ihre Kontaktpersonen in Moskau, Gorki,[43] Alma-Ata und Karaganda. Ihre Kontakte kamen während von ihr durchgeführten Touristenreisen und durch Vermittlung des »GAW« zustande. Sie verfügt über detaillierte Informationen vom gesellschaftlichen und sozialen Milieu sowjetischer Bürger deutscher Nationalität.

Pfarrer *Friedrich* verletzte im Zusammenhang mit einer Einzelreise nach der Mongolischen Volksrepublik die Transitbestimmungen der Sowjetunion und reiste wochenlang illegal durch die Sowjetunion. Dabei suchte er Bürger deutscher Nationalität, evangelische Gemeinden und Pfarrer auf. Unter anderem weilte er auch illegal in Zelinograd bei Pfarrer *Bachmann.*

Von der Miliz sei er zweimal aufgegriffen worden, konnte jedoch durch »geschickte Täuschungsmanöver« – wie er ausführte – jedes Mal »entkommen«.

Auf seiner Reise verteilte er im großen Umfang Material religiösen Inhalts.

40 Rolf Dammann, Jg. 1924, baptistischer Prediger, 1952 Berufung als Missionsarbeiter und Predigerausbildung, ab 1960 Prediger der Bethel-Gemeinde Berlin-Friedrichshain, 1958 kommissarischer, 1965–68 Geschäftsführer der Bundesgeschäftsstelle Ost des Bundes Evangelisch-Freikirchlicher Gemeinden in Deutschland, 1969–89 Generalsekretär des Bundes Evangelisch-Freikirchlicher Gemeinden in der DDR.

41 Gernot Friedrich, Jg. 1937, evangelischer Theologe, 1967–87 Pfarrer in Jena, unternahm ab 1961 private Reisen zu protestantischen Gemeinden in der Sowjetunion, unterhielt zu diesem Zweck Kontakte zum GAW und anderen Pfarrern in der DDR. Vgl. Friedrich, Gernot: Meine unglaubliche Stasiakte. Gera 2020.

42 Im Original: »Nachotka«. Nachodka ist eine Stadt in Ostsibirien.

43 Gorki war von 1932 bis 1990 der Name der nordwestrussischen Stadt Nischni Nowgorod.

Nach den Reiseberichten wurden umfangreiche Lichtbildervorträge gehalten. Dabei erging sich besonders Pfarrer *Friedrich* in Ausfällen gegen die Sowjetunion und die Mongolische Volksrepublik.

Zum Abschluss der Tagung wurde darauf verwiesen, dass weitere Reiseberichte über Propst *Schröder* dem »GAW« zugeleitet werden können.

Während der Veranstaltung war festzustellen, dass sich die Initiatoren und Hauptorganisatoren der Tagung *Schröder, Meckel,* [Name 1] und *Diedrich* sehr geschickt im Hintergrund hielten.

In internen Gesprächen kamen diese vier Personen überein, den aktiven Teilnehmerkreis weiterer Zusammenkünfte zunächst bis auf fünf Personen zu verringern.

Es sei vorgesehen, eine Zusammenkunft im größeren Rahmen ähnlich wie bei der Tagung am 26. und 27. Januar 1971 – erst wieder im Januar 1972 zu organisieren.

Vom MfS wurden Maßnahmen zur weiteren Aufklärung der beteiligten Personen, des von ihnen gebildeten Arbeitskreises und der bestehenden Kontakte eingeleitet.

Diese Information ist nur zur persönlichen Kenntnisnahme bestimmt und darf wegen Gefährdung der Quellen unter keinen Umständen ausgewertet werden.

16. März 1971

Information Nr. 210/71 über den Verlauf der LFM 1971 (1. Bericht)

Quelle: BArch, MfS, ZAIG 31241, Bl. 1–7(6. Expl.).
Serie: Informationen.
Verteiler: Kein Nachweis für externe Verteilung. – MfS: Mielke, Schröder, Mittig, Hummitzsch, Abt. VII, Ablage.
Verweise: Informationen 212/71 und 213/71.

1. Zur Einschätzung der Teilnahme an der LFM 1971

Nach den vorliegenden Endzahlen nehmen an der LFM 1971[1] rd. 9500 Aussteller aus 67 Ländern (LFM 1970[2] – 65 Länder) teil. Außer der DDR beteiligten sich 12 sozialistische Länder (LFM 1970 – 11), 27 Entwicklungsländer (LFM 1970 – 25) und 25 kapitalistische Industrieländer einschließlich der BRD und Westberlin (LFM 1970 – 26).

Besondere Aufmerksamkeit erregte die Verdoppelung der Ausstellungsfläche Japans, die von westdeutschen Journalisten als Beginn einer zielstrebigen Exportoffensive gegenüber der DDR gewertet wird.

Im Übrigen ist ein Vergleich der Ausstellungsbeteiligung mit dem Vorjahr im Einzelnen schwierig, da durch die Verlagerung von weiteren drei Branchen ein Rückgang der Ausstellerzahl bestimmter Länder eingetreten ist, der sich auf der Herbstmesse ausgleichen wird.

Eine Einschätzung der technischen Qualität und der Markorientierung der Aussteller kann zur Zeit noch nicht gegeben werden. Einige Angaben liegen zur Ausstellung der UdSSR vor. Sie ist mit 23 Außenhandelsorganisationen vertreten, die mehr als 5000 Exponate zeigen. 82 % davon werden erstmalig auf Auslandsmessen bzw. Ausstellungen gezeigt. Eine besondere Rolle im insgesamt auf technisch hohem Niveau stehenden Sortiment spielen Erzeugnisse, die für die Meisterung der Erfordernisse der technischen Revolution von besonderer Bedeutung sind, wie Geräte und Ausrüstungen für die Atomenergie, elektronische Geräte, Modelle kompletter Industrieanlagen (darunter Kernkraftwerke, Schiffe, Flugzeuge usw.) und andere. Besonders hervortretende Erzeugnisse sind ein Automat zur Montage integrierter Schaltungen, eine Anlage zur Herstellung von Mikroschaltungen im Vakuum, elektronische Rechner und eine Plasmagewinnungsanlage.

Insgesamt ist die sowjetische Ausstellung besser als in den vorigen Jahren aufgebaut und gegliedert. Hauptthema der Ausstellung ist die Darstellung der Errungenschaften der UdSSR im letzten Fünfjahrplan und der Perspektiven 1971 bis 1975.

1 Die Leipziger Frühjahrsmesse 1971 fand vom 5. bis 14. März statt.
2 Die Leipziger Frühjahrsmesse 1970 fand vom 1. bis 10. März statt.

Aus der BRD und der selbstständigen politischen Einheit Westberlin haben alle angemeldeten Aussteller ihre Messestände belegt. Im Vergleich zur LFM 1970 gibt es keinen Abfall der Qualität namhafter Messebesucher.

Infolge einer gezielten Einladungspolitik gegenüber der BRD sind von den wichtigsten Konzernen und Großunternehmen der Metallurgie, des Maschinen- und Anlagenbaus, der Elektrotechnik sowie der Waren- und Versandhäuser Vorstandsmitglieder und leitende Direktoren bereits zu Messebeginn eingetroffen bzw. haben ihre Anreise für die nächsten Tage zugesagt.

Von den namhaften westdeutschen Industriekonzernen (Bereich der Metallurgie, des Schwermaschinen- und Anlagenbaus, der Elektrotechnik und der Chemie) werden 221 Einkäufer zur LFM 1971 erwartet. Damit konnte die gleiche Zahl der Einkaufsverantwortlichen wie 1970 erreicht werden.

Positiv hat sich die Tätigkeit des Büros des Ministeriums für Außenwirtschaft der DDR in Düsseldorf ausgewirkt. Verbunden mit der Zentralisierung von Organen der äußeren Absatz- und Bezugsorganisation der DDR in Düsseldorf erfolgte eine größere Einflussnahme auf die Konzerne.

Von den westdeutschen Warenhaus- und Versandhauskonzernen sowie den Einkaufsverbänden und anderen Großbetriebsformen besuchen ca. 130 Einkäufer die LFM 1971 (LFM 1970 – 105). Mit 20 Einkäufern stellt die Kaufhalle GmbH,[3] Köln, die zahlenmäßig stärkste Delegation (LFM 1970 – 5).

Das Einkaufsinteresse der am stärksten vertretenen Konzerne zielt etwa gleichmäßig auf den Textil- und Hartwaren-Sektor.

Entsprechend der Konzeption gegenüber der BRD und Westberlin wurde die Einladungspolitik vom Büro des Ministeriums für Außenwirtschaft der DDR, Frankfurt/Main, mit Erfolg durchgesetzt.

Nach dem Stand vom 13.3.1971 wurden 26 100 Messeausweise für Aussteller und Besucher aus der BRD verkauft (LFM 1969[4] – 21 000). An Westberliner Besucher und Aussteller wurden bis zu diesem Zeitpunkt 3 300 Messeausweise verkauft (LFM 1969 – 3 200).

Bis zum 14.3.1971 gab es folgende polizeiliche Anmeldungen:

[Staaten]	LFM 1971	Vergleich Vorjahr
sozialistische Staaten	7 431	- 164
BRD	15 186	+ 3 070
WB	1 213	- 27

3 Die Kaufhalle AG war ein 1925 gegründeter Niedrigpreiswarenhauskonzern, der ab 1937 Rheinische Kaufhalle AG hieß und nach Übernahme durch den Kaufhof Konzern in den 2000er-Jahren aus dem Warenhaushegschäft ausstieg.

4 Die Leipziger Frühjahrsmesse 1969 fand vom 2. bis 11. März statt.

[Staaten]	LFM 1971	Vergleich Vorjahr
Entwicklungsländer	143	+ 41
kap. Industrieländer	3 559	- 3
Gesamt	27 532	+ 2 917

Am 13.3.1971 reiste die Bundestagsabgeordnete und parlamentarische Geschäftsführerin der SPD, Annemarie *Renger,*[5] in Leipzig an.

Wie aus westdeutschen Kreisen verlautet, kommt der Staatssekretär im Bundeswirtschaftsministerium, Doktor Rohwedder[6] Ende der Woche nach Leipzig.

2. Maßnahmen zur Forcierung des Exports in die Sowjetunion

In den ersten Tagen der Messe ist die Realisierung der Maßnahmen zur Erfüllung der Exportverpflichtungen der DDR gegenüber der Sowjetunion absoluter Schwerpunkt der Tätigkeit der Außenwirtschaftsorgane der DDR.

Entsprechend einer Weisung des Ministers für Außenwirtschaft sind im Zusammenhang mit der Vorbereitung des XXIV. Parteitages der KPDSU[7] folgende Aufgaben gegenüber der Sowjetunion zu erfüllen:

- Vollständige Realisierung der staatlichen Auflage im Export und der entsprechenden Verträge für das I. Quartal 1971;
- Realisierung von 25 % der 1971 an die UdSSR zu liefernden Konsumgüter;
- Abbau der Exportlieferrückstände aus dem Jahre 1970 bis zum 31.3.1971.

Zur Lösung dieser Aufgaben haben die Außenhandelsbetriebe während der Messe täglich zu berichten. Nach dem Stand vom 14.3.1971 schätzt das MAW ein, dass diese Zielstellung erfüllt wird.

Die vertragliche Bindung mit Liefertermin I. Quartal beträgt insgesamt 1 720 Mio. Mark von denen bisher 1 050,6 Mio. Mark realisiert wurden. Es wird eingeschätzt, dass per 31.3.1971 insgesamt für 1 800,9 Mio. Mark realisiert wird. (102 % der Quartalsauflage 1971)

5 Annemarie Renger, Jg. 1919, SPD-Politikerin, 1961–73 Mitglied des Parteivorstandes, 1970–73 Mitglied des SPD-Präsidiums, 1969–72 parlamentarische Geschäftsführerin der SPD-Bundestagsfraktion, 1972–76 Bundestagspräsidentin.

6 Detlev Rohwedder, Jg. 1932, Manager, 1969–78 Staatssekretär im Bundeswirtschaftsministerium, 1990/91 Präsident der Treuhandanstalt zur Sicherung, Neuordnung und Privatisierung des Vermögens der staatlichen Betriebe der DDR. Rohwedder wurde am 1.4.1991 durch die RAF ermordet.

7 Der XXIV. Parteitag der KPdSU fand vom 30. März bis 9. April 1970 in Moskau statt.

Bis 14.3.1971 wurden 59 % der Quartalsauflage für den Konsumgüterexport (319,5 Mio. Mark) realisiert. Es wird eingeschätzt, dass in den restlichen 16 Tagen die Verpflichtung noch erfüllt werden kann.

Im Zusammenhang mit den Auseinandersetzungen um die Planerfüllung im Export gegenüber der Sowjetunion zeigten sich eine Reihe von Problemen, die auf tiefgehende Unklarheiten in den Organen der Außenwirtschaft und der Industrie schließen lassen. Man kann einschätzen, dass die Aufgabenstellung zur strikten Planerfüllung im Export nach der Sowjetunion den für die Außenwirtschaft zuständigen Apparat überraschte. Eine der Hauptursachen besteht darin, dass die Exportplanerfüllung gegenüber der Sowjetunion in der Prioritätenliste des Apparates an hinterer Stelle rangierte, da die Sowjetunion immer Verständnis gezeigt habe, wenn zugesagte Lieferungen der DDR nicht sortiments- und termingerecht bewältigt werden konnten.

Man habe keine solchen Reaktionen erwarten müssen, wie sei beim Ausbleiben von Lieferungen in das nichtsozialistische Wirtschaftssystem zu erwarten gewesen seien.

Die ökonomischen Regelungen im System der Außenwirtschaft betonen ebenfalls den Vorrang des Exports in das nichtsozialistische Wirtschaftsgebiet. Von IM wurde zum Ausdruck gebracht, dass bei der Plankontrolle Verstöße gegen die Exportverpflichtungen gegenüber dem NSW weit größere Konsequenzen hätten als gegenüber der Sowjetunion.

Diese Ursachen sind auch bis heute noch nicht überwunden, da trotz der im Allgemeinen positiven Einschätzung der Kampf um die Aufholung von Exportrückständen noch nicht energisch genug geführt wird. Es wird teilweise auf den Export sogenannter Ausweicherzeugnisse orientiert ohne dabei den Bedarf der Sowjetunion in genügender Weise zu berücksichtigen. Nach wie vor zeigen sich Schwächen in der Marktarbeit gegenüber der Sowjetunion und ungenügendes Eingehen auf die Wünsche des Kunden.

Verschiedentlich wird als Grund für die Exportrückstände angegeben, dass Importbeschränkungen aus dem NSW, insbesondere aus der BRD, die Fertigstellung von Objekten verhindert habe. Es gibt Bestrebungen, unter Umgehung staatlicher Weisungen mit der Begründung der Sicherung der Exporte in die UdSSR Importabsichten aus dem NSW durchzusetzen.

Die Exportrückstände auf dem Anlagen- und Maschinenbau sind zumindest teilweise durch die unzureichende Belieferung der Finalproduzenten mit Erzeugnissen des Bereiches Elektrotechnik/Elektronik entstanden.

Ein besonderer Planschuldner ist das EAW Treptow.

Bestimmte Rückstände im Konsumgüterprogramm sind auch durch subjektive Entscheidungen sowjetischer Handelsfunktionäre entstanden, die Exportwaren der DDR (insbesondere Konfektionen, Trikotagen und Schuhe) unter falscher Einschätzung des sowjetischen Bedarfs und der Geschmacksrichtungen ablehnten. Durch Einschaltung der in Leipzig anwesenden sowjetischen Regierungsdelegation unter Leitung des Stellvertreters des Vorsitzenden des Ministerrates Gen. Dymschiz[8] konnte die sowjetische Seite zur Aufnahme neuer Verhandlungen zur Abnahme dieser Waren veranlasst werden.

3. Zum bisherigen Auftreten westlicher Messebesucher

Die bereits in den letzten Wochen festgestellten Störversuche offizieller Stellen der BRD gegen den Handel mit der DDR halten an. Kurz vor der Messe intervenierte der Stellvertreter des Leiters der Treuhandstelle für den Interzonenhandel, Buch,[9] wegen der Abwicklung eines Getreidegeschäftes der BRD mit der ČSSR, da dieses Getreide in der DDR verblieben sei. Buch verlangte vom Gen. Behrendt[10] eine Erklärung, dass die DDR zur Zeit von der ČSSR keinen Roggen bezieht. Die Intervention von Buch wurde zurückgewiesen. Ähnliche Interventionen wegen Umgehung der EWG-Bestimmungen gab es in letzter Zeit mehrmals. Darüber hinaus gibt es weitere Störmaßnahmen verschiedener Art, die offensichtlich das Ziel verfolgen, die Forderungen der DDR nach Angleichung einiger Bestimmungen im Handel zwischen der BRD und der DDR (z. B. Anpassung des Swings[11]) zu unterlaufen.

Von den in Leipzig anwesenden Journalisten wurde auch der Prozess gegen Seeberger[12] benutzt, um die Atmosphäre zu beeinträchtigen. Ein großer

8 Wenjamin E. Dymschiz, Jg. 1910, sowjetischer Staats- und Parteifunktionär, 1962–65 Vorsitzender des Volkswirtschaftsrates, 1965–76 Vorsitzender des Staatlichen Komitees für materiell-technische Versorgung (GOSSNAB), 1961–86 Mitglied des ZK der KPdSU.

9 Buch, weitere Angaben zur Person konnten nicht ermittelt werden.

10 Heinz Karl Behrendt, Jg. 1913, SED-Wirtschaftsfunktionär, 1958–65 Leiter der Hauptabteilung und Bevollmächtigter für den innerdeutschen Handel im Ministerium für Außenhandel und Innerdeutschen Handel, Verhandlungspartner der Treuhandstelle für den Interzonenhandel, 1965–78 als stellvertretender Minister für Außenhandel der DDR für den Handel mit der Bundesrepublik zuständig.

11 Der Swing ist ein zinsloser Überziehungskredit, der in bilateralen Handelsverträgen zur Anwendung kommt, wenn die Handelspartner ihren Zahlungsausgleich per Verrechnung abwickeln. Es wird eine Kreditgrenze vereinbart, bei deren Überschreiten der Schuldner entweder in Devisen bezahlen muss oder bei seinen Käufen eingeschränkt wird. Eine derartige Swing-Verrechnung gab es für den kommerziellen Zahlungsverkehr zwischen der DDR und der Bundesrepublik Deutschland, da die Währung der DDR nicht konvertibel war. Abgerechnet wurde in »Verrechnungseinheiten«. Die Höhe der Überziehungsmöglichkeiten wurde in regelmäßigen Absprachen zwischen beiden Regierungen festgelegt. Am 6.12.1968 wurde eine Vereinbarung über den deutsch-deutschen Swing getroffen, die bis 1973 galt und am Ende ein Volumen von 620 Mio. DM hatte.

12 Der westdeutsche Unternehmer Friedrich Seeberger und der Westberliner Kaufmann Helmut Arff waren 1969 in der DDR verhaftet worden. Beide lieferten seit 1961 vor allem Pumpenanlagen in die DDR. 1968 kam es im Chemierevier Bitterfeld zu einer verheerenden Explosion, deren Ursache in der unsachgemäßen Bedienung der Pumpenanlagen lag. Seeberger und Arff wurden als Lieferanten bzw. Vermittler der unter anderem in Bitterfeld verbauten Pumpenanlagen festgenommen. Die in Zuständigkeit des MfS geführten Ermittlungen lieferten zwar keine Beweise für einen ursächlichen Zusammenhang mit der Havarie. Dennoch sollten beide unter dem Vorwurf der Sabotage und Diversion angeklagt werden. Die SED-Führung beabsichtigte an Seeberger und Arff ein Exempel zu statuieren und ließ Seeberger am 4. März 1971 vom Bezirksgericht Halle zu lebenslanger Freiheitsstrafe und Arff zu

Teil der Journalisten nahm Bezug auf diesen Prozess und versuchte zu erkunden, ob sich Firmen dadurch von der Messe abhalten ließen.

Es ist bekannt geworden, dass die Firma Seeberger vor der Messe einen Brief an Ausstellerfirmen aus der BRD versandt hat, mit dem sich die Firma zu rechtfertigen versucht. (Maßnahmen zur Beschaffung dieses Schreibens sind eingeleitet).

In der Berichterstattung der Journalisten spielt auch die Frage der sich aus den früheren Geschäften noch ergebenden Verbindlichkeiten eine Rolle. Es besteht der Eindruck, dass eine zentral gesteuerte Kampagne durchgeführt wird, um die DDR in den Ruf schlechter Zahlungsmoral zu bringen.

Im Übrigen wird in den aus Leipzig abgesetzten Berichten westdeutscher Journalisten von einen betont ruhigem Charakter der Messe gesprochen, die keine großen Perspektiven für den Absatz westdeutscher Unternehmen eröffne.

13 Jahren Gefängnis verurteilen. Der Prozess war inzwischen im Westen bekannt geworden und drohte die deutsch-deutschen Verhandlungen ebenso wie die Wirtschaftsbeziehungen wenige Tage vor Beginn der Leipziger Frühjahrsmesse zu gefährden. Das Politbüro entschied deshalb am 9. März 1971, eine anhängige Berufung der Anwälte von Seeberger und Arff zuzulassen. Am 10. März wurde das Urteil aufgehoben und der Fall zur erneuten Verhandlung an das Bezirksgericht zurückgewiesen. Um weiteren politischen Schaden von der DDR abzuwenden, wurden die Haftbefehle am 25. Mai 1971 gegen Seeberger und Arff aufgehoben und beide kurze Zeit später nach Westberlin abgeschoben. Vgl. Raschka, Johannes: Zwischen Überwachung und Repression. Politische Verfolgung in der DDR 1971 bis 1989. Opladen 2001, S. 94–98, 295–310.

16. März 1971

Information Nr. 226/71 über eine weiterhin verstärkte Gerüchteverbreitung über das angebliche »Gastspiel« der englischen Beat-Kapelle »The Hollies« am 28. März 1971 in der Hauptstadt der DDR

Quelle: BArch, MfS, ZAIG 1900, Bl. 5–6 (5. Expl.).
Serie: Informationen.
Verteiler: Lamberz (über Mielke) – MfS: Schröder (über HA XX/AIG), Wichert, Agitation, Ablage.
Verweise: Informationen 139/71 und 266/71.

Ergänzend zu unserer Information Nr. 139/71 vom 18.2.1971 wurde vom MfS festgestellt, dass in letzter Zeit eine weitere Gerüchtezunahme über das angeblich bevorstehende Gastspiel der englischen Beat-Kapelle »The Hollies«[1] zu verzeichnen ist, wobei in immer größerem Maße als Auftrittstermin der 28.3.1971 genannt wird.

Offensichtlich wird hier ein Zusammenhang mit dem Auftreten von »The Hollies« am 29.3.1971 in der Westberliner Philharmonie hergestellt.

Bei der Gerüchteverbreitung häufen sich Meinungen, wonach der Auftritt von »The Hollies« in der Hauptstadt nicht öffentlich sein würde, sondern nur intern vor einem vorher festgelegten Kreis stattfinden würde, wobei angeblich auch Studioaufnahmen beim Staatlichen Rundfunkkomitee oder beim Deutschen Fernsehfunk vorgesehen seien.

Aufgrund dieser Behauptungen, dass dieser »Auftritt« hinter verschlossenen Türen stattfinden solle, äußern sich eine Reihe von Jugendlichen sehr empört.

Gleichlaufend mit der zunehmenden Gerüchteverbreitung über das angeblich am 28.3.1971 bevorstehende Gastspiel verstärken sich in allen Bezirken der DDR Absichten jugendlicher Personen und Beat-Anhänger, zu diesem Zeitpunkt nach Berlin zu fahren, um mit »The Hollies« zusammenzutreffen.

Vom MfS wurden Maßnahmen eingeleitet, um mögliche Provokationen jugendlicher Personen zu verhindern. Es wird außerdem für zweckmäßig erachtet, durch entsprechende Veröffentlichungen der Gerüchteverbreitung noch stärker entgegenzutreten.

1 Im Original durchgehend: »The Hollys«. »The Hollies« ist eine Anfang der 1960er-Jahre gegründete britische Popband.

29. März 1971

Information Nr. 267/71 über die Weigerung des Direktors des VEB Industrievertrieb Rundfunk und Fernsehen, Karl-Marx-Stadt, Sichtwerbung zum 25. Jahrestag der Gründung der SED anzubringen

Quelle: BArch, MfS, ZAIG 1913, Bl. 1–2 (3. Expl.).
Serie: Informationen.
Verteiler: Honecker – MfS: Schröder (über HA XX), Ablage.

Am 25.3.1971 wurde dem MfS bekannt, dass der Direktor des VEB Industrievertrieb Rundfunk und Fernsehen, Karl-Marx-Stadt,[1] Gen. *Banse,*[2] das Verteilen und Anbringen der erhaltenen Sichtwerbung zum 25. Jahrestag der Gründung der SED verweigert habe, weil er der Meinung ist, dass diese eine Herabwürdigung darstelle.

Nach Feststellungen des MfS erhielt der Betrieb vor ca. vier Wochen 40 Plakate von der Abteilung Werbung und Öffentlichkeitsarbeit im VEB Industrievertrieb Rundfunk und Fernsehen, Leipzig.

(Diese Plakate sind von der DEWAG Bautzen gedruckt worden; als Entwerfer werden *Damm* und *Fiedler*[3] angeführt.)

Am 23.3.1971 fand eine Besprechung zwischen dem Parteisekretär, Gen. *Lorenz,*[4] dem Direktor, Gen. *Banse* und dem Gebrauchswerber [Name] statt. Vom Direktor, Gen. *Banse,* wurde dabei angewiesen, die erhaltene Sichtwerbung nicht zu verteilen und anzubringen.

Sämtliche 40 Exemplare wurden in den Papierkorb geworfen. Zum Zeitpunkt der Feststellungen des MfS befanden sich noch fünf Exemplare im Papierkorb.

(Von den sichergestellten Exemplaren wurde eines am 27.3.1971 auf dem Flugplatz übergeben.)

1 Karl-Marx-Stadt wurde 1990 in Chemnitz zurückbenannt.
2 Im Original durchgehend: »Banze«. Claus Banse, Jg. 1937, Ingenieur, ab 1970 Betriebsdirektor des VEB Industrievertrieb Rundfunk und Fernsehen, Karl-Marx-Stadt.
3 Das Plakat wurde im Grafikatelier Damm&Fiedler in Leipzig von der freischaffenden Grafikerin Jutta Fiedler, Jg. 1937, gestaltet. Nach Auskunft ihres Ehemannes, Jochen Fiedler, vom 15. Juni 2021 war ein zu klein geratenes Parteiabzeichen für die Kritik ausschlaggebend. Das zu Werbezwecken bereits verteilte Plakat wurde daraufhin zurückgezogen.
4 Lorenz, weitere Angaben zur Person konnten nicht ermittelt werden.

31. März 1971

Information Nr. 273/71 über die Schändung zweier sowjetischer Ehrenfriedhöfe in Magdeburg bzw. Eisleben, Bezirk Halle

Quelle: BArch, MfS, ZAIG 1914, Bl. 1–3 (4. Expl.).
Serie: Informationen.
Verteiler: Hager, KGB Berlin-Karlshorst (»AG«) – MfS: Schröder (über HA XX), Ablage.
Vermerk: Im Dokumentenkopf handschriftlich: »siehe auch 321/71«.
Verweis: Information 321/71.

Am 20.3.1971 wurden auf dem sowjetischen Ehrenfriedhof am Nordpark in Magdeburg mehrere Grabsteine umgeworfen. Die Informierung darüber erfolgt erst jetzt, um aufgrund der schnellen Ermittlung der Täter bereits Angaben zum konkreten Untersuchungsergebnis mitteilen zu können.

Bei den Tätern handelt es sich um die Jugendlichen [Name 1, Vornamen], geboren [Tag, Monat] 1952, beschäftigt als Stahlbauschlosserlehrling im VEB »7. Oktober« Magdeburg, wohnhaft Magdeburg, [Straße, Nr.], Mitglied des FDGB, der FDJ, DSF, und [Name 2, Vorname], geboren [Tag, Monat] 1952, beschäftigt als Schlosser im VEB Schwermaschinenbau »Georgi Dimitroff«, Magdeburg, wohnhaft Magdeburg, [Straße, Nr.], Mitglied des FDGB.

Die Täter hatten, nachdem sie im Verlaufe der Abendstunden jeder 20 Glas Bier tranken, während ihres Nachhauseweges, der unmittelbar am sowjetischen Ehrenfriedhof am Nordpark vorbeiführte, die Einfriedung des Friedhofes überstiegen und insgesamt 18 Grabsteine umgeworfen. Die beiden wurden im Verlaufe ihrer Tat durch einen Angehörigen der DVP überrascht, wobei [Name 1] von diesem gestellt wurde, während [Name 2] flüchten konnte und am 21.3.1971 festgenommen wurde.

Durch den Staatsanwalt wurde ein Ermittlungsverfahren gemäß § 215 (Rowdytum)[1] eingeleitet, wobei die Untersuchungen jedoch unter dem Gesichtspunkt fortgeführt werden, ob eine staatsfeindliche Handlung vorliegt.

Im Verlaufe der bisher durchgeführten Untersuchung gaben die Beschuldigten Übermut als Motiv für ihre strafbare Handlung an.

Beide Personen sind bisher weder bei der Volkspolizei noch beim MfS angefallen.

1 Der § 215 StGB – Rowdytum, lautete: »(1) Wer sich an einer Gruppe beteiligt, die aus Missachtung der öffentlichen Ordnung oder der Regeln des sozialistischen Gemeinschaftslebens Gewalttätigkeiten, Drohungen oder grobe Belästigungen gegenüber Personen oder böswillige Beschädigungen von Sachen oder Einrichtungen begeht, wird mit Freiheitsstrafe bis zu fünf Jahren oder mit Haftstrafe bestraft. […]«. Strafgesetzbuch der Deutschen Demokratischen Republik – StGB – und angrenzende Gesetze und Bestimmungen. Textausgabe mit Anmerkungen, Hinweisen und Sachregister. Hg. v. Ministerium der Justiz. Berlin 1969, S. 106.

Seitens des Staatsanwaltes der Stadt Magdeburg ist vorgesehen, ein beschleunigtes Verfahren gegen die Beschuldigten durchzuführen.

Am 25.3.1971 wurde festgestellt, dass bisher unbekannte Täter auf dem sowjetischen Ehrenfriedhof in Eisleben, Bezirk Halle, sechs Gräber beschädigt haben. Es wurden die auf den Grabsteinen angebrachten Sowjetsterne verdreht bzw. in einem Fall abgebrochen. Einer der Grabsteine wurde umgeworfen. (Der sowjetische Ehrenfriedhof liegt am Bahnhofsring von Eisleben und besteht aus einem Monumentalstein und 15 kleineren Gedenksteinen.) Der Zeitpunkt der Beschädigung liegt wahrscheinlich zwischen dem 20. und 22.3.1971.

Hinweise auf einen eventuellen Täterkreis liegen bisher nicht vor. In Verbindung mit der DVP wurden entsprechende Maßnahmen zur Aufklärung der Straftat eingeleitet.

6. April 1971

Konzeption für politisch-operative und publizistische Maßnahmen zur Förderung der politischen Auseinandersetzungen um die Rolle und Funktion des BND und zur Entlarvung der Hintergründe dieser Auseinandersetzungen [K 1/21]

Quelle: BArch, MfS, ZAIG 4996, Bl. 1–23 (1. Expl.).
Serie: K 1 (Verschiedenes).
Verteiler: Kein Nachweis für externe und interne Verteilung.
Vermerk: Im Dokumentenkopf: »Reg.#19/71«.
Verweis: Bericht K 1/25.

[Faksimile von Blatt 1]

1. *Ausgangspunkt* für aktive Maßnahmen des MfS sind die mit der »Spiegel«-Veröffentlichung »Pullach intern«[1] eingeleiteten Angriffe gegen den BND, die offensichtlich auf Initiativen von Strauß[2] und hinter ihm stehenden Führungskreisen der CDU/CSU gemeinsam mit den am weitesten rechts stehenden SPD-Kreisen ausgelöst wurden.

Diese Kräfte operieren mit Behauptungen, dass der BND aufgrund der Einflussnahme der SPD-Führung (besonders Ehmkes[3]) im Sinne seiner stärkeren Ausrichtung auf die Bonner sogenannte Ost- und Deutschlandpolitik[4] in gewissem Maße »funktionsuntüchtig« geworden sei.

Aus den bisherigen »Spiegel«-Veröffentlichungen und der darauf erfolgten Reaktion kristallisiert sich als eigentliche Zielsetzung immer deutlicher heraus:

1 Die Artikelserie »Pullach intern« erschien zwischen März und August 1971 im Nachrichtenmagazin »Der Spiegel«. In ihr wurde erstmals umfassend und in Teilen kritisch über den westdeutschen Auslandsgeheimdienst BND berichtet. Zur Entstehungsgeschichte vgl. Dülffer, Jost: Pullach intern. Innenpolitischer Umbruch, Geschichtspolitik des BND und »Der Spiegel«, 1969–1972. Marburg 2015, sowie Ders.: Geheimdienst in der Krise. Der BND in den 1960er Jahren. Berlin 2018, S. 291–303 u. 613–617.

2 Franz Josef Strauß, Jg. 1915, CSU-Politiker, 1953–55 Bundesminister für besondere Aufgaben, 1955/56 Bundesminister für Atomfragen, 1956–62 Bundesminister der Verteidigung, 1961–88 Vorsitzender der CSU und 1963–66 Vorsitzender der CSU-Landesgruppe im Bundestag.

3 Horst Ehmke, Jg. 1927, SPD-Politiker, 1969–94 Mitglied des Deutschen Bundestages, 1969 Bundesminister der Justiz, 1969–72 Bundesminister für besondere Aufgaben und Chef des Bundeskanzleramtes, 1972–74 Bundesminister für Forschung und Technologie und Bundesminister für das Post- und Fernmeldewesen.

4 Die »Ostpolitik« meint die während des Kalten Krieges auf Ausgleich mit der Sowjetunion und den osteuropäischen Staaten zielende Außenpolitik der Bundesrepublik Deutschland. Sie begann mit der Bildung der sozialliberalen Regierung unter Willy Brandt und Walter Scheel im Jahr 1969.

- Forcierung der Angriffe des Rechtskartells[5] auf die »Ost- und Deutschlandpolitik« der Brandt/Scheel-Regierung[6] und zur Schwächung ihrer Position insgesamt;
- Zurückdrängung des Einflusses führender SPD-Vertreter auf den BND (als eines der wichtigsten Organe des westdeutschen staatsmonopolistischen Herrschaftssystems);
- verstärktes Herausstellen des »Dilettantismus« führender SPD-Vertreter.

Diese Einschätzung der eigentlichen, mit den Veröffentlichungen verfolgten Zielsetzung wird noch durch die deutlich sichtbar gewordenen Bestrebungen erhärtet, die Rolle des BND unter Leitung Gehlens[7] zu glorifizieren und als wirksamer herauszustellen. Gehlen wird als »Realist« herausgestellt, unter besonderer Hervorhebung seiner Rolle als Leiter der Spionageabteilung im Generalstab der faschistischen Wehrmacht »Fremde Heere Ost« (FHO).[8] In diesem Zusammenhang werden Behauptungen hochgespielt, wonach Gehlen während des 2. Weltkrieges »realistischer« gedacht habe und manches hätte anders verlaufen können, wenn seine Ratschläge befolgt worden wären und wenn nicht »Dilettanten« (Hitler) falsch entschieden hätten.

2. Ziel und Richtung der Maßnahmen des MfS

2.1. Herausstellen der eigentlichen Ursachen für die Misere des BND:
- Veränderung des Kräfteverhältnisses;
- Zunahme der Niederlagen des Imperialismus und seiner Geheimdienste ist gesetzmäßig bedingt;
- systematische Einschränkung der Wirkungsmöglichkeiten imperialistischer Geheimdienste (Hervorhebung hoher revolutionärer Wachsamkeit);
- Erhöhung der Wirksamkeit der Sicherheitsorgane und -maßnahmen und Wirken vieler Patrioten im Lager [des] Gegners.

5 Gemeint sind die vor allem von CDU- und CSU-Politikern getragenen Bestrebungen in der Bundesrepublik, die auf Entspannung und Annäherung ausgerichtete Außen- und Deutschlandpolitik der sozialliberalen Koalition politisch zu bekämpfen.

6 Nach der Bundestagswahl von SPD und FDP gebildete erste sozialliberale Koalitionsregierung, hier bezeichnet nach den Parteivorsitzenden Willy Brandt und Walter Scheel.

7 Reinhard Gehlen, Jg. 1902, Berufssoldat und Geheimdienstmitarbeiter, 1940–42 Leiter der Gruppe Ost der Operationsabteilung des Generalstabes des Heeres, 1942–45 Chef der »Abteilung Fremde Heere Ost« der Wehrmacht, 1945 amerikanische Kriegsgefangenschaft, 1946–49 Mitbegründer der von der US-Army beaufsichtigten Spionageorganisation »Organisation Gehlen«, 1949–56 Leiter der »Organisation Gehlen« unter Aufsicht der CIA, 1956–68 Präsident des Bundesnachrichtendienstes.

8 »Fremde Heere Ost« war eine 1938 im Generalstab des Heeres der Wehrmacht gebildete Abteilung, welche für die Auswertung von Informationen vor allem über die sowjetischen Truppen verantwortlich war. Reinhard Gehlen leitete die Abteilung von 1942 bis Kriegsende. Vgl. Pahl, Magnus: Fremde Heere Ost. Hitlers militärische Feindaufklärung. Berlin 2012.

2.2. Verdeutlichung der Rolle des BND zur Verwirklichung der Aggressions- und Expansionsziele des westdeutschen Imperialismus und der Forcierung der Anstrengungen des BND für diese Ziele auf verschiedenen Gebieten:
- Militärspionage und Stützpunktschaffung im Sinne der Vorbereitung einer militärischen Aggression;
- Forcierung der politischen Spionage (Ansatzpunkte für verstärktes politisches und ideologisches Eindringen in die DDR und andere sozialistische Staaten);
- Forcierung der ökonomischen Spionage und Störtätigkeit;
- Notwendigkeit der weiteren Erhöhung der Wachsamkeit als wesentliche Voraussetzung gegen offene und schleichende imperialistische Aggressionspolitik.

2.3. Förderung des Differenzierungsprozesses und der Auseinandersetzungen in Westdeutschland durch
a) Entlarvung der Machenschaften des Rechtskartells, die sich u. a. in Veröffentlichungen über den BND widerspiegeln;
b) Herausstellen der Verantwortung der Brandt/Scheel-Regierung für alle vom BND ausgehenden Aktivitäten, auch für Duldung der Vorgänge im BND;
c) Förderung der Auseinandersetzungen und der Unsicherheit durch gezielte differenzierte Lancierungen sowohl links- als auch rechtsgerichteter Darstellungen.

2.4. Verstärkung der Unruhe und Unsicherheit in WD und weitere Entlarvung der Rolle des BND in mehreren Richtungen:
- Widerspiegelung des mehrgleisigen Bonner Vorgehens und der Interessen mehrerer Gruppierungen im Handeln des BND (von alten Faschisten, Militaristen und Strauß bis zu Brandt,[9] Wehner,[10] Schmidt[11] und Ehmke);
- Nutzung der Möglichkeiten des BND durch das Rechtskartell, bis zur Ausführung von Spitzelaufträgen nach innen im Auftrage des Rechtskartells;[12]

9 Willy Brandt, Jg. 1913, SPD-Politiker, 1957–66 Regierender Bürgermeister von Berlin, 1964–87 Parteivorsitzender, 1966–69 Bundesaußenminister, 1969–74 Bundeskanzler.

10 Herbert Wehner, Jg. 1906, SPD-Politiker, 1949–66 Vorsitzender des Bundestagsausschusses für Gesamtdeutsche und Berliner Fragen, 1957/58 und 1964–66 stellvertretender Vorsitzender der SPD-Bundestagsfraktion, 1958–73 stellvertretender SPD-Bundesvorsitzender.

11 Helmut Schmidt, Jg. 1918, SPD-Politiker, 1958–83 Mitglied des SPD-Bundesvorstandes, 1961–65 Innensenator in Hamburg, 1966–69 Vorsitzender der SPD-Bundestagsfraktion, 1969–72 Bundesminister für Verteidigung, 1974–82 Bundeskanzler, 1985–90 Geschäftsführer der Wochenzeitung »Die Zeit«.

12 In Reaktion auf die 1968 im BND angestoßenen Reformen und in Ablehnung des deutschlandpolitischen Kurses der sozialliberalen Koalition betrieben einige ehemalige und aktive BND-Mitarbeiter zwischen 1969 und 1982 auf Betreiben von Teilen der CDU einen privaten Informationsdienst (»Stauffenberg-Dienst«), der für die CDU/CSU-Fraktion unter an-

- Enthüllungen über den BND (Aufträge des BND, Festnahme von Spionen und Agenten, Aussagen Festgenommener, Auftreten eines »Selbststellers« usw.).

3. Vorschläge für aktive Maßnahmen des MfS

Die aktiven Maßnahmen sind in Übereinstimmung mit der unter Punkt 2 genannten Zielsetzung bzw. mit Teilen dieser Zielsetzung vorzubereiten, zu organisieren und durchzuführen.

3.1. Maßnahmen in Presse, Rundfunk und Fernsehen der DDR

Ausgangspunkt ist die vorstehend genannte Zielsetzung (Pkt. 2.1. und Teile der Pkte. 2.2. bis 2.4.). Dabei sollten – entsprechend den Vorschlägen der Abt. Agitation – in Bezug auf die Situation im BND mit beachtet werden:
- der im BND wirkende Widerspruch zwischen der Verflechtung der alten Variante des offenen Antisozialismus, der Politik der Stärke usw. einerseits und der neuen Variante der Bonner sogenannte Ost- und Deutschlandpolitik, der Forcierung der politisch-ideologischen Aufweichung und Zersetzung usw. andererseits;
- die sich aus der personellen Zusammensetzung ergebenden Differenzen zwischen Militärs und Zivilisten, überalterten Mitarbeitern und akademischen Nachwuchskräften, ehemaligen Wehrmachtsangehörigen und SD-Mitarbeitern, Mitarbeitern des BND und des Bundeskanzleramtes.

Die Darlegung dieser Widersprüche bzw. Grunddifferenzen muss gezielt und differenziert erfolgen, ohne dabei die Mehrgleisigkeit des Bonner Vorgehens und das ihm entsprechende Zusammenwirken bzw. Zusammenspiel der verschiedenen Kräfte außer acht zu lassen. (Die Gemeinsamkeit besteht in der Grundhaltung: Zurückdrängung und Beseitigung des Sozialismus. Differenzen bestehen vorwiegend in Fragen des taktisch-methodischen Vorgehens.)

Weiter sind in diesem Zusammenhang zu beachten:
- die Zuspitzung der Situation im BND durch die zunehmende Entlarvung des BND bzw. westdeutscher Agenten im internationalen Maßstab seit Oktober 1969 und zwar
  - in sechs europäischen Staaten (DDR, ČSSR, VR Polen, VR Bulgarien, SFRJ und Österreich),
  - in vier afrikanischen Staaten (VAR, Sudan, Lesotho, Guinea) und
  - in drei asiatischen Staaten (Irak, Libanon, China),

derem auch innenpolitische Berichte lieferte. Vgl. Waske, Stephanie: Nach Lektüre vernichten! Der geheime Nachrichtendienst von CDU und CSU im Kalten Krieg. München 2013; Dülffer, Jost: Geheimdienst in der Krise. Der BND in den 1960er Jahren. Berlin 2018, S. 282–291.

- die Aufdeckung und Unschädlichmachung von sieben westdeutschen BND-Instrukteuren und von ihnen gesteuerter Spionagenetze in der DDR in den letzten 20 Monaten.
  (Trotz der Bonner Maßnahmen zur Erhöhung seiner Effektivität und trotz erheblicher Etataufstockung erlitt der BND verstärkt Niederlagen.)

Auf der Grundlage der vorstehenden genannten Aspekte und Schwerpunkte der Argumentation wird konkret vorgeschlagen:

a) *Pressemaßnahmen*
   - Interview zur »Spiegel«-Serie mit Dr. Mader[13] in der Zeitschrift »Horizont«;[14]
   - gegen Bonn gerichtete Auswertung der »Spiegel«-Serie, angereichert mit dem Archiv-Material über »Panorama«[15] (Englisch, Arabisch, Französisch) in Nahost, Mittelost, Südostasien und Fernost sowie in Afrika;
   - ADN-Auslandsdienst (Auszüge aus dem Interview).

Verantw.: Abteilung Agitation | *Termin:*

b) Rundfunk-Kommentare in
   - Deutschlandsender – auf der Grundlage des Interviews von Dr. Mader;
   - Radio DDR (II. Programm-Studio 70)[16] – auf der Grundlage und bei gleichzeitiger Aktualisierung der Dokumentation von Dr. Mader. »Die Geheimdienstpraxis der Brandt-Regierung«[17] (breits veröffentlicht in »Mitteilungsblatt der (AeO)«)[18] vom Juli 1970;
   - Radio Berlin International – Auslandsdienst in Fremdsprachen unter Verwendung der vorstehend genannten Publikationen.

Verantw.: Abteilung Agitation | *Termin:*

13 Julius Mader (bürgerlich: Thomas Bergner), Jg. 1928, Publizist, veröffentlichte im Auftrag des MfS bzw. der SED Propagandamaterial vor allem über westliche Geheimdienste und Sicherheitspolitik, seit 1960 zunächst geheimer Mitarbeiter, ab 1962 als Offizier im besonderen Einsatz des MfS tätig.

14 Die Zeitschrift »Horizont – Sozialistische Wochenzeitung für internationale Politik und Wirtschaft« erschien zwischen 1968 und 1991 in Berlin.

15 »Panorama« war die Auslandspresseagentur der DDR.

16 Das »Studio 70« war eine politische Sendereihe im DDR-Rundfunk.

17 Mader, Julius: Die Geheimdienstpraxis der Brandt-Regierung. In: Mitteilungsblatt der Arbeitsgemeinschaft ehemaliger Offiziere, 7/1970, S. 5–8.

18 Die Arbeitsgemeinschaft ehemaliger Offiziere (AeO) war ein 1958 in der DDR begründeter Verband, der im Auftrag der SED propagandistisch gegen die Wiederbewaffnung und militärische Integration der Bundesrepublik in das westliche Bündnis auftrat. Im Juni 1971wurde er auf Weisung der SED aufgelöst.

c) *Fernsehdokumentation* unter hauptsächlicher Verwendung aufgezeichneter Berichte des Westfernsehens über den BND mit aktueller Umkommentierung.

Verantw.: Abteilung Agitation | *Termin:*

d) ADN-Meldung auf der Grundlage einer Verlautbarung der Pressestelle des MfS über die in jüngster Zeit erfolgten Festnahmen von Spionen und Kurieren des BND ohne Nennung näherer Einzelheiten.

Verantw.: Abt. Agitation (im Zusammenwirken mit den HA II und IX) | *Termin:* 12.4.1971

e) Prüfung der Möglichkeiten, über offizielle Kontakte den französischen Kommunisten und Schriftsteller Alain Guerin[19] (Verfasser des Anti-Gehlen-Buches »Der graue General«, erschienen 1968 in Paris)[20] zu veranlassen – eventuell Einladung in die DDR –, mit geeignetem Material von Frankreich aus die Kampagne gegen den BND wirksam zu unterstützen.

Verantw.: Abteilung Agitation

3.2. Maßnahmen auf dem Gebiet der Öffentlichkeitsarbeit unter Ausnutzung von Ergebnissen der politisch-operativen Arbeit des MfS

a) Durchführung einer Festnahme mit dem Ziel der Nachweisführung, dass der BND verstärkt Spione einsetzt, die unter Missbrauch der Verbindungswege zwischen Westberlin und Westdeutschland Militärspionage betreiben. Bei der Einreise in die DDR könnte kurzfristig festgenommen werden

   entweder ... | oder ...

   Festnahme nur einer von beiden Personen, und zwar derjenigen, die zuerst in die DDR einreist. (Beweismittel liegen gegen beide vor.)
   In die Auswertung der betreffenden Festnahme kann das bereits laufende EV gegen BND-Spion [Name 1, Vorname], geboren [Tag, Monat] 1947, zuletzt Student an der FU, festgenommen am 21.12.1970, einbezogen werden.
   [Name 1] hat im Auftrage der gleichen BND-Dienststelle Spionage getrieben wie die beiden o. g. Spione.
   In die Auswertung kann ebenfalls der UV [Name 2] (Festnahme 21.7.1970) einbezogen werden.

19 Alain Guérin, Jg. 1932, französischer Publizist, 1949–53 Journalist der Tageszeitung »L'Humanité«, veröffentlichte später vor allem Bücher, die sich mit Spionage und dem Widerstand während des Zweiten Weltkrieges auseinandersetzen.

20 Vgl. Guérin, Alain: Le Général Gris. Paris 1968.

Verantw.: HA II im Zusammenwirken mit der HA IX | (Die Verantwortlichkeit schließt die Vorbereitung eines für die Öffentlichkeitsarbeit geeigneten Materials ein.)

b) Vorbereitung eines Materials für die Öffentlichkeitsarbeit mit dem Ziel der Nachweisführung, dass der BND vielfältige Anstrengungen unternimmt, zahlreiche Spionagestützpunkte im Bereich der Staatsgrenze Ost der DDR zu schaffen, um vor allem Militärspionage (Überwachung des Militärverkehrs) zu betreiben. Dazu sind folgende Vorgänge auszuwerten:
   - UV [Name 3] (Werbung auf dem Gebiet der DDR durch westdeutsche Verwandte, die ebenfalls festgenommen wurden). Festnahme: 13.7.1970 (HA II/4)
   - UV [Name 4] (Spionage an einer strategisch wichtigen Bahnstrecke). Festnahme: 29.5.1970 (HA II/4)
   - UV [Name 5] (Spionage unter Einbeziehung von Familienangehörigen). Festnahme: 13.3.1970 (BV Cottbus)
   - UV [Name 6] (Westdeutscher Werber und Instrukteur des BND – warb IMF »Kaden« an). Festnahme: 7.9.1969 (BV Frankfurt (Oder))

Verantw.: HA IX (im Zusammenwirken mit der HA II) | *Termin:* 12.4.1971

c) Aufbereitung des Materials in Auswertung der Ergebnisse der bereits unter a) und b) genannten Vorgänge [Name 6], [Name 3], [Name 2] und [Name 1] sowie des Vorganges [Name 7, Vorname] (festgenommen 11.11.1969), unter Verwendung sichergestellter schriftlicher Anweisungen des BND und Aussagen der von den westdeutschen Agenten geworbenen und gesteuerten Spione in der DDR, die u. a. beinhalten
   - den Einsatz westdeutscher Bürger durch den BND zur Anwerbung von DDR-Bürgern und Schaffung von Agentengruppen in der DDR unter Missbrauch verwandtschaftlicher und anderer persönlicher Kontakte, die Auftragserteilung, Instruierung und geheimdienstliche Ausrüstung. der DDR-Bürger durch diese westdeutschen Agenten unter Ausnutzung von Einreisen in die Hauptstadt der DDR, Besuchsreisen in Bezirke der DDR sowie von Fahrten zur Leipziger Messe;
   - die gezielte Werbung und den Einsatz westdeutscher Bürger zur Spionage unter Missbrauch der Transitstrecken zwischen Westdeutschland und Westberlin;
   - die Ausnutzung Westberliner zur Treffdurchführung zwecks Auftragserteilung, Instruierung, Übergabe geheimdienstlicher Mittel und Entgegennahme von Spionagematerial seitens des BND mit westdeutschen Agenten, die in der DDR zum Einsatz kommen;
   - die Anwerbung von Studenten in Westberlin, unter anderem über getarnte Inserate in Westberliner Zeitungen, zur Spionage gegen die DDR und die ČSSR;

- die Orientierung der Agenten auf verstärkte zielgerichtete Erkundung militärischer Objekte, Verbindungswege und Nachschublinien sowie strategischer und taktischer Angriffsziele im Interesse der Vervollkommnung der imperialistischen Aggressionsplanung;
- Erklärung eines BND-Mitarbeiters gegenüber dem Agenten [Name 6]
  - über die Zielstellung des Geheimdienstes, durch die Schaffung von Agenten an Verkehrsknotenpunkten in der Nähe der Oder-Neiße-Grenze Voraussetzungen für die Beeinträchtigung des militärischen Nachschubs durch gezielte Diversions- und Sabotageakte im Kriegsfall zu schaffen,
  - über Pläne zur Einschleusung von Hetzmaterial aus Westdeutschland in internationalen Reisezügen und ihre Verbreitung durch Agenten des BND in der DDR, um damit Unruhe und Unzufriedenheit von Bevölkerungskreisen der DDR vorzutäuschen;
- Aufträge des BND zur Bespitzelung von Angehörigen der Technischen Universität in Westberlin sowie zum Eindringen in die Evangelische Brüdergemeinde[21] in Westdeutschland.

Verantw.: HA IX (im Zusammenwirken mit der HA II) | *Termin:* 12.4.1971

d) Vorbereitung eines für die Öffentlichkeitsarbeit geeigneten Materials über das Wirken von Patrioten, die mit Wissen des MfS Verbindung zum BND unterhielten. Geeignet hierfür sind:
- IMF »Kaden« und Ehefrau (seit 1966 IM des MfS), 1968 vom BND angeworben. Als Werber und späterer Instrukteur fungierte der westdeutsche Agent, [Name 6, Vorname] Nowack, Erich (siehe o. g. UV [Name 6] Nowack). »Kaden« wurde 1969 im Zusammenhang mit der Festnahme [Name 6] Nowacks zurückgezogen. Der IMF »Kaden« (seit 1964 Mitglied der SED, Reichsbahnangestellter) und seine Ehefrau können als Patrioten auftreten.
- IMF »Astor« seit 1959 Verbindung zum BND (gleiche Dienststelle wie IMF »Schumacher«). Hat gegenwärtig Aufträge zur Aufklärung von Objekten des MfS. Beachten: Es wird vermutet, dass der BND IMF »Astor« bestimmte Testmaßnahmen hinsichtlich seiner Zusammenarbeit mit dem MfS durchführt.

Verantw.: HA II | *Termin:* 15.4.1971

e) Ausarbeitung von Vorschlägen und Entwicklung einer Konzeption für die wirkungsvolle Verwendung der unter a) bis d) angeführten Materialien in der Öffentlichkeitsarbeit unter Berücksichtigung folgender Möglichkeiten:

21 Der Bezug ist unklar. In der Bundesrepublik bestanden mehrere evangelische Brüdergemeinden, die als selbstständige Einheiten innerhalb der Landeskirchen bestanden.

- Sendung einer Dokumentation im Deutschen Fernsehfunk zur Tätigkeit des BND, die beinhalten sollte: Aussagen der für das öffentliche Auftreten im DFF geeigneten Agenten [Name 6], [Name 3] und [Name 1];
- Einblenden sichergestellter Anweisungen des BND; aufgezeichnete Sendungen des Westfernsehens mit Äußerungen Bonner Politiker zur Bonner sogenannten Ost- und Deutschlandpolitik, konfrontiert mit Äußerungen von Ehmke über die Erhöhung der Wirksamkeit des BND (eventuell Verbinden mit Auftreten eines Patrioten, siehe Pkt. d).
- Vorschläge für Kommentare (Presse, Rundfunk, Fernsehen) und Presseartikel z. B. über den Missbrauch Westberlins und der Transitstrecken, über den Widerspruch offizieller Erklärungen der Brandt/Scheel-Regierung und den BND-Praktiken.
- Durchführung einer kleinen Pressekonferenz mit DDR-Pressevertretern und akkreditierten Korrespondenten, in deren Verlauf ein ehemaliger IMF bzw. ein ehemaliger BND-Agent (als Selbststeller) auftritt und unter Nutzung sichergestellter BND-Anweisungen die Aktivität des BND als Ausdruck der mehrgleisigen Bonner Politik und der mit der »Ost- und Deutschlandpolitik« verfolgten eigentlichen Zielsetzung anprangert.
- Lancierung fotokopierter BND-Direktiven in westdeutsche Presseorgane, die mit dem »Spiegel« konkurrieren. (Diese Maßnahme könnte gesondert durchgeführt werden oder der kleinen Pressekonferenz folgen.)

Verantw.: Abteilung Agitation | *Termin:* 20.4.1971

3.3. Lancierung geeigneter Materialien nach Westdeutschland bzw. ins westliche Ausland

Hier handelt es sich um die Vorbereitung von Materialien, deren Eignung im Sinne der unter Pkt. 2 genannten Zielsetzung noch geprüft werden müsste bzw. worüber nach ihrer Vorlage eine Entscheidung herbeigeführt werden sollte.

a) *Dokumentation über die gegenwärtige Geheimdienstmisere, ihre Ursachen und Hintergründe (ca. 15 bis 20 Seiten)*
   - Herausarbeiten, dass sogenannte Reformbestrebungen im westdeutschen Geheimdienstbereich von politischen Ambitionen überschattet sind. Zusammenhang aufzeigen zur Verstärkung der Auseinandersetzungen um »Ostpolitik«, besonders auch zwischen US-Regierung und Bonner Regierung (Konzeptionen Strauß, Barzel[22] Guttenberg[23] und

22 Rainer Barzel, Jg. 1924, CDU-Politiker, 1957–87 Mitglied des Bundestages (CDU), 1962–63 und 1982/83 Bundesminister für gesamtdeutsche bzw. innerdeutsche Fragen, 1966–71 Oppositionsführer im Bundestag, 1971–73 Bundesvorsitzender der CDU, 1980–82 Vorsitzender des Auswärtigen Ausschusses.

Schmidt). Unterdrucksetzung der Bundesregierung, Verhinderung der Ratifizierung der Verträge,[24] Sabotierung der SALT-Gespräche.[25]

- Kampf um Machtpositionen im militärischen und geheimdienstlichen Bereich.
- 1968 angekündigte »Reformen« – bessere Koordinierung zwischen westdeutschen Geheimdienstzweigen, parlamentarische Kontrolle usw. – wurden nicht konsequent durchgeführt, sondern bestimmten Machtansprüchen unterworfen (Ehmke, Barzel, Strauß, Schmidt, Guttenberg und Gehlen, Wessel,[26] Blötz[27]).
- Gegenwärtige BND-Affäre dient auch der Formierung der am weitesten rechtsstehenden Kräfte innerhalb der SPD. Diese Kräfte handeln im Rahmen der allgemeinen rechten Sammlungsbewegung und treten in der SPD gezielt mit Provokationen auf (Beispiel Auftreten Bärwalds[28] in enger Wechselbeziehung zu seinen Kontaktleuten in der CIA, im BND und hohen Offizieren der Bundeswehr;[29] Rolle Ahlers[30] u. a. durch Zuspielen von Interna der Bundesregierung an rechtsgerichtete Kräfte; Rolle Schmidts im BMVg und Nutzung militärischer Geheimdienstverbindungen für persönliche Machtansprüche).

23 Karl Theodor zu Guttenberg, Jg. 1921, CSU-Politiker, 1957–72 MdB, außenpolitischer Sprecher der CDU/CSU-Bundestagsfraktion.

24 Gemeint sind die 1970 unterzeichneten »Ostverträge« der Bundesregierung mit der Sowjetunion und der Volksrepublik Polen. Sie wurden 1970 von der Bundesregierung geschlossen, mussten aber noch vom Bundestag ratifiziert werden. Die innenpolitischen Auseinandersetzungen um die Ratifizierung zogen sich bis 1972 hin.

25 Strategic Arms Limitation Talks (SALT), deutsch: Gespräche zur Begrenzung strategischer Rüstung. 1969–79 zwischen den USA und der Sowjetunion mit dem Ziel einer Begrenzung der nuklearen Rüstung geführt. Das wichtigste Abkommen war der 1972 unterzeichnete ABM-Vertrag.

26 Gerhard Wessel, Jg. 1913, Berufssoldat und Geheimdienstmitarbeiter, 1942–45 in der Geheimdienstabteilung »Fremde Heere Ost« tätig, 1945 amerikanische Kriegsgefangenschaft, 1946–52 am Aufbau der Organisation Gehlen unter anderem als Leiter der Auswertung beteiligt, 1952–56 im Amt Blank, 1956–57 Leiter des Militärischen Abschirmdienstes der Bundeswehr, 1957–63 Leiter der Abteilung Militärische Sicherheit im Führungsstab der Bundeswehr, 1968–78 Präsident des Bundesnachrichtendienstes.

27 Dieter Blötz, Jg. 1931, SPD-Politiker, 1966–70 für die SPD in Hamburg tätig, 1970–79 Vizepräsident des Bundesnachrichtendienstes.

28 Helmut Fränzel, Deckname »Bärwald«, Jg. 1928, Publizist, 1966–71 Leiter des Ostbüros der SPD, 1971 aus Protest gegen die »Ostverträge« Austritt aus der SPD.

29 Zur Rolle von Helmut Frenzel alias »Bärwald« und anderen ehemaligen Mitarbeitern des SPD-Ostbüros, die für den BND tätig wurden, vgl. Dülffer, Jost: Geheimdienst in der Krise. Der BND in den 1960er Jahren, Berlin 2018. S. 300–308, Heidenreich, Ronny: Die DDR-Spionage des BND. Von den Anfängen bis zum Mauerbau. Berlin 2019, S. 389 f.

30 Conrad Ahlers, Jg. 1922, SPD-Politiker und Journalist, ab 1948 als Journalist für verschiedene Tageszeitungen tätig, 1966–69 stellvertretender Leiter des Bundespresseamtes, 1969–72 Regierungssprecher und Chef des Presse- und Informationsamtes der Bundesregierung, 1972–80 Mitglied des Bundestages.

- Weitere Beweise der Formierung rechter Kräfte zeigen sich in den Verbindungen der CSU-»Seilschaft« im BND mit Strauß, in der Preisgabe des Bahr[31]-Papiers[32] durch Guttenberg und im Auftreten Barzels in der VR Polen.[33]

Für Dokumentationen sollen Informationen der HV A/VII und Dosiers aus den Vorgängen »Dschungel« und »Pensionat«, Biografien sowie ein Vorgang der Abt. XII »Wanda« (zur persönlichen Haltung Gehlens und seine antifranzösische Stellung) genutzt werden.

Lancierungskanal: Muss noch festgelegt werden | *Verantwort.:* HV A/X (im Zusammenwirken mit den Abt. II, VII, XI, u. XII) | *Termin:* 15.4.1971

b) *Lancierung einer linksgerichteten Darstellung über machtpolitische Bestrebungen der CDU/CSU*
Bei der »Spiegel«-Affäre 1962[34] handelte es sich um einen Missbrauch gesetzlicher Einrichtungen (Gestapo-Methoden).
Strauß leitet mit »Pullach intern« neue Affäre ein. Er nutzt die von der CDU/CSU selbst verursachte Misere im BND, um eine Art nationale Krise zu provozieren, eine allgemeine Spionagehysterie zu verbreiten und die Legalität zu unterwandern. Der neue Angriff von Strauß ist weitaus

31 Egon Bahr, Jg. 1922, Journalist, SPD-Politiker, 1950–60 Chefkommentator des RIAS, 1960–66 Leiter des Presse- und Informationsamtes des Senats von (West-)Berlin, 1966–69 Sonderbotschafter und Leiter des Politischen Planungsstabes im von Willy Brandt geleiteten Auswärtigen Amt, 1969–72 Staatssekretär im Bundeskanzleramt und Bevollmächtigter Unterhändler der Bundesregierung, 1972–74 Bundesbevollmächtigter für Berlin und Bundesminister für besondere Aufgaben, 1974–76 Bundesminister für wirtschaftliche Zusammenarbeit, 1976–81 Bundesgeschäftsführer der SPD.

32 Am 12. Juni 1970 veröffentlichte die »Bild«-Zeitung Teile einer Gesprächsnotiz zwischen dem Unterhändler der Bundesregierung, Egon Bahr, und dem sowjetischen Außenminister, Andrej Gromyko. Wenig später erschien in der Zeitschrift »Quick« ein vollständiger Abdruck dieses Dokuments. Der CDU-Abgeordnete Karl Theodor Freiherr zu Guttenberg (Jg. 1921) lancierte anschließend ein von Gromyko an Bahr übergebenes Papier in die Öffentlichkeit. Die auf gezielte Indiskretionen zurückzuführenden Veröffentlichungen sollten die Ostpolitik der soziallliberalen Koalition in der Öffentlichkeit diskreditieren und erschwerten die zeitgleich laufenden Verhandlungen zwischen der Bundesregierung und der sowjetischen Führung. Sie konnten aber die Unterzeichnung des in der Bundesrepublik innenpolitisch umstrittenen Moskauer Vertrages vom 12. September 1970 nicht verhindern.

33 Der Fraktionschef der CDU/CSU, Rainer Barzel, gehörte zu jenen konservativen Abgeordneten, die für einen pragmatischen Umgang mit der Ostpolitik der sozialliberalen Regierung eintraten. Obwohl Barzel die Unterzeichnung der Ostverträge 1970 als Oppositionsführer im Bundestag scharf kritisierte, reiste er vom 20. bis 23. Januar 1971 zu politischen Gesprächen nach Polen.

34 Das Nachrichtenmagazin »Der Spiegel« veröffentlichte am 10. Oktober 1962 einen kritischen Beitrag über ein Manöver der Nato 1962. Darauf sahen sich mehrere Mitarbeiter des Magazins strafrechtlicher Verfolgung unter dem Vorwurf des Landesverrates ausgesetzt. Die Strafverfolgung musste nach öffentlichen Protesten eingestellt werden. Vgl. Doerry, Martin; Janssen, Hauke (Hg.): Die Spiegel-Affäre. Ein Skandal und seine Folgen. München 2012.

gefährlicher als der von 1962, da Strauß sich der Unterstützung von Kräften des BND und der CIA versicherte. CSU-»Seilschaft« im BND fühlt sich gegenüber Strauß tief verpflichtet. Strauß hat die »Verantwortungslosigkeit« des BND im Jahr der Selbstmorde 1968 gedeckt.[35]

Lancierungskanal: »Gustav«[36] | *Verantw.:* HV A/X (548) | *Termin:* 12.4.1971

e) *Lancierung von rechts über die Tätigkeit des amerikanischen und englischen Geheimdienstes gegen Strauß*
Es soll nachgewiesen werden, dass diese Geheimdienste seit Anfang der 1960er-Jahre durch systematisches Hochspielen gegen Strauß gerichteter Skandalgeschichten verhindert haben, dass Strauß Bundeskanzler wird.

Lancierungskanal: »Troja«[37] | *Verantwort.:* HV A/X (544) | *Termin:* 12.4.1971

d) *Vortäuschung einer konspirativen Tätigkeit von Bundeswehroffizieren im Sinne der Formierung der rechten Kräfte*
Entsprechend der Konzeption »Sturm«[38] werden mit der Abt. IV (HV A) verschiedenartige Materialien, die einerseits die nachrichtendienstliche Tätigkeit von Bundeswehroffizieren und andererseits die Formierung von rechtsextremistischen Militärs belegen, ausgearbeitet und lanciert.

Lancierungskanal: Einsatz eines IM der HV A/Abt. IV/D im Operationsgebiet | *Verantw.:* HV A/X (548) in Zusammenarbeit mit Abt. IV/D | *Termin:* 15.4.1971

Die Durchführung der vorgeschlagenen Lancierungsmaßnahmen könnte gestützt auf folgende Probleme bzw. Materialien erfolgen:

1. Verlauf der Maßnahmen der rechtskonservativen Kräfte gegen die Ostpolitik der Regierung Brandt/Scheel, einschließlich ihres Sturzes.

35 Am 8. Oktober 1968 wurde Horst Wendland, führender BND-Mitarbeiter, tot in seinem Dienstzimmer in Pullach aufgefunden. Nach weiteren Todesfällen in anderen sicherheitsrelevanten Behörden wurde ein Untersuchungsausschuss des Bundestages 1969 mit der Aufklärung der Vorfälle beauftragt. Ein zeitgenössisch vermuteter Zusammenhang mit nachrichtendienstlichen Verstrickungen ließ sich nicht beweisen. Vgl. Dülffer, Jost: Geheimdienst in der Krise. Der BND in den 1960er Jahren. Berlin 2018, S. 271–273.

36 Bei der HV A-Quelle »Gustav« handelt es sich sehr wahrscheinlich um den Journalisten Carl Gigolos, der als Redakteur der SPD-Parteizeitung »Vorwärts«, ab 1967 Chefredakteur und Herausgeber des vom MfS finanzierten »Berliner Extra-Dienstes« tätig war. Vgl. Knabe, Hubertus: Die unterwanderte Republik. Stasi im Westen. Berlin 1999, S. 211 f.

37 Zu »Troja« vgl. Knabe, Hubertus: Die unterwanderte Republik. Stasi im Westen. Berlin 1999, S. 224.

38 Bei der Aktion »Sturm« handelte es sich um eine Desinformationsoperation der HV A, die sich mit der Militärpolitik der Bundesrepublik und ihrer Rolle in der NATO befasste. vgl. Knabe, Hubertus: Die unterwanderte Republik. Stasi im Westen. Berlin 1999, S. 241.

- Gründung der NLA[39] im Juli 1970, Organisierung des Übertritts und Kauf von FDP-Abgeordneten, Versuche der Ausschaltung der FDP als Koalitionspartner der SPD.[40]
- Im Zusammenhang mit diesen Bestrebungen Ausnutzung der Landtagswahlen in Hessen[41] und Bayern[42] im November 1970.
- Organisierung und Mobilisierung der revanchistischen Vertriebenenverbände im Zusammenhang mit dem Moskauer[43] und Warschauer Vertrag[44] gegen die Ostpolitik der Brandt/Scheel-Regierung.
- Organisierung der Demission Bärwalds aus der Tätigkeit im Parteivorstand der SPD als eine Aktion mit nachrichtendienstlichem Hintergrund und der Bestrebungen der konservativen Kräfte in der CDU/CSU sowie in der SPD.
- Darstellung der derzeitigen Aktion der Rechtskräfte im Zusammenhang mit dem BND als von der CDU/CSU gegen die Politik der Regierung Brandt/Scheel gerichtet (wegen Beachtung des Quellenschutzes erfolgt weitgehende Legendierung hinsichtlich des Ausgangspunktes der Maßnahmen in der CDU).

2. Bearbeitung eines Faktenmaterials über den nachrichtendienstlichen und politischen Hintergrund der von den Rechtskräften organisierten Bärwald-Demission.

39 Die »Nationalliberale Aktion« (NLA) war eine am 17. Juni 1970, hauptsächlich von ehemaligen FDP-Politikern gegründete, rechtsnationale Splitterpartei. Die Mitglieder traten gegen eine Beteiligung der FDP an der sozialliberalen Koalition und die von ihr verfolgte neue Ostpolitik ein. Nach dem Austritt mehrerer prominenter FDP-Politiker wie Erich Mende ging sie Ende 1971 in der Partei »Deutsche Union« auf.

40 Die im Frühjahr 1970 gegen parteiinterne Widerstände der FDP durchgesetzte Bildung einer sozialliberalen Koalition im Ergebnis der Bundestagswahl 1969 hatte den Austritt bzw. Übertritt einiger namhafter Bundestagsabgeordneter der FDP zur Folge. Die parlamentarische Mehrheit des Regierungsbündnisses wurde damit geschwächt.

41 Die Landtagswahl in Hessen fand am 8. November 1970 statt.

42 Die Landtagswahl in Bayern fand am 22. November 1970 statt.

43 Der Moskauer Vertrag vom 12. August 1970 war einer der Grundsteine für die auf Entspannung und Annäherung ausgelegte Ostpolitik der sozialliberalen Koalition in der Bundesrepublik. Beide Staaten verpflichteten sich, Konflikte friedlich zu lösen. Vgl. Vertrag zwischen der Bundesrepublik Deutschland und der Union der Sozialistischen Sowjetrepubliken (»Moskauer Vertrag«) vom 12. August 1970. In: BGBl. II 1972, S. 354–356.

44 Der Warschauer Vertrag vom 7. Dezember 1970 war einer der Grundsteine für die auf Entspannung und Annäherung ausgelegte Ostpolitik der sozialliberalen Koalition in der Bundesrepublik. Kernpunkte des Abkommens waren die Anerkennung der neuen Westgrenze und territorialen Integrität Polens durch die Bundesrepublik sowie der Verzicht von gegenseitiger Gewaltanwendung. Vgl. Vertrag zwischen der Bundesrepublik Deutschland und der Volksrepublik Polen über die Grundlagen der Normalisierung ihrer gegenseitigen Beziehungen (»Warschauer Vertrag«) vom 7. Dezember 1970. In: BGBl. II 1972, S. 362 f.

- Bärwald als verantwortlicher Leiter im SPD-Ostbüro mit Verbindungen zum BND und zu rechtskonservativen Kreisen.
- Seine Verbindungen zu Dienststellen der psychologischen Kriegsführung.[45]
- Bärwald unterhält feste Kontakte zu führenden Kreisen im »Bundesverteidigungsministerium«; seine feste Verankerung im BMVg.
- Herausarbeitung des Zeitpunktes der Auslösung der Aktion mit dem Ziel der Schaffung eines neuen Höhepunkts im Vorgehen gegen die Politik der Brandt/Scheel-Regierung (bevorstehende Landtagswahlen; Vier-Mächte-Gespräche zur Westberlinfrage,[46] Gespräche DDR – BRD,[47] Gespräche Regierung DDR-Westberliner Senat,[48] Vorbereitung Europäischer Sicherheitskonferenz,[49] verschärfte antikommunistische Orientierung der SPD und diesbezügliche Auseinandersetzungen).

3. Fixierung der nachrichtendienstlichen und politischen Hintergründe der Auslösung der zur Zeit vor sich gehenden Aktion gegen die Politik der Brandt/Scheel-Regierung im Zusammenhang mit dem bzw. um den BND.

(Aus Gründen des Quellenschutzes erfolgt eine weitgehende Legendierung des intern bekannten Zusammenhanges auf »die führenden Kreise der

45 Die Truppe für Psychologische Verteidigung (kurz PSV) war eine 1959 als Truppe für Psychologische Kampfführung im Bundesministerium für Verteidigung aufgestellte Sondereinheit, die während des Kalten Krieges Propagandamaßnahmen vor allem in Richtung der DDR durchführte. 1970 wurde sie in PSV umbenannt.

46 Seit dem 26. März 1970 verhandelten die Regierungen der USA, Großbritanniens und Frankreichs sowie der Sowjetunion über ein Vertragswerk, dass den rechtlichen Status der seit 1945 von den Siegermächten gemeinsam verwalteten Stadt Berlin und für die Westalliierten besonders wichtig, den Zugang nach Westberlin, kodifizieren sollte. Das Vier-Mächte-Abkommen wurde am 3. September 1971 unterzeichnet und trat am 3. Juni 1972 in Kraft.

47 Parallel zu den Verhandlungen der Alliierten und der Sowjetunion über das Vier-Mächte-Abkommen über Berlin begannen im November 1970 Gespräche zwischen der DDR und der Bundesrepublik unter anderem über die Neugestaltung des Reise- und Güterverkehrs zwischen beiden deutschen Staaten. Nach Unterzeichnung des Vier-Mächte-Abkommens am 3. September 1970 konnte am 20. Dezember 1971 das sogenannte Transitabkommen als erstes deutsch-deutsches Vertragswerk geschlossen werden.

48 Aus Sicht der SED war die Bundesrepublik im Rahmen der deutsch-deutschen Gespräche nicht autorisiert, Westberlin betreffende Fragen zu behandeln. Sie drängte daher auf bilaterale Verhandlungen mit dem Westberliner Senat. Offizielle Beziehungen zur DDR sollte der Senat aber entsprechend den Vorgaben der Westalliierten und der Bundesrepublik bis zum Abschluss des Vier-Mächte-Abkommens am 3. September 1971 nicht aufnehmen. Alle Westberlin betreffenden Fragen mussten schließlich auch auf Druck der Moskauer Führung mit der Bundesregierung besprochen werden.

49 1970 stimmten die Westmächte einem Vorschlag der Staaten des Warschauer Paktes zu, über eine gemeinsame europäische Sicherheitskonferenz zu verhandeln. Voraussetzung war seitens des Westens eine Verständigung über die Deutschland- und Berlin-Frage. Nach dem Abschluss des Viermächte-Abkommens über Berlin 1971, den »Ostverträgen« der Bundesrepublik mit der Sowjetunion und Polen 1970 sowie dem Grundlagenvertrag zwischen der DDR und der Bundesrepublik 1972 begannen 1973 die Gespräche der »Konferenz über Sicherheit und Zusammenarbeit in Europa« (KSZE).

CDU/CSU« als der Kraft, die die Aktion um bzw. mit dem BND ausgelöst haben).

- Darstellung des Zusammenwirkens zwischen rechtskonservativen Kreisen der CDU/CSU und rechtskonservativen Kräften im BND.
- Die Veröffentlichung des sogenannten Bahr-Papiers durch Guttenberg, eine Maßnahme der rechtskonservativen Kräfte der CDU/CSU und des BND.
- Die sogenannten Ostreisen[50] führender CDU/CSU-Politiker in sozialistische Länder (Höcherl,[51] Barzel, Schröder[52]) als Mittel zur Abdeckung ihnen von rechtskonservativen BND-Kreisen zur Verfügung gestellter Informationen des BND-Netzes aus sozialistischen Ländern.
- Darstellung, dass Ahlers verdächtigt wird, Interna aus der Regierung zum Schaden ihrer Politik an den BND bzw. an andere rechtskonservative Kräfte und in die Öffentlichkeit zu lancieren, was in Abstimmung mit diesen Kreisen erfolgt sein könnte. (Wann wird Ahlers als neuer Fall Bärwald zu einem neuen Höhepunkt im Vorgehen der Rechtskräfte gegen die Politik dieser Regierung?)

4. Nutzung der Gegenwärtigen Auseinandersetzungen um den BND zu seiner internationalen Kompromittierung.

- Vorgang »Wanda« gegenüber Frankreich.
- Der strategische Dienst[53] des BND orientiert auf die Spionage gegen verbündete und befreundete Staaten.
- Nutzung der Aufklärungsforderungen an die Militär-Attaches,
- Herausarbeitung des Zusammenwirkens zwischen BND und israelischem Geheimdienst sowie der Spionage des BND gegen arabische Staaten.

50 Trotz politischer Ablehnung bzw. Skepsis gegenüber der Ostpolitik der sozialliberalen Koalition reisten 1970/71 mehrere prominente Vertreter der Opposition zu Gesprächen nach Polen und in die Sowjetunion. Darunter der CDU-Politiker und Vorsitzende des Auswärtigen Ausschusses des Bundestage, Gerhard Schröder (13.–20. Januar 1971 in Moskau und St. Petersburg), der Oppositionsführer und CDU/CSU-Fraktionsvorsitzende Rainer Barzel (20.–23. Januar 1971 in Polen) und Hermann Höcherl, stellvertretender Fraktionsvorsitzender der CDU/CSU (15. Juli 1970 in Polen).

51 Hermann Höcherl, Jg. 1912, CSU-Politiker, 1961–65 Bundesinnenminister, 1965–69 Bundesminister für Landwirtschaft und Ernährung, 1969–76 Mitglied des Bundestages, stellvertretender Vorsitzender der CDU/CSU-Fraktion.

52 Gerhard Schröder, Jg. 1910, CDU-Politiker, 1953–61 Bundesinnenminister, 1961–66 Bundesaußenminister, 1966–69 Bundesverteidigungsminister, 1969–80 Vorsitzender des Auswärtigen Ausschusses des Bundestages.

53 Der »Strategische Dienst« war ein 1952–68 innerhalb des BND bestehender Sonderbereich, der vom offiziellen Bundesnachrichtendienst abgeschirmt dem Präsidenten unterstand. Neben dem Aufbau von mehr oder weniger nachrichtendienstlichen Kontakten in der westlichen Hemisphäre war der »Strategische Dienst« auch für Inlandsspionage und »Pressearbeit« zuständig. Vgl. Wolf, Thomas: Die Entstehung des BND. Aufbau, Finanzierung, Kontrolle. Berlin 2018, S. 415–447.

- Herausarbeitung der der SPD/FDP-Regierung von den Rechtskräften angelasteten Misere im BND als von der CDU/CSU verursachten und sich nach Übernahme der Regierungsgeschäfte im Jahre 1969 weiter auswirkenden inneren, funktionsuntüchtigen Zustandes des BND anhand der mysteriösen[54] unaufgeklärten Todesfälle im BND und MAD seit Herbst 1969. Darstellung des wachsenden Misstrauens der [mit] dem BND verbündeten Nachrichtendienste aufgrund dieser Todesfälle in Verbindung mit der gegenwärtigen Auseinandersetzung um das Vertrauen zum BND.

4. *Bereits realisierte Maßnahmen (Öffentlichkeitsarbeit)*
(Zusammenstellung der Abteilung Agitation)

Unmittelbar nach der Publikation der ersten Folge der »Spiegel«-Serie über den BND wurde gegen den BND in differenzierter Form vorgegangen. Dabei sind in Absprache mit Genossen Mader folgende operativ-agitatorische Maßnahmen realisiert worden:

4.1. Die Redaktion »Der Spiegel« erhielt in getrennten Sendungen gezielt mit dem Betreff »Pullach intern« nacheinander folgende in englischer Sprache gehaltene Extradrucke publizistischer Beiträge

a) »News from West German Espionage Centre«[55]
(Darstellung der Rolle des BND-Generals Dethleffsen[56] und anderer ehemaliger Nazis im BND)
b) »Hitlers Secret Service Agents in and around Bonn«[57] (Analyse der Rolle ehemaliger Offiziere und Naziagenten des OKW-Amtes Ausland/Abwehr als Bestandteil des westdeutschen Rechtskartells)
c) Eine Dokumentation »Geheimdienstpraxis der Brandt-Regierung« (veröffentlicht im »Mitteilungsblatt der AeO« Nr. 7/1970)[58]
d) »German Democratic Report« vom 3.3.1971 mit drei Anti-BND-Artikeln[59]
e) Kopie des Briefes von Mader an CDU-Bundestagsabgeordneten Baier[60]

Dieses Material wurde versandt mit dem Ziel, die »Spiegel«-Serie in unserem Sinne zu präzisieren bzw. unsere Argumentation zu lancieren.

54 Im Original »misteriösen«.
55 Die Veröffentlichung konnte nicht ermittelt werden.
56 Erich Dethlefsen, Jg. 1904, Berufssoldat und Geheimdienstmitarbeiter, 1958–68 Leiter der Auswertung des BND, im Zuge der Reorganisation 1969 von diesem Posten entbunden.
57 Ein Beitrag unter diesem Titel konnte nicht ermittelt werden.
58 Vgl. Mader, Julius: Die Geheimdienstpraxis der Brandt-Regierung. In: Mitteilungsblatt der Arbeitsgemeinschaft ehemaliger Offiziere, 7 (1970), S. 5–8.
59 Vgl. die Beiträge Gordon, Eugene: From fith colmun to Bonn advisor; U-Boat Commander runs Nato spies sowie Hitler General in Intelligence. In: German Democratic Report v. 3.3.1971 (XX, Nr. 5), S. 36 f.
60 Fritz Baier, Jg. 1923, CDU-Politiker, 1969–76 Vorsitzender des für Geheimdienstkontrolle zuständigen Parlamentarischen Vertrauensmännergremiums.

4.2. An folgende Bundestagsabgeordnete aller Parteien – darunter die Mitglieder des »Vertrauensmännergremiums für den BND«[61] – wurden an deren Privatadressen Extradrucke publizistischer Beiträge gesandt mit dem Vermerk: »Was ›Der Spiegel‹ in ›Pullach intern‹ noch verschweigt.«

- »Nazi Officer in Command of NATO Secret Service«[62]
  (Abriss der Rolle des ehemaligen Bundeswehr-Geheimdienstchefs Flottillenadmiral Günter Poser,[63] der seit dem Jahre 1969 das Intelligence-Ressort der IMS der NATO leitet)
  an Rainer Barzel (CDU)
  an Hermann Höcherl (CSU)
- »News from West German Espionage Centre«[64]
  (Darstellung der *Rolle des BND-Generals Dethleffsen und anderer ehemaliger Nazis im BND)*
  an Helmut Schmidt *(SPD)*
  an Franz Josef Strauß (CSU)
- »Hitlers Secret Service Agents in and around Bonn« (Analyse der Rolle ehemaliger Offiziere und Naziagenten des OKW-Amtes Ausland/Abwehr als Bestandteil des westdeutschen Rechtskartells)
  an Herbert Wehner (SPD)
  an Wolfgang Mischnik[65] (FDP)
  an Fritz Baier (CDU)
  an Richard Stücklen[66] (CSU)

4.3. Brief von Mader an CDU-Bundestagsabgeordneten und Mitglieder des »Vertrauensmännergremiums für die Geheimdienste«, Fritz Baier, mit einer Polemik gegen Baiers falsche Aussagen im westdeutschen Fernsehen und den

61 Das Parlamentarische Vertrauensmännergremium (PMVG) wurde mit Gründung des Bundesnachrichtendienstes 1956 auf Betreiben des Bundeskanzleramtes geschaffen und war bis 1965 für den BND, dann auch für BfV und MAD, zuständig. Eine effektive parlamentarische Kontrolle begann erst zum Ende der Amtszeit Reinhard Gehlens. 1976 wurde das PMVG aufgelöst und 1978 eine neue Parlamentarische Kontrollgruppe geschaffen. Vgl. Dülffer, Jost: Geheimdienst in der Krise. Der BND in den 1960er Jahren. Berlin 2018, S. 243–319.

62 Ein Beitrag unter diesem Titel konnte nicht ermittelt werden.

63 Günter Poser, Jg. 1916, Berufssoldat, 1941–43 U-Boot-Kommandant, 1943–47 Kriegsgefangenschaft, 1955–63 Bundesmarine, 1963–69 Bundesverteidigungsministerium unter anderem als Unterabteilungsleiter Militärisches Nachrichtenwesen, 1969–73 Abteilungsleiter beim Internationalen Militärstab (IMS) der NATO, 1973 Entlassung aus Protest gegen die Ostpolitik der sozialliberalen Regierung, anschließend publizistisch tätig, 1987 Eintritt in die rechtsradikale Partei »Die Republikaner«.

64 Ein Beitrag unter diesem Titel konnte nicht ermittelt werden.

65 Wolfgang Mischnick, Jg. 1921, FDP-Politiker, 1961–63 Bundesminister für Vertriebene, Flüchtlinge und Kriegsgeschädigte, 1968–91 Vorsitzender der FDP-Bundestagsfraktion.

66 Richard Stücklen, Jg. 1916, CSU-Politiker, 1957–66 Bundesminister für das Post- und Fernmeldewesen, 1967–76 Vorsitzender der CSU-Landesgruppe und stellvertretender Fraktionsvorsitzender der CDU/CSU-Fraktion im Bundestag, 1976–90 im Präsidium des Bundestages, 1979–83 als Bundestagspräsident.

dokumentarischen Nachweis weiterer den BND entlarvenden und belastenden Materialien.

4.4. Verbreitung eines Artikels über Spionage und Subversion des BND speziell in den 22 lateinamerikanischen Staaten über »Panorama« – DDR-Auslandspressedienst in spanischer Sprache.

4.5. Kontinuierlicher Versand von drei den BND entlarvenden publizistischen Beiträgen in englischer Sprache mit je 200 Exemplaren Auflage als Luftpostsendungen an Kommunikatoren in 50 Staaten aller Kontinente.
- Abriss der Rolle des ehemaligen Bundeswehr-Geheimdienstchefs Flottillenadmirals Günter Poser, der seit dem Jahre 1969 des Intelligence-Ressort des IMS der NATO leitet, unter dem Titel;
  »Nazi Officer in Command of NATO Secret Service«[67] (Nazi-Offizier befehligt NATO-Geheimdienst)
- Darstellung der Rolle des BND-Generals Dethleffsen und anderer ehemaliger Nazis im BND unter dem Titel:
  »Nazi General Draws Up Bonn's Troublemaking Policy«[68] (Nazigeneral konzipiert Bonner Störpolitik)
- Anlayse der Rolle ehemaliger Offiziere und Naziagenten des OKW-Amtes Ausland/Abwehr als Bestandteil des westdeutschen Rechtskartells unter dem Titel:
  »Hitlers Secret Services Agents in and around Bonn« (Hitlers Geheimdienstler in und um Bonn)

67 Ein Beitrag unter diesem Titel konnte nicht ermittelt werden.
68 Ein Beitrag unter diesem Titel konnte nicht ermittelt werden.

7. Mai 1971

Information Nr. 440/71 über die vorgesehene Durchführung eines Gerichtsverfahrens gegen zwei Westberliner Personen vor dem Stadtbezirksgericht Berlin-Lichtenberg

Quelle: BArch, MfS, ZAIG 1924, Bl. 1–3 (4. Expl.).
Serie: Informationen.
Verteiler: Honecker – MfS: HA IX/AIG, HA VI/AIG, Ablage.
Vermerk: Im Dokumentenkopf zusätzliche Datierung: »10.5.«.

Es ist beabsichtigt, gegen die Westberliner Personen *Hensel,* Alexander,[1] geboren [Tag, Monat] 1952, wohnhaft Westberlin-Grunewald, [Straße, Nr.], *Hausig,* Bernd,[2] geboren [Tag, Monat] 1952, wohnhaft Westberlin-Grunewald, [Straße, Nr.], in der Zeit vom 13.5. bis 14.5.1971 vor der Strafkammer des Stadtbezirksgerichtes Berlin-Lichtenberg ein Strafverfahren durchzuführen.[3]

Die vom MfS festgenommenen Hensel und Hausig haben gemeinschaftlich handelnd

- unter Benutzung von gefälschten luxemburgischen Reisepässen in mehreren Fällen das Gebiet der DDR betreten bzw. durchfahren.
- Kraftfahrzeugscheine gefälscht und sind mit derartigen Papieren in die DDR ein- bzw. ausgereist, unter Benutzung von in Westberlin oder Westdeutschland geliehenen oder gestohlenen Kraftfahrzeugen.
- Zuvor sind [durch] Hensel und Hausig in Westberlin unter aktiver Beteiligung eines gewissen »Bernd« organisiert falsche Reisepässe, Kraftfahrzeugpapiere einschließlich Führerscheine hergestellt worden, die gegen entsprechende Geldsummen vertrieben wurden und zu den verschiedenartigsten kriminellen Handlungen benutzt werden sollten.

1 Alexander Hensel, Jg. 1952, als Schüler 1971 Verhaftung und Verurteilung in Ostberlin, 1972 Freikauf und Rückkehr nach Westberlin, 1974–79 Studium an der Freien Universität Berlin, zugleich in der Westberliner Neonazi-Szene aktiv, 1979 wegen Zugehörigkeit zur rechtsradikalen »Kampfgruppe Priem« zu 14 Monaten Haft verurteilt, nach Entlassung 1981 als Unternehmer in Westberlin tätig, 1976–89 mit Unterbrechungen Zuträger des MfS. Vgl. Salzborn, Samuel: Die Stasi und der westdeutsche Rechtsterrorismus. Drei Fallstudien. In: Deutschland Archiv v. 15.4.2016, online abrufbar unter: www.bpb.de/224836 (letzter Abruf: 21.12.2021).

2 Bernd Hausig, Jg. 1952. Weitere Angaben zur Person konnten nicht ermittelt werden.

3 Über den Fall wurde in der DDR-Presse berichtet. Vgl. Kriminelle aus Westberlin vor Gericht. Hintergründe eines aufschlussreichen Prozesses. Berliner Zeitung v. 14.5.1971, S. 2; Kriminelle aus Westberlin verurteilt. DDR schützt Transit- und Reiseverkehr. Berliner Zeitung v. 15.5.1971, S. 2. Auch in Westberlin wurde die Aburteilung publik gemacht. Vgl. Zwei West-Berliner Schüler in Ost-Berlin verurteilt. Der Tagesspiegel v. 15.5.1971, S. 7.

- Weiterhin haben der Hensel und Hausig im großen Umfang Diebstahlshandlungen in Westberlin begangen, weshalb gegen sie am 21.4.1971 vor dem Amtsgericht Tiergarten ein Strafverfahren stattfinden sollte.
- Der Hensel hat darüber hinaus Waffen aufgekauft und verkauft und ist deshalb bereits vorbestraft.

Im beabsichtigten Strafverfahren vor dem Stadtbezirksgericht Berlin-Lichtenberg soll nachgewiesen werden, dass
- in Westberlin aufgrund einer inkonsequenten Strafverfolgung ein ständiges Anwachsen krimineller Handlungen vorhanden ist und die Voraussetzungen für die Verübung von Straftaten in anderen Staaten geschaffen werden;
- kriminelle Elemente versuchen, die durch die DDR führenden Transitstrecken zu missbrauchen und deren Festnahme in Interesse der DDR u. a. Staaten sowie der Westberliner Bevölkerung zwingend notwendig ist;
- die Behauptungen des Westberliner Senats über angebliche ungerechtfertigte Festnahmen seitens der Organe der DDR unhaltbar sind; dass die zuständigen Westberliner Organe nichts gegen die in Westberlin sitzenden Urheber unternehmen, dass sie die Hintermänner solcher Handlungen nicht nur gewähren lassen, sondern decken.

Auf der Grundlage der vorgenannten Zielstellung ist vorgesehen, das Ergebnis der Beweisaufnahme und der Hauptverhandlung durch entsprechende Veröffentlichungen zu publizieren. Im gleichen Zusammenhang ist beabsichtigt, durch gezielte publizistische Maßnahmen zu erreichen, dass durch die Westberliner Justizorgane gegen den Passfälscher »Bernd« strafrechtliche Maßnahmen eingeleitet werden.

[ohne Datum]

Information Nr. 416/71 über die Reaktion der Bevölkerung der DDR zu den Beschlüssen des 16. Plenums des ZK der SED

Quelle: BArch, MfS, ZAIG 1922, Bl. 1–8 (2. Expl.).
Serie: Informationen.
Verteiler: Kein Nachweis für externe Verteilung. – MfS: Mielke, Ablage, Einsatzmappe.
Datum: Datierung und Einsortierung durch den Bearbeiter: 11.5.1971.

[Faksimile von Blatt 1]

Übereinstimmend besteht zu den Beschlüssen des 16. Plenums *des ZK der SED*[1] *ein reges Interesse in allen Bezirken und unter allen Teilen der Bevölkerung.*

Das drückte sich u. a. auch darin aus, dass besonders am 4.5.1971 verstärkt an den Kiosken die Tageszeitungen aufgekauft und die darin veröffentlichten Beschlüsse eifrig studiert wurden.[2]

Dabei steht die Erklärung des Genossen Walter Ulbricht[3], ihn aus Altersgründen von der Funktion des 1. Sekretärs des ZK der SED zu entbinden, im Vordergrund der Diskussion.[4] Die Argumente der Bevölkerung sind vorwiegend durch Sachlichkeit gekennzeichnet, und *dem Ersuchen des Genossen Walter Ulbricht wird volles Verständnis entgegengebracht.*

Mehrfach wird betont, in der zurückliegenden Zeit habe sich abgezeichnet, dass der Gesundheitszustand des Genossen Walter Ulbricht stark angegriffen sei. Das sei vor allem anlässlich der Festveranstaltung zum 25. Jahrestag der Gründung der SED deutlich geworden.[5] Genosse Walter Ulbricht sei

1 Die 16. Tagung (Plenum) des ZK der SED fand am 3. Mai 1971 statt. Erich Honecker wurde zum Parteichef gewählt und löste den bereits am 27. April 1971 im Politbüro zurückgetreten Parteichef Walter Ulbricht ab.

2 Vgl. Kommuniqué der 16. Tagung des Zentralkomitees der SED. In: ND v. 4.5.1971, S. 1 u. 3–7.

3 Walter Ulbricht, Jg. 1893, kommunistischer Politiker und SED-Funktionär, 1923–24 Mitglied der KPD-Zentrale, 1926–29 Landtagsabgeordneter der KPD in Sachsen, 1928–33 Mitglied des Reichstages, Mai 1929–46 Mitglied des Politbüros des ZK der KPD, 1933–35 Mitglied der Auslandsleitung der KPD (in Frankreich), 1935–38 Leiter des ZK der KPD in Prag bzw. Paris, 1938–43 Vertreter des ZK der KPD in Moskau, 1943–45 Mitglied des NKFD, April 1945 Rückkehr nach Deutschland als Leiter der Gruppe des ZK der KPD für Berlin (Gruppe Ulbricht), 1946–50 faktischer Parteivorsitzender der SED, 1949–73 des Politbüros zugleich 1953–71 Erster Sekretär des ZK der SED, 1960–71 Vorsitzender des Nationalen Verteidigungsrates, am 3. Mai 1971 Entmachtung durch Erich Honecker.

4 Vgl. 60 Jahre in der deutschen Arbeiterbewegung tätig. Erklärung des Genossen Walter Ulbricht. In: ND v. 4.5.1971, S. 1.

5 Die Festveranstaltung der SED-Führung fand am 21. April 1971 im Metropol-Theater in Ostberlin statt. Am 21. April 1946 war dort die Zwangsvereinigung von KPD und SPD zur SED in der sowjetischen Besatzungszone besiegelt worden. Es war einer der letzten großen öffentlichen Auftritte Walter Ulbrichts, der bereits seit Längerem gesundheitlich angeschla-

den großen physischen Belastungen, die mit der Funktion des 1. Sekretärs verbunden sind, nicht mehr gewachsen gewesen.

Die Bitte des Genossen Walter Ulbricht zur Entbindung von seiner Funktion wird als Ergebnis einer realen und durchdachten Analyse seiner physischen Leistungsfähigkeit eingeschätzt und als richtig beurteilt.[6]

Es zeuge von einem großen Verantwortungsbewusstsein und einer außerordentlichen menschlichen und politischen Reife, von sich aus den Antrag auf Entbindung von der Verantwortlichkeit zu stellen.

In zahlreichen Diskussionen wird eine Anerkennung und Würdigung der Arbeit des Genossen Walter Ulbricht ausgesprochen. Auch von vielen parteilosen Bürgern wird betont, er habe sehr viel für die Arbeiterklasse und die Werktätigen der DDR geleistet und dabei seine Gesundheit nicht geschont. Er habe durch seine Tätigkeit zur ständig wachsenden Stärkung der DDR und zur Erhöhung des Friedens in bedeutendem Maße beigetragen.

Es müsse gewährleistet werden, dass er den Rest seines Lebens noch in Ruhe und ohne besondere Belastungen verbringen könne.

Vielfach wird betont, *die Entbindung des Gen. Walter Ulbricht von seiner Funktion sei nicht überraschend gekommen.* In vielen Parteiaktiven und Kollektiven wurde in ersten Auswertungen der 16. Tagung festgestellt, dass Gen. Walter Ulbricht von den Belastungen, die sich besonders in Anbetracht des bevorstehenden VIII. Parteitages[7] ergeben würden, entbunden werden musste. Gleichzeitig wird *jedoch auch wiederholt hervorgehoben, es sei erwartet worden, dass der Funktionswechsel erst anlässlich des VIII. Parteitages vollzogen würde.* Dieser Rahmen wäre würdiger gewesen.

Zustimmung besteht überwiegend dazu, dass Gen. Walter Ulbricht in Ehrung seiner hohen Verdienste zum Vorsitzenden der SED benannt wurde und außerdem die Funktion des Vorsitzenden des Staatsrates der DDR weiter ausüben wird.

(In diesem Zusammenhang treten jedoch vereinzelt Fragen auf, welche Aufgaben mit der Ausübung der Funktion des Vorsitzenden der SED verbunden seien und wie die Schaffung dieser Funktion mit dem Parteistatut der

gen war. »Der Spiegel« berichtete, Ulbricht habe einen kränklichen Eindruck gemacht, was Spekulationen über seinen baldigen Rücktritt befeuerte. Vgl. Der zweite Mann. In: Der Spiegel, 18/1971. Zur Festveranstaltung vgl. auch Der Einheit von Partei und Volk entspringen alle unsere Energien. In: ND v. 22.4.1971, S. 1.

6 Die in den Tageszeitungen der DDR veröffentlichte offizielle Verlautbarung enthielt den Ulbricht zugeschriebenen Passus, »Die Jahre fordern ihr Recht und gestatten es mir nicht länger, eine solche anstrengende Tätigkeit wie die des Ersten Sekretärs des Zentralkomitees auszuüben«, wie auch die Einlassung, »gegen die Jahre sei kein Kraut gewachsen«, was als Anspielung auf den schlechten Gesundheitszustand des Parteichefs verstanden werden konnte. Tatsächlich hatte Ulbricht den Rückhalt der Moskauer Parteiführung und im SED-Politbüro verloren. Vgl. 60 Jahre in der deutschen Arbeiterbewegung tätig. Erklärung des Genossen Walter Ulbricht. In: ND v. 4.5.1971, S. 1.

7 Der VIII. Parteitag der SED fand vom 15. bis 17. Juni 1971 statt.

SED zu vereinbaren wäre. Bisher hätte es diese Funktion nicht mehr gegeben, und es sei auch kein Beschluss der Parteiorgane über die Schaffung dieser Funktion bekannt geworden.)

Überwiegend Zustimmung besteht zur Funktionsübernahme durch den Genossen Erich Honecker. [8]

In der Mehrzahl der bekannt gewordenen Meinungsäußerungen wird die Wahl des Genossen Erich Honecker zum 1. Sekretär des ZK der SED als folgerichtig bezeichnet. Es sei offensichtlich gewesen, dass er in den letzten Jahren an der Seite des Genossen Walter Ulbricht auf diese wichtige Funktion systematisch vorbereitet worden wäre, sodass er über die erforderlichen Voraussetzungen verfüge, mit dem Kollektiv der Parteiführung die Arbeit kontinuierlich fortzusetzen.

In einigen Fällen, jedoch in allen Bezirken der DDR auftretend, werden jedoch auch *Vorbehalte zur Funktionsübernahme durch den Genossen Erich Honecker geäußert.*

Offensichtlich werden diese Vorbehalte durch Abhören von westlichen Rundfunk- und Fernsehsendern hervorgerufen oder verstärkt. Im Wesentlichen treten dabei folgende Meinungen auf:

- Er habe nicht die Traditionen und Erfahrungen im Kampf der Partei und der Arbeiterklasse wie Genosse Walter Ulbricht.
- Er besitze gegenwärtig nicht die Sympathien bei der Bevölkerung der DDR wie Gen. Walter Ulbricht und müsse sich diese noch erwerben.
  (Dabei werden Vergleiche zwischen dem Auftreten des Genossen Walter Ulbricht und des Genossen Erich Honecker vor Arbeitern und in der Öffentlichkeit angestellt; Gen. Walter Ulbricht wäre »volkstümlicher«, Erich Honecker fände jedoch zum Arbeiter keinen Kontakt.)
- Er verfolge einen »harten Kurs« – in Einzelfällen wird von ihm als von einem »Stalinisten« und »Dogmatiker« gesprochen –, was voraussichtlich schon auf dem VIII. Parteitag zu spüren wäre.

Im Zusammenhang mit dieser zuletzt genannten Tendenz in der Reaktion der Bevölkerung der DDR werden gleichzeitig *Spekulationen über die zukünftige »Deutschland«-Politik der SED angestellt.* In offensichtlicher Auswertung von gegnerischen Argumenten und Kommentaren, die im Westrundfunk und -fernsehen verbreitet wurden, gibt es dazu Auffassungen wie:

8 Erich Honecker, Jg. 1912, kommunistischer Politiker und SED-Funktionär, 1930–33 Funktionär des KJVD, 1933–35 illegale Parteiarbeit, 1935 Verhaftung durch die Gestapo und bis 1945 politische Haft, 1946–55 Mitbegründer und erster Vorsitzender der FDJ, 1958–89 Mitglied des Politbüros, seit 1971 Erster Sekretär, seit 1976 Generalsekretär der SED, 1971–89 Vorsitzender des Nationalen Verteidigungsrates, 1976–89 Vorsitzender des Staatsrates, am 18. Oktober 1989 Rücktritt von allen Ämtern, am 3. Dezember 1989 Ausschluss aus der SED.

- Die Politik der Partei werde sich noch stärker auf eine »Abgrenzung gegenüber der BRD« orientieren. Walter Ulbricht wäre in dieser Frage bisher als »ausgleichender Faktor« und »Realist« einzuschätzen gewesen. Erich Honecker dagegen würde einen »schärferen Kurs« einschlagen, und es seien keine »Zugeständnisse« oder »Kompromisse« gegenüber der BRD oder Westberlin zu erwarten.
- Bestehende Hoffnungen auf eine Erleichterung im Reiseverkehr zwischen der DDR und der BRD/Westberlin[9] müssten unter der politischen Führung von Erich Honecker begraben werden.
- Zusammentreffen zwischen Regierungspersönlichkeiten der DDR und der BRD – genannt werden die Treffen[10] Stoph[11]/Brandt[12] – würden der Vergangenheit angehören. Erich Honecker würde keine Politik in dieser Richtung betreiben.

In verstärktem Maße werden sowohl unter Parteimitgliedern als auch unter parteilosen politisch interessierten Bürgern *Fragen der Einheitlichkeit und Geschlossenheit der Parteiführung der SED diskutiert.*

Im Vordergrund stehen dabei Argumente, in denen betont wird, die Erfahrungen der letzten Jahre und die bisherige Politik der Partei hätten bewiesen, dass die Einheitlichkeit und Geschlossenheit der Parteiführung gewährleistet ist. Dadurch hätten auch Erscheinungen, wie sie aus der ČSSR und der VR Polen[13] bekannt geworden seien, in der DDR nicht auftreten können. Es sei gewiss, dass die Kollektivität der Parteiführung auch gegenwärtig wirksam sei und daher trotz Funktionsumbildung eine Änderung in der politischen Linie nicht zu erwarten wäre. In vielen Äußerungen wird der Hoffnung Ausdruck gegeben, dass die Kollektivität der Parteiführung auch in

9 Die seit 1969 zwischen der Bundesregierung und der DDR-Führung geführten Gespräche über den 1972 geschlossenen Grundlagenvertrag wie auch die Verhandlungen zwischen den Siegermächten des Zweiten Weltkrieges über Berlin (Vier-Mächte-Abkommen vom 3. September 1971) nährten die Hoffnung auf humanitäre Erleichterungen und Lockerungen im seit dem Mauerbau für DDR-Bürger erheblich eingeschränkten Reiseverkehr zwischen der DDR und der Bundesrepublik. Das im Dezember 1971 als erstes deutsch-deutsches Vertragswerk geschlossene Transitabkommen brachte zunächst nur Erleichterungen für Besuche von Bürgern der Bundesrepublik und Westberlins in die DDR.

10 Die Regierungschefs der Bundesrepublik, Willy Brandt, und der DDR, Willi Stoph, trafen 1970 in zwei Gipfeltreffen in Erfurt (19. März) und Kassel (21. Mai) aufeinander. Es war die erste offizielle Begegnung der Regierungschef der beiden deutschen Staaten. Obwohl es kaum politische Ergebnisse gab, hatten beide Treffen eine hohe symbolische Wirkung, weil sie eine Annäherung und Entspannung des bilateralen Verhältnisses signalisierten.

11 Willi Stoph, Jg. 1914, SED-Partei- und DDR-Staatsfunktionär, 1953–89 Mitglied des Politbüros der SED, 1956–60 Minister für Nationale Verteidigung der DDR, 1962 1. Stellvertreter, 1964–73 und 1976–89 Ministerpräsident der DDR.

12 Willy Brandt, Jg. 1913, SPD-Politiker, 1957–66 Regierender Bürgermeister von Berlin, 1964–87 Parteivorsitzender, 1966–69 Bundesaußenminister, 1969–74 Bundeskanzler.

13 Gemeint sind die Niederschlagung der sozialistischen Reformbewegung in der Tschechoslowakei 1968 sowie der Dezember-Aufstand 1970 in Polen.

Zukunft weiter erhalten bleiben möge, um Vorkommnisse wie in anderen sozialistischen Ländern von vornherein abzufangen. In einer Reihe Äußerungen – besonders auch aus Kreisen von Angehörigen der Intelligenz – wird in diesem Zusammenhang der Einfluss des Genossen Willi Stoph hervorgehoben. Er habe sich durch sein Auftreten besonders im Zusammenhang mit den Treffen mit Brandt große Sympathien unter der Bevölkerung der DDR erworben; seine Sachlichkeit und seine »nüchterne Einschätzung der Lage« würden sich im führenden Parteikollektiv positiv auswirken.

Weiter wird betont, die »Periode der großen Einzelpersönlichkeiten« in der Führung der SED habe mit der Funktionsabgabe durch den Genossen Walter Ulbricht ihren Abschluss gefunden. Als »Einzelpersönlichkeiten« werden besonders die Genossen Pieck,[14] Grotewohl[15] und Ulbricht genannt, wobei sich die Genossen Honecker und Stoph als Persönlichkeiten erst einen Namen machen müssten. In den letzten Jahren sei unter Leitung des Genossen Walter Ulbricht die Kollektivität der Parteiführung besonders stark entwickelt worden und würde gegenwärtig und in Zukunft die dominierende Rolle spielen.

Neben den überwiegend positiven Stimmen zur Kollektivität der Parteiführung werden vereinzelt – jedoch ebenfalls in allen Bezirken der DDR auftretend – *Zweifel an der Einheitlichkeit und Geschlossenheit der Parteiführung* geäußert.

Danach bestünde seit Langem zwischen Genossen Honecker und Genossen Stoph eine Art Rivalität und der Führungswechsel sei nicht einmütig vonstattengegangen. Gen. Stoph, der in der Parteiführung den »Flügel der gemäßigteren Genossen« anführen würde, habe den »Kampf um den Posten des 1. Sekretärs« verloren.

Mit dieser »These« über die angebliche Rivalität zwischen Mitgliedern des Politbüros werden Spekulationen verbunden, wonach nach der Funktionsabgabe durch den Genossen Walter Ulbricht, der zwischen beiden Flügeln innerhalb der Parteiführung eine »Vermittlerrolle« gespielt habe, mit weiteren »Machtkämpfen«, die auch nach außen nicht immer zu verbergen seien, zu rechnen sei.[16]

Im Folgenden werden einige öfters auftretende *Fragen und Unklarheiten im Zusammenhang mit der Funktionsabgabe durch den Genossen Walter Ulbricht zusammengefasst.*

14 Wilhelm Pieck, Jg. 1876, SED-Funktionär, 1946–54 Vorsitzender der SED, 1949–60 Staatspräsident der DDR.

15 Otto Grotewohl, Jg. 1894, SED-Funktionär, 1946–54 Vorsitzender der SED, 1949–64 Ministerpräsident der DDR, verstarb am 21. September 1964. Seit 1960 schwer erkrankt, wurde er in seinen Amtsgeschäften seit Oktober 1960 durch Willi Stoph vertreten.

16 Zu den Konflikten in der SED-Führung während des Machtwechsels vgl. u. a. Malycha, Andreas: Die SED in der Ära Honecker. Machtstrukturen, Entscheidungsmechanismen und Konfliktfelder in der Staatspartei 1971 bis 1989. München 2014, bes. S. 39–74.

Dabei handelt es sich um Argumente, die in allen Bezirken der DDR und in allen Bevölkerungsschichten, besonders aber auch unter Jugendlichen, auftreten.

- Warum erfolgte die Entbindung von der Funktion nicht anlässlich des VIII. Parteitages und anlässlich einer entsprechenden würdigen Ehrung der Verdienste des Gen. Walter Ulbricht?
  Gen. Walter Ulbricht dürfte nicht sang- und klanglos verabschiedet werden, sondern hätte zum Abschluss seiner aktiven Arbeit eine entsprechende Ehrung und Auszeichnung verdient.
- Welche Arbeit und Verantwortung ist mit der neuen Funktion des Vorsitzenden der SED verbunden?
  Wie vereinbart sich die Schaffung dieser neuen Funktion mit dem Parteistatut und der bisher gültigen Struktur der Partei?
- Soll der Gen. Walter Ulbricht trotz seines Alters und seines Gesundheitszustandes die Funktion des Vorsitzenden des Staatsrates weiter ausüben oder wäre es nicht besser, wenn er auch von dieser Verantwortung entbunden wird?[17]
- Ist in Zukunft eine Trennung der Verantwortung bei den Funktionen 1. Sekretär des ZK der SED und Vorsitzender des Staatsrates zu erwarten oder wird der Gen. Honecker automatisch beide Funktionen übernehmen? Eine »Personalunion« wäre jedoch nicht richtig.
- Behält Gen. Ulbricht die Funktion des Vorsitzenden des Verteidigungsrates der DDR?[18] Hat er in Zukunft noch die Übersicht, um in diesem Gremium entscheidende Fragen zu klären?
- Warum wurde Gen. E. Honecker auf einem Plenum zum 1. Sekretär gewählt? Ist dazu nicht eine Wahl auf dem Parteitag erforderlich?

Negierende, abwertende und direkt feindliche Äußerungen im Zusammenhang mit der Funktionsabgabe des Gen. W. Ulbricht wurden nur vereinzelt bekannt.

Sie stammen überwiegend von Bürgern, die dem MfS bereits als negativ oder feindlich bekannt sind oder die bereits operativ bearbeitet werden. Typisch ist, dass sie sich in den überwiegenden Fällen nicht gegen die Person des Gen. W. Ulbricht, sondern gegen die Politik der Partei im Allgemeinen und gegen die Freundschaft mit der SU und KPdSU richten.

Folgende Tendenzen werden sichtbar:

- innerhalb der Parteiführung der SED vollziehe sich ein »Machtwechsel«, Ulbricht sei zu alt, um sich noch durchsetzen zu können;
- die Rivalitäten in der Parteiführung der SED würden in nächster Zukunft sichtbar; der VIII. Parteitag werde noch eine Reihe von Funktionsentbindungen und Ablösungen bringen;

17 Walter Ulbricht blieb bis zu seinem Tod 1973 Vorsitzender des Staatsrates der DDR.
18 Erich Honecker übernahm am 21. Juni 1971 den Vorsitz des Nationalen Verteidigungsrates.

- der Wechsel in der Parteiführung sei »vom Kreml diktiert« worden;
- an der Politik ändere sich nichts, die SED müsse das ausführen, was die KPdSU befehle;
- die »wahren Gründe« über die personellen Veränderungen würden sowieso erst später bekannt; in anderen Parteien sozialistischer Länder war das auch so;
- es hätte jemand gefunden werden müssen, der für die schwierige wirtschaftliche Lage und die Versorgungsschwierigkeiten in der DDR »den Kopf hinhält«; jetzt könne W. Ulbricht »alles in die Schuhe geschoben werden«, und die Parteiführung habe für die nächste Zeit erst einmal eine Entschuldigung.

Ein Teil dieser feindlichen Argumente richtet sich gegen die Person des Gen. Honecker und gegen die von ihm erwartete Deutschlandpolitik, wie das bereits im ersten Teil der Information eingeschätzt wurde.

11. Juni 1971

Information Nr. 558/71 über die teilweise Gefährdung der Stromversorgung in der Hauptstadt der DDR, Berlin, insbesondere im Versorgungsbereich des VIII. Parteitages »Werner-Seelenbinder-Halle«

Quelle: BArch, MfS, ZAIG 1934, Bl. 1–3 (4. Expl.).
Serie: Informationen.
Verteiler: Stoph, Naumann – MfS: Schröder (über HA XVIII), Ablage.
Vermerk: Im Dokumentenkopf zusätzliche Datierung: »11. Juni 1971«.

Das Umspannwerk Berlin-Friedrichshain, Thaerstraße, wird kabelmäßig aus dem Verbundnetz der DDR über die Kabelbrücke Thaerstraße/Storkower Straße (Holzbrücke zwischen den S-Bahnhöfen Zentralviehhof[1] und Leninallee[2]) versorgt.

Auf dem Kabelsteg sind insgesamt 17 Starkstromkabel verlegt, u. a. vier 110 kV-Kabel (stehen ständig unter 1,2 atü Öldruck) und 13 30 kV-Kabel.

Das Umspannwerk Berlin-Friedrichshain versorgt die nördlichen Stadtbezirke und das Stadtzentrum von Berlin einschließlich des Tagungsortes des VIII. Parteitages[3] »Werner-Seelenbinder-Halle«.[4]

Vonseiten des zuständigen Bezirksbauamtes und der BEWAG wird seit Monaten auf die Gefahr des Einsturzes der vorgenannten Kabelbrücke hingewiesen.

Desgleichen wurde durch die Abt. Feuerwehr der VP-Inspektionen Prenzlauer Berg und Friedrichshain auf die witterungsbedingten starken Beschädigungen am Holzsteg der Brücke aufmerksam gemacht. (In diesem Zusammenhang wurde u. a. auf die infolge des starken Zugverkehrs auftretenden Erschütterungen hingewiesen, die den Einsturz der Brücke auslösen können.)

Im Havariefall würden ernsthafte Folgen im gesamten Berliner Versorgungsnetz eintreten.

Nach den bisher vorliegenden Hinweisen wurde der Oberbürgermeister, Gen. Fechner,[5] bereits vor Jahresfrist über diese Situation informiert. (Eine entsprechende Information erfolgte auch an die Bezirksleitung der SED.)

1 Der S-Bahnhof Zentralviehhof wurde 1977 in S-Bahnhof Storkower Straße umbenannt.
2 Der S-Bahnhof Leninallee wurde 1992 in S-Bahnhof Landsberger Allee zurückbenannt.
3 Der VIII. Parteitag der SED fand vom 15. bis 19. Juni 1971 in Ostberlin statt.
4 Die »Werner-Seelenbinder-Halle« befand sich auf dem Gelände des heutigen Velodroms in Berlin-Prenzlauer Berg.
5 Herbert Fechner, Jg. 1913, SED-Funktionär, 1948–50 Sekretär der SED-Kreisleitung Berlin-Lichtenberg, 1950/51 Sekretär der SED-Kreisleitung Berlin-Treptow, 1951–61 Stadtrat für Volksbildung bzw. Gesundheits- und Sozialwesen, 1953–61 stellvertretender Oberbürgermeister von Ostberlin, 1961–67 Bezirksbürgermeister Berlin-Köpenick, 1967–74 Oberbürgermeister von Ostberlin und Mitglied des Sekretariats der SED-Bezirksleitung Berlin, 1967–76 Kandidat des ZK der SED.

Die Staatliche Bauaufsicht erteilte dem Magistrat die Auflage, bis zum 30.6.1971 bauliche Veränderungen an der Brücke vorzunehmen.

Eine am 10.6.1971 durchgeführte Kontrollberatung am Objekt ergab, dass gegenwärtig vonseiten des Magistrats – Straßen-und Tiefbauamt – keine Möglichkeiten für einen Neubau der Brücke gesehen werden.

Zur Vermeidung einer Havarie wurden zunächst Maßnahmen eingeleitet, die eine unmittelbare Gefahr abwenden sollen, so
- Einsetzen einer Beobachtungsgruppe der BEWAG, die die Kabeltrasse ständig kontrolliert und Beobachtungs- und Messergebnisse in einem Rapportbuch festhält;
- Auftrag an den Magistrat, sofort Absicherungs- und Baumaßnahmen einzuleiten;
- BEWAG und Abt. Feuerwehr leiten vorbeugende Maßnahmen zur Brandverhütung ein;
- Auftrag an die BEWAG, die vereinbarten Festlegungen bis zur Eröffnung des VIII. Parteitages zu kontrollieren und der VVB Energieversorgung darüber ständig Rechenschaft zu geben.

Das MfS erachtet es für notwendig, im Hinblick auf den unmittelbar bevorstehenden VIII. Parteitag, durch die zuständigen zentralen Organe auf die Einhaltung dieser Hilfsmaßnahmen bzw. auf eine generelle Regelung dieses Problems Einfluss zu nehmen.

14. Juni 1971

Information Nr. 562/71 über die Arbeitsniederlegung von 40 Monteuren aus dem VVB-Bereich Dampferzeugerbau Berlin am 11. Juni 1971 im Kraftwerk Thierbach, Bezirk Leipzig

Quelle: BArch, MfS, ZAIG 1936, Bl. 1–3 (6. Expl.).
Serie: Informationen.
Verteiler: Stoph, Sindermann, Naumann, Zimmermann – MfS: Schröder (über HA XVIII), Ablage.
Verweis: Information 905/71.

Am 11.6.1971, 5.45 Uhr, haben 40 Monteure des VEB Großdampferzeugerbau Berlin, die auf der Baustelle Kraftwerk Thierbach, Bezirk Leipzig, eingesetzt sind, ihre Arbeit nicht aufgenommen.

Die eingeleiteten Ermittlungen ergaben Folgendes:

In den letzten acht Wochen hat es in den Waschräumen auf der Baustelle Kraftwerk Thierbach, Bezirk Leipzig, des Öfteren Schwierigkeiten mit der Waschwasserversorgung gegeben. (Die Ursachen hierfür liegen in der Nichtbesetzung bzw. ungenügenden Instandhaltung einer Warmwasseranlage des Kraftwerkes.)

Überprüften Hinweisen zufolge bemühen sich die im Kraftwerk Thierbach eingesetzten Montagekräfte, die im Schichtsystem arbeiten, seit Wochen um die Schaffung einwandfreier hygienischer Bedingungen in ihrem Arbeitsbereich. (Teilweise mussten sich die Monteure in Pfützen waschen.)

Entsprechende Unterstützung suchten die Monteure bei den zuständigen Partei- und Gewerkschaftsorganen der VVB Kraftwerke und des VEK Kraftwerksanlagenbau sowie bei Vertretern der Betriebsleitung des VEB Kombinat Dampferzeugerbau Berlin auf der Baustelle Thierbach.

Wiederholt wurden in diesem Zusammenhang auch Beschwerden an den Leiter des Kraftwerkes Thierbach gerichtet, ohne dass sich an dem geschilderten Zustand etwas änderte.

Am 10.6.1971 wurde durch unsachgemäße Ausschachtungsarbeiten vom VEB Landbau-Kombinat Borna die Haupttrinkwasserleitung, die zu den Waschräumen führt, zerstört, sodass es gar kein Wasser gab. Die Monteure des VEB Großdampferzeugerbau, die zzt. sehr schmutzintensive Arbeiten (Kesselreparaturen, Isolierungsarbeiten usw.) durchführen, konnten sich am 10.6.1972 auf der Baustelle nicht waschen und umziehen, sondern mussten schmutzig in ihr Wohnlager fahren.

Am 11.6.1971 haben die genannten Monteure um 5.45 Uhr ihre Arbeit nicht aufgenommen, da sie feststellten, dass in den Waschräumen auf der Baustelle kein Wasser vorhanden und die defekte Leitung noch nicht repariert worden war. (Infolge eines starken Regengusses war mit den Instandsetzungsarbeiten an der Haupttrinkwasserleitung erst am 11.6.1971, gegen 2.00 Uhr, begonnen worden.)

Der Leiter des Kollektivs der Montagearbeiter konnte die Monteure nicht zur Arbeitsaufnahme veranlassen.

Erst nach einer Aussprache, die der amtierende Parteisekretär sowie ein Vertreter der Betriebsleitung des Kraftwerkes mit den Monteuren führten, nahmen 15 Monteure die Arbeit wieder auf, während die übrigen ihre Wochenendheimreise antraten.

(Die Monteure sollten von 6.00 Uhr bis 9.30 Uhr eine Zwischenschicht fahren.)

In der Aussprache hatten die Monteure zum Ausdruck gebracht, dass »unsere Regierung erfahren müsse, wie es in Thierbach aussehe und wie man mit den Arbeitern umgehe«.

Die an der Arbeitsniederlegung beteiligten Montagekräfte sind als gute Facharbeiter bekannt, die bereits an freien Wochenenden wiederholt Sonderschichten leisteten.

Die betreffenden Monteure sind bisher nicht negativ in Erscheinung getreten.

Durch entsprechende Reparaturen ist zwischenzeitlich die Waschwasserversorgung wieder gewährleistet.

21. Juni 1971

Information Nr. 586/71 über die Einweihung der katholischen Christuskirche in Rostock am 12. Juni 1971

Quelle: BArch, MfS, ZAIG 1939, Bl. 1–5 (4. Expl.).
Serie: Informationen.
Verteiler: Paul Verner, Barth (über HA XX/4) – MfS: Schröder (über HA XX/4), Ablage.
Vermerk: Im Dokumentenkopf zusätzliche Datierung: »25.6.«.

Am 12.6.1971 wurde in Rostock die neuerbaute katholische Christuskirche[1] in Anwesenheit von ca. 1 000 Gläubigen eingeweiht.

An der Kirchweihe nahmen teil:
- Kardinal *Bengsch,*[2]
- Bischof *Theissing,*[3] Schwerin,
- Bischof *Braun,*[4] Magdeburg,
- Bischof *Kleineidam,*[5] Berlin.

Bischof *Aufderbeck,*[6] Erfurt, und Bischof *Schaffran,*[7] Meißen, ließen sich durch persönliche Beauftragte vertreten (Prälat *Uthe*[8] bzw. Generalvikar *Hötzel*[9]).

1 Im Original durchgehend: »Christus-Kirche« bzw. »Christus Kirche«.

2 Alfred Bengsch, Jg. 1921, katholischer Theologe, 1961–79 Bischof von Berlin und zugleich Vorsitzender der Berliner Ordinarienkonferenz (ab 1976: Berliner Bischofskonferenz), 1962 von Papst Johannes XXIII. mit dem persönlichen Titel eines Erzbischofs ausgezeichnet, Teilnahme am Zweiten Vatikanischen Konzil, 1967 Kardinal.

3 Heinrich Theissing, Jg. 1917, katholischer Theologe, 1940–45 Kaplan in Glogau (Głogów), 1945–63 Kaplan in Görlitz, 1953–63 auch im Erzbischöflichen Amt Görlitz tätig, 1963 Weihbischof in Berlin, 1970–87 Koadjutor bzw. Apostolischer Administrator in Schwerin.

4 Johannes Braun, Jg. 1919, katholischer Theologe, 1952–70 Leitung des »Norbertuswerk« Magdeburg, 1970–73 Weihbischof, 1973–90 Apostolischer Administrator in Magdeburg, 1971–90 Protektor des Bischöflichen Werkes »Not in der Welt«.

5 Johannes Kleineidam, Jg. 1935, katholischer Theologe, ab 1960 Kaplan an verschiedenen Gemeinden in Ostberlin und Sekretär von Alfred Bengsch, 1970–81 Weihbischof von Berlin, 1979/80 nach dem Tod von Bengsch Diözesanadministrator von Berlin.

6 Hugo Aufderbeck, Jg. 1909, katholischer Theologe, 1962 Titularbischof von Arca und Weihbischof in Erfurt, 1964 Generalvikar und Dompropst für den thüringischen Teil des Bistums Fulda in Erfurt, Teilnehmer am Zweiten Vatikanischen Konzil.

7 Gerhard Schaffran, Jg. 1912, katholischer Theologe, 1937–41 Kaplan in Breslau, 1941–45 Militärpfarrer, 1945–50 sowjetische Kriegsgefangenschaft, 1950–52 Kaplan in Cottbus, 1952–56 Rektor des Katechetenseminars in Görlitz, 1956–59 Konsistorialrat im Erzbischöflichen Amt Görlitz, 1959–62 Dozent am Priesterseminar Neuzelle, 1962–70 Weihbischof in Görlitz, Teilnehmer am Zweiten Vatikanischen Konzil, 1970–87 Bischof von Meißen, 1980–82 Vorsitzender der Berliner Bischofskonferenz.

8 Paul Uthe, Jg. 1926, katholischer Theologe, ab 1962 im Generalvikariat, 1974–81 Generalvikar des Bischöflichen Amtes Erfurt-Meiningen.

9 Johann Hötzel, Jg. 1901, katholischer Theologe, 1956–70 Generalvikar des Apostolischen Administrators von Meißen.

Außerdem nahmen an der Kirchweihe zahlreiche katholische Würdenträger und ca. 100 Geistliche aus der ganzen Republik teil.

Von der evangelischen Landeskirche Mecklenburg waren Landesbischof *Rathke*[10] und ca. 20 weitere evangelische Geistliche erschienen.

Als Vertreter der staatlichen Organe waren anwesend: vom Rat des Bezirkes Rostock – Gen. *Macht,*[11] Oberreferent für Kirchenfragen, vom Rat der Stadt Rostock – Gen. *Höhne,*[12] Stellvertreter des Oberbürgermeisters, und Genn. *Lange,*[13] Referatsleiter für Kirchenfragen.

Die gesamte Veranstaltung dauerte von 9.00 bis 13.30 Uhr. Sie verlief ohne Vorkommnisse.

Um 9.00 Uhr erfolgte vor der Kirche die Schlüsselübergabe durch Gen. *Ridder,*[14] Betriebsdirektor des VE Wohnungsbaukombinates Rostock, Abteilung Gesellschaftsbauten, an Pfarrer *Schnitzler,*[15] Rostock. Anschließend wurde durch Bischof *Theissing* die Weihe des Einganges der Kirche vorgenommen. Nach dem Weiheakt betraten Gäste und Gläubige den Innenraum der Kirche, wo Bischof *Theissing* die Begrüßung aller Anwesenden vornahm.

Bischof *Theissing* hob in seiner Begrüßung besonders hervor, dass sich erstmalig alle Bischöfe der katholischen Kirche in der DDR bzw. ihre persönlichen Beauftragten zu einem solchen Anlass in einer Stadt versammelten. Er brachte den Dank der katholischen Kirche gegenüber den staatlichen Organen der Stadt Rostock und den Bauschaffenden zum Ausdruck.

Anschließend hielt Kardinal *Bengsch* eine Predigt mit überwiegend religiösem Inhalt. Auch er dankte in dieser Predigt den staatlichen Organen der Stadt Rostock und den Bauschaffenden für die Unterstützung bzw. die geleistete Arbeit.

Höhepunkte der Kulthandlungen waren die Feierlichkeiten der Eucharestie, die Kardinal *Bengsch* vornahm und in deren Verlauf durch die anwesenden Bischöfe die heilige Kommunion erfolgte. Diese Veranstaltung wurde [mittels] Lautsprecher auf den Kirchenvorplatz übertragen.

10 Im Original durchgehend: »Ratke«. Heinrich Rathke, Jg. 1928, evangelischer Theologe, 1955–61 Pfarrer in Warnkenhagen, 1962–69 Pfarrer in Rostock Südstadt, 1970 Landespastor in Güstrow, 1971–84 Landesbischof der Evangelisch-Lutherischen Landeskirche Mecklenburgs, 1977–81 Leitender Bischof der Vereinigten Evangelisch-Lutherischen Kirche in der DDR (VELK).

11 Roland Macht, Jg. unbekannt, SED-Funktionär, 1968–89 Leiter der Abteilung für Kirchenfragen beim Rat des Bezirkes Rostock. Weitere Angaben zur Person konnten nicht ermittelt werden.

12 Wolfgang Höhne, Jg. unbekannt, SED-Funktionär, 1971 stellvertretender Oberbürgermeister von Rostock. Weitere Angaben zur Person konnten nicht ermittelt werden.

13 Lang, weitere Angaben zur Person konnten nicht ermittelt werden.

14 Ridder, weitere Angaben zur Person konnten nicht ermittelt werden.

15 Nikolaus Schnitzler, Jg. 1914, katholischer Theologe, 1939 Kaplan in Hamburg, ab 1946 in Wismar, 1953–57 Spiritual in Erfurt, 1958–78 Pfarrer der Christuskirche in Rostock.

Im Anschluss an diese Feierlichkeiten fand ein Empfang im Gemeindesaal der Christus-Kirche statt, an dem ca. 70 bis 80 eingeladene Gäste teilnahmen, u. a. alle anwesenden katholischen Bischöfe und weitere katholische Würdenträger, Bischof *Rathke* und Superintendent *Goldenbaum*[16] vonseiten der evangelischen Kirche sowie die Vertreter der staatlichen Organe.

Auf diesem Empfang dankte Bischof *Theissing* in seiner Eröffnungsrede den staatlichen Organen und den Bauarbeitern des WBK für die termingerechte Errichtung der Kirche.

Anschließend sprach ein Vertreter des Gemeindekirchenrates, der die Freude und Dankbarkeit der Gemeinde über den Aufbau der Kirche zum Ausdruck brachte. Er zog dabei die Schlussfolgerung, dass sich »die Christusgemeinde der Stadt Rostock dankbar zu erweisen« habe.

Als nächster Redner sprach Kardinal *Bengsch.* Er führte u. a. aus:

»… Wir verstehen alle, dass die Katholiken in Rostock zunächst mit Bedauern, vielleicht mit einem gewissen Schock, erfuhren, dass ihre Kirche bei der Neugestaltung der Stadt weichen musste.[17] Und doch glaube ich, dass die neue Lösung ihnen heute auch Freude bereitet. Es wird dadurch auch an einer Stelle sichtbar, dass Kirche nicht dasselbe ist, wie eine Gruppe von Leuten, die an Denkmalspflege interessiert ist. Ich darf an dieser Stelle auch dem Bezirk und der Stadt Rostock danken für die Ermöglichung dieses Neubaus in einer so kurzen Zeit. Natürlich gab es anfängliche Meinungsverschiedenheiten, was uns umso weniger verwundern sollte, weil es solche auch im kirchlichen Raum gibt. Bischof Theissing empfing eine ganze Reihe von Briefen, die mit ebensolcher Sicherheit wie Unkenntnis der Sache ihr Missfallen äußerten. Wir sind froh, dass in dieser Hafenstadt, die sich immer mehr entfaltet, der Minderheit der Katholiken eine echte Möglichkeit gegeben wurde, ihr Gemeindeleben zu gestalten. Das sollte ein gutes Modell für ein friedliches Zusammenleben sein. Der Rat des Bezirkes hat in dieser Hinsicht eine Chance genutzt, die bei manchen zentralen Stellen offenbar nicht mit der gleichen Klarheit gesehen wurde. Die Gäste aus vielen Ländern werden das anerkennen. Es ist nur schade, dass die zentralen Stellen das nicht so sahen und nicht alle einreisen ließen.

Ein besonderes Lob darf ich denen aussprechen, die an der Planung und Durchführung des Baues gearbeitet haben. Wer die Schwierigkeiten auf diesem Sektor kennt, wird die Leistung zu würdigen wissen. Wir möchten der Gemeinde Rostock wünschen, dass der religiöse Eifer und das kirchliche Leben von dem gleichen Schwung erfüllt sein möge.«

16 Günter Goldenbaum, Jg. 1922, evangelischer Theologe, 1953 Pastor in Warnkenhagen, 1954–69 Pastor an der Lutherkirche in Rostock, 1970–85 Landessuperintendent des Kirchenkreises Rostock-Stadt.

17 Die 1909 erbaute Christuskirche am Schröderplatz wurde während des Zweiten Weltkrieges stark beschädigt. Am 12. August 1971 wurde sie im Zuge der Neugestaltung der Innenstadt trotz massiver Proteste gesprengt.

Bischof *Rathke* sprach im Namen der evangelischen Landeskirche Mecklenburg. Er ging in seiner kurzen Ansprache vor allem auf die ökumenische Zusammenarbeit beider Kirchen ein.

Die Grüße des Oberbürgermeisters der Stadt Rostock überbrachte der Stellvertreter für Inneres, Gen. *Höhne.* In seinen Ausführungen wies er besonders auf die Unterstützung der Kirche durch den Staat hin und betonte, dass die neue moderne Kirche auch ein neues Denken der gesamten katholischen Kirchengemeinde der Stadt Rostock erfordere.

Auf dem Empfang gab es neben der Abgabe offizieller Erklärungen auch Einzelgespräche.

Initiatoren dieser Gespräche waren vor allem Kardinal *Bengsch* und Bischof *Theissing.*

Kardinal *Bengsch* bat zum Beispiel den Referenten für Kirchenfragen, Gen. *Macht,* dem Vorsitzenden des Rates des Bezirkes Rostock seine Grüße und seinen Dank für die Unterstützung bei der Bauausführung der Kirche zu übermitteln. Dem Gen. *Höhne* übermittelte er Grüße an den OB der Stadt Rostock.

Bei der Verabschiedung brachte Bischof *Theissing* gegenüber dem Referenten für Kirchenfragen, Gen. *Macht,* zum Ausdruck, dass er einen offiziellen Antrittsbesuch beim Vorsitzenden des Rates des Bezirkes Rostock abstatten möchte. Die Bitte um ein solches Gespräch sei sein persönlicher Wunsch. Gen. *Macht* versprach, diese Bitte dem Vorsitzenden des Rates des Bezirkes zu übermitteln.

In einem Gespräch mit Gen. *Macht* brachte der Chefredakteur des »St. Hedwigblattes«,[18] Prälat *Gross,*[19] zum Ausdruck, dass der Kirchenneubau in Rostock durch die katholische Kirche auch in den nordischen Ländern entsprechend gewürdigt werden wird.

Die vorstehenden Angaben über die stattgefundenen Einzelgespräche dürfen im Interesse der Sicherheit der Quellen nicht öffentlich ausgewertet werden.

18 Das »St. Hedwigsblatt« war die Kirchenzeitung des Bistums Berlin.

19 Otto Gross, Jg. 1917, katholischer Theologe, 1953–74 Redakteur, dann Chefredakteur des »St. Hedwigsblattes«, 1966 Prälat im Erzbistum Berlin.

21. Juni 1971

Information Nr. 591/71 über die Entgleisung eines Militärtransportes der sowjetischen Armee im Streckenabschnitt Laucha – Karsdorf, Bezirk Halle, am 16. Juni 1971

Quelle: BArch, MfS, ZAIG 1940, Bl. 1–2 (3. Expl.).
Serie: Informationen.
Verteiler: KGB Berlin-Karlshorst (»AG«) – MfS: Schröder (über HA XIX), Ablage.

Am 16.6.1971, gegen 0.10 Uhr, entgleisten auf der Strecke Laucha – Karsdorf, Bezirk Halle (im Kurvenabschnitt am km 14,63) von dem aus Richtung Freyburg kommenden Durchgangsgüterzug Dg 87 051 vier Waggons. (Bei dem Dg 87 051 handelte es sich um einen Militärtransport der sowjetischen Armee.)

Die vier Waggons wurden durch die Entgleisung in eine Schräglage versetzt, ohne jedoch umzustürzen.

Äußere Beschädigungen waren an den Waggons nicht feststellbar. Über eventuelle Schäden am Ladegut wurde durch die den Zug begleitenden sowjetischen Militärangehörigen keine Auskunft gegeben.

Die sofort eingeleiteten Untersuchungen zur Ermittlung der Unfallursachen ergaben:

Im Kurvenabschnitt am km 14,63 wurde ein mangelhafter Allgemeinzustand des Unterbaus der Gleisanlagen festgestellt, der Oberstrang befand sich ebenfalls in einem abgenutzten Zustand. Aufgrund dieses Zustandes war für diesen Streckenabschnitt nur eine Geschwindigkeit von 30 km/h zugelassen. An dieser Stelle erfolgte – offenkundig zurückzuführen auf diesen Allgemeinzustand – eine Spurerweiterung auf 1 490 mm (normal 1 435 mm) Spurweite und eine Rampenneigung von 3 cm über das zulässige Maß.

Die Untersuchungen ergaben, dass die Höchstgeschwindigkeit vom Lokführer eingehalten wurde. Es wurden auch keinerlei Fremdeinwirkungen auf die Gleisanlagen festgestellt.

Ob eine Überschreitung der zulässigen Achslast vorlag, konnte nicht geklärt werden, da seitens des sowjetischen Zugbegleitpersonals keine Auskunft erteilt wurde.

Die Waggons des Dg 87 051 (Waggons der Staatsbahn der UdSSR) und die Lok der DR befanden sich in einem technisch einwandfreien Zustand.

Eine endgültige Klärung der Unfallursachen war aufgrund der geschilderten Umstände am Unfallort nicht möglich.

[ohne Datum]

Information 595a/71 über das ungesetzliche Verlassen der DDR durch das Mitglied der A-Nationalmannschaft der DDR im Kanu-Rennsport, Reinicke, Wulf, am 20. Juni 1971 in Meran/Italien

Quelle: BArch, MfS, ZAIG 1989, Bl. 11–14 (1. Expl.).
Serie: Informationen.
Verteiler: Kein Nachweis für externe und interne Verteilung (siehe Vermerk).
Datum: Datierung und Einsortierung durch den Bearbeiter: 22.6.1971.
Vermerk: Im Dokumentenkopf handschriftlich: »nicht rausgegangen«.

Nach vorliegenden Überprüfungsergebnissen hat *Reinicke,* Wulf,[1] geboren [Tag, Monat] 1949, wohnhaft Gera, [Straße, Nr.], Leipzig, [Straße, Nr.], verheiratet, Werkzeugmacher im VEB Bodenbearbeitungsgeräte Leipzig, zzt. Teilnehmer an einem Sonderlehrgang zur Erlangung der Hochschulreife an der DHfK, Mitglied der FDJ (1967), des FDGB (1965) sowie des SC Wissenschaft der DHfK, Sektion Kanu-Slalom, nach der am 20.6.1971 in Meran/Italien stattgefundenen Abschlussveranstaltung anlässlich der Kanu-Weltmeisterschaften[2] die DDR verraten.[3]

Zuvor hat *Reinicke* die Titel eines Weltmeisters in der Mannschaft (Kanadier) und des Vizeweltmeisters in der Klasse C I (Einer-Kanadier) errungen.

Nach bisher vorliegenden Hinweisen begab sich *Reinicke* nach der am Abend des 20.6.1971 stattgefundenen Preisverteilung nicht mehr in das Hotel »Rex«, in dem die DDR-Delegation Quartier bezogen hatte, zurück. Nach westlichen Verlautbarungen soll er sich bereits in Westdeutschland befinden.

Überprüfungen zur Person des *Reinicke* ergaben, dass seine gesamte Entwicklung bisher positiv verlaufen war. Aufgrund seiner insgesamt positiven Haltung und seiner guten sportlichen Leistungen wurde er deshalb 1969 in die Nationalmannschaft berufen.

Reinicke entstammt der Arbeiterklasse und wird von seinen bisherigen Arbeitsstellen, dem VEB Carl Zeiss Jena und dem VEB BBG Leipzig, hinsichtlich seiner Einstellung zur Arbeit als auch zur sozialistischen Staats- und Gesellschaftsordnung positiv eingeschätzt.

Gleiche Feststellungen sind auch in der Sektion Kanu-Rennsport des SC DHfK getroffen worden. *Reinicke* hat bei seinen zehn Einsätzen im nichtsozialistischen Ausland ein einwandfreies Auftreten an den Tag gelegt und

1 Wulf Reinicke, Jg. 1949, Leistungssportler, nach der Flucht 1971 Übersiedlung in die USA.

2 Die XII. Kanuslalom-Weltmeisterschaften fanden vom 19. bis 20. Juni 1971 in Meran, Südtirol, statt.

3 Vgl. Die Flucht Reinickes erregte öffentliches Aufsehen. Unter anderem berichtete das Nachrichtenmagazin »Der Spiegel« darüber. »Nicht kleinlich«. In: Der Spiegel v. 27.6.1971; »DDR«-Sportler geflüchtet. In: Die Welt v. 22.6.1971, S. 1.

wiederholt zum Ausdruck gebracht, dass er stolz sei, die DDR im Ausland repräsentieren zu können.

Auch die Erziehung im Elternhaus – die Mutter des *Reinicke* ist Mitglied der SED, Parteileitungsmitglied, Mitglied der Konfliktkommission im VEB Modedruck Gera – erfolgte ständig im Sinne unserer sozialistischen Staats- und Gesellschaftsordnung.

Reinicke fühlte sich auch besonders zur Mutter hingezogen und besuchte sie ständig während seiner Aufenthalte in Gera.

Eine Mitgliedschaft in der Partei der Arbeiterklasse lehnte *Reinicke* mit der Begründung ab, noch nicht reif genug für diesen Schritt zu sein. Sein Vater, [Passage mit schutzwürdigen Informationen nicht wiedergegeben], habe ihn christlich erzogen.

Die relativ späte Organisierung in der FDJ (1967) begründete er damit, dass in der Schule und in den Arbeitsstellen keine arbeitsfähigen FDJ-Leitungen bestanden hätten.

Die Überprüfungen im Zusammenhang mit dem Verrat des *Reinicke* ergaben weiter, [Passage mit schutzwürdigen Informationen nicht wiedergegeben].

Nach Angaben der Ehefrau des *Reinicke* hatte er ihr – entgegen sonstigen Gepflogenheiten – verboten, vor der Abreise zu den Weltmeisterschaften nach Meran die Reisetasche zu packen. Desgleichen habe er ihr auch nicht die exakte Adresse – entgegen seinem sonstigen Verhalten bei Auslandsstarts – angegeben.

Bereits Tage zuvor hätte er kaum noch mit ihr gesprochen und sich auch nicht verabschiedet. Sie habe dem jedoch keine besondere Beachtung beigemessen [Passage mit schutzwürdigen Informationen nicht wiedergegeben].

Durch das MfS wurde veranlasst, dass eine gemeinsam beabsichtigte Auslandsreise in die VR Ungarn, die nach Rückkehr des *Reinicke* von den Weltmeisterschaften stattfinden sollte, nicht erfolgt.

Die Überprüfungen zur Aufklärung der Motive, Ursachen und begünstigenden Bedingungen werden fortgesetzt.

3. Juli 1971

Information Nr. 628/71 über einen schuldhaft verursachten Verkehrsunfall im Bezirk Dresden am 24. Juni 1971 durch das Fahrzeug Nr. 25 der amerikanischen Militärverbindungsmission (US-MVM)

Quelle: BArch, MfS, ZAIG 1992, Bl. 1–2 (3. Expl.).
Serie: Informationen.
Verteiler: KGB Berlin-Karlshorst (»AG«) – MfS: Beater (über HA XVIII), Ablage.

Am 24.6.1971, gegen 14.45 Uhr, stieß das Fahrzeug Nr. 25 der US-MVM auf der kommunalen Straße Zschorna – Freitelsdorf, Kreis Großenhain, mit einem entgegenkommenden Kradfahrer mit Soziusfahrerin zusammen, in dessen Ergebnis beide Personen schwer verletzt wurden, und am Krad Totalschaden entstand.

Die Untersuchungen ergaben, dass das Fahrzeug Nr. 25 der US-MVM, besetzt mit Major [Name 1], Leutnant-Colonel [Name 2], Sergeant [Name 3], gegen 14.40 Uhr, aus Richtung Berlin kommend, die Autobahn am km 138,5 über die Autobahnböschung verkehrswidrig verlassen hatte und in eine Waldschneise, die in die Einflugschneise des Militärflugplatzes führt, eingebogen war.

Über diese Waldschneise gelangte das Fahrzeug auf die kommunale Straße Zschorna – Freitelsdorf, die – unter Außerachtlassung der Fahrbahnverhältnisse – mit unangemessener Geschwindigkeit ca. 70 km/h befahren wurde. Da das Fahrzeug die rechte Fahrbahnseite nicht einhielt, wurde es aufgrund der Geschwindigkeit auf die linke Fahrbahnseite gedrückt, wo es zum frontalen Zusammenstoß mit dem entgegenkommenden Krad, Typ ES 150/1, polizeiliches Kennzeichen [Kennzeichen], kam.

Durch den Aufprall riss der Pkw das Krad ca. 6 m in seiner Fahrtrichtung mit und der Kradfahrer und die Soziusfahrerin wurden auf die Fahrbahn geschleudert. Der Kradfahrer [Name 4, Vorname], 29 Jahre, wohnhaft Rödern, Kreis Großenhain und die Soziusfahrerin [Name 5, Vorname], 28 Jahre, wohnhaft Thiendorf, Kreis Großenhain, erlitten dabei schwere Verletzungen (komplizierte Ober- und Unterschenkelfrakturen und Schockwirkungen), die einen längeren Krankenhausaufenthalt notwendig machen.

Seitens der Insassen des Fahrzeuges Nr. 25 der US-MVM wurde den schwerverletzten DDR-Bürgern [Name 4] und [Name 5] am Unfallort keinerlei Erste Hilfe geleistet.

Durch die Untersuchungen wurde zweifelsfrei festgestellt, dass die geschädigten DDR-Bürger – sie fuhren auf der äußersten rechten Fahrbahnkante mit einer der Verkehrslage angemessenen Geschwindigkeit von 25 bis 30 km/h – sich verkehrsgemäß verhalten haben und die Schuld für das Zustandekommen dieses Unfalls ausschließlich im verkehrswidrigen Verhalten des Fahrers des US-Fahrzeuges liegt.[1]

Der vorläufig abgeschätzte Schaden für die DDR-Bürger beträgt ca. 25 200 Mark.

1 Aus Sicht der amerikanischen Militärverbindungmission heißt es, der Unfall sei durch die verletzten DDR-Bürger verursacht worden. Vgl. United States Military Liason Mission, Unit History 1971, o. O., o. J. [1972], S. 5 u. 18 f., online abrufbar unter: http://www.coldwarspies.com/ (letzter Abruf: 22.12.2021).

7. Juli 1971

Information Nr. 639/71 über die Anwendung der Schusswaffe durch einen Angehörigen der NVA/Grenze gegen einen Angehörigen der Sowjetarmee

Quelle: BArch, MfS, ZAIG 1943, Bl. 1–3 (3. Expl.).
Serie: Informationen.
Verteiler: Borning, KGB Berlin-Karlshorst (»AG«) – MfS: Ablage.

Am 5.7.1971, in der Zeit von 17.00 bis 19.00 Uhr, war der Soldat [Name 1, Vorname], geboren am [Tag, Monat] 1952, wohnhaft in Eisenhüttenstadt, Angehöriger des Grenzregimentes 7 (Halberstadt), als Wachposten am Munitionslager des Regiments eingesetzt.

Um 18.20 Uhr stellte er von seinem Beobachtungsturm aus zwei Personen in unmittelbarer Nähe des Munitionslagers fest.

Soldat [Name 1] verließ daraufhin den Beobachtungsturm, um beide Personen zu kontrollieren. Bei Annäherung stellte er fest, dass es sich um zwei Angehörige aus einem sowjetischen Militärobjekt handelt, welches unmittelbar an das Objekt des Regiments grenzt.

Beide sowjetische Militärangehörige, die auf ins Gelände stehende Kirschbäume geklettert waren, stiegen nach mehrmaliger Aufforderung des Wachpostens von den Bäumen herab. Der Wachposten forderte sie durch Worte und Gesten zum Mitkommen auf. Einer der beiden sowjetischen Militärangehörigen kam dieser Aufforderung nach, während sich der andere in Richtung des sowjetischen Militärobjektes entfernte. Als dieser den Aufforderungen zum Stehenbleiben durch den mehrmaligen Ruf »Stoj«[1] nicht nachkam und sich ca. 50 m entfernt hatte, gab der Wachposten mit der MPi zwei Warnschüsse in die Luft ab und, da der sowjetische Militärangehörige weiterging, anschließend drei gezielte Schüsse. Der sowjetische Militärangehörige wurde am linken Oberschenkel verletzt (Muskeldurchschuss ohne Knochenverletzung).

Bei dem Verletzten handelt es sich um den 19-jährigen Unterserganten [Name 2, Vorname].

Durch den Wachposten und den anderen sowjetischen Militärangehörigen wurde sofort Erste Hilfe geleistet und die Wache des Grenzregiments verständigt. Daraufhin erfolgte durch den Regimentsarzt die erste medizinische Behandlung und die sofortige Überführung des Verletzten in das Kreiskrankenhaus Halberstadt.

Nach den bisherigen Untersuchungsergebnissen müssen bei der Einschätzung des Vorkommnisses folgende Umstände mit beachtet werden:

1 »Stoj« russisch für »Stehenbleiben«.

Der Postenbereich war nicht konkret genug festgelegt; das Gelände um das Munitionslager wurde in der Vergangenheit mehrfach von sowjetischen Militärangehörigen betreten, ohne dass dies zum Anlass genommen wurde, eine feste Ordnung zu schaffen.

Die Anwendung der Schusswaffe durch den Wachposten des Grenzregiments erfolgte entgegen den Schusswaffenbestimmungen der NVA.

Bei dem Wachposten, Soldat [Name 1], handelt es sich – nach den bisherigen Aufklärungsergebnissen – um einen positiv auftretenden Soldaten, der sich u. a. für die Offizierslaufbahn verpflichtet hat, sich durch eine disziplinierte Dienstdurchführung auszeichnet und gesellschaftlich aktiv mitarbeitet. Er ist erst seit dem 4.5.1971 Angehöriger der NVA/Grenze und befand sich erstmals auf Wache. Sein Einsatz erfolgte am Munitionslager des Regiments, ohne dass er vorher in anderen Wachbereichen eingesetzt war. Er war von seinen Vorgesetzten nicht in die Schusswaffengebrauchsbestimmungen eingewiesen worden, sodass ihm auch das Verbot der Anwendung der Schusswaffe gegen Angehörige der befreundeten Armee nicht bekannt war.

Gegen die Dienstvorgesetzten wurden entsprechende disziplinarische Maßnahmen eingeleitet. Das Vorkommnis wird im Bestand des Grenzkommandos ausgewertet.

Die Untersuchungen werden weitergeführt.

Dem zuständigen sowjetischen Kommandeur, Gen. General Tousakow,[2] wurde das Bedauern über dieses Vorkommnis ausgesprochen.

2 Im Original: »Tusakow«. Jewgeni Tousakow, Jg. 1922, sowjetischer General, 1943–45 Bataillonskommandeur der Roten Armee, 1947–56 an Militärakademien, 1961–64 Kommandeur der 86. Garde-Schützendivision im Militärbezirk Odessa, 1966–68 Stabschef der 38. Armee im Militärbezirk Karpaten, 1968–71 Stabschef der 8. Gardearmee der GSSD, 1971–73 Kommandeur der 3. Stoßarmee der GSSD mit Sitz in Magdeburg, 1973–75 Stabschef und stellvertretender Kommandant des zentralasiatischen Militärbezirks, 1975–80 Stabschef und stellvertretender Kommandant des Militärbezirks Leningrad, 1980–84 Stabschef und stellvertretender Oberbefehlshaber des Militärbezirkes Ferner Osten.

19. Juli 1971

Information Nr. 688/71 über einen Brand im Petrolchemischen Kombinat Schwedt, [Bezirk] Frankfurt (Oder), am 14. Juli 1971

Quelle: BArch, MfS, ZAIG 1988, Bl. 7–8 (4. Expl.).
Serie: Informationen.
Verteiler: Mittag, Wyschofsky (über HA XVIII/A) – MfS: Schröder (über HA XVIII), Ablage.

Am 14.7.1971, gegen 11.36 Uhr, brach im Grundvorheizer der Dieselkraftstoff-Raffination I des Petrolchemischen Kombinates Schwedt, [Bezirk] Frankfurt (Oder), ein Brand aus.

Durch den Brand entstanden Schäden am Grundvorheizer der DK-Raffination I, an der BMSR-Technik,[1] an der DK-Raffination II, am Abgaskamin und an elektrischen Anlagen im Gesamtwert von ca. 1,2 Mio. Mark. Es tritt ein Produktionsausfall in der Raffination DK und Schwefel für etwa vier Wochen, dem Zeitraum für die erforderlichen Reparaturarbeiten, ein.

Die eingeleiteten Ermittlungen zur Aufklärung der Ursachen ergaben: Bis gegen 11.25 Uhr fuhr die havarierte Anlage ohne Störungen. Zu diesem Zeitpunkt trat aus dem Abgaskamin schwarzes Rauchgas aus. Gleichzeitig bemerkte das Anlagenpersonal Unregelmäßigkeiten an den Messgeräten – Druck- und Temperaturschwankungen im zulässigen Toleranzbereich.

Gegen 11.35 Uhr bemerkten das Anlagenpersonal und Außenstehende einen dumpfen Knall im Vorheizer. Danach brach (11.36 Uhr) der Brand aus und erstreckte sich über den gesamten Vorheizer.

Nach dem Abkühlen wurde der Vorheizer befahren und dabei ein Riss von 20 cm Länge im Rohrsystem festgestellt.

Als Ursache des Rohrrisses stellten Experten Materialverschleiß fest.

Die Wandstärke der Rohre beträgt normalerweise 12 mm, bei den Untersuchungen stellten die Fachleute eine Materialabtragung von über 50 % fest.

Bei den letztmaligen Untersuchungen des Rohrsystems im Oktober 1970 (überwachungspflichtige Anlage) wurden noch Wandstärken von 9 mm gemessen, d. h. eine ausreichende Wandstärke für eine sichere Fahrweise.

Das im Rohrsystem fließende Produkt ist stark schwefelhaltig, das mit dem Metallrohr reagiert und Eisensulfid bildet, was sich an den inneren Rohrwandungen in fester Form absetzt.

Durch diesen Prozess verengen sich im Laufe der Zeit die Rohrquerschnitte, die zu negativen Folgen für den Umwandlungsprozess führen.

Statt der geforderten 55 atü Druck und 450°C Betriebstemperatur wird dann dieses Rohrsystem mit höheren Drücken und Temperaturen gefahren,

1 BMSR ist die Abkürzung für Betriebsmess-, Steuerungs- und Regelungs-Technik.

was dann letztlich dazu führt, dass sich an bestimmten Stellen die Rohrleitungen überhitzen.

In Auswertung dieser Havarie wurde festgelegt, die kohlenstoffhaltigen Rohre bei der Generalreparatur gegen die Rohre aus V2A-Stähle auszutauschen.

Für das Anlagenpersonal werden zusätzliche Weisungen erarbeitet, in denen u. a. enthalten sein wird, dass bei Schwankungen im Betriebsablauf, auch im zulässigen Toleranzbereich, die Anlage sofort havariemäßig im Kreislauf gefahren werden soll.

Die Überprüfungen ergaben kein schuldhaftes Verhalten der beteiligten Personen.

21. Juli 1971

Information Nr. 705/71 über Vorstellungen zur Errichtung eines amerikanischen Kulturzentrums in der Hauptstadt der DDR

Quelle: BArch, MfS, HV A 391, Bl. 103–104 (11. Expl.).
Serie: Informationen.
Verteiler: Honecker, Stoph, Axen, Paul Verner, Winzer, Kohl, KGB Berlin-Karlshorst (»AG«) – MfS: Mielke, Beater, Schröder, Ablage.

Nach Angaben einer zuverlässigen Quelle erklärte der Leiter des Deutschland-Referats im USA-Außenministerium, Sutterlin,[1] Anfang Juli 1971, die amerikanische Regierung werde in der Bonner Vierergruppe[2] den Vorschlag einbringen, von der Sowjetunion die Einrichtung eines amerikanischen Kulturzentrums in Ostberlin zu verlangen.[3] Gründe seien:

Die amerikanische Regierung erkenne in zunehmendem Maße die Notwendigkeit, im Falle einer Vermehrung der sowjetischen Präsenz in Westberlin, über die in den Verhandlungen bereits gesprochen werde, auch eine amerikanische Präsenz in Ostberlin durchzusetzen. Dies sei aus innenpolitischen Gründen in den USA, aber auch in Westberlin notwendig.

Ein amerikanisches Kulturzentrum in Ostberlin würde der amerikanischen Regierung und den Verbündeten erhebliche Vorteile bieten.

1 James S. Sutterlin, Jg. 1922, amerikanischer Autor und Diplomat, nach dem Zweiten Weltkrieg Eintritt in den diplomatischen Dienst der USA unter anderem als Botschafter, 1963–68 Direktor für Central European Affairs des US-Außenministeriums, 1969–73 Inspector General des Außenministeriums, 1973/74 Vertreter der USA bei den Vereinten Nationen, 1974–87 Direktor im Sekretariat der Vereinten Nationen.

2 Die Bonner Vierergruppe war ein aus Vertretern der drei Westmächte und der Bundesrepublik Deutschland bestehendes Gremium, das parallel zu den Viermächte-Verhandlungen der Alliierten über Berlin in den Jahren 1970 und 1971 tagte.

3 Während der Viermächte-Verhandlungen über Berlin stellte die Sowjetunion im Frühjahr 1971 weitreichende Forderungen für eine verstärkte Präsenz in den Westsektoren der Stadt. Neben der Einrichtung einer diplomatischen Vertretung sollte auch sowjetischen Unternehmen eine dauerhafte Betätigung in Westberlin ermöglicht werden. Die amerikanische Regierung war zunächst geneigt, diesen Forderungen in Teilen nachzukommen, obwohl sich Vorbehalte der westlichen Verbündeten abzeichneten. In einem Telegramm vom 8. Juli 1971 wies das Außenministerium in Washington die amerikanische Botschaft in Bonn an, bei den Gesprächen als Gegenleistung mit Nachdruck auf die Eröffnung eines amerikanischen Kulturzentrums in Ostberlin zu bestehen, auch wenn die Chancen für einen solchen Kompromiss als gering eingeschätzt wurden. Nach Konsultationen mit der Bundesregierung sowie Vertretern Frankreichs und Großbritanniens empfahl die Botschaft am 17. Juli 1971 dem Außenministerium, angesichts starker Vorbehalte der Partner das Vorhaben fallen zu lassen. Ein amerikanisches Kulturzentrum wurde in Ostberlin nicht eröffnet. 1973 eröffnete die Sowjetunion im Westberliner Stadtbezirk Dahlem ein Generalkonsulat. Vgl. Memorandum von Helmut Sonnenfeldt (Nationaler Sicherheitsrat) an Henry Kissinger (Sicherheitsberater des Präsidenten), 20.7.1971. In: Foreign Relations of the United States 1969–1976. Hg. v. David C. Geyer, Bd. XL (Germany and Berlin. 1969–1972). Washington 2008, S. 778–781.

Auch aus verhandlungstaktischen Gründen empfehle sich der Vorschlag. Man könne sich unter Berufung darauf leichter gegen sowjetische Wünsche nach vermehrter Präsenz in Westberlin zur Wehr setzen.

Es bestehe ein erhebliches amerikanisches Interesse daran, von der Sowjetunion die Möglichkeit zur Ausübung konsularischer Schutzfunktionen zugunsten von in Ostberlin inhaftierten Amerikanern zu erlangen. Diese Forderung solle als Rückfallposition geltend gemacht werden, wenn die Sowjetunion das Kulturzentrum in Ostberlin, wie zu erwarten, ablehne.

Sutterlin wies darauf hin, dass in keinem Falle an amerikanische Kontakte mit DDR-Stellen[4] gedacht sei; die SU sollte die Einrichtung eines amerikanischen Kulturzentrums über ihre Kontakte mit städtischen Behörden in Ostberlin ermöglichen und dafür sorgen, dass die erforderlichen Maßnahmen getroffen würden. Gegebenenfalls sollten sie auch gewährleisten, dass inhaftierte Amerikaner amerikanischen konsularischen Schutz erhalten könnten.

Sutterlin betonte nachdrücklich, dass die Forderung nach einem amerikanischen Kulturzentrum in Ostberlin nicht vorgebracht werde, um die Verhandlungen zu verschleppen, sondern weil die amerikanische Regierung aus den geschilderten Gründen ein besonderes materielles Interesse habe.

Die Information darf im Interesse der Sicherheit der Quelle publizistisch nicht ausgewertet werden.

4 Die USA erkannten als letzte der Westalliierten am 14. September 1974 die DDR offiziell an und nahmen diplomatische Beziehungen auf. Bis dahin verfolgte die US-Regierung ähnlich wie die frühe Bundesrepublik eine strikte Nichtanerkennungspolitik, was sämtliche Kontakte zu DDR-Behörden ausschloss. Vgl. Balbier, Uta; Rösch, Christiane (Hg.): Umworbener Klassenfeind. Das Verhältnis der DDR zu den USA. Berlin 2006.

21. Juli 1971

Information Nr. 673/71 über einige Probleme der Entwicklung des Elektronischen Buchungsautomaten und anderer Erzeugnisse im VEB Kombinat Zentronik und deren nachteilige Folgen für die Sicherung langfristiger Absatzperspektiven im Sozialistischen Wirtschaftsgebiet

Quelle: BArch, MfS, ZAIG 1945, Bl. 1–20 (11. Expl.).
Serie: Informationen.
Verteiler: Stoph, Mittag, Schürer, Kleiber, Weiss, Steger (über HA XVIII/8), Sölle – MfS: Schröder (über HA XVIII), Weikert, Gelert, Ablage.
Vermerk: Im Dokumentenkopf zusätzliche Datierung: »23. Juli 1971«.
Bemerkungen: Im Postausgangsbuch der ZAIG ist das an Sölle gerichtete 7. Exemplar nicht nachweisbar (Postausgangsbuch ZAIG, BArch, MfS, ZAIG 8517, Bl. 79–83) – beigefügtes Schreiben der ZAIG an die Leiter der BV Karl-Marx-Stadt, Weikert, und BV Erfurt, Gelert vom 23. Juli 1971, mit der Information, dass der Bericht Vertretern der Staats- und Parteiführung zur Kenntnis gegeben wurde, nicht aber dem örtlichen Staats- und Parteiapparat.

Über die Forschungs- und Entwicklungsarbeiten am Elektronischen Buchungsautomaten (EB) im VEB Buchungsmaschinenwerk Karl-Marx-Stadt,[1] die dabei in der Vergangenheit entstandenen Hemmnisse und die im Rahmen eingeleiteter Untersuchungsmaßnahmen erkannten leitungsmäßigen Versäumnisse der Generaldirektion des VEB Kombinat Zentronik wurde dem MfS bekannt:

Die Forschungs- und Entwicklungsarbeiten am EB wurden im Juli 1970 nach siebenjähriger Dauer aufgrund einer Entscheidung des Ministers für Elektrotechnik/Elektronik abgebrochen.[2] Diese Entscheidung beeinflusst für die Jahre 1971 bis 1975 den Export in die UdSSR wesentlich.

Der Abbruch der Entwicklungsarbeiten am EB war Anlass dafür, dass sowjetische Genossen, z. B. der Präsident des sowjetischen AHB Elektronorgtechnika,[3] Gen. Kislenko,[4] und der Leiter der Zentralverwaltung für Sta-

1 Der 1954 gegründete VEB Buchungsmaschinenwerk Karl-Marx-Stadt wurde 1969 zerschlagen. Aus ihm gingen die Kombinate VEB Zentronik, Betrieb Karl-Marx-Stadt, und der VEB Robotron hervor.

2 Am 2. Juni 1970 befasste sich das Politbüro mit den Schwierigkeiten bei der Entwicklung von EDV-Anlagen für die Sowjetunion. Grundlage war ein am 20. Dezember 1968 mit der UdSSR geschlossenes Abkommen, dessen Erfüllung der DDR Schwierigkeiten bereitete. Vgl. Protokoll der Sitzung des Politbüros vom 2.6.1970; BArch, DY 30/43248.

3 Die ELORG war ein dem sowjetischen Ministerium für Außenhandel unterstelltes staatliches Unternehmen für den Im- und Export von Computerhardware und -software.

4 Im Original: »Kislenkow«. Jurij A. Kislenko, weitere Angaben zur Person konnten nicht ermittelt werden.

tistik in der UdSSR, Gen. Sasonow,[5] im März 1971 gegenüber dem Generaldirektor des AHB Büromaschinenexport zum Ausdruck brachten, »dass die UdSSR mit der von uns (d.h. der DDR) entwickelten Strukturpolitik auf dem Gebiet der Büromaschinentechnik bereits seit Jahren nicht einverstanden ist«. Zu den Verhandlungen in Moskau wurde von sowjetischer Seite sehr eindeutig der Vorwurf gemacht, dass in der DDR offensichtlich Strukturentscheidungen gefällt werden, ohne den Hauptmarkt UdSSR und deren Interessen, von der Sicht der Anwenderindustrie her gesehen, zu berücksichtigen. Es wurde von der DDR verlangt, nicht komplette EDV-Systeme anzubieten, sondern hochentwickelte, hochleistungsfähige und einfach zu bedienende elektronische Buchungs- und Abrechnungsautomaten. Dabei wurde sehr stark mit entsprechenden Angeboten aus Japan argumentiert, die »mehr dem Bedarf der sowjetischen Industrie angepasst sind als die Geräte aus der DDR«.

Die Hinweise der sowjetischen Partner waren Anlass, die Entscheidung über die Einstellung der Forschungs- und Entwicklungsarbeiten am EB nochmals durch die Leitung des Ministeriums für Elektrotechnik/Elektronik überprüfen zu lassen und gleichzeitig die Möglichkeiten und notwendigen Voraussetzungen für die Aufnahme der Produktion des EB untersuchen zu lassen.

Im Ergebnis der eingeleiteten Untersuchungen wurde festgestellt, dass durch die Entscheidungen im kaufmännischen Bereich des Kombinats Zentronik seit Jahren

- die Partei- und Regierungsbeschlüsse zur Entwicklung der Forschungs- und Produktionskooperation mit der UdSSR inkonsequent behandelt werden,
- bewusst die Forderungen der UdSSR negiert werden, die Partner teilweise sogar desorientiert wurden,
- eine bevorzugte Zusammenarbeit mit Generalvertretern im NSW sowie Vertretern kapitalistischer Firmen und Konzerne gepflegt wurde,
- mangelhaft die Erkenntnisse des sowjetischen Marktes an den F/E-Bereich und den Bereich der Produktion des Kombinates Zentronik und das Buchungsmaschinenwerk durch die Absatz- und Bezugsorganisation Moskau des AHB Büromaschinenexport vermittelt wurden.

Diese Situation insgesamt wirkt sich besonders nachteilig im VEB Buchungsmaschinenwerk Karl-Marx-Stadt aus.

Die Entwicklungsarbeiten am elektronischen Buchungsautomaten (EB) im VEB Buchungsmaschinenwerk Karl-Marx-Stadt begannen 1963. Der Pro-

5 Sergej W. Sasonow, Jg. 1907, sowjetischer Staats- und Parteifunktionär, 1954–76 stellvertretender Leiter der Zentralverwaltung für Statistik beim Ministerrat der UdSSR.

duktionsbeginn mit etwa 20 Anlagen war für 1969 vorgesehen und der Abschluss der F/E-Arbeiten sollte etwa 1971 erfolgen.

Der EB entsprach den Forderungen der UdSSR, sodass bei der Konzipierung des F/E-Komplexes der Bedarf und die technischen Forderungen der UdSSR als Ausgangspunkt für die Planung hätten genommen werden müssen. Jedoch wurden weder in den Jahren 1963/1964 noch in den nachfolgenden Jahren die Bezugswünsche und Forderungen des sowjetischen Partners berücksichtigt. Insbesondere der Kaufmännische Direktor, Bengsch,[6] und der Leiter der Abteilung Absatz, Schauer[7], im VEB Buchungsmaschinenwerk Karl-Marx-Stadt, beide inzwischen zu langjährigen Freiheitsstrafen wegen Sabotage (§ 23 StEGS)[8] verurteilt, haben die technische Konzeption des EB in Verbindung mit den westlichen Vertretern festgelegt und von den Bedingungen der westdeutschen Büroorganisation abgeleitet. Der westdeutsche Vertreter der Fa. Behrens,[9] Oldenburg, bedankte sich dafür schriftlich bei Schauer: »Herzlichen Glückwunsch zum Schauerschen Bankautomaten. Es kann wirklich gesagt werden, es fehlt von den Forderungen des Februar-Kreises 63 auch nichts mehr. «

Die Fachleute der UdSSR forderten ständig, den EB vorzuführen, da großes Interesse an dieser Maschine bestand. Insbesondere bei den zahlreichen Dienstreisen in die UdSSR und bei Beratungen in der DDR wurde seitens der sowjetischen Fachleute immer wieder der EB verlangt.

Auch nach der Einstellung der F/E-Arbeiten am EB unterstrichen die sowjetischen Genossen, dass sie nach wie vor einen EB-ähnlichen Automaten von der DDR beziehen wollen.

»EB wird dringend gebraucht; wann kommt eine EB-ähnliche Variante?« (Gen. Sasonow/Leiter der Zentralverwaltung für Statistik der UdSSR im März 1971 in der DDR).

6 Günter Bengsch, Jg. 1929, Ingenieur und Kaufmann, 1963–68 Direktor für Beschaffung und Absatz des VEB Buchungsmaschinenwerk Karl-Marx-Stadt, am 14. März 1968 Verhaftung und 1969 Verurteilung durch das Bezirksgericht Karl-Marx-Stadt unter dem Vorwurf der Schädlingstätigkeit und Sabotage zu zwölf Jahren Gefängnis.

7 Günther Schauer, Jg. 1925, Industriekaufmann und Ingenieur, 1966–69 Leiter der Abteilung Systementwicklung im VEB Buchungsmaschinenwerk Karl-Marx-Stadt, 1969 Verhaftung und Verurteilung am 18. Dezember 1970 durch das Bezirksgericht Karl-Marx-Stadt unter dem Vorwurf Schädlingstätigkeit und Sabotage in mehreren Fällen zu acht Jahren Gefängnis.

8 Der § 23 des Strafrechtsergänzungsgesetzes (StEGS) von 1957 – Schädlingstätigkeit und Sabotage lautete: »Wer mit dem Ziele, die Tätigkeit der staatlichen Organe oder die Volkswirtschaft der Deutschen Demokratischen Republik zu untergraben oder den Aufbau des Sozialismus zu stören, es unternimmt, staatliche oder genossenschaftliche Einrichtungen oder Betriebe in ihrer geordneten Tätigkeit zu behindern, wird mit Zuchthaus bestraft; auf Vermögenseinzug kann erkannt werden.« Strafgesetzbuch und andere Gesetze. Textausgabe mit Anmerkungen und Sachregister. Berlin 1958, S. 12 f.

9 Die Firma Behrens Schuleit wurde 1929 als Fachhandel für Büro- und Zeichenbedarf gegründet und spezialisierte sich später auf den Vertrieb von Büromaschinen und -artikeln. Sie besteht bis heute.

Erstmals wurde auf der LFM 1967[10] ein Muster des EB den sowjetischen Vertretern vorgeführt. Im Dezember 1968 erfolgte eine praktische Maschinenvorführung vor Interessenten der UdSSR.

Bereits im Dezember 1966 jedoch wurde ein Funktionsmuster des EB und der zwischenzeitlich neuentwickelte Kleinbuchungsautomat (KB) Generalvertretern aus kapitalistischen Ländern in Karl-Marx-Stadt[11] vorgestellt und ihre Funktionsweise ausführlich erläutert.

Der Generaldirektor der ehemaligen VVB Datenverarbeitung und Büromaschinen[12], Lungershausen,[13] sowie der Kaufmännische Direktor der VVB, Sroka,[14] hatten für diese Vorführung die Genehmigung erteilt. (Sroka, zzt. Kaufmännischer Direktor im VEB Kombinat Zentronik, versucht gegenwärtig diese Handlungsweise damit zu rechtfertigen, »dass in Abstimmung mit dem Generaldirektor nur die ›zuverlässigsten‹ Generalvertreter eingeladen wurden«.)

Für die Begründung der Einstellung der F/E-Arbeiten am EB im Jahr 1970 gab die Leitung des Kombinates Zentronik an das Ministerium für Elektrotechnik/Elektronik Überleitungsschwierigkeiten und in einer zusätzlichen mündlichen Begründung einen zu niedrigen Bedarf der UdSSR an.

Im Februar 1970 wurde eine Dienstreise in die UdSSR durch das Kombinat Zentronik organisiert. In der Vorbesprechung der Mitglieder der Delegation lenkte der Delegationsleiter Seifert,[15] Kombinat Zentronik/Absatz, im Auftrage des Generaldirektors des Kombinates Zentronik, Vogelsang,[16] und des Kaufmännischen Direktors, Sroka, die Diskussion in die gewünschten Bahnen. Seifert erklärte laut Protokoll mehrmals, »dass die Einstellung des EB-Komplexes nach wie vor akut ist.« Weiter heißt es: »Dem Vertreter von Buma[17] Karl-Marx-Stadt wurde vom Kollegen Seifert untersagt, die sowjeti-

10 Die Leipziger Frühjahrsmesse 1967 fand vom 5. bis 14. März statt.

11 Karl-Marx-Stadt wurde 1990 in Chemnitz zurückbenannt.

12 Im Original: »VVB Datenverarbeitung und Bürotechnik«.

13 Wolfgang Lungershausen, Jg. 1925, Wirtschaftsfunktionär, 1951–53 Hauptbuchhalter, 1953–60 Werkleiter VEB Optima Erfurt, 1960–69 Hauptdirektor, dann Generaldirektor VVB Büromaschinen bzw. VVB Datenverarbeitung und Büromaschinen, 1970–72 Direktor VEB Kombinat Zentronik, 1972–81 Generaldirektor VVB Bauelemente und Vakuumtechnik, 1963–81 Abgeordneter der Volkskammer.

14 Heinz Sroka, Jg. 1926, Wirtschaftsfunktionär, 1954–58 Referent im Ministerium für Allgemeinen Maschinenbau, 1958–63 Sachgebietsleiter, 1963–69 Kaufmännischer Direktor VVB Büromaschinen, 1969–74 Direktor für Absatz, 1974–77 1. Stellvertreter des Generaldirektors VVB Zentronik, ab 1978 Generaldirektor Robotron.

15 Lothar Seifert, Jg. 1934, Mathematiker, 1960–63 Mitarbeiter des VEB Rechenelektronik Glashütte, ab 1963 leitender Angestellter im VVB Büromaschinen, dann VEB Zentronik.

16 Manfred Vogelsang, Jg. 1926, Diplom-Ökonom, 1951–55 Kaufmännischer Direktor VEB Funkwerk Leipzig, 1955–58 Werkdirektor Fernmeldewerk Leipzig, 1958–65 Generaldirektor VVB RFT Fernmelde- und Messtechnik Leipzig, 1965–69 Betriebsdirektor VEB Funkwerk Erfurt, 1969–78 Generaldirektor VEB Zentronik, 1969–81 Mitglied der SED-Bezirksleitung Erfurt.

17 Gemeint ist das Buchungsmaschinenwerk.

sche Seite weiter über die Testparameter am EB zu informieren, obwohl in der Direktive steht, dass dem sowjetischen Partner ausführliche Auskünfte über EB/KB und KBL zu geben sind.«

Obwohl also bei den Verhandlungen im Februar 1970 mit den sowjetischen Partnern vonseiten der DDR-Fachleute der EB nicht erwähnt wurde, wiesen die sowjetischen Genossen bei den Verhandlungen wiederum auf die Bedeutung des EB hin:

»Die Leitung des Hauptrechenzentrums der sowjetischen Zentralverwaltung für Statistik schätzte ein, dass Maschinen mit mehreren Speichern für sie am geeignetsten wären. Das System 7000 (EB/KBL) wird dafür am geeignetsten erwartet.«

In der Beratung zur Auswertung der Reise mit dem Generaldirektor Vogelsang und dem Kaufmännischen Direktor Sroka wurde aber demgegenüber festgelegt:

»Über EB wurde von sowjetischer Seite nichts Konkretes ausgesagt. Gen. Vogelsang sagte, dass es zweckmäßig ist, den EB einzustellen.«

Nach der LFM 1970 wurde durch den Generaldirektor eine Arbeitsgruppe eingesetzt, die die Begründung für die Einstellung des EB verfasste. Diese Begründung entspricht jedoch nach den bisher bekannt gewordenen Tatsachen nicht den Realitäten.

Im Juni 1970 verliefen die Testläufe des EB (Entwicklungsstufe ÜK 8) erfolgreich. Zu diesem Zeitpunkt waren ca. 25 Mio. Mark Entwicklungskosten verausgabt worden.

Trotzdem wurde am 17.7.1970 die Einstellung der F/E-Arbeiten am EB bestätigt.

Der Bereich Technik im Ministerium für Elektrotechnik/Elektronik hatte solche Widersprüche im Antrag des Kombinates Zentronik, wie Einschätzung des Bedarfs im In- und Ausland, Absprachen im RGW usw. ungenügend berücksichtigt, als er eine entsprechende Stellungnahme für den Minister, Gen. Steger,[18] vorbereitete.

Auch die Begründung im Antrag, dass die F/E-Kader im VEB Buchungsmaschinenwerk voll auf die Entwicklung des Kleinbuchungsautomaten KB/KBL konzentriert werden müssen, ist nicht zutreffend, da die sowjetische Seite noch im März 1971 zum Ausdruck brachte, dass sie den KB/KBL nur unter Vorbehalt bestellen werden und dass der KBL sie nur im Zusammenhang mit dem EB interessiere.

Im November 1970 stellte der VEB Buchungsmaschinenwerk Karl-Marx-Stadt eigenverantwortlich und ohne Wissen der Kombinatsleitung der Zen-

18 Otfried Steger, Jg. 1926, SED-Funktionär, 1948–52 Geologe und Revierleiter bei der SAG Wismut, 1956–58 Direktor des VEB Starkstromanlagenbau Karl-Marx-Stadt, 1958–63 Generaldirektor VVB Elektroprojektierung und Anlagenbau Berlin, 1963–65 Leiter der Abteilung Elektrotechnik des Volkswirtschaftsrates, 1965–82 Minister für Elektrotechnik und Elektronik, 1971–86 Mitglied des ZK der SED, 1976–86 Abgeordneter der Volkskammer.

tralverwaltung für Statistik der UdSSR einen EB als Testmaschine zur Verfügung. Der Test verlief erfolgreich. So wird in einem Gutachten durch sowjetische Experten festgestellt:

»Der EB besitzt spezifische Eigenschaften, die in hohem Grade den Aufgaben entsprechen, wie sie in der Mehrzahl der Rechenzentren der Zentralverwaltung für Statistik sowie in Buchungsstationen der Volkswirtschaft gelöst werden müssen.«

Die massive Kritik der sowjetischen Fachleute an der Strukturpolitik im Kombinat Zentronik war Anlass, durch eine Arbeitsgruppe des Ministeriums für Elektrotechnik/Elektronik die Möglichkeiten für die Aufnahme der Produktion des EB prüfen zu lassen.

Die Überprüfungen ergaben zunächst, dass
- die sowjetischen Partner erst Ende 1971 perspektivische Bezugszahlen verbindlich übergeben können,
- der Absatz in der DDR und
- der Bedarf der übrigen sozialistischen Länder nicht eindeutig bestimmbar ist,

sodass eine Entscheidung über die Aufnahme der Produktion zzt. nicht möglich wäre.

Die Experten der Büromaschinenindustrie, auch aus dem Kombinat Zentronik, weisen jedoch bei einer weiteren Verzögerung der Entscheidung über die Produktionsaufnahme des EB bis in das Jahr 1972 auf mögliche negative Auswirkungen hin. Unter anderem wird mit der Möglichkeit gerechnet, dass bei einer Verzögerung der Produktionsaufnahme des 31 oder eines gleichwertigen Erzeugnisses – z. B. ist eine Weiterentwicklung mit einer Kleindatenverarbeitungsanlage (KDVA) im Gespräch – Konkurrenzerzeugnisse aus dem NSW (Japan, WD) auf dem sowjetischen Markt eingeführt werden und dann nur noch sehr begrenzte Chancen vorhanden wären, auf diesem Hauptmarkt des VEB Kombinat Zentronik, Erzeugnisse der mittleren Mechanisierungsstufe auf dem Markt UdSSR abzusetzen. (Die Absatzmöglichkeiten im einstmals stabilen Markt im NSW sind fast vollständig verloren gegangen.)

Charakteristisch für die Orientierung auf das NSW ist die Entwicklung des Kleinrechners D4 a (C 8201 – C 8205) im VEB Rechenelektronik Zella-Mehlis/Meiningen des Kombinates Zentronik.

Im Januar 1965 wurde mit der Entwicklung des D 4a begonnen, wobei F/E-Ergebnisse des Instituts für Maschinelles Rechnen Dresden, Prof. Dr. Lehmann,[19] übernommen wurden. Bereits in dieser Zeit hatte Prof. Dr. Lehmann in Prag und Hannover Vorträge gehalten und die Grundkonzeption für den Rechner bekannt gegeben.

19 Nikolaus Joachim Lehmann, Jg. 1921, Informatiker, 1953–86 Professor für Angewandte Mathematik an der TU Dresden, 1956–68 Direktor des Instituts für Maschinelle Rechentechnik Dresden, 1968–86 Leiter des Bereichs Mathematische Kybernetik und Rechentechnik an der TU Dresden.

Die Orientierung im VEB Kombinat Zentronik auf das NSW wird ebenfalls an der Marktvorbereitung für den D 4a deutlich.

Im Oktober 1967 wurde in Abstimmung zwischen dem Kaufmännischen Direktor des Kombinates, Sroka, und dem Kaufmännischen Direktor des VEB Rechenelektronik, Triebel,[20] dem westdeutschen Vertreter der Fa. Bäckers,[21] Düsseldorf, [Name 1], eine Testmaschine kostenlos überlassen.

Obwohl sich die NVA ebenfalls um die Übergabe einer Testmaschine bemühte, erhielt sie, und das auch erst im Dezember 1967, vom VEB Rechenelektronik nur Baugruppen, sodass in der NVA die Baugruppen komplettiert werden mussten.

Der an die westdeutsche Fa. Bäckers übergebene Testrechner wurde bis 1968 getestet, wobei auch Fachleute des IBM-Konzerns anwesend gewesen sein sollen.

Im Jahre 1969 brachten der IBM-Konzern und die Fa. Nixdorf Kleinrechner auf den Markt, mit ähnlichen technischen Parametern, jedoch verbesserter Elektronik.

1968 war vom VEB Rechenelektronik Zella-Mehlis vorgesehen, auch das neueste Funktionsmuster, den C 8205, an die westdeutsche Firma zu Testzwecken zu übergeben, was jedoch verhindert wurde.

Die Genannten Triebel und Sroka unterhalten auch gegenwärtig noch Kontakte zum Vertreter [Name 1], obwohl 1970 das AHU BME den Vertretervertrag mit [Name 1] gelöst hat.

Nach der Kündigung des Vertretervertrages wurde noch vereinbart, einen D 4a (Wert 4,5 TM) als Ausgleich für die ihm beim Einsatz des Testrechners C 8201 entstandenen »Kosten« zu übergeben. Triebel begründete diese Bemühungen damit, dass »wir doch seriöse Geschäftspartner« seien.

Im Kombinat Zentronik wurde insgesamt das Ableiten wissenschaftlich-technischer Aufgaben aus den Forderungen der UdSSR unterschätzt.

Beispielsweise wurden in der DDR mit dem R 1000 und der UdSSR mit ASPI parallel zwei ähnliche Systeme der Bürotechnik entwickelt. In einer gemeinsamen Beratung der Experten der UdSSR und der DDR im Oktober 1970 musste festgestellt werden, dass das Regierungsabkommen vom Jahre 1965 über die wissenschaftlich-technische Zusammenarbeit zwischen der DDR und der UdSSR[22] nicht realisiert wurde. Das Ministerium für Elektrotechnik und Elektronik und das Kombinat Zentronik führten die entsprech-

20 Triebel, weitere Angaben zur Person konnten nicht ermittelt werden.

21 Die Firma Fritz Bäckers wurde in den 1930er-Jahren als Vertrieb für Büromaschinen gegründet.

22 Abkommen zwischen der Regierung der Deutschen Demokratischen Republik und der Regierung der Union der Sozialistischen Sowjetrepubliken über die Erweiterung und Vertiefung der wissenschaftlich-technischen Zusammenarbeit auf einigen wichtigen Gebieten von Wissenschaft und Technik, 3.8.1965. Anlage zum Protokoll 28/65 der Sitzung des Politbüros am 3. August 1965; BArch, DY 30/42984, Bl. 14–62.

enden Beratungen mit der UdSSR nicht bzw. nur in ungenügendem Maße durch. Für die Systeme R 1000 und ASPI kann keine vollkommene Vereinheitlichung mehr erreicht werden; das betrifft die unterschiedlichen Standardanschlüsse, die Betriebsspannungen usw.

Auch diese Erzeugnisentwicklung wurde ohne die Forderungen des Hauptkunden UdSSR betrieben. Seitens der UdSSR wurde z. B. immer wieder darauf hingewiesen, dass bis zum Jahre 1975 hauptsächlich mit Lochkarten als Datenträger gearbeitet wird und dass deshalb die von der DDR bezogenen Maschinen mit Lochkartenein- und -ausgabegeräten ausgerüstet sein müssen.

Bis zum Zeitpunkt einer Dienstreise leitender Kader des Kombinates im April 1971 in die UdSSR hatte sich das Kombinat unter dem Vorwand, den wissenschaftlich-technischen Höchststand anzustreben, nur auf andere Datenträger orientiert und somit den Bedarf der UdSSR übergangen. Erst danach wurde eine angeblich völlig neue Schlussfolgerung gezogen:

»Ausarbeitung einer Konzeption für die Entwicklung von Lochkartenein- und -ausgabegeräten für das gegenwärtige Erzeugnissystem des Kombinates, speziell zur Lieferung in die SU.«

Ähnlich wie auch bei der Entwicklung des EB wurden der UdSSR jahrelang bestimmte Neuentwicklungen angekündigt, die dann eingestellt wurden (z. B. Einstellung des Gerätes 520 und Ersatz durch ein neues Schreibwerk, Einstellung der Entwicklung des elektronischen Tischrechners usw.).

Der Leiter der Abteilung IZ des Kombinates Zentronik traf im Jahre 1970 in einer Problemanalyse folgende Feststellungen über den Stand der internationalen sozialistischen Zusammenarbeit: »Die sozialistische internationale Integration spielt bisher in der Leitungstätigkeit praktisch keine Rolle; die Fragen der internationalen Zusammenarbeit fanden noch keinen Niederschlag in den Beratungen der Kaufmännischen Direktoren. Die Abteilung IZ des Stammbetriebes wurde bisher noch nicht einmal zu solchen Beratungen hinzugezogen.«

In der ehemaligen VVB Datenverarbeitung und Büromaschinen[23] und auch im VEB Kombinat Zentronik wurden zahlreiche Konzeptionen für die perspektivische Erzeugnisprofilierung ausgearbeitet. Vor allem in den Jahren 1967/68 wurde das Einheitliche System der Datenerfassung und -aufbereitung (R 1000) als Teilsystem im ESEG konzipiert, das etwa in den Jahren 1970 bis 1973 wirksam werden sollte.

Danach sollten die Betriebe des Kombinates auf folgende Erzeugnisse spezialisiert werden:

- VEB Büromaschinenwerk Sömmerda – Abrechnungsautomaten
- VEB Optima Erfurt – Schreib- und Organisationsautomaten
- VEB Rechenelektronik Zella-Mehlis – alphanumerischer Datenerfassungsplatz

23 Im Original: »VVB Datenverarbeitung und Bürotechnik«.

- VEB Buchungsmaschinenwerk – Buchungsautomaten
- VEB Secura Berlin – Saldiermaschinen

Diese Konzeption wurde nicht konsequent realisiert. Durch die Überbetonung der sogenannten »traditionellen Entwicklungslinien« in den einzelnen Werken und fehlende Koordinierung durch die Kombinatsleitung sind eine Reihe von Doppelentwicklungen vorgenommen worden. Solche Doppelentwicklungen bzw. Parallelentwicklungen bestehen darin,

- dass sich die Abrechnungsautomaten 381–385 (Sömmerda), der EB (Karl-Marx-Stadt) und der C 8205 (Zella-Mehlis) anwendungstechnisch weitgehend gleichen. Die Reihe 381–385 und der EB gleichen sich zu etwa 80 % und der C 8205 mit Blockdrucker kann den EB vollständig ersetzen.
  (Da die Ascota-Erzeugnisse des VEB Buchungsmaschinenwerkes Karl-Marx-Stadt in der UdSSR erfolgreich auf dem Markt eingeführt sind, u. a. besonders die Klasse 170, eine entsprechende Anzahl von Service-Technikern ausgebildet sind und der EB als Beginn einer perspektivischen Entwicklungsreihe der mittleren Mechanisierung seitens der sowjetischen Experten betrachtet wird, sind die sowjetischen Partner unbedingt am Bezug des EB interessiert. Die Kombination C 8205 mit Blockdrucker stellt eine wesentlich kompliziertere Technik dar, u. a. Einsatz von Trommelspeicher, und hat demzufolge größere Kosten zu verzeichnen.)
- dass trotz des Vorhandenseins eines Schreibwerkes im VEB Büromaschinenwerk Sömmerda im VEB Optima Erfurt die Ein- und Ausgabeschreibmaschine SE 5 entwickelt wurde,
- dass der VEB Büromaschinenwerk Sömmerda einen Datenerfassungsplatz RANDEP (rechnender alphanumerischer Datenerfassungsplatz) fertigte, obwohl nach der Konzeption zum System R 1000 ein solches Gerät im VEB Rechenelektronik Zella-Mehlis (System HADES) entwickelt wird (z. Zt. Stufe K 2). In der Kombinatsleitung besteht keine Klarheit, ob und inwieweit sich beide Geräte gleichen.

Die Ursachen für diese Entwicklung liegen vor allem darin begründet, dass die Kombinatsleitung bisher zu schwach war, die einheitliche technische Konzeption (z. B. für R 1000) durchzusetzen und F/E-Kader auf die Schwerpunkte zu konzentrieren.

In den Betrieben wurde das F/E-Potenzial ausgebaut und man bemühte sich mit allen Kräften, ein »eigenes Finalerzeugnis« zu produzieren. So versuchten die Fachleute aus Zella-Mehlis z. B. der Kombinatsleitung und auch den sowjetischen Experten nachzuweisen, dass ihr Kleinrechner C 8205 dem EB überlegen ist.

Dieser Konkurrenzkampf setzt sich auf dem Außenmarkt fort. Einige Funktionäre aus dem VEB Rechenelektronik Zella-Mehlis überreichten sowjetischen Mitarbeitern, die über die Exportauftragserteilung entscheiden, zahlreiche Geschenke, um sie für den C 8205 »zu interessieren«.

Leitende Kader des Kombinates versuchen noch für die vorhandenen Doppelentwicklungen eine wissenschaftliche Begründung ihrer »Forschungsstrategie« zu finden. Im Arbeitsentwurf eines Gutachtens leitender Kader zur Absatzstrategie im März 1971 heißt es z. B.:

»Es entspricht dem internationalen Stand, mehrere Entwicklungen notfalls bis dicht vor die Produktionsreife zu treiben, um dann die Entscheidung für die rentabelste und produktionsstabilste Lösung treffen zu können!«

Einfluss des Außenhandelsunternehmens Büromaschinenexport (BME) auf die Erzeugnis- und Absatzpolitik des Kombinates Zentronik

Das AHU BME vertritt die Erzeugnisse des VEB Kombinates Zentronik auf den Außenmärkten der DDR und hat daraus resultierend auch die Aufgabe, konkrete Markt- und Bedarfsanalysen zu erarbeiten. Der vorrangigen Bedeutung des sowjetischen Marktes für die DDR wurde jedoch durch BME nicht Rechnung getragen.

Das AHU BME unterhält in den sozialistischen Ländern eigene Absatz- und Bezugsorganisationen (ABO) und damit jene Voraussetzungen, um eine den Interessen der DDR und der RGW-Partner entsprechende Absatzpolitik zu organisieren. Besonders in der ABO Moskau konzentrieren sich eine Reihe von Personen, z. B. Leiter der Exportgruppe [Name 2] und Ehefrau, Stützpunktleiter [Name 3], die Mechaniker [Name 4] und [Name 5] mit Ehefrauen, die

- vorwiegend aus Motiven des persönlichen materiellen Vorteils handeln ([Name 2] tauschte seine Wohnung mit ca. 1 200 Mark Jahresmiete gegen ein Hotel-Appartement zu ca. 30 000 Mark Jahresmiete),
- sich vom übrigen Stützpunktkollektiv abkapseln, auch vom Parteisekretär,
- kriminelle Handlungen von Stützpunktkadern decken,
- die Konkurrenz der Kombinatsbetriebe fördern,
- eine ungenügende Marktarbeit zulassen (keine Einsatzvorbereitung für Maschinen KB/KBL, die in Moskau stehen),
- durch Kombinatsbetriebe (Rechenelektronik Meiningen/Zella-Mehlis) korrumpiert werden und selbst sowjetische Kunden zu korrumpieren versuchen,
- sich laufend moralische Verfehlungen zuschulden kommen lassen ([Name 2], [Name 4]), die auch einem großen Personenkreis bekannt sind.

Das MfS möchte im Zusammenhang mit den Problemen des EB und den ungelösten Fragen der weiteren Zusammenarbeit mit der Sowjetunion auf einige personelle Verflechtungen zwischen dem VEB Buchungsmaschinenwerk Karl-Marx-Stadt und führenden westdeutschen Unternehmen aufmerksam machen.

Der VEB Buchungsmaschinenwerk Karl-Marx-Stadt gehörte vor 1945 zur Unternehmensgruppe Astra.[24] In diesem Betrieb wurde eine Reihe von Nachwuchskräften entwickelt, die in der Zeit seit 1945 bis etwa 1970 leitende Positionen in Forschung und Entwicklung im Buchungsmaschinenwerk erreichten.

Zu dieser Personengruppe zählen u. a. Technischer Direktor Reißig,[25] Chefkonstrukteur Franz,[26] stellv. Chefkonstrukteur Köhler,[27] Hauptabteilungsleiter Gerbeth[28] und Schauer, die bis 1968/1969 aktive Verbindungen zu ehemaligen leitenden Mitarbeiter der Astra-Direktion unterhielten.

In größeren Zeitabständen wurden auf der Basis kommerzieller Beziehungen mit dem ehemaligen Technischen Direktor der Astra-Werke, Seyfried,[29] und dem ehemaligen Gruppenkonstrukteur und späteren Chefkonstrukteur von Wanderer-Exakta,[30] Köln, Bringer,[31] in Westdeutschland Treffen durchgeführt.

Bei solchen Treffen wurde von westdeutscher Seite die »Befriedigung« zum Ausdruck gebracht, dass es in Karl-Marx-Stadt noch »Männer gibt, auf die man sich verlassen kann«.

24 Die Astrawerke AG wurde 1921 in Chemnitz gegründet und entwickelte sich zu einem bedeutenden Unternehmen für Büromaschinen. Nach Kriegsende wurde ein Großteil der Anlagen zunächst als Reparationsleistung demontiert, 1946 begann der Wiederaufbau. 1948 wurde das Werk in einen volkseigenen Betrieb umgewandelt. Der Neuaufbau der Firma in der Bundesrepublik als Exacta Büromaschinen GmbH erfolgte ab 1948 in Köln. Ab 1960 ging das Unternehmen in der Nixdorf AG auf.

25 Siegfried Reißig, Jg. unbekannt, Ingenieur, 1967–70 technischer Direktor im VEB Buchungsmaschinenwerk Karl-Marx-Stadt, weitere Angaben zur Person konnten nicht ermittelt werden.

26 Walter Franz, weitere Angaben zur Person konnten nicht ermittelt werden.

27 Helfried Köhler, weitere Angaben zur Person konnten nicht ermittelt werden.

28 Harald Gerbert, weitere Angaben zur Person konnten nicht ermittelt werden.

29 Ernst Seyfried, Jg. 1891, Ingenieur, vor 1945 Abwehrbeauftragter und Vorstandsmitglied der Astra-Werke Chemnitz, 1945–52 Internierung wegen NS-Belastung in der SBZ/DDR, 1953–64 leitender Direktor Exacta/Wanderer Büromaschinen GmbH Köln.

30 Die Wanderer-Werke wurden 1885 in Chemnitz gegründet und waren bis Kriegsende 1945 ein bekannter Maschinen- und Autohersteller. 1945 wurde das Werk als Reparationsleistung von der Sowjetunion zum Teil demontiert. 1951 wurden die an die DDR zurückgegebenen Wanderer-Werke mit dem inzwischen verstaatlichten Astra-Werk zusammengelegt. 1948 erfolgte die Neugründung der Wanderer-Werke AG in München als Büromaschinenhersteller, der die Exacta GmbH übernahm. 1967/68 wurden die Wanderer-Werke AG an die Nixdorf AG verkauft. Vgl. Feldkamp, Jörg; Dresler, Achim (Hg.): 120 Jahre Wanderer 1885–2005. Ein Unternehmen aus Chemnitz und seine Geschichte in der aktuellen Forschung. Chemnitz 2005.

31 Hans Bringer, Jg. 1904, Ingenieur, vor 1945 Mitglied im Vorstand der Astra-Werke Chemnitz, 1946–63 Vorstandsmitglied der Wanderer-Werke Köln, dann der Bull GmbH, 1969–79 Aufsichtsrat der Nixdorf AG.

Der o. g. Personenkreis unterhält weiterhin Verbindungen zum Unternehmen Exakta Köln – jetzt Wanderer-Nixdorf –, dessen leitender Personenkreis weitgehend identisch ist mit den ehemaligen Direktionsmitgliedern der Astra-Werke, Chemnitz.

(Diese Personen setzten sich 1945 nach Westdeutschland ab.)

Die ersten Erzeugnisse der Fa. Exakta Köln, die Buchungsautomaten »Mulitronik« und »Lukratronik«, erschienen zum Zeitpunkt der Produktionsaufnahme der Klasse 170 im Buchungsmaschinenwerk Karl-Marx-Stadt (Themenleiter [Name 6]). Mit der Klasse 170 einschließlich der elektronischen Anschlussgeräte bestimmte das Buchungsmaschinenwerk Karl-Marx-Stadt bis etwa 1963/1964 das Spitzenniveau auf dem mitteleuropäischen Markt.

Durch das massive Einwirken einer westdeutschen Gruppe von Generalvertretern, insbesondere durch das ständige Erheben neuer Forderungen nach Zusatzentwicklungen und Veränderungen an der Klasse 170 und seiner Anschlussgeräte, wurde erreicht, dass die F/E-Kapazitäten im Buchungsmaschinenwerk Karl-Marx-Stadt zersplittert wurden.

Durch das Fehlen des EB begann bereits seit 1968 das Vertriebsnetz des VEB Buchungsmaschinenwerk Karl-Marx-Stadt im NSW zu schrumpfen, das bis zu diesem Zeitpunkt eine große Stabilität im Absatz von DDR-Erzeugnissen besaß.

Gleichfalls war der EB-Komplex für den Zeitraum 1967/1968 bis etwa 1975 das einzige Erzeugnis auf dem Gebiet der mittleren Mechanisierung in den Ländern des RGW. (Für diese Zwecke bestanden bereits Vorabstimmungen mit den Partnerländern.) Durch die Einstellung der F/E-Arbeiten und die fehlende Bereitschaft zur Produktionsaufnahme des EB entsteht innerhalb der Länder des RGW, besonders aber für die UdSSR, eine vorerst nicht zu schließende Marktlücke.

Dass international der Bedarf an Kleinrechnern vorhanden ist und in Zukunft ein derartiger Bedarf als real eingeschätzt wird, wird durch folgende Tatsachen unterstrichen:

Im Zeitraum 1960 bis 1970 vollzog sich in der westdeutschen Büromaschinenindustrie durch den Zusammenschluss der Firmen Wanderer-Exakta (ehemals Astra) und Nixdorf ein wesentlicher Konzentrationsprozess mit bedeutenden Umsatzsteigerungen.

Von dieser Firmengruppe wird bis 1975 eine Umsatzsteigerung bis zu etwa einer Mrd. Mark erwartet. Zur Vorbereitung dieser Entwicklung wurden in den letzten Jahren eine Reihe von Zweigbetrieben errichtet und mehrere Tochtergesellschaften in Europa und Übersee (Australien) geschaffen.

1970 konnten dadurch ca. 10 000 Computer der Serie 920 (entspricht etwa dem EB-Komplex) verkauft werden.

Zur Komplettierung des Produktionsprogramms der Fa. Wanderer-Nixdorf, insbesondere zum Zusammenschluss mit entsprechenden Primärdatenerfassungsplätzen, sind Bestrebungen zur Herstellung von Kooperationsbeziehungen mit der westdeutschen Firma Olympia bekannt geworden. (Bis

1945 hatte die Fa. Olympia ihren Stammbetrieb in Erfurt, dem heutigen VEB Optima Erfurt.)[32]

Der Jahresumsatz beider Firmengruppen wurde für 1970 bereits auf annähernd eine Mrd. Mark geschätzt.

Auch die technischen Lösungen der Fa. Kinzle mit den Klassen 5 500 und 5 600 mit Lochkarteneingabe- und -ausgabeeinheiten weisen auf die Notwendigkeiten hin, den EB-Komplex in der DDR nicht in seiner Bedeutung für die Marktberatung in den sozialistischen Ländern zu unterschätzen. Durch den ständig größer werdenden Rückstand in der Entwicklung der Büromaschinenindustrie der DDR bedingt, auch hinsichtlich der Realisierung übernommener Verpflichtungen, machen sich seit Ende der 1960er-Jahre Tendenzen in einigen sozialistischen Ländern bemerkbar, vor allem durch Lizenznahme aus dem NSW, eine eigene Büromaschinenfertigung zu organisieren.

In den dem MfS vorliegenden Hinweisen von Fachexperten werden zur Überwindung der Situation und zur Lösung der in der Information dargelegten Probleme folgende Notwendigkeiten gesehen: Die zuständigen zentralen staatlichen Organe sollten beauftragt werden, eine exakte und perspektivisch ausgerichtete wissenschaftlich-technische Konzeption für die Erzeugnisentwicklung im Kombinat Zentronik auszuarbeiten.

Diese Konzeption müsste Bestandteil der Gesamtkonzeption des ESEG werden, als wichtigsten Ausgangspunkt den Bedarf der UdSSR nehmen und im Perspektivzeitraum bis 1975 die Entwicklung von Erzeugnissen mit wissenschaftlich-technischem Höchststand gewährleisten. Durch eine konsequente Konzentration der vorhandenen F/E-Kapazitäten und den Aufbau von Musterkapazitäten im Kombinat Zentronik müsste die schnelle Überleitung der F/E-Ergebnisse in die Produktion erreicht werden. Doppelentwicklungen sollten durch diese Konzeption für die Zukunft ausgeschlossen werden.

Die Absatzpolitik des Kombinates Zentronik sollte auf die vorrangige Befriedigung des Bedarfs der UdSSR und der anderen RGW-Staaten konzentriert werden. Durch eine zielgerichtete Marktbearbeitung müsste gewährleistet werden, dass schnell auf die Bedarfsforderungen der sozialistischen Länder reagiert werden kann. Dazu sind erforderliche Maßnahmen zwischen dem technischen und dem kaufmännischen Bereich des Kombinates Zentronik durchzuführen.

Die Einhaltung der RGW-Verpflichtungen, insbesondere gegenüber der UdSSR, sollten im Ministerium für Elektrotechnik/Elektronik unter ständige

32 Die Olympia-Werke in Erfurt wurden Anfang des 20. Jahrhunderts gegründet und entwickelten sich bis 1945 zu einem bekannten Hersteller für Schreibmaschinen. Nach Kriegsende wurden die stark zerstörten Anlagen in den VEB Optima Büromaschinenwerke überführt. Gleichzeitig begann in Wilhelmshaven (damals britische Besatzungszone) der Neuaufbau des Unternehmens im Westen. 1949 wurde durch Gerichtsentscheid festgelegt, dass das Unternehmen in Wilhelmshaven den Markennamen Olympia fortführen durfte. Vgl. Lippmann, Eberhard: AEG – Olympia – Optima. Büromaschinen aus Erfurt 1924–2004. Erfurt 2010.

Kontrolle genommen werden. Die Spezialisierungsvereinbarungen, insbesondere mit der UdSSR, müssten fester Bestandteil des Planes der Erzeugnisentwicklung im Kombinat Zentronik werden.

Durch den Minister für Elektrotechnik/Elektronik sollten gegen
- den Generaldirektor des VEB Kombinat Zentronik, Vogelsang,
- den Kaufmännischen Direktor des Kombinates, Sroka, und
- den Kaufmännischen Direktor des VEB Rechenelektronik Zella-Mehlis/Meiningen, Triebel,

disziplinarische Maßnahmen wegen Verletzung der staatlichen Disziplin und Ordnung eingeleitet werden.

Außerdem sollte geprüft werden, ob auch gegen die verantwortlichen Funktionäre im Ministerium für Elektrotechnik/Elektronik, die für die Anleitung und Kontrolle des Kombinates Zentronik in der technischen Politik verantwortlich sind, Disziplinarmaßnahmen einzuleiten wären.

Im Verantwortungsbereich der Außenwirtschaft sollte
- die 1970 begonnene Orientierung des AHU BME auf die Schaffung eigener ABO im NSW konsequent weiter verfolgt werden, um den negativen Einfluss der westdeutschen Generalvertreter auf das Kombinat Zentronik endgültig zu beseitigen.
- die Arbeitsweise der ABO Moskau überprüft werden, mit dem Ziel, die Marktwirksamkeit wesentlich zu erhöhen. Gegen den Stützpunktleiter [Name 3] und den Leiter der Exportgruppe [Name 2] sollten ebenfalls Disziplinarmaßnahmen erwogen werden.

29. Juli 1971

Information Nr. 744a/71 über die Grenzprovokation in Berlin-Johannisthal am 24. Juli 1971

Quelle: BArch, MfS, ZAIG 1990, Bl. 6–21 (zurückgegebenes Honecker-Exemplar, 1. Expl.).
Serie: Informationen.
Verteiler: Honecker, Paul Verner – MfS: Mielke, Beater (siehe Bemerkungen).
Vermerk: Im Dokumentenkopf handschriftlich links: »Gen. Beater. Siehe bei den Schlussfolgerungen die Streichungen und Bemerkungen« sowie rechts: »Einverstanden mit 1. Inf[ormation] der Familie 2. Notiz für die Presse 3. Fragen des Inhalts der Pressenotiz mit Gen. P[aul] Verner absprechen« Paraphe Erich Honecker und Datum »31.7.« – ebenda handschriftlich am linken Rand: »Diese Inf[ormation] wurde Gen. Honecker und Gen. Verner (+ Agitation) gegeben.« – ebenda oben handschriftlich: »Inf[ormation] wurde nicht von ZAIG gemacht« – Auf der letzten Seite Unterschrift: »Beater«. – Auf der ersten Seite des Berichts: Passfotos von Werner Kühl und Bernd Langer.
Bemerkungen: Aus den Bearbeitungsvermerken rekonstruierter Verteiler: Honecker, Paul Verner – MfS: Mielke, Beater – zahlreiche handschriftliche Ergänzungen und Umformulierungen – auf dem Deckblatt Passfotos von Werner Kühl und Bernd Lange (siehe Faksimilie).
Verweis: Information 744/71.

[Faksimile von Blatt 6]

Am 24. Juli 1971, gegen 22.40 Uhr, drangen *Kühl*, Werner,[1] geboren am 10.2.1949 in Berlin, polizeilich gemeldet in Westberlin 21 (Tiergarten), [Straße, Nr.], und *Langer*, Bernd,[2] geboren am [Tag, Monat] 1948 in Berlin, polizeilich gemeldet in Westberlin 62 (Schöneberg), [Straße, Nr.], von Westberlin kommend in Berlin-Johannisthal in Höhe der Britzer Allee in die Hauptstadt der Deutschen Demokratischen Republik ein. Sie überwanden einen Streckmetallzaun, Drahtsperren und den Panzergraben.[3] Beide wurden von zwei in der Nähe weilenden DDR-Bürgern bemerkt, die die Angehörigen der NVA-Grenze informierten. Durch zwei Postenpaare der NVA-Grenze wurde das weitere Eindringen der beiden Personen in die Hauptstadt der DDR bzw. de-

1 Werner Kühl, Jg. 1949, Transportarbeiter, am 24. Juli 1971 beim Grenzübertritt von West- nach Ostberlin erschossen. Sein Leichnam wird eingeäschert und am 30. August 1971 der Westberliner Polizei übergeben. Er wurde auf dem St. Johannes Friedhof in Berlin-Wedding beigesetzt. Vgl. Werner Kühl. In: Hertle, Hans-Hermann; Nooke, Maria (Hg.): Die Todesopfer an der Berliner Mauer 1961–1989. Ein biographisches Handbuch. Berlin 2019³, S. 329–333.

2 Bernd Langer, Jg. 1948, Transportarbeiter, vor dem Grenzübertritt als Gelegenheitsarbeiter in Westberlin tätig, am 30. August 1971 Entlassung aus der Untersuchungshaft und Abschiebung nach Westberlin. Weitere Angaben zur Person konnten nicht ermittelt werden.

3 Beide Sätze handschriftlich unterstrichen.

ren beabsichtigte Rückkehr nach Westberlin nach ihrer Entdeckung unter Anwendung von Schusswaffen verhindert.

Kühl wurde durch einen Brustschuss tödlich verletzt und Langer erlitt unkomplizierte Schussverletzungen am linken Arm und am linken Oberschenkel.[4]

Die Bergung der Grenzverletzer, die durch Angehörige der NVA, zwei Funkstreifenwagen und durch einen Rettungswagen der Feuerwehr erfolgte, wurde von Westberliner Seite durch Polizeiangehörige, Zöllner und Zivilisten beobachtet. Um 0.50 Uhr wurden durch einen Aufnahmewagen des Westfernsehens mit Infrarot-Kamera Filmaufnahmen und von weiteren Zivilisten Fotoaufnahmen vom dortigen Grenzgebiet angefertigt.

Die Leiche des Kühl wurde zum Gerichtsmedizinischen Institut Berlin übergeführt, wo am 25.7.1971 deren Sektion erfolgte.[5]

Gegen Langer wurde durch die Untersuchungsabteilung der Verwaltung für Staatssicherheit Groß-Berlin am 24.7.1971 ein Ermittlungsverfahren wegen ungesetzlichen Grenzübertritts nach § 213 (1) (2) Ziffer 3 StGB[6] eingeleitet und am 26. Juli 1971 Haftbefehl erlassen. Er befindet sich zurzeit im Haftkrankenhaus.

Die bisher durchgeführten Untersuchungen ergaben:

Die Eltern des Werner Kühl sind die Westberliner Bürger [Name 1, Vorname 1], geboren am [Tag, Monat] 1919 in Berlin, Beruf: Verwaltungsangestellter,[7] und [Name 1, Geburtsname, Vorname 2].

Nach den vorgefundenen Unterlagen war Werner Kühl
- vom 2.4.1964 bis 16.2.1966 bei der Fa. Encke OHG, Gartengestaltung Berlin-Steglitz, Brentanostraße 54
- vom 21.2.1966 bis 5.3.1966 bei der *Bilka* GmbH, Berlin 30

4 Satz handschriftlich unterstrichen.

5 Satz am linken Rand markiert.

6 Der § 213 StGB – Ungesetzlicher Grenzübertritt, lautete: »(1) Wer widerrechtlich in das Gebiet der Deutschen Demokratischen Republik eindringt oder sich darin widerrechtlich aufhält, die gesetzlichen Bestimmungen oder auferlegte Beschränkungen über Ein- und Ausreise, Reisewege und Fristen oder den Aufenthalt nicht einhält oder wer durch falsche Angaben für sich oder einen anderen eine Genehmigung zum Betreten oder Verlassen der Deutschen Demokratischen Republik erschleicht oder ohne staatliche Genehmigung das Gebiet der Deutschen Demokratischen Republik verlässt oder in dieses nicht zurückkehrt, wird mit einer Freiheitsstrafe bis zu zwei Jahren oder mit Verurteilung auf Bewährung, Geldstrafe oder öffentlichem Tadel bestraft. (2) In schweren Fällen wird der Täter mit einer Freiheitsstrafe von einem Jahr bis zu fünf Jahren bestraft. Ein schwerer Fall liegt vor, wenn […] 3. die Tat von einer Gruppe begangen wird. […]« Strafgesetzbuch der Deutschen Demokratischen Republik – StGB – und angrenzende Gesetze und Bestimmungen. Textausgabe mit Anmerkungen, Hinweisen und Sachregister. Hg. v. Ministerium der Justiz. Berlin 1969, S. 105.

7 Wort handschriftlich unterstrichen.

- vom 22.3.1966 bis 10.2.1969 beim Bezirksamt Berlin-Schöneberg (wegen unentschuldigten Fehlens vom 12.2.1968 bis 29.2.1968 wurde ihm am 29.2.1968 vom Bezirksamt Schöneberg eine fristlose Entlassung ausgesprochen)
- vom 8.6.1971 bis 11.6.1971 und
- vom 21.6.1971 bis 25.6.1971 bei der Fa. Karl Caspari, Garten- und Landschaftsbau, Berlin 45, Ringstraße 67 b

tätig.

Nach den Aussagen des Langer lernte er Kühl in Berlin-Neukölln zufällig auf einer Straße kennen. Beide freundeten sich miteinander an, verbrachten ihre Freizeit durch gemeinsame Parkspaziergänge sowie den Besuch von Kinoveranstaltungen und Freibädern. Langer sagt aus, dass er gemeinsam mit Werner Kühl seit ungefähr vier Wochen als Transportarbeiter bei einer Möbelspeditionsfirma Tiefenbau Valentin in Westberlin[8] arbeitete und mit ihm in der Pension »Heltzel« in Berlin 41, Bundesallee 137, wohnte.

Der Beschuldigte Langer ist das Kind des [Name 2, Vorname 1], geboren am [Tag, Monat] 1925, und der [Name 3, Vorname], geboren am [Tag, Monat] 1930.

Er arbeitet als Vermesser beim Senat für Bau- und Wohnungswesen in Westberlin und ist in Berlin 62 (Schöneberg), [Straße, Nr.], wohnhaft. [Name 2] gehört keinen Parteien und Massenorganisationen an und beteiligt sich nicht am gesellschaftspolitischen Leben.

[Vorname 2, Name 2] ist als Köchin im Städtischen Kindergarten in Westberlin (Schöneberg), [Straße], tätig.

Aus der Ehe gingen gleichfalls zwei Kinder hervor.

Die in der DDR lebenden Verwandten der beiden Grenzprovokateure (u. a. die [Passage mit schutzwürdigen Informationen nicht wiedergegeben] sowie die Großmutter des Bernd Langer) spielen im vorliegenden Vorgang eine unwesentliche Rolle und können zur Tataufhellung ungenügend beitragen, da sie eher gegen uns als für uns sprechen würden bzw. in hohem Alter und krank sind.[9]

Da seine Großmutter [Passage mit schutzwürdigen Informationen nicht wiedergegeben] die weitere Betreuung von Bernd Langer nicht mehr übernehmen konnte, erfolgte am 21.12.1966 mit Zustimmung der staatlichen Dienststellen der DDR die Übersiedlung des Beschuldigten zu seinem Vater nach Westberlin.[10]

[Passage mit schutzwürdigen Informationen nicht wiedergegeben]

Er sagt aus, dass er nach seiner Übersiedlung nach Westberlin zunächst eine Tätigkeit als Gärtner beim Gartenamt des Westberliner Senats aufgenom-

8 Satz bis hier hin handschriftlich unterstrichen.

9 Satz ab »unwesentlich« handschriftlich unterstrichen.

10 Satz ab »erfolgte« handschriftlich unterstrichen.

men habe und danach [Passage mit schutzwürdigen Informationen nicht wiedergegeben]

Zur Durchführung des Grenzdurchbruchs sagt Langer aus, dass er mit Kühl am 19.7.1971 nach Feierabend die Freizeit im Volkspark Schöneberg im Beisein einer ihm unter »Kalle« bekannt gewordenen gleichaltrigen männlichen Person, bei der es sich um einen Schwerbeschädigten handelt, verbrachte. Bei diesen Zusammenkünften habe Kühl erstmals geäußert, Westberlin zu verlassen und in der Hauptstadt der DDR lebende Verwandte aufzusuchen. Langer und »Kalle« schlossen sich dem Vorhaben an, ohne zunächst nähere Einzelheiten über die Realisierung zu beraten.[11]

Bei seinem Entschluss ließ sich Langer davon leiten, dass er wieder in die DDR zu seiner Großmutter zurückkehren wollte, bei der er bis zu seiner Übersiedlung nach Westberlin aufwuchs.

Am 21.7.1971 kam Langer nach seinen Aussagen auf der Arbeitsstelle mit Kühl auf die Durchführung der Rückkehr in die DDR zu sprechen und Kühl unterbreitete ihm den Vorschlag, die Staatsgrenze in der Nähe einer Brücke am Britzer Zweigkanal zu überwinden.

Langer machte dem Kühl mehrfach den Vorschlag, sich zur Grenzübergangsstelle Sonnenallee oder Friedrichstraße zu begeben, um bei den Organen der DDR ihre Aufnahme in die DDR zu erwirken.

Kühl lehnte diese Vorschläge von Langer konsequent ab. Er überredete Langer, mit ihm gemeinsam in Höhe der Brücke Britzer Allee nach Einbruch der Dunkelheit einen Grenzdurchbruch durchzuführen. Diesem Vorschlag schloss sich Langer schließlich an, da er nach seinen Angaben nicht über die Absicherung der Staatsgrenze informiert war.

Als Langer und Kühl am Mittag des 24.7.1971 erneut im Volkspark Schöneberg mit »Kalle« zusammentrafen, informierte Kühl diesen darüber, dass er und Langer an diesem Tage ihr Vorhaben realisieren werden, ohne »Kalle« nähere Einzelheiten über den Tatort mitzuteilen. »Kalle« äußerte erneut seine Absicht zur Teilnahme, trennte sich jedoch von Langer und Kühl mit der Bemerkung, zunächst einen Bruder am Innsbrucker Platz aufsuchen zu wollen und erschien nicht wieder bei den vorgenannten Personen.[12]

Langer und Kühl fuhren am 24.7.1971, gegen 15.00 Uhr, vom Bahnhof Schöneberg mit der S-Bahn bis Sonnenallee, begaben sich zum Britzer Zweigkanal bis zu einem Laubengelände in der Nähe der Brücke Britzer Allee, wo sie sich bis zum Einbruch der Dunkelheit am Kanalufer auf zwei von ihnen mitgeführten Decken schlafen legten.

Etwa gegen 22.40 Uhr begann Kühl, gefolgt von Langer, die Grenzsicherungsanlagen von Westberlin in Richtung Hauptstadt der DDR zu überwinden, indem er als erster den Streckmetallzaun überstieg.

11 Satz handschriftlich unterstrichen.
12 Satz von »trennte« bis »wollen« handschriftlich unterstrichen.

Bei der Durchführung der Grenzprovokation führten Kühl und Langer ihre Westberliner Personalausweise und in zwei Wolldecken verpackt, Waschpulver, Malzkaffee, Bekleidungsstücke und verschiedene andere Gegenstände bei sich. Sie waren nicht im Besitz von Bargeld.[13]

Die westdeutsche und Westberliner Presse, insbesondere die Springerpresse, putscht die Öffentlichkeit auf und behauptet unter großen Schlagzeilen, wie »Todesschüsse an der Mauer«,[14] »Der 153. Mord an der Mauer«,[15] dass drei DDR-Bürger angesichts der Verhältnisse in der DDR gezwungen waren, auf dem Wege des Grenzdurchbruchs die DDR zu verlassen, von Grenzposten niedergeschossen und zu Tode gehetzt wurden, weil sie den »Unrechtsstaat« verlassen wollten.

Am 26.7.1971 wurde am Tatort auf Westberliner Seite durch das »Studio am Stacheldraht«[16] und die sogenannte »Arbeitsgemeinschaft 13. August«[17] ein Hetzplakat mit der Aufschrift »Miteinander reden – nicht aufeinander schießen« und ein Holzkreuz mit der Aufschrift, dass ein unbekannter DDR-Flüchtling niedergeschossen worden sei, errichtet.

Am 26.7.1971 wurde zur Abwehr der auf Lügen aufgebauten Hetzkampagne eine Meldung über ADN verbreitet, in der informiert wird, dass in der Nacht zum Sonntag von Westberlin aus eine schwere Grenzprovokation verübt wurde und zwei Westberliner – ohne sie namentlich zu nennen – die Staatsgrenze der DDR von Westberlin-Neukölln aus durchbrechen wollten. Es wurde dazu weiter mitgeteilt, dass bei der Abwehr der Provokation die beiden Provokateure verletzt worden sind, und hervorgehoben, dass insbesondere die Westberliner Springerpresse Lügen-Berichte veröffentlicht, um in Westberlin die Stimmung gegen jede Entspannungs- und Verhandlungsbereitschaft anzuheizen.[18]

Obwohl die Westpresse so die Möglichkeit hatte, die Wahrheit zu verbreiten, wurden auch am 27.7.1971 weiterhin die alten wahrheitswidrigen Behauptungen wiederholt und darüber hinaus erklärt, die DDR verdrehe den Sachverhalt und die ADN-Meldung sei eine Lüge.

13 Absatz am linken Rand markiert.

14 Ein Beitrag mit dieser Überschrift konnte nicht ermittelt werden.

15 Vgl. Der 153. Mord an der Mauer. 20 Meter vor West-Berlin scheiterte die Flucht von drei Männern. In: Bild. Berlin-Ausgabe v. 26.7.1971, S. 1.

16 Nach dem Mauerbau am 13. August 1961 initiierte der Westberliner Senat das »Studio am Stacheldraht«, das mit zahlreichen Lautsprechern an der Sektorengrenze die Ostberliner Bevölkerung informierte und Appelle an die Grenzposten der DDR richtete. Die Übertragungen wurden 1965 eingestellt. Noch verbliebene Plakat- und Leuchtschrifttafeln wurden in Reaktion auf den Entspannungsprozess zwischen der DDR und Bundesrepublik bis 1972 abgebaut.

17 Die 1961, nach dem Bau der Mauer, von Rainer Hildebrandt in Westberlin gegründete Arbeitsgemeinschaft dokumentiert die Geschichte der Maueropfer und Fluchtversuche. Sie betreibt bis heute das »Haus am Checkpoint Charlie« als Museum und Dokumentationsstelle.

18 Vgl. Westberliner verübten schwere Grenzprovokation. In: ND v. 27.7.1971, S. 2.

Zum gleichen Zeitpunkt aber – also unmittelbar nach der Verbreitung der ADN-Meldung – wurden durch die Westberliner Polizeidienststellen alle Augenzeugen aus den Reihen der Polizei- und Zollangehörigen nochmals über den Hergang vernommen, um aus deren Schilderungen eventuell eine Bestätigung der ADN-Meldung zu erhalten. Die nochmalige Befragung hatte auch zum Ziel herauszubekommen, wer welche Erkenntnisse aus dem Polizeidienst an welche Zeitung gegeben hatte. Im Ergebnis der Befragungen wurde allen Polizei- und Zollangehörigen verboten, weitere Auskünfte an die Westberliner Presse zu geben.

Am 28.7.1971 wird die westliche Hetze merklich geringer, da sich offensichtlich die Erkenntnis durchsetzt, an der Meldung der DDR könnte – wie eine Zeitung schrieb – »ein Körnchen Wahrheit« sein.[19]

Davon zeugen auch folgende Vorgänge:

Das Westberliner Kriminalkommissariat in Westberlin-Kreuzberg fordert fernschriftlich die Namen und Adressen der Westberliner Grenzverletzer. Darüber hinaus bitten die Westberliner Polizeidienststellen um Mitfahndung und Identifizierung einer in der Nähe des Provokationsortes auf Westberliner Boden gefundenen Einkaufstasche. Ferner werden in Westberlin Maßnahmen eingeleitet und alle akuten Vermisstenfälle überprüft.

Die Westberliner Mittagszeitung »Der Abend« vom gleichen Tag charakterisiert die Situation, in der sich die Urheber der provokatorischen Hetzkampagne befinden:

»Als Fazit bleibt aber schon jetzt ein erschreckendes Maß politischer Unbeholfenheit gegen einschlägige Ost-Berliner Argumentationen. Es war ohnehin riskant, dass man sich beim Senat nicht bis ins letzte Detail über die Hintergründe des Zwischenfalls informierte, ehe man die ersten öffentlichen Verlautbarungen von sich gab. Sollte es sich tatsächlich, wie es von DDR-Seite dargestellt wird – um West-Berliner gehandelt haben, dann hat man der SED kostenlos ›Feuerwerk‹ für ihre Feiern zum ›Friedenswall-Jubiläum‹ geliefert. Dilettantischer hätten sich auch Neulinge auf dem politischen Parkett kaum bewegen können.«[20]

Inzwischen gab es Nachfragen westlicher Redaktionen (»Spiegel«, »Konkret« u. a.) und anderer Stellen, die als erste die Namen und Adressen erfahren wollten.

Schlussfolgerungen:

Aus der Information geht hervor, dass sich die beiden Grenzverletzer nicht sehr gut eignen, öffentlich als Provokateure dargestellt zu werden.[21] Hinzu kommt, dass sie Hintermänner, hinter denen Geheimdienste und Agentenzentralen stehen, mit größter Wahrscheinlichkeit nicht gehabt haben,

19 Der Artikel konnte nicht ermittelt werden.
20 Vgl. Politische Dilettanten. In: Der Abend v. 28.7.1971, S. 2.
21 Satz handschriftlich unterstrichen.

zumindest haben die Ermittlungen bis jetzt die konkreten Beweise dafür nicht erbracht.

Es ist und kann unwiderlegbar nachgewiesen werden, was wir in unserer Meldung vom 26.7.1971[22] gesagt haben, dass es sich wieder einmal um eine von Westberlin ausgehende schwere Grenzprovokation und um Westberliner Provokateure handelt.

Bei unserem weiteren Vorgehen ist jetzt zu beachten, dass einer der Grenzverletzer, Kühl, der zurechnungsfähigere von beiden, tot und der andere, Langer, sich verletzt in Haft befindet.

Weitere Beweise, die sich auf seine Aussagen stützen, sind in Anbetracht seines Geisteszustandes nicht von großem Wert. Langer kann zwar wegen der Grenzverletzung abgeurteilt werden, wird aber als Motiv angeben, dass er zu seinen Verwandten in die DDR wollte. Als nur bedingt zurechnungsfähig wird er in eine Anstalt eingewiesen werden können, aber hier auch nicht ständig festzuhalten sein, da sein Zustand keinen Grad der Gemeingefährlichkeit aufweist.

Nach baldiger Entlassung und eventuelle Rückkehr nach Westberlin ist zu erwarten, dass er dort Angaben macht, die im Sinne der Hetze gegen die DDR verwendet werden können. Zumal wissen wir nicht, ob Kühl ebenso wie Langer geistesgestört war. Es kann unsererseits das Argument entgegengesetzt werden, dass der Gegner solche Menschen zur Provokation missbraucht und ausnutzt und sie ebenso kaltblütig opfert. Dieses Argument hätte jedoch nur eine zeitlich begrenzte Wirkung. Der Gegner hingegen wird mit der Parole antworten, auch solche Fälle würde es nicht geben, wenn es die Grenze nicht gäbe.

Es wird vorgeschlagen:[23]

1. In einer Publikation soll nachgewiesen werden,
   - dass es sich bei den Grenzverletzern um zwei Westberliner handelt (dabei volle Namen mit Adressen nennen) und dass sich die Maßnahmen der Grenzsicherungskräfte der DDR zur entschlossenen Abwehr der Provokation angesichts der Tat und des Verhaltens der Provokateure notwendig machten.
   - dass der Senat gar nicht erst versucht hat, den Sachverhalt zu überprüfen, sondern ohne jede Sachlichkeit sofort Lügen verbreitete und bis zuletzt – auch als bereits die Wahrheit durch die DDR bekannt wurde – die unwahren Behauptungen aufrechterhielt.

22 Vgl. Information 744/71.
23 Satz handschriftlich unterstrichen.

Es könnten weiter folgende Tatsachen herangezogen werden:
- der zeitliche Zusammenhang der Tat kurz vor dem 13. August;
- es können vorliegende westliche Pressemeldungen als Beweis angeführt werden, wonach für den 10. Jahrestag des 13. August eine Reihe Störaktionen, Grenzprovokationen (mit Waffen, Angriffe auf Grenzsicherungskräfte der DDR, Verschleppungen) geplant sind.[24]

AP 15. Juli 1971:

»In Berlin umlaufende Gerüchte wollen von Plänen wissen, wonach Rechtsradikale, vornehmlich aus Kreisen des Bundes Heimattreuer Jugend (BHJ)[25] am 13. August, dem 10. Jahrestag der Mauer, Anschläge gegen die Grenzeinrichtungen der DDR planen.

Wie ein Sprecher der Politischen Abteilung der Berliner Kriminalpolizei auf Anfrage bestätigte, ist aufgrund von Hinweisen auf Gasthausgespräche zunächst bekannt geworden, dass ein Wachturm an der Frohnauer Zonengrenze beschossen werden solle. Näheres sei nicht mitgeteilt worden.

Wie bereits gemeldet, laufen gegen vier Männer, die dem genannten Bund nahestehen, Ermittlungen unter dem Verdacht, in der Nacht zum 17. Juni auf Grenzbeleuchtungsanlagen im Norden Berlins mehrere Schüsse abgegeben zu haben.

Bei einer überraschenden Wohnungsdurchsuchung der Verdächtigen waren Feuer- und andere Waffen sowie Tarnanzüge und weitere Ausrüstungsgegenstände gefunden worden.

Über den Stand dieser Ermittlungen war am Donnerstag nichts Näheres zu erfahren.«[26]

Süddeutsche Zeitung – 16. Juli 1971:

»Berlin (UPI). Rechtsradikale wollten auf DDR-Wachtposten an der Westberliner Zonengrenze schießen. Vom Geschäftshaus Europa-Center an der Gedächtniskirche sollte eine Fahne mit dem »W« der Aktion ›Widerstand‹[27] flattern. Ein ›Linker‹ sollte über die Mauer in die Ostsektoren geworfen werden. So stellten sich Westberliner Rechtsradikale nach Angaben der Polizei den 13. August 1971, den zehnten Jahrestag des Baus der Berliner Mauer vor.

Ein Sprecher der Politischen Abteilung der Westberliner Polizei bestätigte am Donnerstag, dass Rechtsradikale, vornehmlich vom Bund Heimattreuer

24 Absatz von »Es können« bis »geplant sind« handschriftlich durchgestrichen.

25 Bund Heimattreuer Jugend (BHJ), 1957 in Westdeutschland begründete rechtskonservative Vereinigung, die sich 1962 auflöste. Anschließend Neugründung als Bund Heimattreuer Jugend e.V., der sich in Teilen Neonazi- und rechtsextremen Bewegungen anschloss.

26 Die Pressemeldung konnte nicht ermittelt werden.

27 Die »Aktion Widerstand« war eine im Oktober 1970 in der Bundesrepublik begründete rechtsradikale Organisation, die mit militanten und gewaltförmigen Aktionen in Erscheinung trat. Zunächst von der NPD als Vorfeldvereinigung politisch unterstützt, löste sie sich Mitte 1971 auf.

Jugend (BHJ), in ›Wirtshausgesprächen‹ entsprechende Pläne erörtert hätten ...«[28]

Der Stand der Untersuchungen ermöglicht es weiter mitzuteilen:

Es dürfte für die Westberliner Polizei, die von Anfang an von drei Personen gesprochen hatte, nicht schwer sein, diese dritte beteiligte Person festzustellen und die hinter ihr stehenden Auftraggeber herauszubekommen. Den Aussagen des Langer zufolge waren nach dem ursprünglichen Plan drei Personen vorgesehen. Offensichtlich handelt es sich dabei um den in letzter Minute zurückgebliebenen Anstifter der schweren Grenzprovokation.

Es zeugt von der systematischen Planung des verbrecherischen Vorhabens, dass unmittelbar nach den ersten Handlungen – der Überwindung der Grenzsicherungsanlagen – die Westberliner Polizei, Presse, Rundfunk und Fernsehen am Ort der Provokation auf Westberliner Seite waren und den genauen Hergang beobachteten, um dieses Material für die weltweite Hetze zu benutzen.

Bei dem Tathergang handelt es sich nicht um einen Einzelfall. Bei ähnlichen Vorfällen in der Vergangenheit waren Polizei, Presse und Fernsehen vorher da, um sich für die Hetze gegen die DDR nichts entgehen zu lassen und auch, weil sie Ort und Zeit der Provokationen vorher kannten.

Die Hervorhebung der besonderen Verwerflichkeit des Planes, dass Kühl und seine Mitwisser den schwachsinnigen Langer zur Durchführung der Grenzprovokation ausnutzten, wobei sich bei Kühl ebenfalls um einen leicht beeinflussbaren Menschen handelt, der von gewissenlosen Hintermännern missbraucht wurde.[29]

Einer der Täter ist seinen Verletzungen, die er bei der Provokation erlitten hat, erlegen; der andere ist leicht verletzt und befindet sich in ärztlicher Behandlung. Angesichts seines Geisteszustandes wird der Verletzte in ärztlicher Fürsorge gehalten.

Die Eltern und Angehörigen der beiden Täter zur neuen Hetze gegen die DDR zu missbrauchen, ist nicht sehr wirksam, da beide seit langem für sich alleine leben und mit
ihren Angehörigen keinen oder nur losen Kontakt haben.[30]

Der Generalstaatsanwalt der DDR behält sich vor, nach Abschluss des Ermittlungsverfahrens gegen die Urheber der Grenzprovokation entsprechende Maßnahmen einzuleiten.

28 Anschuldigungen gegen Rechtsradikale. In Westberlin Ermittlungsverfahren wegen Volksverhetzung. In: Süddeutsche Zeitung v. 29.7.1971, S. 6.

29 Absatz handschriftlich durchgestrichen.

30 Absatz handschriftlich durchgestrichen.

2. Staatssekretär Kohl[31] könnte bei seinem nächsten Treffen mit Bahr[32] an den Wunsch der anderen Seite erinnern, den 13. August so zurückhaltend wie möglich zu begehen und darauf hinweisen, dass sich die Haltung in der BRD und Westberlin keinen Deut geändert habe. Er könnte die Erwartung aussprechen, dass die westliche Seite das Notwendige unternimmt, um entspannungsfeindliche Handlungen zu unterbinden.[33]

Die DDR lässt sich, weil sie für die Entspannung eintritt, nicht provozieren. Die DDR kann jederzeit den Beweis antreten, dass es sich um eine von westlicher Seite inszenierte Provokation und Provokateure handelt und Senat sowie Westberliner Polizei im Einvernehmen mit Bonn wider besseres Wissen den tatsächlichen Verlauf des Grenzzwischenfalls verdrehen.[34]

3. Da die Leiche des Grenzverletzers zweifelsfrei identifiziert und die Todesursache gerichtsmedizinisch dokumentiert ist, kann der Generalstaatsanwalt von Groß-Berlin die Freigabe der Leiche zwecks Einäscherung verfügen. Diese Maßnahme ist erforderlich, um einen Missbrauch des Leichnams zu politischen Demonstrationen in Westberlin zu verhindern.

Diese vorgesehene Maßnahme sowie die Verfahrensweise und der Zeitpunkt einer wahrscheinlichen Übergabe der Urne an Angehörige in Westberlin werden in Verbindung mit dem Generalstaatsanwalt von Groß-Berlin und dem Generalstaatsanwalt der DDR rechtlich abgesichert.

4. Das Ermittlungsverfahren gegen Langer wird unter Beachtung der gesetzlichen Möglichkeiten über einen relativ längeren[35] Zeitraum bearbeitet. Im Ergebnis des Verfahrens ist vorgesehen, Langer nach Westberlin hinsichtlich einer Unzurechnungsfähigkeit zu begutachten und seine ständige Unter-

31 Michael Kohl, Jg. 1929, SED-Funktionär und Diplomat, 1956–61 wissenschaftlicher Mitarbeiter am Institut für Völkerrecht, 1961–67 Mitarbeiter des MfAA, 1965–68 Staatssekretär für Westberlin Fragen, 1968–73 Staatssekretär für westdeutsche Fragen im MfAA, seit 1970 Verhandlungsführer in den Verhandlungen zum Transitabkommen, zum Verkehrs- und zum Grundlagenvertrag, 1971–81 Mitglied der Außenpolitischen Kommission und der Westkommission beim Politbüro des ZK der SED, 1973–78 Leiter der Ständigen Vertretung der DDR in Bonn, 1978–82 stellvertretender Außenminister der DDR.

32 Egon Bahr, Jg. 1922, Journalist, SPD-Politiker, 1950–60 Chefkommentator des RIAS, 1960–66 Leiter des Presse- und Informationsamtes des Senats von Westberlin, 1966–69 Sonderbotschafter und Leiter des Politischen Planungsstabes im von Willy Brandt geleiteten Auswärtigen Amt, 1969–72 Staatssekretär im Bundeskanzleramt und Bevollmächtigter Unterhändler der Bundesregierung, 1972–74 Bundesbevollmächtigter für Berlin und Bundesminister für besondere Aufgaben, 1974–76 Bundesminister für wirtschaftliche Zusammenarbeit, 1976–81 Bundesgeschäftsführer der SPD.

33 Bei der Unterredung zwischen Egon Bahr und Michael Kohl am 5. August 1971 in Bonn wurde der Vorfall den Aufzeichnungen Bahrs zufolge nicht angesprochen. Vgl. Aufzeichnung zum Gespräch zwischen Bahr und Kohl, 5. August 1971. In: Akten zur Auswärtigen Politik der Bundesrepublik Deutschland 1971. Hg. im Auftrag des Auswärtigen Amtes vom Institut für Zeitgeschichte, Bd. 2: 1. Mai bis 30. September 1971. München 2002, S. 1208–1219.

34 Absatz handschriftlich durchgestrichen.

35 Handschriftlich durchgestrichen und von Erich Honecker geändert in: »kürzeren«.

bringung in der Sondereinrichtung des Haftkrankenhauses Waldheim zu veranlassen.[36]

Zusätzliche Bemerkungen

Am 29.7.1971 (14.00 Uhr) erfolgte ein Anruf von G[enossen] N[orden][37], worin er aufmerksam machte auf den Artikel in der Zeitung »Der Abend«[38] und erklärte, dass er in den letzten Tagen besonders die ausländische Presse studiert habe und dabei feststellte, dass mit der Grenzverletzung eine weltweite Hetze betrieben wird (so in der Presse Frankreichs, Italiens und allen großen Zeitungen der kapitalistischen Länder) mit der Behauptung, es wären DDR-Bürger auf der Flucht erschossen worden.

Nach unserer Publikation sei eine plötzliche Stille eingetreten; auch die westlichen Zeitungen erkannten unsere ruhige und zurückhaltende Argumentation und merkten, dass es gegen sie schlägt, wobei die Ahnung vorherrscht, dass wir das letzte Wort haben werden und unsere Erklärung beweisen können und werden.

G[enosse] N[orden] machte den Hinweis an das MfS, nicht zu versäumen, daraus eine »hübsche Sache« zu machen.

Wie G[enosse] N[orden] denkt, würden jetzt viele voller Erwartung auf die Entlarvung der Westberliner Hetzkampagne und der damit inszenierten Provokation des Westens warten.

36 Satz ab »Langer« gestrichen und handschriftlich von Erich Honecker geändert in: »nach Westberlin abzuschieben wenn er den Wunsch hat.«

37 Albert Norden, Jg. 1904, SED-Funktionär, 1920–33 Redakteur verschiedener linker Zeitungen 1933–45 Emigration, ab 1942 in den USA, 1946–49 Redakteur und Pressechef der DWK, 1949–52 Leiter des Informationsamtes des Ministerpräsidenten der DDR, 1952–55 Leiter des späteren Ausschusses für Deutsche Einheit, 1958–81 Mitglied des Politbüros des ZK der SED, 1955–81 Mitglied und Sekretär des ZK (Agitation, Medien), 1955–67 Leiter der Agitations-Kommission des Politbüros, 1960–79 Leiter der Westkommission des Politbüros.

38 Gemeint ist vermutlich: Politische Dilettanten. In: Der Abend v. 28.7.1971, S. 2.

30. Juli 1971

Bericht über Erkenntnisse aus der Auswertung der Artikelserie des »Spiegels« über den Bundesnachrichtendienst »Pullach intern« [K 1/25]

Quelle: BArch, MfS, ZAIG 5000, Bl. 1–19 (5. Expl.).
Serie: K 1 (Verschiedenes).
Verteiler: Kein Nachweis für externe Verteilung. – MfS: Mielke, Beater, HA II/7, Irmler, Ablage.
Verweis: Bericht K 1/21.

1. Erkenntnisse über das Zustandekommen der Artikelserie und die Rolle des »Spiegels«

Die Veröffentlichung der Artikelserie »Pullach intern« begann am 8.3.1971 und endete mit der 14. Fortsetzung am 14.6.1971.[1] Sie ist die bisher umfangreichste und am breitesten angelegte Veröffentlichung in der BRD über den BND. Sie enthält – neben vielen auf früheren Veröffentlichungen in westdeutschen Publikationen basierenden Aussagen – zahlreiche Feststellungen und Fakten, die in der BRD bisher geheim gehalten und erstmals publiziert wurden.

Der Inhalt der gesamten Artikelserie lässt eindeutig erkennen, dass es sich hier nicht um eine eigenständige Aktion des »Spiegel« handelt. Dem »Spiegel« bzw. den als Autoren genannten Redakteuren Hermann Zolling[2] und Heinz Höhne[3] stand umfangreiches authentisches Material zur Verfügung, das sie offensichtlich aus dem Materialbestand des BND erhalten haben und im Ergebnis weiterer eigener Recherchen ergänzt, journalistisch attraktiv aufgemacht und entsprechend ausgeschmückt haben.

Ausgehend von der Beantwortung der Frage, wessen Interessen und Absichten die »Spiegel«-Veröffentlichung nützt, kann aus der Analyse sämtlicher Artikel festgestellt werden, dass die Initiatoren, Interessenten und an der Artikelserie Beteiligten sich befinden

1 Die Artikelserie »Pullach intern« war eine Fortsetzungsreihe über die Geschichte des Bundesnachrichtendienstes, die 1971 im Nachrichtenmagazin »Der Spiegel« erschien. Zu den Hintergründen und der Entstehungsgeschichte der Serie »Pullach intern« vgl. Dülffer, Jost: Pullach intern. Innenpolitischer Umbruch, Geschichtspolitik des BND und »Der Spiegel«, 1969–1972. Marburg 2015 sowie Ders.: Geheimdienst in der Krise. Der BND in den 1960er Jahren. Berlin 2018, S. 291–303 u. 613–617.

2 Hermann Zolling, Jg. 1924, Journalist, 1966–71 Redakteur des Magazins »Der Spiegel«.

3 Heinz Höhne, Jg. 1926, Journalist, 1955–91 Redakteur des Magazins »Der Spiegel«, Autor mehrerer Publikationen zur Geschichte der NS-Diktatur und der Geheimdienste.

- in SPD-Regierungskreisen, besonders Bundesminister Ehmke,[4]
- im BND-Vizepräsidenten Blötz,[5] der zusammen mit Ehmke und gestützt auf die von Ehmke im Vorjahr eingesetzten Abteilungsleiter im BND Veränderungen im BND herbeiführen soll,
- unter weiteren BND-Führungskreisen, die für Reformen eintreten, und schließlich
- beim »Spiegel« selbst, der schon früher zur Meinungsmanipulierung im Interesse bestimmter BND-Führungskreise wesentlich beitrug,[6] enge Verbindungen zum BND unterhält und sich von einem »neuen Knüller« eine Erhöhung der Auflage (hatte in den Monaten vor der Artikelserie abgenommen) versprach.

Unter Berücksichtigung dieser Gesichtspunkte dürfte die Behauptung des »Spiegels«, derzufolge er seine Unterlagen mit dem Bundeskanzleramt und dem BND abgestimmt habe, zumindest eine Teilwahrheit sein. In diesem Zusammenhang wird auch auf offiziell abgegebene Erklärungen von Ahlers[7] (Mitte März 1971) hingewiesen, wonach die »Spiegel«-Veröffentlichungen kein Sicherheitsrisiko bedeuten würden, damit jedoch noch nichts über die Richtigkeit der Darstellung gesagt sei.

Offensichtlich hat sich der »Spiegel« bei einem Teil seiner Darlegungen nicht an den abgesteckten Rahmen gehalten und ist in seiner Veröffentlichung weiter als ursprünglich festgelegt gegangen. Dabei dürften auch – wie bereits dargelegt – finanzielle Überlegungen (Erhöhung der Auflage) eine Rolle gespielt haben. Unter Hervorkehren der journalistischen »Freiheit« und gleichzeitig unter der Flagge der »Objektivität« hat der »Spiegel« im Ergebnis seiner Recherchen bei Angehörigen verschiedener Interessengruppen im BND deren Auffassungen wiedergegeben. Teilweise handelt es sich hier um sogenannte Zurückgedrängte, die diese Gelegenheit wahrgenommen haben, ihre Verärgerung zum Ausdruck zu bringen.

Von diesen Erwägungen ausgehend erscheint auch eine interne Information über das Zustandekommen und die Hintergründe der »Spiegel«-Serie (HV A, vertrauenswürdige Quelle) glaubhaft. Dieser Information zufolge äußerten

4 Horst Ehmke, Jg. 1927, SPD-Politiker, 1969–94 Mitglied des Deutschen Bundestages, 1969 Bundesminister der Justiz, 1969–72 Bundesminister für besondere Aufgaben und Chef des Bundeskanzleramtes, 1972–74 Bundesminister für Forschung und Technologie und Bundesminister für das Post- und Fernmeldewesen.

5 Dieter Blötz, Jg. 1931, SPD-Politiker, 1970–79 Vizepräsident des Bundesnachrichtendienstes.

6 Zu den Beziehungen zwischen dem »Spiegel« und dem BND bzw. seiner Vorläuferorganisation: Henke, Klaus-Dietmar: Geheime Dienste. Die politische Inlandsspionage der Organisation Gehlen 1946–1953. Berlin 2018, S. 501–532 sowie Dülffer, Jost: Geheimdienst in der Krise. Der BND in den 1960er Jahren. Berlin 2016, S. 592–617.

7 Conrad Ahlers, Jg. 1922, SPD-Politiker und Journalist, ab 1948 als Journalist für verschiedene Tageszeitungen tätig, 1966–69 stellvertretender Leiter des Bundespresseamtes, 1969–72 Regierungssprecher und Chef des Presse- und Informationsamtes der Bundesregierung, 1972–80 Mitglied des Bundestages.

Mitarbeiter des BND, dass der Plan für eine größere Publikation über den BND, die nur als eine historische Darstellung gedacht gewesen sei,[8] aus Kreisen der neuen BND-Führung selbst stammt und das Projekt mit Billigung von Ehmke zwecks Veröffentlichung an den »Spiegel« herangetragen worden sei.

BND-Kreisen sei es darum gegangen, mithilfe dieser Publikation »mehr Vertrauen unter der Bevölkerung« zu erlangen, nicht als »Verschwörergruppe«, sondern als »verlängerter Arm« der Bundesregierung angesehen zu werden. Die Interna über Pullach wie über einzelne Kategorien von BND-Mitarbeitern, Arbeits- und Werbungsmethoden, Schwerpunkte, Organisationsfragen und Ähnliches seien ursprünglich nicht eingeplant gewesen. Informanten aus dem BND auf mittlerer Ebene, die mit der jetzigen BND-Führung und ihren Methoden nicht einverstanden sind und auf »stillem Wege abgeschoben« worden seien, hätten dem »Spiegel« entsprechende Materialien zur Verfügung gestellt.

2. Zu den Hintergründen der »Spiegel«-Veröffentlichung und den Auseinandersetzungen um diese Veröffentlichung

Aus der gesamten Artikelserie, besonders aus den letzten Fortsetzungen, und den dabei hervortretenden Zielen und Absichten wird sichtbar, dass der wichtigste Inhalt der »Spiegel«-Veröffentlichung im engen Zusammenhang mit den Bestrebungen der Bundesregierung zu sehen ist, den BND stärker in den Dienst der Bonner »Ost- und Deutschlandpolitik« zu stellen und zu diesem Zweck die sogenannten Reformen und die Reorganisationsmaßnahmen im BND beschleunigt durchzusetzen. Die Veröffentlichung zielt in erster Linie darauf hin, die Notwendigkeit dieser Maßnahmen zu popularisieren und ihre Durchsetzung zu unterstützen. An dieser offensichtlichen Absicht ändert sich auch dadurch nichts, dass der »Spiegel« bestimmte Regierungsmaßnahmen, besonders das »hemdsärmlige« Vorgehen Ehmkes, in verschiedenen Abschnitten kritisiert.

Es ist anzunehmen, dass die Initiatoren der Artikelserie sich davon überzeugen mussten, die personellen Veränderungen in Führungspositionen des BND reichen allein noch nicht aus. Die führenden SPD-Vertreter stießen auf den Widerstand der BND-Chargen auf mittlerer Ebene (überwiegend Vertreter der alten Linie und auf Gehlen[9] eingeschworen). Die SPD-Vertreter

8 Zu den Gesprächen zwischen dem »Spiegel« und dem BND im Vorfeld der Artikelserie vgl. Dülffer, Jost: Pullach intern. Innenpolitischer Umbruch, Geschichtspolitik des BND und »Der Spiegel«, 1969–1972. Marburg 2015.

9 Reinhard Gehlen, Jg. 1902, Berufssoldat und Geheimdienstmitarbeiter, 1940–42 Leiter der Gruppe Ost der Operationsabteilung des Generalstabes des Heeres, 1942–45 Chef der »Abteilung Fremde Heere Ost« der Wehrmacht, 1945 amerikanische Kriegsgefangenschaft, 1946–49 Mitbegründer der von der US-Army beaufsichtigten Spionageorganisation »Organisation Gehlen«, 1949–56 Leiter der »Organisation Gehlen« unter Aufsicht der CIA, 1956–68 Präsident des Bundesnachrichtendienstes.

dürften daran interessiert sein, noch vorhandene Schwierigkeiten im Zusammenwirken zwischen Bundesregierung und BND zurückzudrängen und abzubauen. Nach inoffiziellen Hinweisen gibt es unter dem Personalbestand des BND Unsicherheiten.

In diesem Zusammenhang ist auch zu beachten – wie im »Spiegel« auch z. T. indirekt und geschickt dargelegt wird –, dass solche alten leitenden BND-Vertreter wie z.B. »Winterstein« (dem MfS unter dem Klarnamen Kurt Weiß[10] bekannt und Langkau[11] einseitig orientiert waren, alles in erster Linie unter militärischen Gesichtspunkten betrachtet und die bereits unter der sogenannten großen Koalition begonnene neue Linie nicht verstanden haben, demzufolge im BND unter den veränderten Bedingungen nicht mehr am richtigen Platz waren.

Dem Nachfolger Gehlens, BND-Präsident Wessel,[12] wird dagegen – wenn auch mit gewissen Einschränkungen – bescheinigt, dass er elastischer reagiere, wozu seine Tätigkeit in verschiedenen Funktionen vor der Übernahme seiner jetzigen Funktion wesentlich beigetragen habe.

Nach bisherigen Erkenntnissen dürfte eines der wichtigsten, mit der Veröffentlichung verfolgten Anliegen darin bestehen, den Gehlen-Nymbus im BND zu brechen und Verständnis für die von der SPD verfolgte Linie zu erreichen.

Die zwischen der SPD und CDU/CSU vorhandenen unterschiedlichen Auffassungen über taktische Varianten im Bonner Vorgehen gegen die DDR und andere sozialistische Staaten spiegelten sich auch in der Reaktion auf die Veröffentlichung über den BND wider.

10 Kurt Weiß, Jg. 1917, Deckname »Winterstein«, Journalist und Geheimdienstmitarbeiter, 1953–68 Leiter der politischen Aufklärung des BND, 1957–68 stellvertretender Leiter des Sonderbereiches »Strategischer Dienst« im BND, 1970–81 Leiter der Schule des BND.

11 Wolfgang Langkau, Jg. 1903, Berufssoldat und Geheimdienstmitarbeiter, während des Zweiten Weltkrieges General der Artillerie, 1945 amerikanischen Kriegsgefangenschaft, 1947–49 Angestellter im bayrischen Innenministerium, 1949 Eintritt in die Organisation Gehlen, 1952–68 als Vertrauter des BND-Präsidenten Reinhard Gehlen Leiter des Sonderbereiches »Strategischer Dienst«, 1968 aus dem BND entlassen.

12 Gerhard Wessel, Jg. 1913, Berufssoldat und Geheimdienstmitarbeiter, 1942–45 in der Geheimdienstabteilung »Fremde Heere Ost« tätig, 1945 amerikanische Kriegsgefangenschaft, 1946–52 am Aufbau der Organisation Gehlen unter anderem als Leiter der Auswertung beteiligt, 1952–56 im Amt Blank, 1956/57 Leiter des Militärischen Abschirmdienstes der Bundeswehr, 1957–63 Leiter der Abteilung Militärische Sicherheit im Führungsstab der Bundeswehr, 1968–78 Präsident des Bundesnachrichtendienstes.

Rechte Kräfte mit Strauß[13] an der Spitze, unter aktiver Einschaltung von Barzel,[14] Baier[15] und vor allem auch der Springer-Presse, hatten die ersten »Spiegel«-Artikel über den BND zum Anlass genommen, Angriffe gegen die SPD/FDP-Regierung, besonders gegen »Reformer« Ehmke, und indirekt gegen die Bonner »Ostpolitik«[16] zu führen. Das deckte sich mit Behauptungen alter BND-Chargen, wonach die UdSSR nicht an einer echten Entspannung interessiert sei, die »Hinwendung zum Osten« die »Freunde im Westen vergraulen« würde.

Strauß, Barzel und andere warfen der SPD u. a. vor, den BND parteipolitisch beeinflussen zu wollen. Für alle Schwierigkeiten des BND wurde Ehmke als »Sündenbock« herauszustellen versucht.

Vielfach »argumentierten« sie, dass unter Führung der SPD die Geheimdiensttätigkeit »enttarnt« werde, die SPD/FDP-Regierung unfähig sei, die westdeutschen Geheimdienste richtig zu steuern, durch ihren »Dilettantismus« der BND immer mehr »funktionsunfähig« werde usw.

Die »Gegenargumente« der SPD fanden bezeichnenderweise auch in den darauf folgenden Fortsetzungen im »Spiegel« ihren Niederschlag, in denen u. a. die BND-Praktiken unter der CDU/CSU-Regierung und die »Schlappen« des BND mit herausgestellt wurden (einschließlich die vom BND praktizierte, sogenannte Inlandaufklärung[17]).

Auffallend ist in diesem Zusammenhang, dass die Rechtskräfte[18] um Strauß ihre Angriffe Ende März wieder einstellten und auch ihre Forderung nach Einsetzung eines parlamentarischen Untersuchungsausschusses zurückzogen. (Hier wird auf Veröffentlichungen von Dr. Mader[19] verwiesen, der

13 Franz Josef Strauß, Jg. 1915, Politiker, CSU, 1953–55 Bundesminister für besondere Aufgaben, 1955/56 Bundesminister für Atomfragen, 1956–62 Bundesminister der Verteidigung, 1961–88 Vorsitzender der CSU, 1963–66 Vorsitzender der CSU-Landesgruppe im Bundestag.

14 Rainer Barzel, Jg. 1924, CDU-Politiker, 1957–87 MdB (CDU), 1962/63 und 1982/83 Bundesminister für gesamtdeutsche bzw. innerdeutsche Fragen, 1980–82 Vorsitzender des Auswärtigen Ausschusses.

15 Fritz Baier, Jg. 1923, CDU-Politiker, 1969–76 Vorsitzender des für Geheimdienstkontrolle zuständigen Parlamentarischen Vertrauensmännergremiums.

16 Gemeint ist die

17 Der frühe Bundesnachrichtendienst und sein Vorläufer, die Organisation Gehlen, betrieb im Auftrag des Kanzleramtes umfangreiche innenpolitische Spionage, vor allem in den Oppositionsparteien sowie linken und sozialdemokratischen Vereinigungen und Institutionen. Vgl. Henke, Klaus-Dietmar: Geheime Dienste. Die politische Inlandsaufklärung der Organisation Gehlen 1946–1953. 2 Bde., Berlin 2018, 2022.

18 Gemeint sind vor allem von einigen CDU- und CSU-Politikern getragene Bestrebungen, insbesondere die auf Entspannung und Annäherung ausgerichtete Außen- und Deutschlandpolitik der sozialliberalen Koalition politisch zu bekämpfen.

19 Julius Mader (bürgerlich: Thomas Bergner), Jg. 1928, Publizist, veröffentlichte im Auftrag des MfS bzw. der SED Propagandamaterial vor allem über westliche Geheimdienste und Sicherheitspolitik, seit 1960 zunächst geheimer Mitarbeiter, ab 1962 als Offizier im besonderen Einsatz des MfS tätig.

die Auseinandersetzungen als »Theaterdonner« charakterisierte und herausstellte, dass es im Grunde genommen auch im Hinblick auf die Tätigkeit des BND um gemeinsame Ziele der SPD und der sogenannten Opposition geht.)

3. Zu den mit der Veröffentlichung verfolgten Zielen und Absichten

In diesem Abschnitt erfolgt eine Einschränkung auf die einschätzende Darlegung der aus der Artikelserie bzw. aus dazu vorliegenden internen Hinweisen hervorgehenden Ziele und Absichten.

Erhöhung der Aktionsfähigkeit und Effektivität des BND

Als entscheidendes Merkmal der mit der Veröffentlichung verfolgten Absichten sind die Bestrebungen anzusehen, die Wirksamkeit des BND als Instrument der Regierungspolitik der Brandt/Scheel-Regierung[20] zu erhöhen. Das gilt vor allem hinsichtlich der dem MfS schon längere Zeit bekannten forcierten Bonner Anstrengungen zur stärkeren Einordnung des BND in die sogenannte Ost- und Deutschlandpolitik.

Durch die forcierte Spionagetätigkeit, besonders auf politischem und wirtschaftlichem Gebiet, soll der BND Voraussetzungen schaffen, die der Bonner Regierung ein gezieltes und differenziertes Vorgehen gegen die DDR und andere sozialistische Staaten besser als bisher ermöglichen. Als Schwerpunkt wird dabei – wie dem MfS schon seit längerer Zeit bekannt ist – die Konzentration auf die Angriffe gegen die DDR herausgestellt. Zu diesem Zweck sollen die bereits unter der »großen Koalition« begonnenen und nach dem Regierungswechsel beschleunigt fortgesetzten Reformen durchgesetzt und Widerstände zur Erhöhung der Aktionsfähigkeit des BND im Sinne der Ziele der SPD/FDP-Regierung überwunden werden.

Auch wenn noch keine umfassende Einschätzung der Auswirkungen der »Spiegel«-Artikelserie möglich ist, dürfte feststehen, dass nach dieser Veröffentlichung, der dadurch ausgelösten Diskussionen und nach dem Abklingen der Reaktionen die sozialdemokratisch geführte Bundesregierung günstigere Möglichkeiten für die Durchsetzung ihrer Linie im BND hat. Offensichtlich im Interesse dieser Linie hat sie eine Reihe von Überspitzungen des »Spiegel« mit inkauf genommen.

In mehreren Artikeln wurde Kritik an der »Selbstisolierung« des BND, besonders unter Leitung Gehlens, geübt. Diese Kritik ist in Verbindung mit dem Hervorheben solcher vom »Spiegel« angeführter Passagen zu sehen, wie z.B.

- der Forderung, den Kontakt des BND zur Öffentlichkeit zu verstärken und das Ansehen des BND zu erhöhen;

20 Gemeint ist die nach der Bundestagswahl 1969 gebildete sozialliberale Regierung unter Willy Brandt (SPD) und Walter Scheel (FDP).

- die Darlegung, dass sich die Tätigkeit des BND »mit der Demokratie vertragen« würde;
- das Hervorheben einer Äußerung des BND-Präsidenten Wessel, wonach »der Dienst legitim und keinesfalls moralisch anfechtbar« sei;
- der Versuch, eine parlamentarische Kontrolle des BND unter der sozialdemokratisch geführten Bundesregierung vorzutäuschen.

In diesem Zusammenhang verdienen die zahlreichen Versuche des »Spiegel« Beachtung, das MfS als eine Art Gespenst an die Wand zu malen.

Die Diskriminierung der sozialistischen Sicherheitsorgane erfolgt bei gleichzeitiger Aufwertung der Bonner Geheimdienstorgane, der Begründung ihrer »Notwendigkeit« und unter Hervorhebung ihrer angeblich demokratischen Zielen und Interessen dienenden Tätigkeit.

In Bezug auf das MfS wird – neben dem Herausstellen unserer Aktivitäten gegenüber der BRD »trotz Entspannung« – darzustellen versucht, dass unser Organ im Vergleich mit den Bonner Geheimdienstorganen deshalb »im Vorteil« sei, weil es exekutive Vollmachten habe, »keiner Kontrolle« unterliege und sich auf einen »autoritären« Partei- und Staatsapparat stützen könne.

Im Zusammenhang mit diesen Gesichtspunkten dürften die zahlreichen Veröffentlichungen in westdeutschen Presseorganen und Rundfunk- bzw. Fernsehsendungen, die auf einem Jahresbericht des Bundesamtes für Verfassungsschutz und auf Erklärungen des Bonner Innenministers Genscher[21] basieren, zu sehen sein.

Bewusstes Hochspielen der BND-»Misere« und gezielte Abwertung der Tätigkeit des BND in den letzten Jahren unter Leitung Gehlens

Der Vergleich der vom »Spiegel« am BND geübten Kritiken mit den Erkenntnissen und Erfahrungen des MfS über die Orientierungen und Praktiken des BND ergibt eindeutig, dass – ohne bestimmte Schwierigkeiten in der Tätigkeit dieses westdeutschen Geheimdienstes zu unterschätzen – die sogenannte BND-Misere bewusst hochgespielt wurde.

In einer Reihe von Passagen in mehreren Artikelfortsetzungen wird vorzutäuschen versucht, dass der BND kein Potenzial für die »Ostspionage« mehr habe. Unter anderem wurde Kritik an den ungenügenden Ergebnissen der politischen Spionage geübt. In diesem Zusammenhang werden als Beispiele der jüngeren Zeit u. a. angeführt,

- dass der BND nicht rechtzeitig über die sich in Polen entwickelnden Ereignisse informiert war und auch die Möglichkeiten, die sich ihm geboten haben, nicht genutzt hat.
- dass der BND nur ungenau über die DDR informiert, obwohl Ehmke hohe Forderungen hinsichtlich der Spionage gegen die DDR stellt (Hinweis

21 Hans-Dietrich Genscher, Jg. 1927, FDP-Politiker, 1969–74 Bundesinnenminister, 1974–92 Bundesaußenminister und Vizekanzler sowie 1974–85 Parteivorsitzender der FDP.

auf Ehmke, wonach der BND »wenig Brauchbares« über die DDR liefert).

Andererseits wurde angeführt, dass der BND im Frühsommer 1970 eine »wichtige Orientierungshilfe« für die Gespräche Brandts[22] mit Stoph[23] geleistet habe.[24]

Offensichtlich im Sinne der von den Initiatoren mit der Artikelserie verfolgten Ziele und Absichten hebt der »Spiegel« hervor, dass der BND in der »Talsohle geheimdienstlicher Effizienz« angelangt sei und deshalb die »längst überfälligen Reformen« ernsthaft betrieben werden müssten. Hierzu ist festzustellen, dass – ohne die den BND zugefügten Schläge und seine Niederlagen und Misserfolge abzuwerten oder zu unterschätzen – es diese »Talsohle« nicht gegeben hat und auch nicht gibt.

Interessant ist in diesem Zusammenhang, dass in der »Spiegel«-Serie frühere große Schläge des MfS zum Teil beschrieben werden, in einigen Fällen sogar sehr ausführlich, während die vom MfS in der jüngeren Zeit (Zeitraum nach dem 13.8.1961) gegen den BND geführten Schläge, die zugleich von der erhöhten Aktivität des BND gegen die DDR zeugen, überhaupt nicht erwähnt wurden.

In großer Breite und Ausführlichkeit wird in der Artikelserie gezielt die Tätigkeit des BND unter Leitung Gehlens abgewertet.

Der alten BND-Führung, besonders Gehlen bzw. dem Leitungsstil und den Führungsmethoden Gehlens, wird angelastet, dass der BND nicht auf der Höhe der Aufgaben und nicht erfolgreich genug sei, zu große Schlappen erlitten und sich zu viele »Patzer« geleistet habe. Als ein Hauptmangel wird das Fehlen effektiver Spionagestützpunkte des BND in politischen Führungszentren der DDR herausgestellt.

In den direkt gegen Gehlen gerichteten Vorwürfen geht es bis zu solchen Formulierungen wie »Günstlingssystem«, »Gehlen-Orden«, »Vetternwirtschaft«, »Inzucht«, »Misswirtschaft« usw.; Gehlen habe durch seine Führungs- und Personalpolitik zum »Niedergang seines Apparates« beigetragen.

In der Artikelserie kam mehrmals indirekt zum Ausdruck, dass – wie bereits angedeutet – der alte Mythos um den BND und Gehlen überwunden und damit eines der Hindernisse beseitigt werden müsse, das den Verände-

22 Willy Brandt, Jg. 1913, SPD-Politiker, 1957–66 Regierender Bürgermeister von Berlin, 1964–87 Parteivorsitzender, 1966–69 Bundesaußenminister, 1969–74 Bundeskanzler.

23 Willi Stoph, Jg. 1914, SED-Partei- und DDR-Staatsfunktionär, 1953–89 Mitglied des Politbüros der SED, 1956–60 Minister für Nationale Verteidigung der DDR, 1962 1. Stellvertreter, 1964–73 und 1976–89 Ministerpräsident der DDR.

24 Die Regierungschefs der Bundesrepublik, Willy Brandt, und der DDR, Willi Stoph, trafen 1970 in zwei Gipfeltreffen in Erfurt (19. März) und Kassel (21. Mai) aufeinander. Es war die erste offizielle Begegnung der Regierungschef der beiden deutschen Staaten. Obwohl es kaum politische Ergebnisse gab, hatten beide Treffen eine hohe symbolische Wirkung, weil sie eine Annäherung und Entspannung des bilateralen Verhältnisses signalisierten.

rungen im BND im Sinne der gegenwärtigen Linie und Politik noch im Wege stehe.

Die in früheren Jahren unternommenen Anstrengungen zur »Reformierung« des BND (1957, 1963, 1967/68) werden so dargestellt, dass sie nicht zu den erstrebenswerten Ergebnissen geführt hätten und dass weniger eine Erhöhung der Leistungsfähigkeit des BND, sondern mehr eine Verschärfung der Personalsituation herausgekommen sei.

Unter dem Gesichtspunkt, dass die sogenannte BND-Misere bewusst hochgespielt und vom »Spiegel« zugleich eine »objektive« Darstellung vorzutäuschen versucht wird (einschließlich der Wiedergabe von Auffassungen verschiedener Interessengruppen im BND), sind auch zahlreiche in der Artikelserie widersprüchlich erscheinende Darstellungen zu sehen.

Von zahlreichen solchen Darstellungen werden nachstehend nur einige wesentliche Beispiele zur Verdeutlichung dieser Feststellung angeführt.

- Einerseits wird Kritik an den Reformbestrebungen Ehmkes und der neuen BND-Führung geübt, andererseits wird die Notwendigkeit dieser Reformen unterstrichen und begründet.
- Einerseits wird das »Versagen« des BND breit dargelegt, andererseits werden seine Nützlichkeit und Erfolge in Vergangenheit und Gegenwart herausgestellt (»nützliches Instrument bundesdeutscher Politik«).
- Der Darlegung der Erfolge der sogenannten Schnüffelei nach innen (BND besser als Verfassungsschutz) steht gegenüber, dass das angebliche Aufheben der »Inlandaufklärung« durch den BND begrüßt wird.
- Einerseits wird der »Realitätssinn« Gehlens hervorgehoben, den er schon als Chef von »Fremde Heere Ost«[25] und auch nach 1945 bewiesen habe; andererseits wird herausgestellt, dass er »starrsinnig« und neuen Gesichtspunkten gegenüber verschlossen gewesen sei.
- Den ausführlichen Darlegungen der »Gegnerschaft« Gehlens zu Hitler und zur SS stehen breite Schilderungen seines engen Zusammenwirkens mit der SS und Gestapo-Leuten, von denen er viele als »Experten« in die ehemalige Organisation Gehlen und anschließend in den BND übernommen hat, entgegen.

Ausgehend von den Erkenntnissen und Erfahrungen des MfS ist grundsätzlich festzustellen, dass die in der Artikelserie bewusst hochgespielten, die »innere Situation« im BND angeblich charakterisierenden Merkmale aus unserer Sicht nicht zu derart für den BND nachteiligen Auswirkungen geführt haben, wie das darzustellen versucht wurde. Davon zeugen u. a., dass der BND gro-

25 »Fremde Heere Ost« war eine 1938 im Generalstab des Heeres der Wehrmacht gebildete Abteilung, welche für die Auswertung von Informationen vor allem über die sowjetischen Truppen verantwortlich war. Reinhard Gehlen leitete die Abteilung von 1942 bis Kriegsende. Vgl. Pahl, Magnus: Fremde Heere Ost. Hitlers militärische Feindaufklärung. Berlin 2012.

ße Anstrengungen zur Forcierung der Spionage und zur Erhöhung ihrer Effektivität unternommen hat, immer raffiniertere Mittel und Methoden anwandte und die Spionage und andere subversive Tätigkeit relativ straff organisiert hat.

Bemerkungen zu den erhobenen Forderungen nach Reformierung des BND

Die gesamte Artikelserie und besonders die inhaltliche Gestaltung der letzten Fortsetzungen ist bewusst darauf angelegt, um am Ende die Forderung nach einer »grundlegenden Reform des Geheimdienstes« und die dazu angeführten konkreten Vorstellungen als »folgerichtig und notwendig« erscheinen zu lassen.

Zu den konkret genannten »Reform«-Vorstellungen und -Forderungen ist grundsätzlich zu bemerken, dass es sich im Wesentlichen um solche handelt, wie sie von Ehmke und Wessel bereits eingeleitet wurden bzw. um die sie bemüht sind. Dabei ist zu sehen, dass nicht alle Vorstellungen und Forderungen genannt sind, sondern nur solche, die veröffentlicht werden können oder zum Teil schon bekannt sind.

Das gilt besonders auch für die einen gewissen Ausgangspunkt darstellende Forderung Ehmkes, die Spionage besonders gegen die DDR zu verstärken, in politische Führungszentren der DDR einzudringen (vor allem ZK der SED und Regierung), mehr über Interna der sozialistischen Länder zu erfahren, sowie die von ihm dafür gegebene »Begründung«, dass dies ein Erfordernis der »Ostpolitik« der Bundesregierung sei.

Als Kernpunkte der »Reform« des BND (die nachstehend im Zusammenhang mit einigen aus anderen Publikationen und Erklärungen bekannten Fakten genannt werden) werden vom »Spiegel« hervorgehoben:

- Bei der Organisierung der Spionage sollen »klare Schwerpunkte« gebildet und eine bessere Konzentration auf »geographische Schwerpunkte« erreicht werden (erster und wichtigster Schwerpunkt ist die DDR).
- Es soll eine wirksamere, effektivere Nachrichtenbeschaffung aus »geheimen Quellen« erreicht und die Auswertung sogenannten offenen Materials soll in der Hauptsache auf solches für Vergleichszwecke beschränkt bleiben. Das soll mit einer Verbesserung des Systems zur Bewertung der Informationen verbunden werden.

Außerdem wird in diesem Zusammenhang das Zusammen wirken und die Arbeitsteilung mit dem Bonner Auswärtigen Amt bzw. den Bonner Auslandsvertretungen hervorgehoben. Die nach wie vor starke Orientierung des BND auf die Anwendung der Methode der Abschöpfung wird im »Spiegel« nicht mit erwähnt.

- Die Auswertung »offener Quellen bzw. Materialien« soll verstärkt auf andere Institutionen verlagert werden. Hier ergibt sich der Zusammenhang zu der schon seit längerer Zeit bekannten Tatsache, dass der BND in allen wichtigen Institutionen verankert ist und deren Möglichkeiten umfassend nutzt.

- Die Werbung für den BND soll verstärkt und mit einer Verbesserung der Besoldungsstruktur, dem Einsatz hochentwickelter Technik usw. verbunden werden. Es gehe um die Stärkung des politischen und ökonomischen Sektors im BND u. a. durch den Einsatz entsprechend qualifizierter Fachkräfte.

(Es kann die Absicht sein, durch die mehrfache Kritik am einseitigen Denken von BND-Mitarbeitern in militärischen Kategorien und durch das Nichterwähnen des sogenannten militärischen Sektors von der vom BND ebenfalls forcierten Militärspionage abzulenken.)

4. Zum Neuigkeitswert der veröffentlichten Fakten

Der Neuigkeitswert der veröffentlichten Fakten speziell für Zwecke der politisch-operativen Arbeit ist nur gering. Es kann eingeschätzt werden, dass mit der Veröffentlichung wesentliche Sicherheitsinteressen (im Bonner Sinne) nicht verletzt wurden.

Die Angaben des »Spiegel« sind dem MfS größtenteils bekannt. Nicht bekannt waren einige Details zur personellen Situation, aus der Tätigkeit einzelner Mitarbeiter sowie einige Angaben zu wenigen organisatorischen und strukturellen Fragen, die jedoch nicht mehr von aktueller Bedeutung sind.

Da in der Schilderung eines Teils der Beispiele nur allgemeine Angaben und Hinweise enthalten sind, ist eine Identifizierung der jeweils infrage kommenden Personen nicht möglich.

Viele in der Artikelserie genannte Fakten sind für das MfS größtenteils nur noch von historischer Bedeutung. Das gilt beispielsweise für die ausgeschmückte Schilderung der Vorgänge um Felfe[26] und Geyer,[27] der Schläge des MfS gegen BND-Filialen und Untervertretungen und vieles andere mehr. Bei angeführten Klarnamen handelt es sich um solche, die dem MfS bekannt sind bzw. von denen der Gegner dies annimmt. In der Artikelserie ist zahlreiches authentisches Material verwandt (gilt für zitierte Unterlagen wie für Beispiele); es wird jedoch über eine bestimmte Grenze nicht hinausgegangen.

26 Heinz Felfe, Jg. 1918, Geheimdienstmitarbeiter, 1951–61 in leitender Funktion in der Gegenspionage des Bundesnachrichtendienstes und seiner Vorläuferorganisation tätig, vermutlich seit 1951 für den KGB tätig, 1961 Verhaftung und 1963 Aburteilung wegen Landesverrats. 1969 im Rahmen eines Agentenaustausches in die DDR abgeschoben.

27 Hans-Joachim Geyer, Jg. 1901, Journalist, 1952/53 als V-Mann für die Vorläuferorganisation des Bundesnachrichtendienstes, die Organisation Gehlen, tätig, 1952 Überwerbung durch das MfS, welchem er Angaben zu V-Leuten und Struktur der Organisation Gehlen lieferte, die im Herbst 1953 unter anderem als Grundlage für eine breit angelegte Verhaftungsaktion des MfS dienten (Aktion »Feuerwerk«). Vgl. Heidenreich, Ronny; Münkel, Daniela; Stadelmann-Wenz, Elke: Geheimdienstkrieg in Deutschland. Die Konfrontation von DDR-Staatssicherheit und Organisation Gehlen im Herbst 1953. Berlin 2016.

Hinsichtlich des Neuigkeitswertes der veröffentlichten Fakten für die westdeutschen Leser lag es offensichtlich im Interesse der Initiatoren der Veröffentlichung, durch die »Enthüllung« überholter Praktiken im Vorgehen vor allem gegen die DDR und nach innen und durch das Aufzeigen von »weniger gefährlichen« Formen und Methoden des Kampfes mehr Verständnis für die Linie der SPD/FDP-Regierung zu gewinnen und die »Nützlichkeit« eines »reformierten« BND zu suggerieren.

Vor allem unter diesem Gesichtspunkt dürfte die »Enthüllung« beispielsweise
- der alten Praktiken des kalten Krieges vor allem gegen die DDR,
- des Wirkens faschistischer Kräfte im BND,
- der vom BND begangenen Gesetzwidrigkeiten (»Inlandsaufträge«, Spitzeltätigkeit nach innen) usw.

zu sehen sein.

Aber auch hier ist festzustellen, dass solche »enthüllenden« Fakten wohldosiert veröffentlicht wurden und dass damit gleichzeitig Ablenkungsmanöver und Versuche zur Rechtfertigung der Bonner Haltung gegenüber der DDR und anderen sozialistischen Staaten verbunden sind.

5. Erkenntnisse und Schlussfolgerungen für die politisch-operative Arbeit des MfS

Es muss damit gerechnet werden, dass die sogenannte Reformierung des BND beschleunigt weitergeführt wird, vor allem mit dem Ziel, die Spionage besonders gegen die DDR effektiver zu gestalten.

Die geplante stärkere Konzentration der Kräfte und Mittel des BND auf die Spionage und andere subversive Tätigkeit gegen die DDR, besonders die teilsweise schon sichtbar gewordenen Bestrebungen zur Schaffung von »Spitzenquellen« in politischen und ökonomischen Zentren der DDR, zeugen von der wachsenden Gefährlichkeit des BND.

In diesem Zusammenhang erscheint auch die bereits genannte interne Information (HV A, vertrauenswürdige Quelle) glaubhaft, derzufolge ein BND-Mitarbeiter erklärte, dass die Bundesregierung, besonders Ehmke, unverändert die weitere Steigerung der BND-Effektivität verlange. Nach wie vor rangiere die DDR an der Spitze der Informationswünsche, danach die UdSSR, andere sozialistische Staaten und der Nahe Osten. Ehmke dränge immer wieder darauf, nur »Berufsagenten« einzusetzen, die »fachliche Könner« und in der Lage sind, »erstrangige Quellen« im Partei- und Staatsapparat des betreffenden Landes zu erschließen.

Wie der BND-Mitarbeiter weiter erklärte, würden beim BND die Möglichkeiten geprüft, jüngere Kaufleute, Techniker usw. hauptamtlich in den BND zu übernehmen und als »Firmen-beauftragte« in die DDR und andere sozialistische Länder zu schicken. »Befreundete Firmen« würden diese Leute pro forma einstellen und »gegenüber dem Osten legitimieren«.

(BND hat schon in der zurückliegenden Zeit auf dieser Ebene gearbeitet. Offensichtlich geht es mehr um eine verstärkte Anwendung dieser Methode.)

Wie der BND-Mitarbeiter erklärte, hätten die sogenanten Berufsagenten die Aufgabe, erstrangige Quellen besonders in großen Werken, Außenhandelsunternehmen und in Ministerien aufzuspüren, entsprechend abzuschöpfen und – als nächsten Schritt – sie fest anzuwerben. Besonderes Augenmerk würde der BND dabei auf solche »hochstehenden« DDR-Funktionäre richten, die Blockparteien angehören. Interesse gelte auch den SED-Mitgliedern, die schon offen Kritik geäußert haben bzw. mit der Partei »in Konflikt geraten« seien.

Der BND könne auch auf die »Inlands-Erkundung« nicht verzichten, da sich daraus interessante Einzelheiten für den »Auslandsdienst« ergeben könnten, besonders hinsichtlich der Ostkontakte bestimmter Personen (Beobachtung in »Koordination« mit MAD und Verfassungsschutz).

Es erweist sich als notwendig, alle Maßnahmen des BND zur Erhöhung seiner Wirksamkeit besonders gründlich aufzuklären und zu analysieren, vor allem auch hinsichtlich der Bestrebungen zur Erschließung von Spitzenquellen, ihrer Abschöpfung und Werbung, und die vorbeugende Arbeit noch zielstrebiger zu gestalten. In Weiterführung des Führungsseminars sollten die sich ergebenden neuen Gesichtspunkte der gegnerischen Geheimdiensttätigkeit mit herausgearbeitet werden.

(Diese Ausarbeitung entstand in Auswertung der »Spiegel«-Serie »Pullach intern«, in einigen Passagen im Vergleich mit anderen Veröffentlichungen, unter Berücksichtigung interner Hinweise (Informationen der HV A) und von Erkenntnissen der HA II/7 sowie in Zusammenarbeit mit Genossen der HA II/7.)

13. August 1971

Information Nr. 815/71 über bisher im Zusammenhang mit dem 13. August bekannt gewordene Feindhandlungen in der DDR

Quelle: BArch, MfS, ZAIG 1960, Bl. 1–3 (7. Expl.).
Serie: Informationen.
Verteiler: Honecker – MfS: Mielke (über HA XX/AIG), Beater (über HA XX), Scholz, ZOS, Ablage.
Bemerkungen: Paul Verner im Verteilerentwurf gestrichen.
Verweise: Informationen 820/71 und 825/71.

Am 11.8.1971 wurde in Jößnitz, Bezirk Karl-Marx-Stadt, eine neben dem Schaukasten der Evangelischen Kirchengemeinde angebrachte Hetzschrift (14 × 24 cm) festgestellt, die neben religiösem Inhalt auch hetzerische Äußerungen gegen die Grenzsicherungsmaßnahmen vom 13.8.1961 beinhaltete.

Am 12.8.1971, gegen 0.20 Uhr, wurde im Fußgängertunnel am Alex[1] ein Hetzplakat mit folgendem Inhalt festgestellt:

»Schluss mit der Mauer – Freiheit für Berlin«.

Es war in einer Höhe von 1,50 m angebracht (43 × 60 cm). Die Buchstaben waren mit rotem Ölstift geschrieben und hatten eine Größe von 5 × 5 cm.

Am 12.8.1971 wurden um 24.00 Uhr in Schwarzenberg – Neue Welt – durch unbekannte Täter die Kirchenglocken der evangelischen Emmaus-Kirche,[2] die ein mechanisches Läutwerk besitzen, in Gang gesetzt und läuteten etwa fünf Minuten.

Gegen 6.00 Uhr des 13.8.[1971] wurden im Stadtgebiet von Schwarzenberg drei selbstgefertigte Hetzschriften, Größe 13 × 14 cm, aufgefunden, die folgenden Text enthielten:

»Schluss mit dem Mord an der Mauer«.

In den Abendstunden des 12.8.1971 wurden in Berlin auf den U-Bahnhöfen Alexanderplatz (5) und Marchlewskistraße[3] (11) selbstgefertigte Hetzzettel (20,5 × 7,5 cm) gefunden. Der mit Druckbuchstaben aus einem Kinderdruckkasten hergestellte Text lautet:

»Arbeiter wacht auf aus dem Herrschaftstraum – 1. Rote Zelle Ost«.

Am 13.8.1971 wurde festgestellt, dass auf der Verbindungsstraße zwischen F 5 und Falkensee, Kreis Nauen, auf die asphaltierte Fahrbahn mit weißer Farbe folgende Hetzlosung geschmiert war:

»10 Jahre Mauer – 10 Jahre Schießbefehl«.

(Höhe der Buchstaben 50 cm)

1 Gemeint ist der Alexanderplatz in Berlin.
2 Emmauskirche im Stadtteil Neue Welt von Schwarzenberg.
3 Der U-Bahnhof Marchlewskistraße wurde 1992 in U-Bahnhof Weberwiese umbenannt.

In den Morgenstunden des 13.8.1971 wurden im Stadtbezirk Prenzlauer Berg (3) sowie entlang der Bahnlinie Ostbahnhof – Alexanderplatz (25) Hetzzettel in der Größe von 20 × 2 cm gefunden.

Der Text ist mit Druckbuchstaben aus einem Kinderdruckkasten gefertigt und lautet:

»10 Jahre Schüsse an der Mauer | Friedenspolitik der DDR«.

Am 13.8.1971 wurde an der Wandzeitung der BPO des VEB Schilderwerk Beutha, Bezirk Karl-Marx-Stadt, eine Papptafel (20 × 20 cm) mit folgendem Text festgestellt:

»Genossen! | 10 Jahre feiger Mord an der Berliner Mauer – | wer auf wehrlose Deutsche schießt, ist ein | Mörder und gehört vor Gericht. | Wir sind Deutsche und wollen frei sein, nicht | nur von Frieden reden, sondern handeln. | BdD«

(Die Schrift ist mit Plakatpinsel aufgetragen.)

Unter dem geschriebenen Text ist eine aus ausgeschnittenen Zeitungsbuchstaben zusammengesetzte weitere Hetzlosung angebracht:

»Wachsamkeit ist geboten und im Namen des Humanismus Verfolgungen einzustellen«.

Die notwendigen Maßnahmen zur Aufklärung der Feindhandlungen und zur Ermittlung der Täter sind eingeleitet.

16. August 1971

Information Nr. 819/71 über eine versuchte Flugzeugentführung einer Maschine der Interflug, Typ AN 24, Kennzeichen DM-SBA, durch einen Bürger der DDR am 13. August 1971

Quelle: BArch, MfS, ZAIG 1959 , Bl. 1–5 (13. Expl.).
Serie: Informationen.
Verteiler: Honecker, Sindermann, Arndt (über HA IX) – MfS: Beater, HA IX, PS, HA VI, HA XIX, Hacke, BV Halle, Ablage.
Vermerk: Im Dokumentenkopf handschriftliche Korrekturen in der Reihenfolge des Verteilers.
Verweis: Information 823/71.

Am 13.8.1971, gegen 8.30 Uhr, versuchte der DDR-Bürger [Name 1, Vorname], geboren [Tag, Monat] 1951, wohnhaft [Ort], [Kreis] Nauen, [Straße, Nr.], Nebenwohnung: Merseburg, [Bezirk] Halle, [Straße], Internat I, ledig, Student am Institut für Verfahrenstechnik der Hochschule für Chemie »Gustav Schorlemmer« Merseburg, die mit 21 Passagieren besetzte planmäßige Inlandmaschine der Interflug auf der Fluglinie Erfurt – Zentralflughafen Berlin-Schönefeld gewaltsam zur Kursänderung und zur Landung auf dem Westberliner Flugplatz Berlin-Tempelhof zu zwingen.

[Name 1] konnte durch Passagiere überwältigt werden und wurde durch das MfS nach der Landung in Schönefeld festgenommen.

Die bisherigen Untersuchungen ergaben:

[Name 1] trägt sich bereits seit längerer Zeit mit dem Gedanken, die DDR ungesetzlich zu verlassen. Das geht aus bei ihm aufgefundenen Unterlagen wie z. B. Abbildung der Inneneinrichtung eines Flugzeuges sowie Brief, aus dem Fluchtabsichten konkret erkennbar sind, hervor. Ursächlich dafür sind seine negative Einstellung zur Staats- und Gesellschaftsordnung der DDR. Er brachte mehrfach zum Ausdruck, dass er sich in der DDR »unfrei« fühle und nicht tun und lassen könne, was er wolle. Weiterhin hatte [Name 1] Schwierigkeiten bei der Durchführung seines Studiums. Seine Studienleistungen waren mangelhaft, sodass seine Exmatrikulation vorgesehen war.

Bei den Eltern des [Name 1] handelt es sich um Genossenschaftsbauern, die der Staats- und Gesellschaftsordnung der DDR gegenüber loyal eingestellt sind.

Anfang Juli 1971 begab sich [Name 1] entsprechend einer Verpflichtung seiner Seminargruppe – aber entgegen seinem Willen – zu einem Brigadeeinsatz in die Volkswerft Stralsund. Wegen Unlust zur körperlichen Arbeit und angeblich mangelhafter Unterbringung brach er den Einsatz, ohne das Kollektiv vorher zu informieren, nach vier Tagen ab und kehrte nach Merseburg zurück.

In der mit ihm seitens der Institutsleitung geführten Aussprache verpflichtete sich [Name 1], eine Arbeit im Betonwerk Merseburg aufzunehmen.

Nachdem ihm mitgeteilt worden war, dass er ab 12.8.1971 vorübergehend sein Zimmer im Internat räumen müsse, um Besucher der Herbstmesse in Leipzig unterzubringen, will er sich endgültig dazu entschlossen haben, die DDR ungesetzlich zu verlassen.

Aus Fernseh- und Pressemeldungen westlicher Publikationsorgane und Informationen der DDR-Presse war [Name 1] über Fälle von Flugzeugentführungen informiert und beschloss deshalb, auf diesem Wege die DDR ungesetzlich zu verlassen, da dies nach seiner Meinung aufgrund der gesicherten Staatsgrenze die einzige erfolgversprechende Möglichkeit wäre.

Zur Verwirklichung dieses verbrecherischen Vorhabens beschaffte sich [Name 1] in Ermangelung einer Schusswaffe ein Klappmesser mit einer etwa 10 cm langen Klinge und begab sich per Bahn am 12.8.1971 von Merseburg nach Erfurt, wo ihm entsprechend seiner Anfrage in der Zweigstelle des Reisebüros der DDR mitgeteilt wurde, dass ein Flug nach Berlin-Schönefeld am Morgen des 13.8.1971 möglich sei.

Nachdem er vom 12. zum 13.8.1971 im Hotel »Tourist« in Erfurt übernachtet hatte, begab er sich gegen 6.00 Uhr zur Haltestelle des Flughafen-Zubringerbusses in der Innenstadt von Erfurt. Bereits dort hielt [Name 1] Umschau nach einer ihm geeignet erscheinenden Geisel, bei der es sich seinen Vorstellungen entsprechend noch wegen der Wirksamkeit und des zu erwartenden geringen Widerstandes um ein Kind handeln sollte. Dabei fiel seine Wahl bereits auf den in Begleitung seiner Mutter reisenden Schüler [Name 2, Vorname], geboren am [Tag, Monat] 1958 in Jena, wohnhaft Erfurt, [Straße, Nr.].

Nach Besteigen der Maschine richtete [Name 1] es so ein, dass er neben [Name 2] Platz nahm.

Etwa 28 Minuten nach dem 8.08 Uhr erfolgten planmäßigen Start der Maschine umklammerte [Name 1] den [Name 2] von hinten und setzte ihm die Messerklinge an den Kehlkopf. Gleichzeitig forderte er die Passagiere auf, keinen Widerstand zu leisten, da er sonst das Kind umbringen würde.

Das von ihm bedrohte Kind vor sich herschiebend, begab sich [Name 1] zur Tür des vorderen Frachtraumes, die jedoch entsprechend den Sicherheitsbestimmungen verschlossen war.

Da [Name 1] dadurch an seinem Vorhaben, in das Cockpit einzudringen, gehindert wurde, klopfte er mehrfach mit dem Fuß gegen diese Tür und forderte zum Öffnen auf. Durch die dabei entstehenden Geräusche wurde die in ihrer Kabine im Heck der Maschine befindliche Stewardes [Name 3, Vorname] aufmerksam.

Die Stewardes verständigte durch Bestätigung des Notsignals die übrigen Besatzungsmitglieder von dem Eintreten einer Gefahrensituation und begab sich danach zu dem [Name 1] mit dem Ziel, ihn von seinem Vorhaben abzubringen. [Name1] wurde durch die Annäherung der Stewardes abgelenkt, was von dem [Name 2, Vorname] sowie den an Bord der Maschine befindlichen Passagieren [Name 4, Vorname], geboren am [Tag, Monat] 1929, wohnhaft 1055 Berlin, [Straße, Nr.], beschäftigt als Produktionsleiter beim DFF und [Name 5, Vorname], geboren am [Tag, Monat] 1940, wohnhaft 1055 Berlin, [Straße, Nr.], beschäftigt als Ingenieur beim Staatlichen Kontor zur Erfassung nichtmetallischer Rohstoffe Berlin, genutzt wurde, um den Terroristen zu überwältigen. Dabei konnte [Name 1] das Klappmesser entrissen werden und er leistete danach keinen Widerstand mehr.

In den bisher durchgeführten Untersuchungen konnten keine Hinweise, die auf eine beabsichtigte Provokation zum 10. Jahrestag der Errichtung des antifaschistischen Schutzwalles[1] hindeuten, erarbeitet werden.

1 Gemeint ist die Grenzschließung vom 13. August 1961, die sich 1971 zum 10. Mal jährte.

[ohne Datum]

Information Nr. 820/71 über weitere im Zusammenhang mit dem 13. August bekannt gewordene Feindhandlungen in der DDR

Quelle: BArch, MfS, ZAIG 1960, Bl. 4–6 (6. Expl.).
Serie: Informationen.
Verteiler: Honecker – MfS: Mielke, Beater, Scholz, ZOS, HA XX/AIG, Ablage.
Datum: Datierung und Einsortierung durch den Bearbeiter: 16.8.1971 (nach ZAIG-Postausgangsbuch BArch, MfS, ZAIG 8517, Bl. 102).
Verweise: Informationen 815/71 und 825/71.

Von den in der Information Nr. 815/71 genannten Hetzzetteln, Größe 20 × 2 cm, Text: »10 Jahre Schüsse an der Mauer – Friedenspolitik der DDR« wurden im Laufe des 13.8.1971 an folgenden Orten in Berlin weitere 217 Exemplare gefunden:

Im Fußgängertunnel am Alexanderplatz (50), am Personaleingang zum Centrum-Warenhaus am Alexanderplatz (30), auf dem U-Bahnhof Alexanderplatz, Bahnsteig Linie A (47), im Bowling-Zentrum und der dortigen Freitreppe (50), in der Karl-Marx-Allee, im Durchgang der Häuser Nr. 108–110 (30), Runge-/Ecke Inselstraße (8) und auf dem Grundstück Pasteurstraße 34 (2).

Im rückwärtigen Teil des Grenzgebietes in Berlin-Pankow, Wollank-/Ecke Brehmestraße, wurde am 13.8.[1971], gegen 15.20 Uhr, ein Kranz an einem Grenzpfahl vorgefunden. Der Kranz war in Blickrichtung Westen abgelegt. Auf einer weißen Schleife standen im Golddruck die Worte »Angedenken an Blut und Tränen der Toten«.

Als Täter wurde ermittelt:

Richter, Christian[1], geboren [Tag, Monat] 1935 in Berlin, wohnhaft 111 Berlin, [Straße, Nr.], Beruf: Töpfermeister.

R., der sehr religiös eingestellt ist und in Elternversammlungen der Schule offen gegen die vormilitärische Ausbildung der Jugend auftrat, wollte mit seiner provokatorischen Handlung und mit der bewussten Wahl dieses Tages und Ortes nach Westberlin hin sichtbar dokumentieren, dass der antifaschistische Schutzwall[2] »auch in der DDR« abgelehnt würde.

In Berlin-Weißensee, Roelckestraße, wurde am 13.8.[1971], gegen 19.00 Uhr, an dem Holztor der dort verlaufenden Friedhofsmauer eine mit weißer

1 Christian Richter, Jg. 1935, Kunstkeramiker und Friedensaktivist, protestierte 1968 gegen die Niederschlagung des Prager Frühling mit Graffito, 1971 nach der Protestaktion zum 10. Jahrestag des Mauerbaus verhaftet, aber nicht verurteilt und freigelassen, unterhielt eine freie Werkstatt in Ostberlin, engagierte sich in der Gemeinde der Friedenskirche in Berlin-Niederschönhausen und Friedenskreisen, 1989 Mitbegründer der SDP in Schwante, nach 1990 in der SPD aktiv.

2 Gemeint ist die Grenzschließung am 13. August 1961 und die nachfolgende Errichtung der »Berliner Mauer«, im Sprachgebrauch der SED als »antifaschistischer Schutzwall« bezeichnet.

und gelber Kreide geschmierte Hetzlosung (Buchstabenhöhe ca. 20 cm) festgestellt. Text:

»DDR doof – gesucht wegen Mord und Mauer doof«.

Am 11.8.1971 wurde im VEB Kraftfuttermischwerk Halle-Trotha ein Hetzzettel (Größe 13,5 × 3 cm) mit dem Text »Morgen ist Nationaltrauertag, der Untergang der deutschen Nation wurde« gefunden.

Als Täter wurde der [Name, Vorname], geboren [Tag, Monat] 1947, wohnhaft Halle-Neustadt, beschäftigt als Schlosser im VEB Kraftfuttermischwerk Halle-Trotha, Mitglied der SED, ermittelt.

[Name] war Mitglied der Leitung der BPO und für die Organisierung der Jugendarbeit im Betrieb verantwortlich.

Sein Vater ist 2. Sekretär der BPO im VEB Waggonbau Ammendorf.

Als Motiv gibt [Name] an, dass er Zweifel an der Richtigkeit verschiedener Maßnahmen der Regierung – u. a. der Errichtung des antifaschistischen Schutzwalles am 13.8.1961 – hege.

Weil er darüber hinaus über eine abgelehnte Lohnerhöhung verärgert gewesen sei, habe er den Hetzzettel verfasst mit dem Ziel, die »Haltung der Kollegen dazu zu testen«.

Der [Name] ist ständiger Empfänger des Westfernsehens und diskutiert darüber laufend mit Arbeitskollegen.

Gegen den [Name] wurde ein EV ohne Haft gemäß § 220 StGB[3] eingeleitet.

Am 14.8.1971, gegen 1.30 Uhr, wurde auf der F 170 in Kipsdorf, Höhe der Abzweigung Bärenfels (Bezirk Dresden) eine Hetzlosung festgestellt, die mit Nitro-Farbe quer über die gesamte Fahrbahn geschmiert war. (Buchstabenhöhe 80 cm)

Text: Mauer weg

3 Der § 220 StGB – Staatsverleumdung, lautete: »Wer in der Öffentlichkeit 1. die staatliche Ordnung oder staatliche Organe, Einrichtungen oder gesellschaftliche Organisationen oder deren Tätigkeit oder Maßnahmen; 2. einen Bürger wegen seiner staatlichen oder gesellschaftlichen Tätigkeit, wegen seiner Zugehörigkeit zu einem staatlichen oder gesellschaftlichen Organ oder einer gesellschaftlichen Organisation verächtlich macht oder verleumdet, wird mit Freiheitsstrafe bis zu zwei Jahren oder mit Verurteilung auf Bewährung, Haftstrafe, Geldstrafe oder mit öffentlichem Tadel bestraft.« Strafgesetzbuch der Deutschen Demokratischen Republik – StGB – und angrenzende Gesetze und Bestimmungen. Textausgabe mit Anmerkungen, Hinweisen und Sachregister. Hg. v. Ministerium der Justiz. Berlin 1969, S. 107.

[ohne Datum]

Information Nr. 823/71 über die versuchte Flugzeugentführung einer Maschine der Interflug, Typ AN 24, Kennzeichen DM-SBA, durch einen Bürger der DDR am 13. August 1971

Quelle: BArch, MfS, ZAIG 1959, Bl. 6–7 (Ablage. Expl.).
Serie: Informationen.
Verteiler: Kein Nachweis für externe Verteilung. – MfS: Ablage.
Datum: Datierung und Einsortierung durch den Bearbeiter: 17.8.1971.
Vermerk: Im Dokumentenkopf: »nicht rausgegangen«.
Bemerkung: Nicht realisierter Verteilervorschlag im Dokumentenkopf: Honecker, Sindermann, Arndt (über HA XIX) – MfS: Beater, HA VI, HA IX, PS, HA XIX, BV Halle.
Verweis: Information 819/71.

Ergänzend zur Information Nr. 819/71 wurde bei den geführten Untersuchungen gegen den [Name, Vorname] bestätigt, dass es sich um eine bewusst und zielgerichtet vorbereitete Provokation anlässlich des 10. Jahrestages der Errichtung des antifaschistischen Schutzwalls handelt.

[Name] beabsichtigte, mit der geplanten Entführung der DDR-Maschine einen Höhepunkt für die Hetze gegen die DDR zu schaffen, da nach seiner Auffassung derartige Ereignisse immer im Blickpunkt des Interesses der Weltöffentlichkeit stehen würden. [Name] plante, den westlichen Massenmedien Presse, Rundfunk und Fernsehen verleumderische Interviews zu geben und sich dabei als »Held« feiern zu lassen, um dadurch die Hetzkampagne gegen die DDR zu unterstützen.

[Name] hatte weiter einkalkuliert, dass die Passagiere sowie Besatzungsmitglieder der DDR-Flugzeuge intensiven Abwerbungsversuchen seitens westlicher Dienststellen und Organisationen ausgesetzt sein würden. Er rechnete auch damit, dass infolge der eventuellen Nichtrückkehr eines Teiles dieser Personen die Wirksamkeit seiner Aktion und die damit verbundene Hetzkampagne gegen die DDR noch verstärkt würde.

[ohne Datum]

Information Nr. 825/71 über die Aufklärung von im Zusammenhang mit dem 13. August bekannt gewordenen Feindhandlungen in der DDR

Quelle: BArch, MfS, ZAIG 1960, Bl. 7–10 (5. Expl., zurückgegebenes Exemplar der HA XX/AIG).
Serie: Informationen.
Verteiler: Kein Nachsweis für externe Verteilung. – MfS: Mielke, Beater, Scholz, ZOS, HA XX/AIG, Ablage.
Datum: Datierung und Einsortierung durch den Bearbeiter: 17.8.1971.
Vermerk: Im Dokumentenkopf: »siehe auch 815/820/71«.
Bemerkung: Die Information ist im ZAIG-Postausgangsbuch nicht nachweisbar (BArch, MfS, ZAIG 8516).
Verweise: Informationen 815/71 und 820/71.

Als Täter für das in der Information Nr. 815/71 aufgeführte Anbringen einer Hetzlosung an der Wandzeitung des VEB Schilderwerk Beutha, Bezirk Karl-Marx-Stadt, wurde am 14.8.1971 der [Name 1, Vorname], geboren [Tag, Monat] 1933, wohnhaft Beutha, [Straße, Nr.], beschäftigt als Spritzer im VEB Schilderwerk Beutha, ermittelt.

Der [Name 1] gibt über das Motiv seiner Handlung an, dass er damit seine Ablehnung der Sicherungsmaßnahmen vom 13.8.1961 zum Ausdruck bringen wollte. Er habe diese Losung weiter deshalb angebracht, um »die Menschen aufzufordern, sich ebenfalls gegen die an der Mauer begangenen Verbrechen zu stellen«.

Gegen den [Name 1] wurde ein EV mit Haft gemäß § 106 des StGB (Staatsfeindliche Hetze)[1] eingeleitet.

Am 14.8.1971 wurden die Täter [Name 2, Vorname], geboren [Tag, Monat] 1954, wohnhaft 1017 Berlin, [Straße, Nr.], beschäftigt als Kochlehrling in der HO-Gaststätte »Ratskeller«, Rathausstraße; [Name 3, Vorname], geboren [Tag, Monat] 1953, wohnhaft 1055 Berlin, [Straße, Nr.], beschäftigt wie [Name 2] und *Sebekow,* Harry,[2] geboren [Tag, Monat] 1952, wohnhaft 1055 Berlin, [Straße, Nr.], beschäftigt wie [Name 2], festgenommen, da sie gemeinschaftlich handelnd mittels eines Druckkastens ca. 700 Hetzflugblätter (20 × 2 cm) mit dem Text »10 Jahre Schüsse an der Mauer – Friedenspolitik

1 Im § 106 StGB – Staatsfeindliche Hetze waren Straftaten zusammengefasst, die zum Ziel haben, »die sozialistische Staats- oder Gesellschaftsordnung der Deutschen Demokratischen Republik zu schädigen oder gegen sie aufzuwiegeln.« Strafgesetzbuch der Deutschen Demokratischen Republik – StGB – und angrenzende Gesetze und Bestimmungen. Textausgabe mit Anmerkungen, Hinweisen und Sachregister. Hg. v. Ministerium der Justiz. Berlin 1969, S. 70.

2 Harry Sebekow, Jg. 1952, Koch, am 14. August 1971 vom MfS verhaftet, Verurteilung zu zwei Jahren und neun Monaten Gefängnis, am 11. November 1972 Abschiebung nach Westdeutschland, anschließend als Koch in Westberlin tätig.

der DDR« hergestellt hatten, wovon sie in den Nachtstunden des 12.8.1971 bzw. in den Abendstunden des 13.8.[1971] ca. 300 bis 400 Exemplare im Stadtgebiet von Berlin (z. B. U-Bahnhöfe, Rathausstraße Nähe Bowlingzentrum, Centrum-Warenhaus, Fußgängertunnel am Alexanderplatz, S-Bahnhof Friedrichstraße, Wohngebäude und Hausbriefkästen im Bezirk Prenzlauer Berg) verbreiteten.

Als Initiator trat der [Name 2] in Erscheinung, der auch das für die Herstellung der Hetzflugblätter erforderliche Material beschaffte.

Der [Name 2] hatte zunächst ohne Beihilfe der beiden anderen Täter am 12.8.1971 ca. 20 Hetzflugblätter »Arbeiter wacht auf aus dem Herrschaftstraum« (20,5 × 7,5 cm) hergestellt und in verschiedenen U-Bahnhöfen abgelegt (siehe Information Nr. 815/71).

Da diese Hetzflugblätter nach Meinung der beiden anderen Täter nicht deutlich auf den 13.8. hinwiesen, einigte man sich schließlich auf den vorher angeführten Text.

Wie die Täter über die Ursachen für ihre staatsfeindlichen Handlungen äußerten, wollten sie damit zum Ausdruck bringen, dass der 13. August kein Tag zum Feiern, sondern zum Nachdenken sei.

Der Beschuldigte [Name 2] insbesondere war darüber hinaus der Auffassung, dass man etwas gegen die bestehenden gesellschaftlichen Verhältnisse in der DDR tun müsse, da »die Arbeiter in der DDR keine Macht hätten und nur Kleinbürger und Intellektuelle die Entwicklung bestimmen würden«.

Zu den Familienverhältnissen der drei Täter ist bisher Folgendes bekannt:

Der Vater des Beschuldigten [Name 2] ist Offizier der Kriminalpolizei der VPI Berlin-Friedrichshain, die Mutter ist als Arbeiterin im Fleischkombinat Berlin tätig.

Die Eltern von [Name 3] (Mutter und Stiefvater) sind parteilos und als Arbeiter in Berliner Betrieben tätig. Der leibliche Vater lebt in Westberlin.

Der Beschuldigte Sebekow lebt bei seiner Großmutter [Passage mit schutzwürdigen Informationen nicht wiedergegeben].

Der Vater hat 1960 die DDR illegal verlassen. (S. ist seit einem Jahr inoffiziell für das Kommissariat I der VPI Berlin-Mitte tätig.)

Gegen die drei Beschuldigten wurden Haftbefehle erwirkt und EV gemäß § 106 StGB eingeleitet.

Das Schwergewicht der weiteren Untersuchung wird insbesondere darauf gelegt, noch stärker Motiv und Zielstellung der Täter herauszuarbeiten.

Am 15.8.1971 wurde durch BVG-Angehörige festgestellt, dass an der Bekanntmachungstafel des Pausenraumes an der Busendstelle der Linie 45 in Berlin-Weißensee mit Kreide folgende Hetzlosung geschmiert war: »Ein Hoch dem 13. August – in 10 Jahren 85 Tote«.

Hinweise auf den Täter liegen bisher noch nicht vor.

25. August 1971

Information Nr. 893/71 über einige Entwicklungstendenzen im Brand- und Havariegeschehen in der Industrie der DDR (seit dem Explosionsunglück mit Katastrophencharakter im VE Chemiekombinat Bitterfeld im Juli 1968)

Quelle: BArch, MfS, ZAIG 1988, Bl. 20–33 (8. Expl.).
Serie: Informationen.
Verteiler: Kein Nachweis für externe und interne Verteilung (siehe Vermerk).
Vermerk: Im Dokumentenkopf: »nicht rausgegangen«.
Bemerkungen: Im Dokumentenkopf nicht realisierter Verteilervorschlag: Honecker, Stoph, Sindermann, Mittag, Neumann, Dickel – MfS: Schröder/HA XVIII, Ablage.
Anlage: Beschlüsse zur Erhöhung des Gesundheits-, Arbeits- und Brandschutzes.
Verweise: Informationen 816/68, 1069/68 und 404/71.

Die Entwicklung des Brand- und Havariegeschehens in der Industrie der DDR gibt Anlass, erneut auf einige negative Tendenzen hinzuweisen.

In der Industrie der DDR ereigneten sich seit Beginn des 2. Halbjahres 1968 bis Ende des 1. Halbjahres 1971 ca. 4 500 Brände, Explosionen und Havarien. Durch diese Vorkommnisse entstand ein Sachschaden. in Höhe von ca. 350 Mio. Mark. (Bei dieser Summe handelt es sich nur um den real errechneten Sachschaden, jedoch nicht um die ökonomischen Verluste, die durch Produktions- und Gewinnausfall eintraten. Diese ökonomischen Verluste übersteigen den Wert des Sachschadens um ein Vielfaches.) Durch diese Vorkommnisse kamen ca. 130 Bürger ums Leben bzw. erlitten zahlreiche Werktätige Verletzungen und fielen für einen längeren Zeitraum für den Produktionsprozess aus.

Nach dem Bitterfelder Explosionsunglück mit Katastrophencharakter[1] konnte im 2. Halbjahr 1968 zunächst ein wesentlicher Rückgang des Brand- und Havariegeschehens festgestellt werden. So trat im 2. Halbjahr 1968, abgesehen von den 80 Mio. Mark der Bitterfelder Katastrophe, nur noch ein Sachschaden in Höhe von 27 Mio. Mark ein. (Diese Schadenssumme lag erheblich unter denen vorangegangener und nachfolgender Zeiträume.)

Dieser Rückgang der Vorkommnisse wurde nach übereinstimmenden Feststellungen vornehmlich dadurch erreicht, dass sich viele Leiter in der VE-Industrie nach dem Bitterfelder Vorkommnis verstärkt den Problemen des Brandschutzes, der technischen Sicherheit und der Ordnung und Sicherheit insgesamt zuwandten.

Im 1. Halbjahr 1969 entstand jedoch durch 735 Brände, Explosionen und Havarien bereits wieder ein Sachschaden in Höhe von 38 Mio. Mark.

1 Das Explosionsunglück in Bitterfeld war einer der folgenschwersten Industrieunfälle in der Geschichte der DDR. Nach einer Vinylchlorid-Explosion im Elektrochemischen Kombinat am 11. Juli 1968 fanden 42 Menschen den Tod, über 270 wurden verletzt. Nach dem Unglück wurden die Regelungen zum Arbeitsschutz und Brandschutz deutlich verschärft.

Im 2. Halbjahr 1969 erhöhte sich der Sachschaden durch 713 Vorkommnisse nochmals um 53 Mio. Mark, sodass 1969 ein Sachschaden von insgesamt 91 Mio. Mark entstand.

1970 traten insgesamt 1 488 Vorkommnisse mit einem Gesamtschaden von 73 Mio. Mark auf. Im 1. Halbjahr 1971 war mit 768 Bränden, Explosionen und Havarien und einem Sachschaden von 78 Mio. Mark die bisher höchste Schadenssumme seit dem 2. Halbjahr 1968 zu verzeichnen. (Durch drei Vorkommnisse entstand allein zwei Drittel des Gesamtschadens.)

Die vorliegenden Erkenntnisse und Erfahrungen aus den letzten drei Jahren verdeutlichen, dass es insbesondere in den Industriezweigen und Betrieben zu einer Häufung von Vorkommnissen gekommen ist, in denen flüssige, gasförmige und feste explosible und brennbare Medien in gefahrdrohenden Mengen produziert, verarbeitet, gelagert oder transportiert werden.

Das bezieht sich in erster Linie auf Kombinate und Betriebe der Chemie und der Gaserzeugung, auf Gasleitungen, Tanklager für brennbare Medien, Betriebe der speziellen Produktion und Sauerstofferzeugungsanlagen.

Weitere Schwerpunkte bildeten Kraft- und Umspannwerke, Datenverarbeitungszentren sowie die Lager- und Materialwirtschaft.

Nach den vorliegenden Untersuchungsergebnissen traten als wesentlichste Ursache für Brände, Explosionen und Havarien die ungenügende Durchsetzung der staatlichen Normative und betrieblichen Weisungen für den Gesundheits-, Arbeits- und Brandschutz sowie für die technische Sicherheit in Erscheinung.

Bei über 90 % der Vorkommnisse wurden Fahrlässigkeit und Schlamperei als Ursachen herausgearbeitet.

Weiterhin war das Betreiben von Anlagen ohne die erforderliche Schutzgüte laut ABAO 3/1[2] und ohne Einhaltung der Bedingungen der technischen Sicherheit Ursache für eine größere Anzahl von Schadensfällen. (Gegenwärtig werden noch viele Produktionsanlagen – auch neu errichtete Anlagen – ohne Schutzgütenachweis betrieben. Dadurch vergrößert sich das ohnehin vorhandene Produktionsrisiko. Teilweise erfolgt der Betrieb von Anlagen nur auf der Grundlage von Ausnahmegenehmigungen der Technischen Überwachung bzw. der Feuerwehr.)

Wesentliche Gefahrenpunkte gehen auch von mangelhaft oder unsachgemäß durchgeführten Reparaturen, ungenügender Wartung und Pflege von Anlagen, gleichgültigem Verhalten gegenüber Anzeichen einer möglichen Gefahr und von der Herausbildung schädlicher Gewohnheiten im gesamten Arbeitsprozess aus.

2 Arbeits- und Brandschutzanordnung 31 – Feuer- und explosionsgefährdete Betriebsstätten; GBl. II 1963, S. 454–461.

Desgleichen wird die notwendige Qualifizierung der Werktätigen und der Nachweis ihrer Eignung zur Bedienung von Anlagen in der Leitungstätigkeit häufig unterschätzt.

Oftmals beherrschen die Betriebsangehörigen die Technologien und Produktionsprozesse nur unvollständig bzw. völlig unzureichend, sodass sie bei Gefahren bzw. bei der Entstehung von Vorkommnissen nicht schadensverhütend wirksam werden können. Ein ständiges Anti-Havarie-Training zum Erkennen und zur Beherrschung von Gefahrensituationen wurde in den Betrieben bzw. Betriebeteilen, in denen es zu Bränden, Havarien und Störungen kam, nur in Einzelfällen durchgeführt.

Die vorliegenden Untersuchungsergebnisse lassen zusammenfassend erkennen, dass in der Leitungstätigkeit der staatlichen und wirtschaftsleitenden Organe, der Kombinate und Betriebe sowie der gesellschaftlichen Organe und Organisationen den entscheidenden Fragen zur Verhütung von derartigen Vorkommnissen, der Erziehung der Leiter und Werktätigen im Sinne einer hohen Verantwortung für die Erhaltung und Mehrung des sozialistischen Eigentums und zur Unduldsamkeit gegenüber Mängeln und Missständen aller Art und an jedem Ort, häufig noch nicht die genügende Aufmerksamkeit geschenkt wird.

Es ist bisher offenkundig nicht gelungen, bei einer ganzen Reihe von Leitern ideologische Klarheit darüber zu schaffen, dass

- Planung, Produktion und Sicherheit eine Einheit darstellen,
- die vorbeugende Arbeit kontinuierlicher Bestandteil der Leitungstätigkeit ist,
- die Erziehung der Werktätigen zur Erhaltung [und] Mehrung des sozialistischen Eigentums die Grundfrage zur Verhütung von Schäden ist,
- wertvolle Anlagen nur von dazu qualifizierten Werktätigen bedient, gewartet und repariert werden dürfen,
- Anlagen ohne Schutzgütenachweis eine akute Gefahr darstellen,
- die vorbeugende Arbeit bei der Projektierung beginnt, Schutzgüte und Sicherheitstechnik im richtigen Verhältnis zum Wert der Anlage stehen müssen und die planmäßige vorbeugende Instandhaltung einschließlich der dazu benötigten Mittel und Materialien Bestandteil der Planung sein muss.

Nachfolgend werden aus der Vielzahl von Vorkommnissen einige charakteristische Beispiele angeführt, die Aufschluss über die im Bericht genannten Ursachen und begünstigenden Bedingungen und Umstände geben:

Am 20.9.1968 ereignete sich in der Ammonitrittfabrik der Leuna-Werke eine schwere Explosion,[3] wodurch die Anlagenfahrerin getötet und acht weitere Betriebsangehörige verletzt wurden (Sachschaden 2 Mio. Mark). Die Au-

3 Vgl. Information 1069/68.

tomatik der Anlage war wegen eines Schadens außer Betrieb genommen worden; die Handsteuerung wurde nicht beherrscht.

Diese Produktionsanlage war über Jahre hinaus ständig havariegefährdet betrieben worden.

Am 23. Februar 1969 trat am Maschinensatz 8 des Kraftwerkes Lübbenau aufgrund eines Lagerschadens eine Havarie mit Brandfolge auf. Durch mangelhafte Betriebsführung und fehlende Entscheidungsfreudigkeit des leitenden Personals wurde die Gefahrensituation, erkennbar durch Lagerschwingungen, unterschätzt. Es entstand ein Sachschaden in Höhe von 6 Mio. Mark.

Weitere Vorkommnisse mit großen Schäden ereigneten sich in der Energiewirtschaft am 9.8.1969 im Kraftwerk Vetschau und am 9.12.1969 im Kraftwerk Lippendorf.

Die Untersuchungen ergaben, dass im Kraftwerk Vetschau ein Maschinist – Epileptiker – vom Schichtleiter mit dem komplizierten Prozess des Hochfahrens der Turbinenanlage beauftragt worden war. Dem Maschinisten unterliefen Bedienungsfehler, weil er unter dem Einfluss von Medikamenten stand und sich durch einen bevorstehenden epileptischen Anfall nicht konzentrieren konnte. (Dieser Maschinist hatte sogar einen zweiten Arbeitsvertrag und fuhr oft zwei Schichten hintereinander.)

Im Kraftwerk Lippendorf wurde die im Aufbau befindliche und teilweise bereits genutzte Bekohlungsanlage durch einen Großbrand so schwer beschädigt, dass das Kraftwerk zeitweilig stillgelegt werden musste.

Der Brand wurde durch fahrlässige Ausführung von Schweißarbeiten verursacht.

Am 3. September 1969 brach im Generatorenhaus des Gaskombinates Schwarze Pumpe ein Brand aus (Sachschaden 10 Mio. Mark). Als Ursache wurde ermittelt, dass ein Krümmer der Rohgasleitung infolge Verschleißes aufgerissen war und das austretende Gas sich infolge der hohen Eigentemperatur entzündet hatte. Der Verschleiß des Krümmers beruhte auf dem Einbau einer speziellen Düse, die zur Erhöhung der Gasgewinnung beitragen sollte. Von den dafür Verantwortlichen der Forschung und Entwicklung war nicht beachtet worden, dass durch diese Düse es zu einer starken mechanischen Beanspruchung des Krümmers (durch feste Teilchen im Gasstrom) kommt. Aufgrund dessen wäre es notwendig gewesen, den Krümmer ständig auf Verschleiß zu kontrollieren und häufig auszuwechseln.

Infolge einer am 25. Juli 1969 auf der Bohranlage Rambow 12 des VEB Erdöl/Erdgas Grimmen aufgetretenen Gaseruption mit Brandfolge wurden ein Werktätiger getötet und acht weitere verletzt. (Es entstand ein Sachschaden von 7,8 Mio. Mark.)

Die Untersuchungen ergaben, dass laufend gegen die Bohrordnung sowie betriebliche Weisungen verstoßen worden war. Unter anderem war versäumt worden, am Doppelflansch des Kolonnenkopfes im Bohrkeller einen Bolzen einzubauen, sodass der Kolonnenkopf dem anstehenden Druck nicht standhielt und das Gas in Richtung Maschinenhaus abgeblasen wurde, wo es sich an einem Dieselaggregat entzündete.

Am 29. April 1970 explodierte im Zentralen Umspannwerk Ragow ein Kombiwandler und verursachte eine Störung im Energieübertragungssystem. Bei der Behebung dieser Störung funktionierte ein automatischer Leistungsschalter nicht ordnungsgemäß, sodass ein Stromrückfluss zum Kraftwerk Lübbenau eintrat und dort den Generator 13 im Wert von 2,5 Mio. Mark zerstörte.

Am 13. Juni 1970 kam es durch fahrlässiges Rauchen im Tanklager 511 Magdeburg des VEB Minol zu einem Großbrand, wodurch ein Schaden von 1,5 Mio. Mark eintrat. Trotz des bestehenden Rauchverbotes hatte sich bei einigen Arbeitern die schädliche Gewohnheit herausgebildet, im Wiegehaus zu rauchen. Zahlreiche Mängel im Lager begünstigten die Brandausbreitung.

Durch einen Blitzschlag kam es am 16. Juni 1970 zu einer Kohlenstaubexplosion in den Pressenhäusern 1 und 2 der Brikettfabrik Regis. (Zwei Tote und zwei Verletzte sowie 4 Mio. Mark Sachschaden war die Folge.) Wie die Untersuchungen ergaben, war die Blitzschutzanlage nicht ordnungsgemäß geerdet worden. Begünstigend wirkten die starken Kohlenstaubablagerungen in den Pressenhäusern, für deren kontinuierliche Beseitigung nicht gesorgt worden war.

Am 20. Juli 1970 entstand im Datenverarbeitungszentrum Neubrandenburg ein Brand, durch den zwei Datenverarbeitungsanlagen Typ Robotron 300 vernichtet wurden. Insgesamt entstanden 10 Mio. Mark Schaden. Als Ursache wurde ein Kurzschluss in der elektrischen Leitung in einem der beiden Rechnerräume ermittelt. Bei den Untersuchungen wurden zahlreiche Mängel und Missstände festgestellt, die eine sofortige Überprüfung anderer Rechenzentren erforderlich machten. Auch in diesen Zentren wurden akute Gefahrensituationen festgestellt, was zur Einleitung umfangreicher vorbeugender Maßnahmen führte.

Auch im 1. Halbjahr 1971 traten erneut einige schwere Vorkommnisse auf:

- Am 15. April 1971 ereignete sich in der Öldruckvergasung der Leuna-Werke eine schwere Explosion, wobei 67 Personen Verletzungen unterschiedlichen Grades erlitten und 15 Mio. Mark Sachschaden entstand. Als objektive Ursache wurde das Versagen eines Magnetventils ermittelt, sodass Sauerstoff in die dem Reaktor nachgeschalteten Teile der Anlage eindringen und die Explosion auslösen konnte. Weiter wurde festgestellt, dass die Anlage, obwohl erst kürzlich in Betrieb genommen, ohne die erforderliche Schutzgüte betrieben wurde. Dies trifft auch bei anderen Anlagen in den Leuna-Werken zu.
- Am 28. April 1971 ereignete sich im Gaskombinat Schwarze Pumpe am Sauerstoffturboverdichter 2 des Druckgaswerkes eine folgenschwere Explosion mit Brandfolge.[4] Der Brand konnte sich durch begünstigende

4 Vgl. Information 404/71.

Umstände schnell ausdehnen und vernichtete neben dem Verdichter besonders Anlagen der BMSR- und Elektrotechnik, sodass 25 Mio. Mark Sachschaden entstand.
Die unmittelbare Ursache der Explosion war eine durch unqualifizierte Schlosser fehlerhaft ausgeführte Reparatur. Die Verantwortung dafür sowie für die begünstigenden Bedingungen, die zur Brandausdehnung führten, sind beim Leitungspersonal zu suchen.

In dem Bemühen, die Wirksamkeit der geschilderten Faktoren einzuschränken bzw. auszuschließen, hatte sich der Ministerrat der DDR, insbesondere nach der folgenschweren Explosion im Chemiekombinat Bitterfeld und anderen Vorkommnissen, mehrfach mit den Problemen des Gesundheits-, Arbeits- und Brandschutzes sowie der technischen Sicherheit befasst. Diese Beschlüsse sind jedoch nach den Feststellungen des MfS in der Praxis ungenügend verwirklicht worden. Sicherheit und Ordnung sind noch nicht überall zum kontinuierlichen Bestandteil der Leitungstätigkeit geworden.

Eine Überprüfung in Bezug auf die Wirksamkeit der eingeleiteten Maßnahmen durch die Inspektion der Arbeitsgruppe Staats- und Wirtschaftsführung sowie durch die Organe des MfS ergab, dass trotz verstärkter Anstrengungen seitens der verantwortlichen Leiter noch nicht alles getan wurde, um die aus der Bitterfelder Katastrophe abgeleiteten Schlussfolgerungen in unmittelbare Maßnahmen zur Beseitigung noch vorhandener Unsicherheitsfaktoren, Mängel und Schwächen umzusetzen, um das Auftreten von Bränden, Havarien und Störungen zu verhindern.

Die Erarbeitung der wichtigsten Beschlüsse des Ministerrates der DDR (siehe Anlage) über die Verbesserung der vorbeugenden Arbeit und die Verantwortung der Leiter in den Ministerien, wirtschaftsleitenden Organen, VEK und VEB auf dem Gebiet Sicherheit und Ordnung, Erhöhung der Betriebssicherheit usw. wurde durch entsprechende Untersuchungen aller Sicherheitsorgane unterstützt.

Durch das MfS wurde seit Juli 1968 u. a. über folgende Komplexe und Schwerpunkte informiert, wobei umfangreiche Vorschläge zur Veränderung der Situation unterbreitet wurden:
- Störanfälligkeit der Kraftwerksanlagen in den Kraftwerken Lübbenau/Vetschau,
- Situation im PCK Schwedt und Düngemittelfabrik,
- Situation im Druckgaswerk des Kombinates Schwarze Pumpe,
- Schadengeschehen in der Industrie und Landwirtschaft infolge Blitzschlages,
- Beschädigungen unterirdischer Versorgungsleitungen für Elektroenergie, Gas und Wasser bei der Durchführung von Erdarbeiten,
- Störungen an Ferngasleitungen im Ferngasverbundnetz der DDR,
- Vorkommnisse und Gefahrensituationen in Datenverarbeitungszentren und -anlagen der DDR.

Durch die Inspektion der Arbeitsgruppe Staats- und Wirtschaftsführung wird der Ministerrat seit 1968 jährlich bzw. halbjährlich und durch Einzelinformationen über das Schadensgeschehen in der Volkswirtschaft informiert und werden entsprechende Empfehlungen zur wirksamen Beseitigung bzw. Zurückdrängung der Ursachen und begünstigenden Bedingungen und Umstände unterbreitet. Die zum Beschluss erhobenen und den Ministern und Leitern anderer zentraler staatlicher und wirtschaftsleitender Organe zugeleiteten Schlussfolgerungen werden von diesen – nach vorliegenden Feststellungen – jedoch nur ungenügend realisiert.

Die Technische Überwachung und die Oberste Bergbehörde haben auf Empfehlung des MfS Spezialistenkommissionen zur Aufdeckung und Zurückdrängung der Ursachen und begünstigenden Bedingungen von Schadensfällen gebildet, jedoch ist deren Wirksamkeit bisher noch eingeschränkt.

Ein wesentliches Hemmnis für die konsequente Durchsetzung einer einheitlichen staatlichen Sicherheitskonzeption in der Industrie besteht nach den Erkenntnissen und Erfahrungen des MfS darin, dass die staatlichen Organe für Gesundheits-, Arbeits- und Brandschutz sowie technische Sicherheit isoliert und nicht unter einer einheitlichen Leitung arbeiten. Wie dem MfS bekannt wurde, hat die Technische Überwachung einen Vorschlag zur Schaffung einer gesamtstaatlichen Regelung zur Gewährleistung der Anlagensicherheit unterbreitet, der jedoch nicht weiterverfolgt wurde.

(Nach Auffassung des MfS könnten jedoch die vorgeschlagenen Grundsätze eine bestimmte Basis für eine schrittweise Lösung dieses Problems bilden und zur Erhöhung der Wirksamkeit der vorbeugenden Arbeit beitragen.)

Umfangreiche Maßnahmen wurden von den Organen des MfS ergriffen, um in Zusammenarbeit mit Leitungskräften der VE-Industrie, den Sicherheitsbeauftragten und gesellschaftlichen Kräften eine breite Basis für einen wirkungsvollen Kampf gegen Brände, Havarien und Störungen zu schaffen.

Ein derartiges Beispiel wirkungsvoller Zusammenarbeit wurde im VEB Holzverarbeitungswerk Klosterfelde geschaffen. Dort waren seit 1965 laufend Brände, Havarien und Betriebsstörungen aufgetreten, welche eine kontinuierliche Produktion und Planerfüllung hemmten. Durch umfangreiche Untersuchungs- und Ermittlungshandlungen gelang es, eine Reihe von Ursachen und begünstigenden Bedingungen aufzudecken und zu beseitigen und im Februar 1970 einen Betriebsschlosser festzunehmen, welcher unter Ausnutzung von Missständen Brände gelegt und Maschinen beschädigt sowie staatsfeindliche Hetze betrieben hatte. Dieser Verbrecher konnte nur wirksam werden und über längere Zeit unerkannt bleiben, weil die bis zu diesem Zeitpunkt vorhandenen zahlreichen Missstände im Werk gute Tarnungsmöglichkeiten boten. Durch diese Maßnahmen und die darauf basierende vorbeugende Arbeit konnte die Sicherheit und Ordnung im Betrieb wiederhergestellt werden. Im Jahre 1970 wurde erstmals wieder der Plan erfüllt. Während im Jahre 1969 noch 69 Brände im Betrieb zu verzeichnen waren, traten im

Jahre 1970 nur noch sechs bzw. 1971 bisher nur ein Brand mit unbedeutendem materiellem Schaden in Erscheinung.

Dieses Beispiel und die dabei gewonnenen Erkenntnisse und Erfahrungen wurden auf einer Tagung der Betriebsdirektoren des Industriezweiges Platten und Furniere am 3. August 1971 durch das MfS ausgewertet.

In diesem Zusammenhang wird vom MfS darauf hingewiesen, dass derartige betriebliche Mängel und Missstände, wie sie über längere Zeit auch im Holzverarbeitungswerk Klosterfelde zu verzeichnen waren, einerseits die Begehung von strafbaren Handlungen direkt ermöglichen und fördern und andererseits deren Aufklärung, besonders die Nachweisführung über die Ursachen und die Verantwortlichen, erheblich erschweren. Ungeachtet dieser Schwierigkeiten konnten durch umfangreiche Ermittlungs- und Untersuchungshandlungen seit Beginn des 2. Halbjahres 1968 bis Ende des 1. Halbjahres 1971 in Zusammenarbeit zwischen den Organen der DVP und den Organen des MfS insgesamt 370 Brandstifter aufgeklärt und überführt werden. Der auf Brandstiftung zurückzuführende Anteil beträgt jedoch in der Industrie nur 1,8 % des Gesamtschadens.

Diese Ergebnisse bestätigen bzw. unterstreichen die im Bericht bereits getroffenen Feststellungen über die Ursachen für die überwiegende Mehrheit aller Brände, Havarien und Störungen, die eindeutig auf Mängel und Missstände in der Durchsetzung der entsprechenden Normen für die Gewährleistung von Ordnung und Sicherheit und vor allem auf mangelnde Leitungstätigkeit, auf die ungenügende Wahrnehmung der Verantwortung durch die jeweiligen Leiter zurückzuführen sind.

In Anbetracht der geschilderten Situation wurden im MfS weitere Festlegungen getroffen, um die spezifischen Möglichkeiten des MfS noch konzentrierter an den erkannten Gefahrenpunkten einzusetzen und so noch stärker zur Erhöhung der Sicherheit beizutragen.

Es wird für notwendig erachtet, auch in allen anderen Bereichen den Kampf um die Verhinderung von Bränden, Havarien und Störungen und zur Gewährleistung von allseitiger Sicherheit und Ordnung – im Sinne der im Bericht aufgezeigten Möglichkeiten und Notwendigkeiten – noch wesentlich zielgerichteter, kontinuierlicher und energischer zu führen.

22. September 1971

Information Nr. 905/71 über die am 8. August 1971 verursachte Havarie am Turbinensatz 1 im Betriebsteil Thierbach des VEB Kraftwerke Lippendorf-Thierbach, [Bezirk] Leipzig

Quelle: BArch, MfS, ZAIG 1988, Bl. 34–43 (5. Expl.).
Serie: Informationen.
Verteiler: Sindermann, Mittag, Rauchfuß – MfS: Schröder, Ablage.
Vermerke: Im Dokumentenkopf zusätzliche Datierung: »23.9.« – ebenda im Verteiler hinter Schröder eine nicht auflösbare Abkürzung.
Verweis: Information 562/71.

Am 8.8.1971 ereignete sich gegen 4.17 Uhr am Turbinensatz 1 des Kraftwerkes Thierbach während des Anfahrprozesses nach erfolgter Reparatur eine schwere Havarie.

Durch die Havarie entstand ein Sachschaden von ca. 2,5 Mio. Mark. Der durch den Produktionsausfall eintretende Folgeschaden wurde auf ca. 12 Mio. Mark geschätzt.

Der bei der Havarie verkrümmte Hochdruckläufer des Turbinensatzes 1 musste zur Reparatur zum Hersteller, Turbinenwerk Leningrad/UdSSR, gebracht werden. Der sowjetische Hersteller stellte außerplanmäßig einen neuen Hochdruckläufer zur Verfügung, der bereits am 3.9.1971 im Kraftwerk Thierbach eintraf und zzt. eingepasst wird.

Die ursprünglich zur Aufklärung der Ursachen dieser schweren Havarie von der Leitung des Kraftwerkes Thierbach eingesetzte Kommission genügte den Anforderungen nicht. Daraufhin wurde auf Veranlassung des MfS durch den Staatssekretär Gen. Mitzinger[1], Ministerium für Grundstoffindustrie, eine überbetriebliche Expertenkommission unter Einbeziehung sowjetischer Spezialisten zur Untersuchung der Havarie, ihrer Ursachen und begünstigenden Bedingungen berufen.

Die Untersuchungen dieser Expertenkommission ergaben Folgendes:

Nach Beendigung einer Kurzreparatur, die in der Zeit vom 6.8. bis 7.8.[1971] am Block 1 durchgeführt worden war, wurde der Anfahrprozess ab 22.00 Uhr eingeleitet.

Das Anfahren des Blockes hatte nach Betriebsvorschrift 210 (regelt und beschreibt die beim Anfahrprozess zu lösenden Aufgaben) und Werkstandard ES 360 902 vom 1.6.1971 (legt die Verantwortlichkeit für Abfahr-, Stillstands- und Anfahrprogramme fest) zu erfolgen.

1 Wolfgang Mitzinger, Jg. 1936, SED-Funktionär und Ingenieur, 1960/61 Mitarbeiter der Staatlichen Plankommission, 1962–64 stellvertretender Leiter der Abteilung Kohleindustrie im Volkswirtschaftsrat, 1965–68 Generaldirektor der VVB Kraftwerke Cottbus, 1968–71 Staatssekretär und 1. stellvertretender Minister für Grundstoffindustrie, 1972–79 Staatssekretär, 1979–89 Minister für Kohle und Energie.

Die Expertenkommission stellte fest, dass die Havarie durch grobe Bedienungsfehler – entgegen den eindeutigen Bestimmungen – während des Anfahrprozesses ausgelöst wurde.

Das Anfahrpersonal hatte die Turbine 1 trotz des Vorhandenseins einer unzulässigen Temperaturdifferenz bis zu 140° C im Turbinengehäuse angestoßen.

(Die Betriebsvorschrift 210 besagt, dass die zulässige Temperaturdifferenz während des Anfahrens zwischen Ober- und Unterteil maximal 50° C betragen darf.)

Die unzulässigen Temperaturdifferenzen im Turbinengehäuse entstanden aufgrund eines Wassereinbruches in der Turbine 1. Trotzdem wurde die Turbine 1 um 3.55 Uhr angestoßen.

Um 4.15 Uhr bemerkten der als Schichtingenieur eingesetzte Maschinist [Name 1] und der amtierende Doppelblockleiter, Maschinist [Name 2], starke Schwingungen und metallische Geräusche am Turbinensatz. (Diese Erscheinungen sind erkennbare Anzeichen für die Verkrümmung des Läufers und das Anstreifen des Läufers am Turbinengehäuse.)

Entsprechend der BV 210 und TGL 78–24633 – »Schwinggüte für Turboaggregate«[2] – ist in einem solchen Fall der Turbinensatz sofort stillzusetzen.

Die genannten Mitarbeiter holten jedoch erst den amtierenden Kraftwerkleiter Dorn,[3] der bei seinem Eintreffen um 4.17 Uhr sofort die Schnellschlusshandauslösung betätigte.

Nach dem Stillstand des Turbinenläufers, etwa drei Minuten später, begingen der Schichtingenieur [Name 1] und der amtierende Doppelblockleiter [Name 2] eine erneute Fehlhandlung, indem sie sofort die Rotordrehvorrichtung in Betrieb setzten. Dadurch wurde das gewaltsame Losbrechen des erheblich verkrümmten und am Gehäuse festsitzenden Läufers bewirkt. Zwangsläufig erhöhte sich damit der Umfang des Schadens beträchtlich.

Wie aus den Untersuchungen besonders deutlich hervorgeht, sind in der Führungs- und Leitungstätigkeit der Betriebsleitung des Kraftwerkes Thierbach wesentliche Mängel und Missstände in einem Umfang vorhanden, die entscheidenden Einfluss auch auf das Entstehen dieser schweren Havarie hatten.

Unter anderem lagen für den Block 1 keine Stillstands- und Anfahrprogramme vor, es wurde kein Anfahrprotokoll geführt und dem Schichtpersonal waren die einschlägigen gesetzlichen und betrieblichen Normative einschließlich des Werkstandards ES 360 902 zum Zeitpunkt der Havarie nicht bekannt. Diese Umstände in Verbindung mit den Verstößen gegen die Be-

2 Die Vorschriften konnten nicht ermittelt werden.

3 Wolfgang Dorn, Jg. unbekannt, Ingenieur, 1971 vorübergehend Leiter des VEB Kraftwerkes Lippendorf-Thierbach. Weitere Informationen zur Person konnten nicht ermittelt werden.

triebsvorschrift 210 sowie mangelnder Qualifikation des Anlagenpersonals führten letztendlich auch zur Havarie mit ihren schwerwiegenden Folgen.

Für diese grundsätzlichen und im speziellen Fall der schweren Havarie sichtbar gewordenen Mängel und Missstände sind nach den Erkenntnissen der Expertenkommission und des MfS vor allem verantwortlich:

Der stellvertretende und zeitweilig amtierende Kraftwerkleiter *Lindacher,* Günther,[4] geboren [Tag, Monat] 1925, Ingenieur für Energieerzeugungsanlagen, Mitglied der SED.

L. ließ zu, dass der Block 1 nach Beendigung der Reparatur ohne das erforderliche Programm angefahren wurde. Er betonte, dass nach »alter Gewohnheit« schon immer so verfahren worden sei.

Der Abteilungsleiter Hauptanlagen *Herr,* Peter,[5] geboren [Tag, Monat] 1920, Ingenieur für Kraft- und Arbeitsmaschinen, Mitglied der SED, hat es unterlassen, das erforderliche Programm für das Anfahren des Blocks vorzugeben. Er »begründet« seine Handlungsweise ebenso wie der amtierende Kraftwerkleiter Lindacher.

Außerdem hat er den Doppelblockmeister [Name 2] als amtierenden Doppelblockleiter eingesetzt, ohne ihn entsprechend einzuweisen.

Herr zeichnet auch für die fehlenden TGL-Vorschriften auf der Blockwarte verantwortlich.

Der als Schichtingenieur eingesetzte [Name 1, Vorname], geboren [Tag, Monat] 1945, Maschinist für Wärmekraftwerke, Mitglied der SED, hat es geduldet, dass während des Anfahrprozesses mehrfach durch das Anfahrpersonal gegen die Betriebsvorschrift 210 verstoßen wurde. Außerdem hat er in den laufenden Anfahrprozess eingegriffen, obwohl der Doppelblockleiter [Name 2] die volle Verantwortung für den Anfahrprozess trägt. Dadurch verlor der Doppelblockleiter [Name 2] die Gesamtübersicht über den Anfahrprozess.

Die von [Name 1] ausgeübte Funktion eines Schichtingenieurs erfordert die Qualifikation eines Ingenieurs. [Name 1] besitzt jedoch nur die Qualifikation eines Maschinisten für Wärmekraftwerke.

Obwohl er seit ca. fünf Monaten ohne entsprechende Vorbereitung in diese Funktion als Schichtingenieur eingesetzt ist, hat er keine eindeutigen Kenntnisse über seine Verantwortlichkeit und Aufgaben.

4 Günther Lindacher, Jg. 1925, Ingenieur, 1945–52 Schlosser, dann Maschinenbauingenieur im Großkraftwerk Böhlen, 1952/53 Sicherheitsingenieur im VEB Ferrolegierungswerk Lippendorf, 1953–62 Abteilungsleiter im VEB Kombinat Böhlen, 1965–67 Leiter der Leitstelle im Kraftwerk Thierbach, 1968 ebenda Bereichsleiter Produktion, 1969 kommissarischer Direktor für Produktion, 1970/71 stellvertretender Kraftwerksleiter des VEB Kraftwerk Lippendorf-Thierbach.

5 Peter Herr, Jg. 1920, Ingenieur, 1945–54 Elektriker im Elektrizitätskraftwerk Bitterfeld, 1971 Schichtleiter, dann Abteilungsleiter Hauptanlagen im VEB Kraftwerk Lippendorf-Thierbach.

Der amtierende Doppelblockleiter [Name 2, Vorname], geboren [Tag, Monat] 1947, Maschinist für Wärmekraftwerke, parteilos, hat den Anfahrprozess aufgrund mangelnder Qualifikation nicht beherrscht. Er verstieß in der gleichen Weise wie der vorgenannte [Name 1] mehrfach gegen die Betriebsvorschrift 210, indem er unter anderem die Kontrolle der Messinstrumente und des Anlagenzustandes vernachlässigte.

[Name 2] beging den Hauptfehler beim Anfahren des Blocks 1, indem er trotz der unzulässigen hohen Temperaturdifferenzen im Turbinengehäuse die Turbine 1 anstieß.

Infolge der fehlenden Betriebsanweisungen und Arbeitsbereichsmerkmale war sich [Name 2] seiner Verantwortung jedoch nicht voll bewusst. [Name 2] war nur vertretungsweise als Doppelblockleiter tätig. Er besitzt ebenfalls nur die Qualifikation eines Maschinisten für Wärmekraftwerke.

[Name 1] und [Name 2] haben aufgrund ihrer ungenügenden technischen und leitungsmäßigen Qualifikation zugelassen, dass die Leitstandsmaschinisten [Name 3] und [Name 4] während des Anfahrprozesses mehrfach gegen die BV 210 verstießen. Die erforderliche stabsmäßige Führung des Anfahrprozesses wurde nicht beherrscht.

Zusammenfassend kann festgestellt werden, dass [Name 1] und [Name 2] durch mehrfache Fehlhandlungen die Havarie unmittelbar verursacht haben. Entsprechend ihrem Persönlichkeitsbild handelt es sich um fortschrittliche und arbeitswillige Kräfte. Sie haben schon mehrfach Anfahrprozesse durchgeführt und darauf vertraut, dass auch diesmal der Prozess normal verläuft. Das Vorkommnis zeigt jedoch, dass sie infolge ungenügender Qualifikation nicht in der Lage waren, die möglichen Folgen der Abweichungen im Anlagenzustand richtig einzuschätzen und dementsprechend zu handeln.

Die Verantwortung für die charakterisierten Mängel und Missstände beim Anfahren des Blocks 1, welche letztendlich zu diesem und anderen Vorkommnissen führten, trägt insbesondere die Kraftwerkleitung. Beispielsweise ereignete sich am 27.9.1970 an der Turbine des Blocks 1 ein gleiches Vorkommnis, dessen Ursachen und begünstigenden Bedingungen jedoch nicht ausgewertet worden waren.

(Von den Untersuchenden wurde im August 1971 der Bericht einer Kommission über die Ursachen dieses Schadensfalles vom September 1970 im Panzerschrank eines inzwischen ausgeschiedenen Mitarbeiters der Werkleitung aufgefunden.)

In diesem Zusammenhang möchte das MfS auch auf einige prinzipielle Mängel und Schwächen in der Leitung des VEB Kraftwerke Lippendorf/Thierbach aufmerksam machen:

Die verantwortlichen Funktionäre leisten eine völlig unbefriedigende Arbeit mit den Menschen. Die eingeleiteten Maßnahmen zur Qualifizierung des Anlagenpersonals sind unzureichend. So wurden bisher die Vor-Ort-Qualifizierung, das Antihavarietraining sowie die Nutzung des im Kraftwerk Thierbach installierten Kraftwerktrainers (Wert 1,5 Mio. Mark) zur Ausbildung völlig vernachlässigt. Weiterhin werden die Werktätigen nicht informiert, ihre Vorschläge werden ignoriert und es wird wenig getan, um die Arbeits- und Lebensbedingungen zu verbessern, sodass sich ein äußerst ungünstiges Betriebsklima entwickelt hat. Eine hohe Fluktuation von Arbeitskräften sowie Arbeitskonflikte sind die Folge.

So kam es am 11.6.1971 zur kurzfristigen Arbeitsniederlegung durch 40 Bau- und Montagearbeiter im Kraftwerk Thierbach wegen ungenügender Hygieneverhältnisse (siehe auch Information 562/71). Bezeichnend für die Einstellung der verantwortlichen Leiter ist die Tatsache, dass sie schriftliche und mündliche Hinweise der Arbeiter bisher nicht ernstgenommen haben.

Im Leitungskollektiv herrscht eine schlechte Atmosphäre.

Infolge nicht ausreichender Arbeits- und Lebensbedingungen besteht bei verantwortlichen Leitern schon nach kurzer Tätigkeit der Wunsch zur Aufhebung des Arbeitsvertrages. (Zurzeit besteht diese Absicht bei neun der elf Direktoren der Werkleitung des VEB Kraftwerke Lippendorf/Thierbach, wobei zu bemerken ist, dass vier von diesen ihrer Verantwortung aufgrund ungenügender Qualifikation nicht gerecht werden.)

Der Direktor für Rationalisierung und Automatisierung, Gen. Diplom-Ingenieur Korschill,[6] ist vor Kurzem bereits ausgeschieden.

Es gibt Mängel im Einsatz von Fachkadern.

Obwohl ständig über den Mangel an qualifiziertem Personal geklagt wird, sind von ca. 250 ausgebildeten Diplom-Ingenieuren und Ingenieuren nur ca. 50 im unmittelbaren Produktionsbereich eingesetzt und auch das in der UdSSR ausgebildete Fachpersonal arbeitet größtenteils nicht mehr im Kraftwerk. (Auch diese Tatsache ist vor allem auf die bereits geschilderten völlig unzureichend gelösten Arbeits- und Lebensbedingungen im Kraftwerk Thierbach zurückzuführen.)

Mängel gibt es auch im Verhältnis zur Gruppe sowjetischer Spezialisten.

Die sowjetischen Spezialisten führen darüber Klage, dass ihre Hinweise nicht beachtet werden. Trotz einer Vereinbarung zur Zusammenarbeit mit den zeitweilig anwesenden sowjetischen Spezialisten bei der Bewältigung schwieriger Prozesse wurden sie beim Anfahren des Blocks I am 8.8.1971 nicht hinzugezogen.

Teilweise sind noch ungelöste technische Probleme vorhanden, die einen stabilen Kraftwerkbetrieb im Winterhalbjahr 1971/72 gefährden.

So führen z.B. die konstruktiven Mängel an der hydropneumatischen Entaschung in Lippendorf und Thierbach laufend zu Störungen, die unter Umständen den Totalausfall der Kraftwerke zur Folge haben können. Weiterhin ist der Bestand an Ersatz- und Verschleißteilen ungenügend, sodass die planmäßige, vorbeugende Instandhaltung nicht immer gewährleistet wer-

6 Dieter Kor Schill, Jg. unbekannt, Ingenieur, bis April 1971 Direktor für Rationalisierung und Automatisierung des VEB Kraftwerk Lippendorf-Thierbach.

den kann. Auch der Mangel an Reparaturpersonal sowie die Stationierung der Reparaturbrigaden ausschließlich im Kraftwerk Lippendorf kompliziert die schon nicht einfache Situation noch mehr.

Für diese allgemein charakterisierten Missstände tragen besonders der Werkleiter des VEB Kraftwerke Lippendorf/Thierbach *Strehle*, Alfred,[7] geboren [Tag, Monat] 1934, Ingenieur für Kraftwerke, Mitglied der SED, und sein Vorgänger, der Leiter des Kraftwerkes Thierbach, *Schmidt*, Horst,[8] geboren [Tag, Monat] 1929, Ingenieur für Kraftwerke, Mitglied der SED, die volle Verantwortung. (Besonders Schmidt wird allgemein die Fähigkeit abgesprochen, ein Kraftwerk zu leiten.)

Von der Expertenkommission sind aufgrund der zahlreichen festgestellten Mängel und Missstände umfassende Schlussfolgerungen und Vorschläge zur Stabilisierung des Kraftwerksbetriebes erarbeitet worden. Es müsste gewährleistet werden, diese Schlussfolgerungen und Vorschläge besonders in Anbetracht des bevorstehenden Winterbetriebes schnell und tiefgründig zu realisieren. Vordringlich wäre darauf zu achten, dass
- die Zusammenarbeit mit der Gruppe sowjetischer Spezialisten verbessert und erweitert wird,
- das Leitungskollektiv bei der Lösung der notwendigen Aufgaben durch zentrale Institutionen unterstützt wird,
- die Leitungsstruktur entsprechend den Verhältnissen so verändert wird, dass auch die Verantwortlichkeit im Kraftwerksbetrieb von oben nach unten konkreter festgelegt und abgegrenzt werden kann und
- die notwendige Sicherheit und Ordnung in Zukunft gewährleistet wird.

Obwohl der Generaldirektor der VVB Kraftwerke am 7.9.1971 den Bericht der Expertenkommission bestätigte und die vorgeschlagenen Maßnahmen zur Weisung erheben will, möchte das MfS auf folgenden Umstand aufmerksam machen:

Es sind in der Vergangenheit zahlreiche Kommissionen in Lippendorf und Thierbach tätig gewesen, jedoch wurden deren Vorschläge zur Stabilisierung des Betriebes nur ungenügend verwirklicht.

7 Alfred Strehle, Jg. 1934, Ingenieur, 1957–63 Hauptingenieur, dann Abteilungsleiter Technik im VEB Kraftwerk Elbe Vockerode, 1965 Leiter der Baustelle Kraftwerk Thierbach, 1966–70 Direktor für Technik des VEB Kraftwerk Thierbach, 1970 amtierender, anschließend bis April 1971 Werkdirektor VEB Kraftwerk Lippendorf-Thierbach.

8 Horst Schmidt, Jg. 1929, Ingenieur, 1947–52 Schlosser, 1952–55 Studium zum Kraftwerksingenieur, 1956–58 Ingenieur bei der Energieversorgung Erfurt, 1958–68 Betriebsleiter, ab 1963 Werkdirektor im Kraftwerk »Völkerfreundschaft« Berzdorf, 1968–Januar 1971 Werkdirektor im VEB Kraftwerk Lippendorf-Thierbach, Februrar bis Dezember 1971 Kraftwerksleiter Kraftwerk Thierbach, 1972–76 Abteilungsleiter im VEB Energiekombinat West Halle, 1976–79 Leiter des Aufbaustabes im Heizkraftwerk Döllnitz, 1984 Ingenieur im Energiekombinat Leipzig.

Das MfS hält es für erforderlich, den Einsatz weiterer Kommissionen zur Feststellung der Lage in den Kraftwerken zu untersagen und stattdessen die dafür vorgesehenen Kader zur Durchsetzung der von der Expertenkommission vorgeschlagenen Maßnahmen einzusetzen.

Außerdem wird vorgeschlagen, dass der Minister für Grundstoffindustrie persönlich anleitet und kontrolliert bzw. gewährleistet, dass

- die verantwortlichen leitenden Kader des VEB Kraftwerke Lippendorf-Thierbach, [Bezirk] Leipzig, disziplinarisch zur Rechenschaft gezogen werden,
- die Durchsetzung der Vorschläge der Expertenkommission im Ministerium für Grundstoffindustrie leitungsmäßig gesichert wird und
- auf der Grundlage der in diesem Havariefall erarbeiteten Erfahrungswerte auch entsprechende Weisungen für alle energieerzeugenden Betriebe der VVB Kraftwerke erarbeitet und diese unter Kontrolle genommen werden.

[ohne Datum]

Information Nr. 847/71 über einen ungesetzlichen Grenzübertritt DDR – Westberlin durch drei Jugendliche am 22. August 1971

Quelle: BArch, MfS, ZAIG 1989, Bl. 15–22 (6. Expl.).
Serie: Informationen.
Verteiler: Hoffmann (über HA I), Borning – MfS: HA I/AIG, HA VII, HA IX/AIG, Ablage.
Datierung: Datierung und Einsortierung durch den Bearbeiter: 30.9.1971 (nach ZAIG-Postausgangsbuch, BArch, MfS, ZAIG 8517).
Vermerk: Im Dokumentenkopf im Verteiler hinter HA IX/AIG nicht aufzulösende stenografische Notiz (etwa: »mit Datum [...] Material«) – ebenda Datierung: »30.9.« (siehe Bemerkung).
Bemerkung: Nach dem ZAIG-Postausgangsbuch wurde die Information am 30. August 1971 versandt. Die Datierung im Dokumentenkopf ist falsch. Vgl. BArch, MfS, ZAIG 8517, Bl. 104–105 – Ablagexemplar der HA I mit Sichtvermerken ist überliefert in BArch, MfS, HA I 5865, Teil 1.

Am 22.8.1971, gegen 20.50 Uhr, wurde durch Angehörige der NVA-Grenztruppen im Abschnitt Kleinmachnow, Philipp-Müller-Allee,[1] beim Versuch, die Staatsgrenze der DDR nach Westberlin zu durchbrechen, unter Anwendung der Schusswaffe (zwei Warnschüsse), der DDR-Bürger *Friedrich,* Karl-Heinz, geboren [Tag, Monat] 1951, wohnhaft Leipzig, [Straße, Nr.], Beruf: ohne, zuletzt tätig als Industrieanstreicher im VEB Industrieisolierung Leipzig, Baustelle Lippendorf, Vorstrafen: [Passage mit schutzwürdigen Informationen nicht wiedergegeben] festgenommen.[2]

Die durch das MfS geführten Untersuchungen ergaben:

Nach Aussagen des *Friedrich* befand er sich gemeinsam mit drei weiteren DDR-Bürgern in diesem Grenzabschnitt, die unmittelbar vor seiner Festnahme durch gegenseitige Unterstützung die Grenzsicherungsanlagen überwunden und die Staatsgrenze der DDR nach Westberlin durchbrochen hatten.

Als Täter des gelungenen ungesetzlichen Grenzübertritts wurden ermittelt:

1. [Name 1, Vorname], geboren am [Tag, Monat] 1953, wohnhaft 705 Leipzig, [Straße, Nr.], Beruf: Maschinenformer, zuletzt als solcher im VEB GISAG Leipzig, Vorstrafen: [Datum des Urteils, Angabe des Gerichtes] ein Jahr Freiheitsentzug bedingt mit zwei Jahren Bewährung wegen Passvergehen, [Datum des Urteils, Angabe des Gerichtes] ein Jahr Freiheitsentzug wegen versuchten illegalen Verlassens der DDR über die ČSSR;

1 Der Ostteil der Philipp-Müller-Allee wurde nach 1990 in Zehlendorfer Damm zurückbenannt.

2 Zur Flucht und Festnahme dieses Flüchtlings vgl. auch: Drei Jugendliche nach West-Berlin geflüchtet. In: Der Tagesspiegel v. 24.8.1971, S. 2.

2. [Name 2, Vorname], geboren am [Tag, Monat] 1953, wohnhaft 705 Leipzig, [Straße, Nr.], Beruf: ohne, zuletzt tätig als Isolierer im VEB Industrieisolierung Leipzig, Baustelle Boxberg, seit 24.7.1971 ohne Beschäftigung, keine Vorstrafen;
3. [Name 3, Vorname], geboren am [Tag, Monat] 1954, wohnhaft 705 Leipzig, [Straße, Nr.], Beruf: ohne, zuletzt tätig als Isolierer im VEB Industrieisolierung Leipzig, keine Vorstrafen.

Friedrich, der ebenso wie zum Teil die Jugendlichen [Name 1], [Name 2] und [Name 3] in zerrütteten bzw. asozialen Verhältnissen aufwuchs, ist von Kindheit an mit diesen befreundet. Sie fanden sich, bedingt durch gemeinsames Interesse an Beatmusik, des Öfteren zu sogenannten Partys in ihren Wohnungen zusammen.

Die Jugendlichen [Name 1], [Name 2] und [Name 3] traten in der Vergangenheit häufig wegen Arbeitsbummelei und begangener krimineller Handlungen in Erscheinung, wofür sie strafrechtlich sowie mit Mitteln der gesellschaftlichen Erziehung zur Verantwortung gezogen wurden.

Seit Anfang Juli 1971 trug sich *Friedrich* mit dem Gedanken des ungesetzlichen Verlassens der DDR [Passage mit schutzwürdigen Informationen nicht wiedergegeben]. Er hatte die Absicht, zu seiner seit 1952 in der BRD lebenden Mutter zu gelangen.

Sein Vorhaben, die DDR ungesetzlich zu verlassen, offenbarte er etwa Mitte Juli 1971 seinem Freund [Name 1], der sich dabei aufgrund bestehender Auseinandersetzungen im Elternhaus entschloss, gemeinsam mit *Friedrich* die DDR ungesetzlich zu verlassen.

Am 17.7.1971 fuhr [Name 1], einer Einladung folgend, zu dem Jugendlichen [Name 4, Vorname], geboren am [Tag, Monat] 1954, tätig als Arbeiter im VEB BMK Potsdam, wohnhaft Kleinmachnow, [Straße, Nr.], wo er sich einen Tag in der unmittelbar an das Grenzgebiet angrenzenden Wohnung des [Name 4] aufhielt, um an einer Party teilzunehmen.

[Name 1] hatte den [Name 4] […] in Leipzig wohnhaften Großeltern kennengelernt.

Unter Ausnutzung seines Aufenthaltes in unmittelbarer Nähe der Staatsgrenze der DDR zu Westberlin – die Grenzsicherungsanlagen sind etwa 100 Meter vom Wohnhaus des [Name 4] entfernt – erkundete [Name 1] den dortigen Grenzabschnitt, wobei er von einer Streife der NVA-Grenztruppen gestellt, jedoch wieder auf freien Fuß gesetzt wurde, da er erklärte, bei einem Bekannten zu Besuch zu sein und sich verlaufen zu haben.

Die Untersuchungen haben ergeben, dass [Name 4] keine Kenntnis von der durch [Name 1] erfolgten Aufklärung der Staatsgrenze hatte und ihm auch keine Hinweise über die Lage im Grenzabschnitt gegeben hat.

Eine ihm von [Name 1] im Gespräch mit [Name 4] gemachte Andeutung über ein mögliches ungesetzliches Verlassen der DDR im Verlaufe des Jahres

1971, habe er nicht ernstgenommen und deshalb auch keine entsprechende Mitteilung an die Sicherheitsorgane der DDR gemacht.

Nach Rückkehr des [Name 1] aus Kleinmachnow am 19.7.1971 setzte dieser den *Friedrich* von seinen im Grenzabschnitt Kleinmachnow getroffenen Feststellungen in Kenntnis und unterbreitete den Vorschlag, in diesem Raum ihr Vorhaben, die DDR ungesetzlich nach Westberlin zu verlassen, zu verwirklichen.

Darüber hinaus kamen sie entsprechend einem Vorschlag des [Name 1] überein, die mit ihnen befreundeten Jugendlichen [Name 2] und [Name 3] – die in den letzten Monaten wegen Arbeitsbummelei mehrfach disziplinarisch bestraft wurden – für den von ihnen geplanten Grenzdurchbruch zu gewinnen, da sie der Ansicht waren, dass eine Überwindung der Grenzsicherungsanlagen durch gemeinsame Unterstützung mehrerer Personen erfolgversprechender sei.

[Name 1] sprach daraufhin in der Folgezeit [Name 2] und [Name 3] hinsichtlich ihrer Beteiligung an einem Grenzdurchbruch an.

Beide erklärten sich zum gemeinsamen Grenzdurchbruch bereit, da sie sich, nach Aussagen des *Friedrich,* in Westberlin oder der BRD bessere berufliche Entwicklungsmöglichkeiten als in der DDR erhofften.

Im Verlaufe einer gemeinsamen Zusammenkunft am Vormittag des 22.8.1971 in einer Gaststätte in Leipzig legten alle vier fest, noch am gleichen Tag im Raum von Kleinmachnow die Staatsgrenze der DDR nach Westberlin zu durchbrechen.

Gemäß ihrer Vereinbarung fuhren *Friedrich* und [Name 3] am Nachmittag des 22.8.1971 unter Benutzung öffentlicher Verkehrsmittel, [Name 1] und [Name 2] unter Benutzung des Krades des [Name 2] sowie unter Mitführung von zwei Zangen und einer Drahtschere nach Kleinmachnow, wo sie sich gegen 19.30 Uhr in der Philipp-Müller-Allee, Ecke Machnower Busch, etwa 30 Meter von den Grenzsicherungsanlagen entfernt, trafen.

Unmittelbar danach begaben sie sich unter Zurücklassung des ca. 150 Meter von den Grenzsicherungsanlagen entfernt abgestellten Krades von der Philipp-Müller-Allee aus, gedeckt durch hohes Buschwerk, an die Staatsgrenze. Nach Übersteigen des Hinterlandsicherungszaunes bewegten sie sich entlang der unteren Böschung des Pfuhls bis zum Signalzaun, durchschnitten die unteren drei Drähte des Signalzaunes, durchkrochen diesen und überwanden im weiteren Laufen den Kolonnenweg sowie anschließend den Kontrollstreifen bis zum Streckmetallzaun. Mit gegenseitiger Unterstützung gelang es [Name 1], [Name 2] und [Name 3] nach Entledigung ihres Schuhwerkes und des mitgeführten Werkzeuges, gegen 20.50 Uhr den Streckmetallzaun zu überklettern und die Staatsgrenze nach Westberlin zu durchbrechen.

Die Rekonstruktion des ungesetzlichen Grenzübertritts und der Handlungen der zum Tatzeitpunkt in diesem Grenzabschnitt eingesetzten Posten der NVA-Grenztruppen hat ergeben, dass

- die Annäherung der Grenzverletzer an die Staatsgrenze und die Überwindung aller Grenzsicherungsanlagen von den jeweils 450 m vom Tatort entfernt eingesetzten Grenzposten trotz der vorhandenen Lichttrasse nicht festgestellt wurde,
- die Auslösung eines Feldes des Grenzsignalzaunes durch entsprechende Anzeige auf dem Beobachtungsturm »Erlenweg« nicht zum Anlass von Sofortmaßnahmen zur Verhinderung eines möglichen Grenzdurchbruches genommen wurde,
- die Meldung der Grenzposten auf dem 450 m vom Tatort entfernten Beobachtungsturm »Wassergraben« über das Erkennen von Schatten im Handlungsstreifen vom stellvertretenden Zugführer nicht im Zusammenhang mit der Auslösung des Grenzsignalzaunes beurteilt und von ihm lediglich der Gruppenführer zur Feststellung der Ursache der Auslösung des Signalzaunes befohlen wurde.

Die Inaktivität des stellvertretenden Zugführers des Führungspunktes I, dessen falsche Beurteilung der Lage und daraus resultierende fehlerhafte Befehlgebung begünstigten wesentlich das ungehinderte Durchbrechen der Staatsgrenze durch [Name 1], [Name 2] und [Name 3].

Der Beschuldigte *Friedrich*, der als letzter den Streckmetallzaun überwinden wollte, wurde von einer zu diesem Zeitpunkt eingetroffenen Kradstreife der NVA-Grenztruppen am Boden liegend gestellt und festgenommen. Bei der Festnahme des *Friedrich* wurden zwei Warnschüsse abgegeben, da der Grenzverletzer der Aufforderung, aufzustehen und sich vom Streckmetallzaun zurückzubegeben, nicht sofort Folge leistete.

Zum Zeitpunkt des Grenzdurchbruches sowie bei der Festnahme des *Friedrich* wurden im westlichen Vorfeld keine gegnerischen Kräfte festgestellt. Gegen 21.15 Uhr näherten sich auf Westberliner Gebiet zwei in Deckung gehende Zivilpersonen und ein Angehöriger der Westberliner Polizei, die diesen Grenzabschnitt beobachteten.

Im Ergebnis der Rekonstruktion des gelungenen ungesetzlichen Grenzübertritts wurden weitere Mängel und Lücken im System der Grenzsicherung, insbesondere der militärischen Sicherung der Staatsgrenze der DDR zu Westberlin im Abschnitt des Grenzregimentes 44 Kleinmachnow festgestellt, die den ungesetzlichen Grenzübertritt nach Westberlin begünstigten.

Das wird u. a. durch folgende Fakten deutlich:

- Der Postenführer vom Beobachtungsturm »Erlenweg« beurteilte den ihm zugewiesenen Grenzabschnitt falsch und befahl im Ergebnis dessen seinem Posten den komplizierteren Abschnitt zur Sicherung. Nach erfolgter Auslösung des Grenzsignalzaunes befahl er keine verstärkte Beobachtung dieses Abschnittes und nutzte die vorhandenen Hilfsmittel, wie Dienstglas und Scheinwerfer, nicht zur Beobachtung des Geländes.

- Durch falsche Numerierung der Grenzsignalfelder am Anzeigegerät des Beobachtungsturmes »Erlenweg« war es dem Postenführer nicht sofort möglich, das ausgelöste Signalfeld zu erkennen.
- Der in diesem Grenzabschnitt vorhandene Streckmetallzaun ist mit einem dunklen Rostschutzanstrich versehen, wodurch den Grenzposten das Erkennen von Grenzverletzern beim Überwinden dieses Sperrelementes erheblich erschwert wird.
- Durch die starke Bewachsung bis zum Signalzaun und die ungünstige Ausleuchtung des Grenzabschnittes in Richtung eigenes Hinterland (wie auch zum Teil in Richtung Staatsgrenze) begünstigte die gedeckte Annäherung und ungehinderte Überwindung des Grenzsignalzaunes.

Die Untersuchungen des MfS zur umfassenden Aufklärung der Motive und Ziele des gelungenen ungesetzlichen Grenzübertritts durch [Name 1], [Name 2] und [Name 3] sowie des versuchten ungesetzlichen Grenzübertritts des *Friedrich* werden fortgesetzt.

[ohne Datum]

Information Nr. 970/71 über Vorkommnisse und Handlungen antisowjetischen Charakters bzw. unter Beteiligung von Angehörigen der Gruppe der zeitweilig in der DDR stationierten sowjetischen Streitkräfte

Quelle: BArch, MfS, ZAIG 1967, Bl. 1–14 (3. Expl.).
Serie: Informationen.
Verteiler: Kein Nachweis für externe Verteilung. – MfS: Mielke, Hacke, Ablage (siehe Bemerkung).
Datum: Datierung und Einsortierung durch den Bearbeiter: 3.10.1971.
Vermerk: Im Dokumentenkopf im Verteiler hinter Mielke: »entsp[rechend] Auftrag«.

In der Zeit vom 1.1. bis 30.9.1971 wurden dem Ministerium für Staatssicherheit insgesamt 26 Vorkommnisse und Handlungen antisowjetischen Charakters bzw. unter Beteiligung von Angehörigen der Gruppe der zeitweilig in der DDR stationierten sowjetischen Streitkräfte bekannt.

Dabei handelt es sich – ausgehend von den Erstmeldungen – um folgende Vorkommnisse und Handlungen:

Schändung von Erinnerungsstätten und Ehrenmalen für die Helden der Sowjetarmee	7 Fälle
Tätliche Angriffe auf Angehörige bzw. Zivilbeschäftigte der Sowjetarmee	11 Fälle
Überfälle auf Angehörige der Sowjetarmee	4 Fälle
Auffinden von Leichen sowjetischer Armeeangehöriger	2 Fälle
Versuchter Einbruch in ein sowjetisches Objekt	1 Fall
Unterlassung der Hilfeleistung gegenüber Angehörigen der Sowjetunion	1 Fall

Die von den zuständigen Organen des Ministeriums für Staatssicherheit im Zusammenwirken mit der Deutschen Volkspolizei eingeleiteten Maßnahmen der Untersuchung zur umfassenden Aufklärung dieser Vorkommnisse und Handlungen, der Ermittlung der Täter und der Herausarbeitung der Ursachen und Motive ergaben:

Die Vorkommnisse und Handlungen konzentrieren sich, ohne dass von territorialen Schwerpunkten gesprochen werden kann, auf solche Bezirke, in denen im relativ größeren Umfang sowjetische Einheiten stationiert sind (Bezirk Potsdam – sieben Vorkommnisse, Bezirke Magdeburg und Frankfurt/Oder – je fünf Vorkommnisse).

An den Handlungen und Vorkommnissen waren insgesamt 45 Täter, davon 41 DDR-Bürger beteiligt.

Vier Vorkommnisse wurden von Angehörigen der Sowjetarmee ohne Beteiligung von DDR-Bürgern selbst verursacht bzw. verschuldet.

Unter den DDR-Bürgern, die als Täter für derartige Vorkommnisse und Handlungen ermittelt wurden, befinden sich

- 9 Kinder im Alter von 6 bis 9 Jahren,
- 15 Jugendliche im Alter von 16 bis 25 Jahren,
- 11 Bürger im Alter von 27 bis 45 Jahren.

Charakteristisch für zwölf Vorkommnisse (= 44 %) und 22 (= 54 %) der ermittelten Täter war, dass sie die antisowjetischen Handlungen unter größtenteils erheblichem Alkoholeinfluss durchführten.

Acht der Täter waren bereits vorbestraft, darunter vier mit zwei bis zwölf Vorstrafen vornehmlich wegen Straftaten gegen die staatliche und gesellschaftliche Ordnung bzw. gegen das persönliche oder private Eigentum.

Ein weiteres Merkmal war die Tatsache, dass neun antisowjetische Handlungen von insgesamt 23 Tätern (= 56 %) gemeinschaftlich handelnd in Gruppen von zwei bis vier Personen begangen wurden.

Die sieben antisowjetischen Handlungen durch Schändung von Erinnerungsstätten und Ehrenmalen für die Helden der Sowjetarmee wurden ausschließlich durch Jugendliche (neun Täter) und Kinder (neun) begangen und richteten sich gegen Erinnerungsstätten für die Helden der Sowjetarmee in den Städten Seelow, Eberswalde und Bernau (Bezirk Frankfurt/Oder), Eisleben (Bezirk Halle), Luckenwalde (Bezirk Potsdam), Gera sowie den sowjetischen Ehrenhain im Nordpark von Magdeburg.[1]

Durch die Täter wurden dabei Grab- und Gedenksteine umgestürzt oder gewaltsam beschädigt sowie in zwei Fällen mehrere anlässlich des Tages der Opfer des Faschismus im ehrenden Gedenken abgelegte Kränze zerstört bzw. entfernt.

Im Ergebnis der bisherigen Untersuchungen dieser antisowjetischen Handlungen wurden bei den Tätern folgende Motive herausgearbeitet:

In drei Fällen wurden als Täter Kinder im Alter von sechs bis zehn Jahren ermittelt.

Am 24.5.1971 haben zwei Kinder (neun Jahre) auf dem sowjetischen Ehrenfriedhof in Eberswalde (Bezirk Frankfurt/Oder) insgesamt 30 Grabsteine umgestürzt und sechs Grabsteine beschädigt.

Am 8.6.1971 haben drei Kinder (sechs bis zehn Jahre) auf dem sowjetischen Ehrenfriedhof in Seelow (Bezirk Frankfurt/Oder) sieben Grabsteine umgeworfen.

1 Zum Vorkommnis im Nordpark von Magdeburg vgl. Information 273/71.

Am 17.9.1971 haben vier Kinder (drei Mädchen und ein Junge im Alter von neun Jahren) von den anlässlich des Tages der Opfer des Faschismus am sowjetischen Ehrenhain in Bernau (Bezirk Frankfurt/Oder) abgelegten Kränzen sieben Kränze entfernt und beschädigt.

Im Ergebnis der Untersuchungen wurde herausgearbeitet, dass die Kinder in diesen Handlungen ein besonderes »Spiel und Vergnügen« sahen.

In keinem Fall lagen den Handlungen Motive zugrunde, die ihren Ausgangspunkt im Elternhaus hatten oder durch Einfluss anderer Personen entstanden.

Mit den Erziehungsberechtigten der Kinder wurden durch Vertreter der zuständigen staatlichen Organe Aussprachen geführt und Schadensersatz erhoben.

In einem Fall (zwei Jugendliche – 16 Jahre, Lehrlinge im VEB Mansfeld-Kombinat) verfolgten die als geistig unter dem Durchschnitt (Sonderschule) liegenden Täter das Ziel, durch diese Handlung im Mittelpunkt der Lehrlinge zu stehen.

- Die Täter waren bereits mehrfach wegen rowdyhafter Handlungen in der Öffentlichkeit angefallen.
- Gegen die Täter wurde ein Ermittlungsverfahren gemäß § 215 StGB (Rowdytum)[2] durchgeführt.

In einem Fall handelte ein Jugendlicher (21 Jahre) in Magdeburg mit dem Ziel, sich ebenfalls wie zwei seiner »Freunde«, die wegen einer gleichen Straftat bereits rechtskräftig verurteilt wurden, »hervorzutun«.

- Der Täter, geistig primitiv, wurde in der losen Gruppierung nur wenig beachtet und galt als »Feigling«, wodurch er sich zurückgesetzt bzw. benachteiligt fühlte und sich mit dieser Straftat »bewähren« wollte.

In zwei Fällen (Gera – ein Jugendlicher, 23 Jahre und Luckenwalde – zwei Jugendliche, 22 bzw. 23 Jahre) handelten die Täter unter erheblichem Alkoholeinfluss.

- So hat z.B. der 23-jährige Bauschlosser [Name 1] aus Gera in der Nacht vom 20. zum 21.5.1971 die am sowjetischen Ehrenmal in Gera angebrachte Inschrift »Ruhm und Ehre den Helden der Sowjetunion« gewaltsam abgerissen und entwendet. Im Ergebnis der Untersuchungen bestätigte sich der Tatbestand der staatsfeindlichen Hetze. Der Täter handelte aus

2 Der § 215 StGB – Rowdytum, lautete: »(1) Wer sich an einer Gruppe beteiligt, die aus Missachtung der öffentlichen Ordnung oder der Regeln des sozialistischen Gemeinschaftslebens Gewalttätigkeiten, Drohungen oder grobe Belästigungen gegenüber Personen oder böswillige Beschädigungen von Sachen oder Einrichtungen begeht, wird mit Freiheitsstrafe bis zu fünf Jahren oder mit Haftstrafe bestraft. […]«. Strafgesetzbuch der Deutschen Demokratischen Republik – StGB – und angrenzende Gesetze und Bestimmungen. Textausgabe mit Anmerkungen, Hinweisen und Sachregister. Hg. v. Ministerium der Justiz. Berlin 1969, S. 106.

einer feindlichen Einstellung zur Sowjetunion heraus mit dem Ziel, gegen die sozialistische Staats- und Gesellschaftsordnung aufzuwiegeln und staatliche Einrichtungen zu diskriminieren.

- Am 16.9.1971 haben zwei Jugendliche auf dem sowjetischen Ehrenfriedhof in Luckenwalde (Bezirk Potsdam) sechs Kränze, die anlässlich des Tages der Opfer des Faschismus abgelegt wurden, entfernt und eine dort installierte Lautsprecheranlage zerstört. Die bisherigen Untersuchungen des MfS zum Motiv ergaben, dass die Täter spontan und unter erheblichem Alkoholeinfluss handelten. Einer politisch feindlichen Motivierung der Straftat sind die Täter bisher nicht geständig. Die Untersuchungen werden fortgeführt.

In allen Fällen wurden nach der Durchführung der Spuren- und Tatortsicherung umgehend Maßnahmen der Wiederherstellung des ursprünglichen Zustandes der Erinnerungsstätten durchgeführt.

Unter Zugrundelegung der dem MfS bekannt gewordenen Erstmeldungen bilden mit 55 % aller Vorkommnisse antisowjetischen Charakters Überfälle (4) und tätliche Angriffe (11) auf Angehörige und Zivilbeschäftigte der Sowjetarmee einen Schwerpunkt.

Die durch das MfS im Zusammenwirken mit der Deutschen Volkspolizei geführten Untersuchungen erbrachten in neun Fällen (= 60 %) die Bestätigung für das Vorliegen einer strafbaren Handlung durch tätliche Angriffe auf Angehörige bzw. Zivilbeschäftigte der Sowjetarmee.

Für diese Handlungen war charakteristisch, dass ausnahmslos alle der insgesamt 18 Täter, wovon 17 Täter in sieben Fällen in Gruppen von zwei bis drei Personen handelten, zum Zeitpunkt der Tat unter Alkoholeinfluss standen.

Ein weiteres Merkmal für derartige strafbare Handlungen bestand darin, dass bei 17 Tätern im Verlauf der Untersuchungen herausgearbeitet werden konnte, dass sie bereits in der Vergangenheit mehrfach die Regeln des sozialistischen Gemeinschaftslebens missachteten und durch rowdyhafte Handlungen die öffentliche Ordnung und Sicherheit beeinträchtigten.

Für die Motivation der Angriffe auf Angehörige bzw. Zivilbeschäftigte der Sowjetarmee war charakteristisch, dass die antisowjetischen Handlungen in der Mehrzahl aller Fälle spontan und unter teils erheblichem Alkoholeinfluss durchgeführt wurden, wie die

- vorsätzliche Herbeiführung von tätlichen Auseinandersetzungen aus persönlicher Antipathie gegen Angehörige der Sowjetarmee in vier Fällen,
- vorsätzliche Herbeiführung von tätlichen Angriffen durch Bezichtigung der Angehörigen der Sowjetarmee, Täter von Fahrraddiebstählen zu sein in zwei Fällen,
- Herbeiführung einer tätlichen Auseinandersetzung durch vorsätzliche Gewalttätigkeiten und grobe Belästigung anderer Bürger, ohne Ansehen der Person in zwei Fällen,

– Herbeiführung einer tätlichen Auseinandersetzung im Ergebnis des Alkoholeinflusses bei den Tätern und einem Angehörigen der Sowjetarmee in einem Fall.

Dazu folgende Beispiele:
Am 15.9.1971 hat der 44-jährige Verkäufer [Name 2] (von 1948 bis 1967 insgesamt zwölfmal wegen Straftaten der allgemeinen Kriminalität und staatsfeindlicher Hetze vorbestraft) in der der Öffentlichkeit zugänglichen sowjetischen Klubgaststätte »Weimar-Halle« in Weimar den in Uniform anwesenden stellvertretenden Klubhausleiter aufgrund des gegen [Name 2], der stark angetrunken war, ausgesprochenen Alkoholverbotes tätlich angegriffen und betitelte ihn als »Faschist«.

Gegen [Name 2] läuft ein Ermittlungsverfahren gemäß § 215 StGB (Rowdytum) und § 220 StGB (Staatsverleumdung).[3] Es wurde Haftbefehl erlassen.

Am 11.6.1971 haben zwei Genossenschaftsbauern (beide vorbestraft wegen Diebstahl) aus Jüterbog-Damm in einer Gaststätte in Jüterbog den dort anwesenden sowjetischen Staatsbürger [Name 3] (Krankenpfleger im Krankenhaus Treuenbrietzen) eines Fahrraddiebstahls bezichtigt, was sich dieser verbat.

Nach Verlassen der Gaststätte haben die Täter den sowjetischen Staatsbürger brutal zusammengeschlagen.

Die Untersuchungen ergaben zweifelsfrei, dass der sowjetische Staatsbürger in keinem Zusammenhang mit dem Fahrraddiebstahl steht.

Gegen die Täter wurde ein Ermittlungsverfahren gemäß § 115 StGB (vorsätzliche Körperverletzung)[4] durchgeführt.

Am 12.7.1971 haben zwei Arbeiter in Prierow, Kreis Luckau, Bezirk Cottbus, nach vorherigem Gaststättenaufenthalt an sechs verschiedenen Or-

3 Der § 220 StGB – Staatsverleumdung, lautete: »Wer in der Öffentlichkeit 1. die staatliche Ordnung oder staatliche Organe, Einrichtungen oder gesellschaftliche Organisationen oder deren Tätigkeit oder Maßnahmen; 2. einen Bürger wegen seiner staatlichen oder gesellschaftlichen Tätigkeit, wegen seiner Zugehörigkeit zu einem staatlichen oder gesellschaftlichen Organ oder einer gesellschaftlichen Organisation verächtlich macht oder verleumdet, wird mit Freiheitsstrafe bis zu zwei Jahren oder mit Verurteilung auf Bewährung, Haftstrafe, Geldstrafe oder mit öffentlichem Tadel bestraft.« Strafgesetzbuch der Deutschen Demokratischen Republik – StGB – und angrenzende Gesetze und Bestimmungen. Textausgabe mit Anmerkungen, Hinweisen und Sachregister. Hg. v. Ministerium der Justiz. Berlin 1969, S. 107.

4 Der § 115 StGB – Vorsätzliche Körperverletzung, lautete: »(1) Wer vorsätzlich die Gesundheit eines Menschen schädigt oder ihn körperlich misshandelt, wird von einem gesellschaftlichen Organ der Rechtspflege zur Verantwortung gezogen oder mit öffentlichem Tadel, Geldstrafe, Verurteilung auf Bewährung oder Freiheitsstrafe bis zu zwei Jahren bestraft […].« Strafgesetzbuch der Deutschen Demokratischen Republik – StGB – und angrenzende Gesetze und Bestimmungen. Textausgabe mit Anmerkungen, Hinweisen und Sachregister. Hg. v. Ministerium der Justiz. Berlin 1969, S. 73.

ten in Prierow einen Sergeanten der Sowjetarmee mehrfach brutal bis zur Bewusstlosigkeit zusammengeschlagen und bedroht, ihn totzuschlagen.

Die Handlungen wurden verbunden mit herabwürdigenden Äußerungen und Beleidigungen.

Die Täter handelten aus dem wahrheitswidrigen Motiv heraus, von dem sowjetischen Armeeangehörigen einen Schlag erhalten zu haben, wofür man sich »rächen« wollte.

Die Täter sind durch bereits mehrfache rowdyhafte Ausschreitungen in der Öffentlichkeit bekannt.

Gegen die Täter läuft ein Ermittlungsverfahren mit Haft gemäß § 215 StGB (Rowdytum), erweitert auf § 102 (Terror)[5] und 108 StGB (Staatsverbrechen, die gegen ein anderes Land gerichtet sind).[6]

Am 20.5.1971 haben zwei mehrfach vorbestrafte Arbeiter aus Magdeburg, motiviert durch die ihnen gegebene wahrheitswidrige Information, dass eine Bekannte, mit der sie vor der Tat gemeinsam »feierten«, von einem Angehörigen der Sowjetarmee vergewaltigt worden sei, in brutaler Art und Weise den Oberleutnant [Name 4] (Gehilfe des Kommandanten der sowjetischen Kommandantur Magdeburg) und Sergeanten [Name 5] zusammengeschlagen und, vorsätzlich handelnd, mit feststehenden Messern mehrere Stichverletzungen beigebracht. An den Verletzungen ist der Sergeant der Sowjetarmee [Name 5] am 22.7.1971 verstorben.

Gegen die Täter läuft ein Ermittlungsverfahren gemäß § 115 und 116 StGB (vorsätzliche Körperverletzung im schweren Fall),[7] § 140 StGB (Beleidigung

5 Der § 102 StGB – Terror, lautete: »Wer es mit dem Ziel, Widerstand gegen die sozialistische Staats- oder Gesellschaftsordnung oder die Ordnung an der Staatsgrenze der Deutschen Demokratischen Republik zu leisten oder hervorzurufen, unternimmt, Sprengungen durchzuführen, Brände zu legen, Zerstörungen herbeizuführen wird mit Freiheitsstrafe nicht unter drei Jahren bestraft.« In besonders schweren Fällen konnte auf lebenslängliche Freiheitsstrafe oder Todesstrafe erkannt werden. Strafgesetzbuch der Deutschen Demokratischen Republik – StGB – und angrenzende Gesetze und Bestimmungen. Textausgabe mit Anmerkungen, Hinweisen und Sachregister. Hg. v. Ministerium der Justiz. Berlin 1969, S. 69.

6 Der § 108 StGB – Staatsverbrechen, die gegen ein anderes sozialistisches Land gerichtet sind, lautete: »In Verwirklichung der Prinzipen des sozialistischen Internationalismus werden Verbrechen nach § 96 bis 107 auch dann bestraft, wenn sie sich gegen Staaten des sozialistischen Weltsystems, ihre Organe, Organisationen, Repräsentanten oder Bürger richten.« Strafgesetzbuch der Deutschen Demokratischen Republik – StGB – und angrenzende Gesetze und Bestimmungen. Textausgabe mit Anmerkungen, Hinweisen und Sachregister. Hg. v. Ministerium der Justiz. Berlin 1969, S. 71.

7 Der § 116 StGB – Schwere Körperverletzung, lautete: »(1) Wer durch die vorsätzliche Körperverletzung eine lebensgefährliche Gesundheitsschädigung, eine nachhaltige Störung wichtiger körperlicher Funktionen oder eine erhebliche oder dauernde Entstellung des Verletzten fahrlässig verursacht, wird mit einer Freiheitsstrafe bis zu fünf Jahren oder mit Verurteilung auf Bewährung bestraft. (2) Wer eine der genannten Folgen vorsätzlich verursacht, wird mit Freiheitsstrafen von zwei bis zu acht Jahren bestraft. Der Versuch ist strafbar.« Strafgesetzbuch der Deutschen Demokratischen Republik – StGB – und angrenzende Geset-

wegen Zugehörigkeit zu einer anderen Nation oder Rasse)[8] bei gleichzeitiger Prüfung des Mordvorsatzes.

In allen Fällen, wo sich der Tatbestand des tätlichen Angriffes auf Angehörige bzw. Zivilbeschäftigte der Sowjetarmee bestätigte, wurden gegen die Täter Ermittlungsverfahren gemäß § 115 bzw. 215 des StGB eingeleitet.

Bei sechs Fällen ergaben die Untersuchungen des MfS und der Deutschen Volkspolizei, dass der in der Erstmeldung als tätlicher Angriff bzw. Überfall auf Angehörige der Sowjetarmee ausgewiesene Sachstand nicht den Tatsachen entspricht.

So wurde im Ergebnis der Untersuchungen bei fünf Fällen ein strafrechtlich nicht relevanter Sachverhalt herausgearbeitet.

Das betrifft folgende Vorkommnisse:

Am 11.6.1971 wurde gegen einen Wachposten der Sowjetarmee an einem Objekt in Berlin-Karlshorst ein Steinwurf geführt, wobei der sowjetische Soldat leicht verletzt wurde.

Die durch das MfS gemeinsam mit dem zuständigen sowjetischen Militärstaatsanwalt geführten Untersuchungen am Tatort ergaben, dass kein strafrechtlich relevanter Sachverhalt vorliegt.Der Tatort befindet sich innerhalb eines nur für Angehörige der Sowjetarmee zugänglichen Sperrgebietes. Das Vorkommnis wurde seitens des sowjetischen Militärstaatsanwaltes ausgewertet.

Am 13.5.1971 wurde dem MfS bekannt, dass auf einen sowjetischen Wachposten am militärischen Objekt in Schleife, Kreis Weißwasser, Bezirk Cottbus, ein bewaffneter Überfall durchgeführt wurde.

Der sowjetische Wachposten ist am Tatort seinen Verletzungen erlegen.

Im Ergebnis der umfangreichen Maßnahmen des MfS und des engen Zusammenwirkens mit den zuständigen sowjetischen Organen der Militärabwehr und dem Militärstaatsanwalt wurde zweifelsfrei geklärt, dass kein Angriff bzw. Überfall von außen vorliegt.

Das Vorkommnis wurde durch sowjetische Wachposten selbst verursacht. Die weitere Bearbeitung übernahm der zuständige sowjetische Militärstaatsanwalt.

Am 17.5.1971 wurde dem MfS und der Deutschen Volkspolizei bekannt, dass ein Hauptmann der Sowjetarmee, der sich in Begleitung seiner Ehefrau

ze und Bestimmungen. Textausgabe mit Anmerkungen, Hinweisen und Sachregister. Hg. v. Ministerium der Justiz. Berlin 1969, S. 74 f.

8 Der § 140 StGB – Beleidigung wegen Zugehörigkeit zu einer anderen Nation oder Rasse, lautete: »Wer einen Menschen wegen seiner Zugehörigkeit zu einer anderen Nation oder Rasse beleidigt oder verleumdet, wird mit Freiheitsstrafe bis zu zwei Jahren, Verurteilung auf Bewährung, Geldstrafe oder mit öffentlichem Tadel bestraft.« Strafgesetzbuch der Deutschen Demokratischen Republik – StGB – und angrenzende Gesetze und Bestimmungen. Textausgabe mit Anmerkungen, Hinweisen und Sachregister. Hg. v. Ministerium der Justiz. Berlin 1969, S. 80.

befand, in Zeesen, Kreis Königs Wusterhausen, Bezirk Potsdam, tätlich angegriffen worden sei. Im Ergebnis der Untersuchungen wurde herausgearbeitet, dass der sowjetische Offizier das Vorkommnis selbst verursachte, indem er im angetrunkenen Zustand auf seine Frau einschlug und ein als »Täter für den Überfall« ermittelter 23-jähriger Arbeiter der Ehefrau Hilfe leistete und versuchte, die Tätlichkeiten des sowjetischen Offiziers zu unterbinden.

Die weitere Bearbeitung übernahm der sowjetische Militärstaatsanwalt.

Am 6.7.1971 wurde dem MfS bekannt, dass im Kreis Strausberg, Bezirk Frankfurt/Oder, ein bewaffneter Überfall auf ein mit mehreren Soldaten besetztes sowjetisches Militärfahrzeug durchgeführt worden sei.

Die sofort eingeleiteten Untersuchungen und Fahndungsmaßnahmen des MfS und der Deutschen Volkspolizei wurden mit dem zweifelsfreien Ergebnis abgeschlossen, dass kein strafrechtlich relevanter Sachverhalt vorliegt.

Als Ursache des schussartigen Knalles und des wahrgenommenen »Mündungsfeuers« wurde herausgearbeitet, dass das sowjetische Militärfahrzeug (Fahrschulwagen) mehrmals Fehlzündungen hatte, wodurch der schussartige Knall entstand, und das »Mündungsfeuer« durch wiederholtes Hinauswerfen glimmender Zigarettenreste aus dem sowjetischen Militärfahrzeug, wodurch eine Funkenspur entstand, verursacht wurde.

Am 21.7.1971 wurde auf einem Schießplatz in Burg bei Magdeburg ein sowjetischer Soldat durch einen unbekannten Täter mit einem MPi-Schuss angegriffen (leichte Verletzung). Die Untersuchungen des MfS im Zusammenwirken mit den zuständigen sowjetischen Organen und der Deutschen Volkspolizei ergaben, dass der sowjetische Soldat trotz Belehrung gegen die Sicherheitsbestimmungen verstieß, indem er unmotiviert in eine Zone des Schießplatzes eindrang, wo eine Einheit der Deutschen Volkspolizei Gefechtsschießen durchführte. Die Auswertung des Vorkommnisses erfolgte durch die zuständigen sowjetischen Organe.

In einem Fall konnte durch die Untersuchungen des MfS herausgearbeitet werden, dass der Täter eines in der Erstmeldung als Überfall bekannt gewordenen Vorkommnisses einen Angriff auf einen Angehörigen der Sowjetarmee mit dem Ziel beging, sich in den unbefugten Besitz einer Schusswaffe zu setzen und damit die Voraussetzungen für einen geplanten ungesetzlichen Grenzübertritt unter Anwendung von Waffengewalt zu schaffen. Am 24.8.1971 führte der 15-jährige Jugendliche [Name 6] aus Lehnin, Bezirk Potsdam, mit einem im Dienst befindlichen Regulierungsposten der Sowjetarmee ein dreistündiges Gespräch, wobei der sowjetische Armeeangehörige fahrlässig dem [Name 6] seine Dienstpistole mit Magazin zum spielerischen Hantieren überließ. Aufgrund des Eintreffens einer sowjetischen Fahrzeugkolonne musste sich der sowjetische Regulierungsposten vom Gesprächsort entfernen. Diese Situation nutzte der Täter aus, um sein Ziel, sich in den Besitz der Schusswaffe zu setzen, zu realisieren. Er entfernte sich unter Mitnahme der Waffe und des Magazins und versteckte beides in der Nähe seines Wohnortes.

Der sowjetische Regulierungsposten stellte – offensichtlich mit dem Ziel, sich der Verantwortung für das begangene Dienstvergehen zu entziehen – die Schutzbehauptung auf, dass er von drei unbekannten Jugendlichen überfallen worden wäre, die ihn zusammengeschlagen und der Pistole beraubt hätten.

Gegen den Täter läuft ein Ermittlungsverfahren wegen unbefugten Waffenbesitzes, Vorbereitung des ungesetzlichen Grenzübertrittes und Diebstahl.

Die Untersuchungen sind noch nicht abgeschlossen.

Bei weiteren drei Vorkommnissen unter Beteiligung von Angehörigen der Sowjetarmee liegt weder eine antisowjetische Tätigkeit noch ein strafrechtlich relevanter Sachverhalt vor.

Am 4.8.1971 wurden bei Salzwedel, Bezirk Magdeburg, und am 15.9.1971 bei Jüterbog, Bezirk Potsdam, auf Gleisanlagen der Deutschen Reichsbahn die Leichen von jeweils einem Angehörigen der Sowjetarmee gefunden.

Die durch das MfS im Zusammenwirken mit dem zuständigen sowjetischen Militärstaatsanwalt geführten Untersuchungen ergaben, dass die Soldaten während der Durchführung von Militärtransporten durch fahrlässiges Verhalten innerhalb der Gleisanlagen von Zügen überfahren wurden.

Die Untersuchungen des MfS und der Transportpolizei[9] zu einem am 2.8.1971 bekannt gewordenen Vorkommnis der Unterlassung der Hilfeleistung gegenüber einem sowjetischen Offizier ergaben, dass der sowjetische Offizier, der sich im angetrunkenen Zustand befand, mehrfach durch fahrlässiges Verhalten den Transportverkehr und sich selbst gefährdete, auf einen fahrenden Zug aufsprang und eine Hilfeleistung bei Aufnahme in den fahrenden Zug ablehnte, wodurch er abstürzte und sich leicht verletzte.

Die weitere Bearbeitung übernahm die zuständige sowjetische Kommandantur.

Aus den bekannt gewordenen und vom MfS im Zusammenwirken mit der Deutschen Volkspolizei sowie mit den zuständigen sowjetischen Organen untersuchten Vorkommnissen und Handlungen antisowjetischer Tätigkeit bzw. unter Beteiligung von Angehörigen und Zivilbeschäftigten der Gruppe der zeitweilig in der DDR stationierten sowjetischen Streitkräfte ist zu entnehmen, dass nur in Einzelfällen zielgerichtete antisowjetische Handlungen von Tätern begangen wurden, die in der Regel bereits seit längerer Zeit durch anderweitige rowdyhafte Ausschreitungen in der Öffentlichkeit angefallen waren und mehrfach gegen die Prinzipien des sozialistischen Gemeinschaftslebens verstießen.

9 Die Transportpolizei (Trapo) war als Dienstzweig der Deutschen Volkspolizei für die Sicherheit und Überwachung des Verkehrswesens auf dem Schienennetz und den Bahnhöfen der Deutschen Reichsbahn zuständig.

[ohne Datum]

Information Nr. 972/71 über die Festnahme eines Grenzverletzers Westberlin – Hauptstadt der DDR unter Anwendung der Schusswaffe am 2. Oktober 1971

Quelle: BArch, MfS, ZAIG 1992, Bl. 3–6 (4. Expl.).
Serie: Informationen.
Verteiler: Kein Nachweis für externe Verteilung. – MfS: Ablage (siehe Vermerk).
Datum: Datierung und Einsortierung durch den Bearbeiter: 4.10.1971.
Vermerk: Im Dokumentenkopf: »Inf[ormation] nicht rausgegangen; Gen. Honecker wurde durch Min[ister] mündl[ich] informiert« – nicht realisierter externer Verteilervorschlag: Honecker, Sindermann, Paul Verner.

Am 2.10.1971, um 9.15 Uhr, drang in Berlin-Mitte, Grenzabschnitt Brandenburger Tor, eine ca. 30-jährige männliche Person von Westberlin kommend durch Überwindung der Grenzsicherungsanlagen ungesetzlich in die Hauptstadt der DDR ein.[1]

Durch die in diesem Abschnitt eingesetzten Grenzsicherungskräfte der NVA wurde vor dem ungesetzlichen Grenzübertritt beobachtet, dass ein Angehöriger der Westberliner Polizei offensichtlich versuchte, den Grenzverletzer von der Überwindung der Sperrmauer abzuhalten.

Der Grenzverletzer drang nach Übersteigen der Sperrmauer in das Territorium der Hauptstadt der DDR ein und wurde von den dort eingesetzten Grenzsicherungskräften der NVA sofort festgenommen.

Während der Zuführung des Grenzverletzers zum Stützpunkt der Grenzsicherungskräfte wurde er flüchtig und versuchte, auf Westberliner Gebiet zurückzugelangen.

Er konnte ohne Anwendung der Schusswaffe auf der Höhe des Sicherungszaunes an der Otto-Grotewohl-Straße[2] erneut festgenommen werden.

Nach dieser Festnahme wurde der Grenzverletzer verwarnt und darauf aufmerksam gemacht, dass bei einem erneuten Fluchtversuch von der Schusswaffe Gebrauch gemacht wird.

Der Grenzverletzer wurde dem Stützpunkt der Grenzsicherungskräfte, der sich ca. 100 m von der Staatsgrenze entfernt befindet, zugeführt.

Im Ergebnis der Durchsuchung des Grenzverletzers wurde festgestellt, dass der Täter keine Personaldokumente bei sich führte.

Während des Aufenthaltes des Grenzverletzers im Objekt des Stützpunktes (unter Bewachung von zwei Angehörigen des Grenzregimentes Berlin-Mitte) sprang dieser plötzlich vom Stuhl auf, riss das Fenster auf und versuchte, abermals flüchtig zu werden.

1 Zur den Vorgängen vgl. Dieter Beilig. In: Hertle, Hans Hermann; Nooke, Maria (Hg.): Die Todesopfer an der Berliner Mauer. Ein biographisches Handbuch. ³Berlin 2019, S. 334–337.

2 Die Otto-Grotewohl-Straße wurde 1993 in Wilhelmstraße zurückbenannt.

In dieser Situation – noch vor dem Sprung des Grenzverletzers aus dem Fenster – wurde durch den Sicherungsposten aus dem Hüftanschlag ein Schuss auf den Grenzverletzer abgegeben, der diesen von hinten in Brusthöhe traf.

Nach Erteilung der Ersten Hilfe wurde der Grenzverletzer mit einem Fahrzeug (Sondersignal) sofort in das VP-Krankenhaus Berlin abtransportiert, wo dessen Tod festgestellt wurde.

Durch die Schusswaffenanwendung wurde Westberliner Territorium nicht verletzt.

Während des Tatgeschehens hielten sich ca. 15 bis 20 Zivilpersonen auf DDR-Gebiet in der Nähe des Brandenburger Tores auf. Durch diese konnte der Schuss wahrgenommen und der Abtransport des Grenzverletzers mit Sondersignal-Fahrzeug beobachtet werden.

Auf dem Podest am Brandenburger Tor (DDR-Gebiet) hielt sich zu diesem Zeitpunkt eine Touristendelegation aus der ČSSR auf.

Bisher sind auf Westberliner Gebiet keine besonderen gegnerischen Aktivitäten festgestellt worden.

Die bisherigen Untersuchungen des MfS ergaben:

Bei dem Grenzverletzer handelt es sich um den Westberliner Bürger *Beilig*, Dieter,[3] geboren 5.9.1941, wohnhaft Berlin (West)-Kreuzberg, [Straße, Nr.]. Beilig war ein mehrfach vorbestraftes, feindlich gegen die DDR eingestelltes und tätiges Element.

Bereits im Frühsommer 1962 verübte er mittels selbstgefertigter Sprengsätze sieben Anschläge gegen die Staatsgrenze der DDR zu Westberlin im Gebiet Niederkirchner-/Stallschreiberstraße. Im gleichen Jahr nahm er Verbindung zu den Feindorganisationen »Vereinigung der Opfer des Stalinismus (VOS)«[4] und zur »Deutschen Freiheitslegion«[5] auf.

Beilig unterstützte diese bei der Verbreitung von gegen die DDR, gegen die Partei und gegen die Staatsgrenze gerichteten Hetzflugblätter, die er zusätzlich mit dem Stempelaufdruck »Peter-Fechter-Memorial-Bewegung«[6]

3 Dieter Beilig, Jg. 1941, Arbeiter, aufgewachsen an der Sektorengrenze in Kreuzberg, nach der Grenzschließung 1961 Teilnahme an zum Teil militanten Protestaktionen wie Sprengstoffanschlägen, 1964 Übertritt in die DDR, dort Verhaftung und Verurteilung zu zwölf Jahren Haft, 1966 Freikauf und Rückkehr nach Westberlin, am 2. Oktober 1971 von DDR-Grenzsoldaten nach Überklettern der Mauer am Brandenburger Tor erschossen. Sein Tod im Gewahrsam der Grenztruppen wurde vertuscht. Erst nach 1989 konnte das Schicksal von Dieter Beilig aufgeklärt werden.

4 Die Vereinigung der Opfer des Stalinismus (VOS) wurde 1950 in Westberlin gegründet. Sie betreute vormals in sowjetischen Lagern und Haftanstalten inhaftierte sowie kriegsgefangene Deutsche und setzt sich für die Aufarbeitung der diktatorischen Herrschaft primär in der DDR ein.

5 Die »Freiheitslegion« war eine militante antikommunistische Vereinigung, die 1962 unter anderem durch Anschläge auf SED-Büros in Westberlin auf sich aufmerksam machte.

6 Beilig engagierte sich in Westberlin für die Errichtung von Gedenkzeichen für die Maueropfer. Die von ihm 1963 ins Leben gerufene »Peter-Fechter-Memorial-Bewegung«, in Erinne-

versah. Beilig war bestrebt, eine Feindorganisation gleichen Namens zu gründen.

Beilig forderte im Jahre 1963 in zahlreichen Interviews mit westlichen Massenkommunikationseinrichtungen zur gewaltsamen Grenzbeseitigung und zur Durchführung von Hetzkundgebungen und Krawallen an der Staatsgrenze auf. Er beteiligte sich auch selbst aktiv an mehreren schwerwiegenden gewaltsamen Grenzprovokationen. Unter anderem war er 1963 im Grenzgebiet Gröbenufer/Kreuzberg führend an der Zerstörung von Grenzsicherungsanlagen, am Schmieren von Hetzlosungen und an der Organisierung von Demonstrationen und Krawallen, z. B. an der Aufputschung von über 1 000 Jugendlichen auf Westberliner Gebiet, beteiligt.

Beilig wurde Anfang des Jahres 1964 in Westberlin wegen unerlaubten Besitzes von Sprengstoff bestraft.

Am 30.4.1964 erfolgte seine Festnahme durch das MfS und am 11.12.1964 seine Verurteilung zu zwölf Jahren Zuchthaus durch das Stadtgericht Berlin wegen Terror, Hetze und staatsfeindlicher Verbindung.

Am 12.9.1966 wurde er auf Bewährung erlassen [sic!].

Die Untersuchungen des Ministeriums für Staatssicherheit zur umfassenden Aufklärung der Zusammenhänge, der Ursachen, Motive und Hintergründe des Grenzdurchbruches werden fortgeführt.

rung an den am 17. August 1962 im Grenzstreifen an der Zimmerstraße umgekommenen Peter Fechter, sollte sich dieser Aufgabe widmen.

[ohne Datum]

Information Nr. 1063/71 über ein Vorkommnis mit Beteiligung von Angehörigen der Sowjetarmee im Kreis Burg, Bezirk Magdeburg

Quelle: BArch, MfS, ZAIG 1987, Bl. 1–3 (3. Expl.).
Serie: Informationen.
Verteiler: Honecker (durch Sekretariat des Ministers), Fadekin – MfS: Ablage (siehe Bemerkung).
Datum: Datierung und Einsortierung durch den Bearbeiter: 8.11.1971.
Vermerk: Über Dokumentenkopf handschriftlich: »letzte Seite unbedingt Ablage«.
Bemerkung: Im Postausgangsbuch der ZAIG ist die Information nicht nachweisbar (ZAIG-Postausgangsbuch, BArch, MfS, ZAIG 8517).

Am 6.11.1971 erstattete der Revierförster *Simon* [1] vom Staatlichen Forstwirtschaftsbetrieb Altengrabow beim VPKA Burg Anzeige gegen unbekannt wegen Behinderung bei der Jagdausübung am 5.11.1971 in der Feldmark Glienicke, Kreis Burg.

Die bisherigen Untersuchungen durch das MfS und dessen Zusammenwirken mit dem Volkspolizeikreisamt Burg und der sowjetischen Kommandantur Altengrabow ergaben folgenden Sachstand:

Am 5.11.1971, ab 19.00 Uhr, befanden sich die Genossen *Simon,* Walter, geboren [Tag, Monat] 1921 in Wioska, wohnhaft in Waldrogäsen [Nr.], Kreis Burg, tätig als Revierförster im Staatlichen Forstwirtschaftsbetrieb Altengrabow, und *Meseberg,* Helmut,[2] geboren [Tag, Monat] 1921 in Krüssau, wohnhaft in Waldrogäsen, [Nr.], Kreis Burg, tätig als Forstfacharbeiter im gleichen Betrieb, zur Ausübung der Jagd auf einem Anstand in der Feldmark Glienicke, zwischen den Gemeinden Rogäsen – Jerichow – Lübars, Kreis Burg.

Gegen 20.45 Uhr beobachteten beide Genossen, dass in ca. 100 m Entfernung von ihrem Standort ein unbekanntes Fahrzeug über den vor ihnen gelegenen Acker und anschließend auf die Straße in Richtung Hohenziatz, Kreis Burg, bis ca. 400 vor die Ortschaft Klein-Lübars fuhr, wo angehalten wurde und durch die unbekannten Insassen ca. sechs bis acht Schüsse, vermutlich aus Jagdgewehren, auf ein unbekanntes Ziel abgegeben wurden.

Durch diese als eine unberechtigte Jagdausübung eingeschätzte Handlung sahen sich *Simon* und *Meseberg* veranlasst, die eigene Jagdausübung zu unterbrechen und die unbekannten Personen zu ermitteln.

1 Walter Simon, Jg. 1921, Revierförster im Staatlichen Fortwirtschaftsbetrieb Altengrabow. Weitere Angaben zur Person konnten nicht ermittelt werden.

2 Helmut Meseberg, Jg. 1921, Waldarbeiter. Weitere Angaben zur Person konnten nicht ermittelt werden.

Bei ihrer Annäherung an das Fahrzeug erkannten sie aus ca. 100 m Entfernung, dass es sich um ein Militär-Kraftfahrzeug vom Typ GAS-Kübel[3] mit dem Kennzeichen »CA« der Sowjetarmee handelte.

Beim Versuch der weiteren Annäherung an das Kfz wurden sie mittels des am Fahrzeug befindlichen Suchers stark geblendet. Zur gleichen Zeit wurde der Motor des Fahrzeugs angelassen und während des Anfahrens in Richtung Hohenziatz aus einer Waffe, vermutlich erneut aus einem Jagdgewehr, zwei Schuss auf die Straße in Richtung der das Kfz zu Fuß verfolgenden Genossen *Simon* und *Meseberg* abgegeben.

Durch die Schusswaffenanwendung wurde der *Meseberg* laut Ergebnis der ärztlichen Untersuchung am Knie und an der Hand durch Hautabschürfungen, die vermutlich durch Schrotkörner verursacht wurden, leicht verletzt.

Beide Genossen konnten aufgrund der Entfernung von ca. 100 m zum Kfz keine Feststellungen über die Anzahl der Insassen treffen.

Sie stellten den Versuch zur Ermittlung der Täter ein und unternahmen bis zur Anzeigeerstattung am 6.11.1971 selbst keine weiteren Handlungen zur Aufklärung des Vorkommnisses. Die bisherigen Untersuchungen zur Ermittlung des Fahrzeuges und der Täter verliefen ohne Erfolg.

Zusatz für Gen. Honecker:[4]

Die sowjetischen Freunde wurden von diesem Vorkommnis in Kenntnis gesetzt.

Zusatz für Gen. Fadekin:[5]

Sie werden gebeten, den Oberkommandierenden der Gruppe der sowjetischen Streitkräfte in Deutschland, Genossen Generaloberst *Kurkotkin,*[6] vom Inhalt dieser Information in Kenntnis zu setzen.

3 Der GAS-Kübel (GAS 69) ist ein sowjetischer Geländewagen.

4 Erich Honecker, Jg. 1912, kommunistischer Politiker und SED-Funktionär, 1930–33 Funktionär des KJVD, 1933–35 illegale Parteiarbeit, 1935 Verhaftung durch die Gestapo und bis 1945 politische Haft, 1946–55 Mitbegründer und erster Vorsitzender der FDJ, 1958–89 Mitglied des Politbüros, seit 1971 Erster Sekretär, seit 1976 Generalsekretär der SED, 1971–89 Vorsitzender des Nationalen Verteidigungsrates, 1976–89 Vorsitzender des Staatsrates, am 18.10.1989 Rücktritt von allen Ämtern, am 3.12.1989 Ausschluss aus der SED.

5 Iwan A. Fadejkin (auch Fadeikin), Jg. 1917, sowjetischer Geheimdienstfunktionär, 1949 Eintritt in die sowjetische Geheimpolizei, 1950 Abkommandierung zur Sowjetischen Kontrollkommission, dort ab 1952 stellvertretender Leiter der Sicherheitsabteilung, 1953/54 stellvertretender Leiter des MGB/KGB in der DDR, 1954–62 Leiter, dann stellvertretender Leiter der 1. Hauptverwaltung (Auslandsspionage) des KGB, 1963–65 Leiter der Militärabwehr des KGB, 1966–74 Leiter der KGB-Gruppe in der DDR mit Sitz in Berlin-Karlshorst, 1974–79 Leiter der Auslandsspionage des KGB.

6 Semjon K. Kurkotkin, Jg. 1917, sowjetischer Militär, während des Zweiten Weltkrieges Politoffizier und Kommandeur von Panzereinheiten, 1952–56 Kommandeur einer Panzerdivision, 1959/60 Kommandeur des Nordkaukasischen Militärbezirks, 1960–66 Befehlshaber unter anderem der 2. Garde-Panzer-Armee in Fürstenberg/Havel und der 3. Armee in Magdeburg, 1966–68 1. Stellvertreter des Oberkommandierenden der GSSD, 1968–71 Komman-

12. November 1971

Information Nr. 1078/71 über die Absicht des »freischaffenden Schriftstellers« Wolf Biermann, einen Antrag auf eine Reise nach Schweden zu stellen

Quelle: BArch, MfS, ZAIG 1971, Bl. 1–8 (1. Expl., zurückgegebenes Honecker-Exemplar).
Serie: Informationen.
Verteiler: Honecker, Hager – MfS: Brosche/HA XX, Schröder (über HA XX), Ablage.
Vermerk: Im Dokumentenkopf maschinenschriftlich: »Diese Inform[ation] erhält auch der Gen. Hager« – ebenda handschriftlich durch Honecker: »Gen. Mielke – man soll ihm die Ausreise genehmigen.« – ebenda oben rechts Paraphe Erich Honecker. Auf letzter Seite Unterschrift »Mielke«.

[Faksimile von Blatt 1]

Dem MfS wurde intern bekannt, dass *Biermann*, Karl Wolf,[1] geboren 15.11.1936 in Hamburg, wohnhaft 104 Berlin, Chausseestraße 131, beabsichtigt, beim Ministerium für Kultur eine Reisegenehmigung nach Schweden zu beantragen. *Biermann* will sich in seinem Antrag auf eine persönliche Einladung aus Göteborg beziehen, wo am 19. November 1971 am Stadttheater die Premiere seines Stückes »Der Dra-Dra«[2] erfolgen soll.

Da die Einladung aus Göteborg auch seine Lebensgefährtin *Hagen*, Eva-Maria,[3] geborene Buchholz, geboren 19.10.1934 in Költschen, wohnhaft 104 Berlin, [Straße, Nr.], einschließt, besteht die Absicht, zugleich für diese eine Ausreisegenehmigung zu beantragen.

Zur Aussage des Stückes »Der Dra-Dra« von Biermann wurde u. a. Folgendes bekannt:

Biermann stellte sein Theaterstück »Der Dra-Dra« 1970 fertig. Im April 1971 wurde es in den Münchner Kammerspielen aufgeführt. Es handelt sich

deur des Nordkaukasischen Militärbezirks, September 1971–Juli 1972 Oberkommandierender der GSSD, 1972–88 stellvertretender Verteidigungsminister der UdSSR und Chef der Rückwärtigen Dienste der Sowjetarmee.

1 Wolf Biermann, Jg. 1936, Liedermacher und Lyriker, 1953 Übersiedlung in die DDR, 1957–59 Regie-Assistent am Berliner Ensemble, 1959–63 Studium der Philosophie und Mathematik an der HU Berlin, 1961 Mitbegründer des Berliner Arbeiter Theaters b.a.t., seit 1965 Auftrittsverbot, verfasste und vertonte anschließend zahlreiche Texte in seiner Wohnung in der Chausseestraße 131, seine Ausbürgerung im November 1976 während einer Konzertreise in der Bundesrepublik führte zum Protest zahlreicher Schriftsteller und Künstler, in den 1980er-Jahren engagierte sich Biermann in der bundesdeutschen Friedens- und Umweltbewegung.

2 Vgl. Biermann, Wolf: Der Dra-Dra. Die Große Drachentöterschau in acht Akten mit Musik, mit Noten und Illustrationen. Berlin 1970.

3 Eva-Maria Hagen, Jg. 1934, Schauspielerin, 1961–76 Mitglied des Schauspielerensembles des Deutschen Fernsehfunks.

dabei um eine Fabel, die sich vom Motiv her an Jewgeni Schwarz'[4] Parabelstück »Der Drache«[5] anlehnt und auf der Grundlage einer Drachentöterlegende aufgebaut ist.

Das Theaterstück soll von der Aussage her gesellschaftliche Probleme des Kampfes unterdrückter Menschen gegen ihre Unterdrücker sichtbar machen. Dabei unterlässt es *Biermann* offensichtlich bewusst, konkret auszudrücken, für welche Gesellschaftsordnung sein Stück zutreffend ist. Er stellt es den Akteuren frei, diese Fabel gegen die Verhältnisse in der kapitalistischen Ausbeuterordnung oder gegen die sozialistische Gesellschaftsordnung auszulegen. In »Anmerkungen« zur Aufführung weist *Biermann* darauf hin, dass dieses Stück nicht »gegen alle möglichen Drachen der Welt zu spielen ist«, sondern es sollte jeweils »gegen die eigenen Drachen in Szene gesetzt werden«. Bezeichnend für seine Zielsetzung im Zusammenhang mit seinem Stück »Der Dra-Dra« ist *Biermanns* Äußerung einem »Spiegel«-Journalisten gegenüber (veröffentlicht im »Spiegel« Nr. 10/71),[6] wo er sich als »staatlich anerkannter Staatsfeind der DDR« bezeichnete, »der in der DDR kein Theaterstück gegen den Drachen in der DDR aufführen darf«.[7]

In diesem Sinne stellte *Biermann* wiederholt den »Drachen« der Staatsmacht gleich, die ein den Bürgern entgegengesetztes feindliches Unterdrückungs- und Ausbeutungsinstrument darstellen würde.

Im genannten Interview erklärte *Biermann,* dass »sein Drache ein bewährtes Gleichnis für reaktionäre Gewalt, parasitäre Macht und konterrevolutionären Terror ist«.[8]

4 Jewgeni L. Schwarz, Jg. 1896, russischer Schriftsteller und Dramatiker, in den 1920er-Jahren Mitarbeiter verschiedener Zeitungen, 1925–31 Mitarbeiter des Staatsverlages für Kinderbücher, anschließend als freier Dramaturg und Schriftsteller tätig, 1941 Evakuierung aus dem belagerten Leningrad und Tätigkeit an Theatern in Kasan und Moskau, 1944 Rückkehr nach Leningrad. Schwarz verfasste Fabeln und Märchen, in denen er sich kritisch mit der stalinistischen Sowjetunion auseinandersetzte.

5 »Der Drache« wurde von Jewgeni Schwarz 1943 unter dem Eindruck der Blockade St. Petersburgs geschrieben und 1944 in Moskau uraufgeführt. Das vordergründig als Satire auf die nationalsozialistische Diktatur in Deutschland verfasste Stück thematisiert Tyrannei und Knechtschaft, was allerdings auch als Kritik an der stalinistischen Sowjetunion verstanden werden konnte. Nach der Premiere in Moskau wurde die Aufführung des Stückes von den sowjetischen Behörden verboten. Erst 1961 gelangte es in Polen wieder zur Aufführung.

6 Vgl. »Ich bin ein staatlich anerkannter Staatsfeind«. In: Der Spiegel, 10/71.

7 Biermann sagte im Spiegel: » (…) ich habe sozusagen den Status eines staatlich anerkannten Staatsfeindes. Solange sich das nicht ändert, werde ich in der DDR nicht mal ›Hänschen klein ging allein‹ singen dürfen, geschweige denn ein Theaterstück gegen den Drachen aufführen. «. In: Der Spiegel, 10/71.

8 Biermann sagte im Spiegel: »Der Drache ist ein bewährtes Gleichnis für reaktionäre Gewalt, parasitäre Macht und konterrevolutionären Terror. Auch auf dem Theater sollte man immer die Reaktionäre bekämpfen, mit denen man es wirklich zu tun hat. Sonst passiert es, dass gekaufte Künstler in der Pose des Drachentöters nur tote Hunde erschlagen.« In: Der Spiegel, 10/71.

In seinem Vorwort zum »Der Dra-Dra« im Programmheft der Kammerspiele München schreibt *Biermann:* »Da ich selbst in einem Land lebe, in dem die Kommunisten nicht mehr gegen die Kapitalisten kämpfen müssen, sondern schon für den Sozialismus kämpfen dürfen, hat das Dra-Dra-Stück auch antistalinistische Dimensionen.«

In der westdeutschen Zeitung »Die Zeit« wird am 30.4.1971[9] sein Stück u. a. wie folgt charakterisiert:

»*Biermanns* Stück liefert eine listige, anspielungsreiche, unverbiestert fröhliche Auseinandersetzung mit der DDR. Der Drachentöter Hans Folk bekämpft die immer wieder nachwachsende Brut des Stalinismus, die ideologische Versteinerung, die kleinbürgerlich durchwachsene Mentalität innerhalb der sozialistischen Strukturen, die totalitären Abweichungen von einem auf Befreiung hin formulierten Entwurf.«

Die Kritiker der »Dra-Dra«-Aufführungen in München unterstrichen diese politische Richtung des Stückes ebenfalls. Im »Spiegel« wurde dazu eingeschätzt:

»Den Besuchern wird freigestellt, wen sie für den größten Parasiten halten, den Aufsichtsratsvorsitzenden Abs oder den Bürgermeister von Leipzig ... Die meisten bundesdeutschen Leser und Theaterbesucher halten den ›Dra-Dra‹ nicht ohne Grund für einen Protest gegen die Politik der DDR-Politiker. Es ist deshalb logisch, dass sie den Drachen eher im Osten suchen als im Westen.«[10]

Von progressiven Literaturschaffenden wurde das Stück mehrfach als eine mühsam in »revolutionäres Gewand« gehüllte Anti-Konzeption zur tatsächlichen revolutionären Bewegung und Tätigkeit und als Empfehlung für konterrevolutionäre Aktionen bewertet.

Obwohl sich *Biermann* in Interviews häufig zu den Veröffentlichungen in den westlichen Publikationsorganen über seine Person und seine Arbeiten äußerte, hat er bisher nie eine gegenteile Auffassung zu den vorstehend aufgeführten Einschätzungen vertreten und damit sein Einverständnis gegeben.

Zur Person Biermanns und zu seiner Rolle ist u. a. Folgendes bekannt:

Biermann steht seit Jahren in keinem ordentlichen Arbeitsverhältnis. Er lebt ausschließlich von Einnahmen aus in der BRD und dem kapitalistischen Ausland veröffentlichten »Gedichte, Balladen«[11] und Schallplatten. Es wurde bekannt, dass *Biermann* in den Jahren 1965 bis 1968 allein über die AWA (Anstalt zur Wahrung öffentlicher Aufführungsrechte) 32 512,49 M für in der BRD von ihm verlegte und in Schallplatten oder im Rundfunk/Fernsehen

9 Wendt, Ernst: Wolf Biermanns »Der Dra-Dra« in München. Politik als Spiegelfechterei. In: Die Zeit v. 30.4.1971, S. 20.

10 Diese Passage ist im »Spiegel« nicht nachweisbar. Eine Besprechung der Uraufführung in Wiesbaden findet sich in: Ein Papierdrachen. In: Der Spiegel, 18/71.

11 Gemeint ist: Biermann, Wolf: Mit Marx- und Engelszungen. Gedichte, Balladen, Lieder. Berlin 1968.

veröffentlichte »Lieder und Balladen« erhalten hat. Dabei handelt es sich um offiziell bekannte und überwiesene Honorare.

Darüber hinaus erhielt er in dieser Zeit von der AWA 16215 DM in westdeutscher Währung.

Durch illegal transferierte finanzielle und materielle Zuwendungen erhöhten sich diese Beträge wesentlich.

Soweit bisher bekannt wurde, sind von *Biermann* in der BRD über den Verleger *Wagenbach*[12] und die Philipps-Produktion über 48000 Schallplatten produziert und u. a. in der BRD, Westberlin, Holland, Österreich, Dänemark und in der Schweiz verkauft worden.

Seine »Lieder und Balladen« sind u. a. im westdeutschen/Westberliner, im englischen, österreichischen und süd-afrikanischen Rundfunk gesendet worden.

Die Arbeiten, die *Biermann* in der BRD und im kapitalistischen Ausland veröffentlicht, werden von ihm seit 1965 im Büro für Urheberrechte der DDR nicht vorgelegt, sondern illegal aus der DDR ausgeschleust.

In den letzten Jahren schrieb *Biermann* fortgesetzt Gedichte und Lieder, die sich gegen die gesellschaftlichen Verhältnisse in der DDR, die sozialistische Staatsmacht, die führende Rolle der Partei der Arbeiterklasse und den proletarischen Internationalismus sowie gegen führende Repräsentanten unseres Staates richten.

Der politisch-ideologisch zersetzende Charakter der Gedichte und Lieder *Biermanns* wird u. a. in einem Gutachten namhafter Literaturwissenschaftler und Kulturfunktionäre der DDR – wie dem Direktor des Instituts »Johannes R. Becher« Leipzig, Prof. Max Walter *Schulz,*[13] und dem Chefredakteur der »Neuen Deutschen Literatur«, Dr. phil. Werner *Neubert*[14] – nachgewiesen. In diesem Gutachten, in dem die von *Biermann* verfassten und im Westberliner Verlag Klaus *Wagenbach* veröffentlichten Titel eingeschätzt werden, heißt es u. a.:

»Die Grundpositionen sind u. a. gesellschaftliche Äußerungen, in denen widersprüchliche Erscheinungen unseres gesellschaftlichen Lebens von ihren gesetzmäßigen Ursachen losgelöst betrachtet und ausschließlich auf das Versagen von Partei- und Staatsfunktionären, auf Bürokratismus, Karrierismus, Heuchelei usw. zurückgeführt werden … Sein Schaffen erzeugt ein abstrak-

12 Klaus Wagenbach, Jg. 1930, Germanist, 1959–64 Lektor für deutsche Literatur im S.-Fischer-Verlag, 1964 Gründung des Wagenbach-Verlags in Westberlin, seither politisch engagierter Verleger.

13 Max Walter Schulz, Jg. 1921, Schriftsteller und SED-Funktionär, 1969–90 Vizepräsident des Schriftstellerverbandes der DDR und Mitglied der Deutschen Akademie der Künste in Ostberlin, 1964–83 Direktor des Instituts für Literatur »Johannes R. Becher«, 1970–71 Mitglied der SED-Bezirksleitung Leipzig.

14 Werner Neubert, Jg. 1929, Journalist und SED-Funktionär, 1966–74 Chefredakteur der Zeitschrift des Schriftstellerverbandes der DDR »Neue Deutsche Literatur«.

tes, subjektivistisch gefärbtes Bild vom Sozialismus, das unserer gesellschaftlichen Entwicklung provokativ entgegengestellt wird.«

Allgemein ist einzuschätzen – und das kommt auch in dem Gutachten zum Ausdruck –, dass *Biermanns* »literarische« Arbeiten im Zusammenhang mit den konterrevolutionären Ereignissen in der ČSSR[15] eine Steigerung der feindlichen Aussagen aufweisen. In dem Gutachten z.B. heißt es dazu, dass die »in dieser und der nachfolgenden Zeit entstandenen Gedichte und Arbeiten ausgesprochen taktische Ratschläge für Konterrevolutionäre« beinhalten.

In dem Gutachten wird weiter festgestellt:

»Die Gutachterkommission kam in diesem Zusammenhang nicht umhin, auf die zumindest objektiv gegebene Synchronisation der Grundpositionen des Autors mit der Taktik des imperialistischen Gegners zu verweisen, der die sozialistische Staatsmacht, die führende Rolle der Partei der Arbeiterklasse, die politisch-moralische Einheit der sozialistischen Menschengemeinschaft, in erhöhtem Maße mithmilfe einer pseudo-marxistischen, pseudo-sozialistischen Kritik zu unterhöhlen versucht. Hieraus erklärt sich auch zum großen Teil das Phänomen der Publizität des Verfassers in Westdeutschland und anderen kapitalistischen Ländern. Jede unvoreingenommene Wertung der Schriften von *Biermann* wird die Tatsache festzustellen haben, dass die ungewöhnliche Aufmerksamkeit bürgerlicher Institutionen nicht primär aus der künstlerischen Substanz dieses Autors, sondern aus dessen spektakulärer Haltung zum bestehenden Staat der DDR folgt.«

Über sein Wirken in der DDR erklärte *Biermann* u. a. in einem »Spiegel«-Interview (»Spiegel« 10/71): »Hier in der DDR, wo ich nicht verbreitet werden darf, bin ich mehr verbreitet als dort, wo meine Bücher in den Schaufenstern stehen.«

Danach schildert er seine Methode, durch die er sich bei DDR-Bürgern populär machen will: »Tonbandkopien und Schreibmaschinendurchschläge scheinen moderne und intensivere Verbreitungstechniken zu sein als Schallplatten und Taschenbücher.«

Dem MfS ist bekannt, dass *Biermann* in seiner Wohnung ständig Jugendliche aus der DDR und dem kapitalistischen Ausland, aber auch andere Personen empfängt, denen er entsprechende Ratschläge im o. g. Sinne erteilt und die er zu erneuten Zusammenkünften auffordert.

Biermann ist immer stärker bemüht, die Kontakte zu Jugendlichen in der DDR noch weiter auszubauen und sich auch eine breitere Basis in der BRD und im kapitalistischen Ausland zu schaffen.

15 Gemeint ist die reformsozialistische Bewegung in der Tschechoslowakei 1968 (»Prager Frühling«), die nach militärischer Intervention der Warschauer-Pakt-Staaten im August 1968 gewaltsam niedergeschlagen wurde.

Das erfolgt in einem ständigen engen Kontakt zu Robert *Havemann*[16] und in jüngster Zeit auch zu Stefan *Heym.*[17]

In letzter Zeit gibt es Bemühungen *Biermanns,* persönliche Kontakte zu solchen Literaturschaffenden der Sowjetunion anzuknüpfen, die von den sowjetischen Organen als negativ und revisionistisch eingeschätzt werden. Diese Personen suchte er auch während einer Touristenreise in die SU 1971 auf.

Biermann versucht, seine feindlichen, politisch-ideologisch zersetzenden Arbeiten auch in der SU einem dafür geeignet erscheinenden Personenkreis zugänglich zu machen.

Im Zusammenhang mit dem Vorhaben des *Biermann,* anlässlich der Aufführung seines Stückes »Der Dra-Dra« in Göteborg um Ausreise nach Schweden zu ersuchen, wird unter Berücksichtigung der bekannten und in dieser Information nochmals zusammenfassend genannten Faktoren gebeten zu entscheiden, ob dem Ausreiseantrag stattgegeben werden sollte mit dem Ziel, *Biermann* nach erfolgter Ausreise die Staatsbürgerschaft der DDR abzuerkennen und seine Rückkehr in die DDR zu unterbinden.

(Die rechtlichen Grundlagen und Beweise dafür sind vorhanden.)

Da der Ausreiseantrag auch seine Lebensgefährtin Eva-Maria *Hagen* betrifft, wäre es zweckmäßig, bei einer diesbezüglichen Entscheidung auch der *Hagen* unter gleichen Bedingungen die Ausreise zu gestatten.[18]

16 Robert Havemann, Jg. 1910, Physikochemiker, 1943 vom Volksgerichtshof zum Tode verurteilt, 1945–47 Leiter der Kaiser-Wilhelm-Gesellschaft, 1945–64 Professor für Physikalische Chemie in Berlin, seit 1932 für die KPD aktiv, 1950–64 SED, 1961–66 korrespondierendes Mitglied der Deutschen Akademie der Wissenschaften, aus der SED ausgeschlossen und von der Universität fristlos entlassen wegen seiner philosophischen Vorlesungen, die das SED-Regime einer kritischen Revision unterzogen, 1964/65 Leiter der Arbeitsstelle für Fotochemie der Deutschen Akademie der Wissenschaft, im Dezember auch dort fristlos entlassen wegen eines nicht genehmigten Artikels im »Spiegel« für die Aufhebung des KPD-Verbots in der Bundesrepublik. Anschließend Veröffentlichung zahlreicher Bücher und Artikel in der Bundesrepublik, nach seinem Protest gegen die Biermann-Ausbürgerung stand Havemann von 1976 bis 1979 unter Hausarrest in seinem Heimatort Grünheide, kurz vor seinem Tod im April 1982 veröffentlichte Havemann zusammen mit Rainer Eppelmann den »Berliner Appell« für Entmilitarisierung und Demokratisierung, er wurde zum bekanntesten Dissidenten in der DDR.

17 Stefan Heym, Jg. 1913, Schriftsteller. Sein Romanmanuskript über den Aufstand des 17.6.1953 »Der Tag X« wurde 1964/65 diskutiert, durfte aber nicht erscheinen (Erstveröffentlichung in der Bundesrepublik 1972 unter dem Titel »Fünf Tage im Juni«, in der DDR 1990), 1979 Ausschluss aus dem Schriftstellerverband und Verurteilung zu einer Geldstrafe wegen nicht genehmigter Veröffentlichungen in der Bundesrepublik.

18 Die SED-Führung folgte dieser Empfehlung trotz des auf der ersten Seite vermerkten Einverständnisses von Erich Honecker letztlich nicht. Der Fall wurde auf der Politbürositzung vom 16. November 1971 besprochen und dort entschieden, Wolf Biermann und Eva-Maria Hagen die Ausreise nach Schweden zu verweigern. Ausschlaggebend war vermutlich, dass die SED-Führung außenpolitischen Schaden zu vermeiden suchte.

15. November 1971

Information Nr. 1092/71 über den Stellvertreter des Vorsitzenden des Ministerrates der DDR, Dr. Titel, Werner

Quelle: BArch, MfS, ZAIG 8419, Bl. 1–5 (zurückgegebenes Honecker-Exemplar, 1. Expl.).
Serie: Informationen.
Verteiler: Honecker.
Vermerk: Auf letzter Seite handschriftlich unterschrieben »Mielke«.
Bemerkungen: Die letzte Seite des Berichtes ist in der Akte ohne Unterschrift von Mielke doppelt vorhanden. – Die Information wurde nur in einfacher Ausfertigung gefertigt. Der von Honecker zurückgegebene Bericht wurde innerhalb der ZAIG unter Verschluss gehalten und weiteres Material im Sekretariat des Ministers verwahrt (vgl. BArch, MfS, ZAIG, 8795, Bl. 130).

Im Verlaufe umfangreicher Maßnahmen zur weiteren Aufklärung von Verbrechen gegen die Menschlichkeit und der damit verbundenen Aufbereitung, Sichtung und Klärung entsprechender Archivmaterialien wurde durch das MfS festgestellt, dass ein gewisser *Titel,* Adolf,[1] geboren am 10.4.1908 in Kolberg,[2] ehemals wohnhaft in Potsdam, [Straße Nr.], Beruf: Schuhmachermeister, im Februar 1948 zusammen mit einem weiteren Mittäter durch das Landgericht Potsdam wegen Verbrechen gegen die Menschlichkeit zum Tode verurteilt wurde.

Die zur weiteren Aufklärung aller personellen und sachlichen Zusammenhänge eingeleiteten Ermittlungen führten zu dem Ergebnis, dass es sich dabei um den Vater des Dr. *Titel,* Werner[3] geboren am 2.5.1931, wohnhaft in Berlin-Kaulsdorf, [Straße Nr.], Stellvertreter des Vorsitzenden des Ministerrates der DDR, Mitglied der DBD handelt.

1 Adolf Titel, Jg. 1908, Polizeibeamter und NS-Verbrecher, 1932 Eintritt in die NSDAP, 1933 Mitglied der SS und zeitweilig Aufseher im KZ Sonnenburg, 1939–45 Angehöriger der Ordnungspolizei u. a. in der besetzten Ukraine, 1946 Verhaftung, am 13.2.1948 vom Landgericht Potsdam wegen Mordes und Verbrechen gegen die Menschlichkeit zum Tode verurteilt. Vgl. Urteil des Landgerichts Potsdam gegen Adolf Titel und Kurt Marten vom 13.2.1948. In: DDR-Justiz und NS-Verbrechen. Sammlung ostdeutscher Strafurteile wegen nationalsozialistischer Tötungsverbrechen, 1945–1998. Bearb. v. C. F. Rüter, Bd. 11. Amsterdam, München 2008, S. 647–651.

2 Kolberg ist der deutsche Name der seit 1945 zu Polen gehörenden Stadt Kołobrzeg.

3 Werner Titel, Jg. 1931, DBD-Funktionär, 1951–53 Funktionär im DBD-Landesverband Brandenburg, 1953–55 Mitglied des Zentralrates der FDJ, 1963–71 Mitglied des Präsidiums der DBD, 1963–66 Vorsitzender des DBD-Bezirksverbandes Frankfurt (Oder), 1966–67 Sekretär im DBD-Parteivorstand, 1967–71 stellvertretender Vorsitzender des Ministerrats, ab November 1971 Minister für Umweltschutz und Wasserwirtschaft. Werner Titel starb am 25.12.1971.

Dabei wurde festgestellt, dass in den Personalunterlagen des Dr. Titel zwar Angaben über die Zugehörigkeit seines Vaters zur NSDAP, SS und Polizei enthalten sind, dagegen aber zu seiner Beteiligung an faschistischen Verbrechen und zu der im Jahre 1948 erfolgten Verurteilung keine Aussagen getroffen werden.

Die bisherigen Überprüfungen zur Person des Titel, Adolf ergaben Folgendes:

Titel, der seit 1.8.1932 Mitglied der NSDAP und seit Februar 1933 Angehöriger der SS war, hat zusammen mit anderen SS-Leuten in der Nacht vom 14. zum 15.4.1933 einen sozial-demokratischen Parteifunktionär in Arnswalde bei Potsdam[4] grausam misshandelt und ermordet. Die Tat geschah im Auftrage höherer SS-Führer.

Titel, Adolf wurde, nachdem er von der damaligen Polizei als Mittäter ermittelt und inhaftiert worden war, auf Befehl des berüchtigten Kriegsverbrechers von dem Bach-Zelewski[5] von einem SS-Kommando aus dem Gefängnis Landsberg[6] befreit.

Titel wurde gemeinsam mit dem ebenfalls an dem Mord beteiligten Marten[7] in ein Dorf in der Nähe von Frankfurt (O) gebracht und über die SS-Führung mit falschen Papieren ausgestattet.

Noch im Jahre 1933 wurde er als Aufseher im KZ-Sonnenburg[8] eingesetzt (weitere Angaben liegen dazu bisher nicht vor).

Vom 1.10.1935 bis zum 28.11.1935 leistete er als Schütze bei der Infanterie seinen aktiven Wehrdienst ab.

4 Die Ortsangabe ist hier und im Folgenden falsch. Es handelt sich um die heute in Polen gelegene Stadt Choszczno (bis 1945 Arnswalde).

5 Im Original: »von dem Bach-Zelevski«. Erich von dem Bach-Zelewski, Jg. 1899, SS-General und Kriegsverbrecher, 1930 Eintritt in die NSDAP, 1933–39 Leiter von SS-Gebietsverwaltungen und Beteiligung an Verbrechen gegen die Menschlichkeit, 1939–41 als Kommissar für die Festigung des deutschen Volkstums in Ostoberschlesien u. a. an der Einrichtung des KZ Auschwitz beteiligt, 1941–43 als Höherer SS- und Polizeiführer in Russland-Mitte am Holocaust und Massenmordaktionen beteiligt, 1944 SS-Befehlshaber bei der Niederschlagung des Warschauer Aufstandes, 1945–50 Internierung als Kriegsverbrecher, ab 1958 mehrfache Verurteilung und Inhaftierung wegen Verbrechen gegen die Menschlichkeit und anderer Straftaten zu lebenslanger Haft.

6 Gemeint ist das Gefängnis in Landsberg an der Warthe (heute: Gorzów Wielkopolski).

7 Kurt Marten, Jg. 1905, Fleischermeister und NS-Verbrecher, 1933 Mitglied der SS, 1934–43 Aufseher im Zuchthaus Sonnenburg, 1943–45 bei der Waffen-SS, am 13.2.1948 vom Landgericht Potsdam wegen Mordes und Verbrechen gegen die Menschlichkeit zum Tode verurteilt. Vgl. Urteil des Landgerichts Potsdam gegen Adolf Titel und Kurt Marten vom 13.2.1948. In: DDR-Justiz und NS-Verbrechen. Sammlung ostdeutscher Strafurteile wegen nationalsozialistischer Tötungsverbrechen, 1945–1998. Bearb. v. C. F. Rüter, Bd. 11. Amsterdam, München 2008, S. 647–651.

8 Das Konzentrationslager Sonnenburg bestand zwischen Frühjahr 1933 und 1934 in einem ehemaligen Zuchthaus in Sonnenburg (heute Słońsk, Polen) unweit von Küstrin (Kostrzyn nad Odrą).

Am 1.4.1939 wurde Titel als Oberwachtmeister in den Polizeidienst übernommen und 1944 bei der faschistischen Polizeiverwaltung Potsdam, Polizei-Landesschützenkompanie, zum Polizeihauptwachtmeister befördert.

Nach eigenen Angaben ist T. von Oktober 1943 bis Juli 1944 beim Gendarmeriekommandeur in Schytomyr[9]/SU eingesetzt gewesen, angeblich als Kammerwachtmeister.

Während der Dienstzeit bei der faschistischen Polizei wurde T. mit dem Kriegsverdienstkreuz 2. Klasse mit Schwertern ausgezeichnet.

Ihm wurde gleichfalls die Befähigung als Zugführer der SS zugesprochen.

Ob Titel während seiner Zugehörigkeit zur faschistischen Polizei und seines Einsatzes in der SU an weiteren Verbrechen beteiligt war, konnte im Verlaufe der in der Zeit von 1946 bis 1948 geführten Untersuchungen nicht festgestellt werden.

Auch bei den jetzt durchgeführten Überprüfungen konnten bisher keine Dokumente aufgefunden und andere Beweise erarbeitet werden, die Auskunft über eine Verbrechensbeteiligung des Titel während des Zweiten Weltkrieges geben.

Titel, Adolf verstarb nach seiner gerichtlichen Verurteilung am 31. Juli 1948 infolge Herz- und Kreislaufschwäche im Krankenhaus Potsdam-Babelsberg, in welchem er den größten Teil der Untersuchungshaft zur Behandlung einer Syphiliserkrankung verbracht hatte.

Über die Verurteilung des Titel erfolgten Veröffentlichungen in der Presse (»Neues Deutschland« vom 15.2.1948[10] und »Märkische Volksstimme« vom 13. und 14.2.1948[11]).

Aufgrund damaliger Ermittlungsersuchen an westdeutsche Polizei- und Justizorgane sowie durch Rechtshilfeersuchen des Oberstaatsanwaltes Lübeck[12] aus dem Jahre 1949 zum Ermittlungsverfahren gegen den ehemaligen SS-Sturmführer Herder[13] und den ehemaligen Ortsgruppenleiter Winkler[14] – beide wie Titel aus Arnswalde bei Potsdam – und des dazu geführten Schriftverkehrs ist die Verurteilung des Titel bei westdeutschen Behörden bekannt.

Auch im Ermittlungsverfahren gegen den ehemaligen SS-Obergruppenführer und General der Waffen-SS, Erich von dem Bach-Zelewski, wegen Tatverdachts der Anstiftung zum Mord an dem SPD-Funktionär Carl Sonnenburg[15] aus Arnswalde, der von Titel und weiteren ehemaligen SS-Leuten

9 Im Original: »Shitomir«. Schytomyr, Großstadt in der Zentralukraine.
10 Der Beitrag konnte nicht ermittelt werden.
11 Die Beiträge konnten nicht ermittelt werden.
12 Gemeint ist die Staatsanwaltschaft Lübeck.
13 Herder, weitere Angaben zur Person konnten nicht ermittelt werden.
14 Winkler, weitere Angaben zur Person konnten nicht ermittelt werden.
15 Im Original: »Karl«. Carl Sonnenburg, Jg. 1882, Maurer und SPD-Politiker, 1924–33 Stadtverordneter in Arnswalde (Choszczno), Vorsitzender der SPD Arnswalde, Mitbegründer des örtlichen Konsum-Vereins und Geschworener am Landgericht Landsberg (Gorzów Wielkopolski); am 14. April 1933 ermordet.

ausgeführt wurde, wandte sich die Staatsanwaltschaft beim Landgericht Nürnberg/Fürth 1952 und 1958 an den Bezirksstaatsanwalt von Potsdam mit der Bitte, entsprechende Strafakten zu übersenden bzw. in diese Einsicht nehmen zu können.

In Anbetracht dieser Umstände ist davon auszugehen, dass westdeutsche Organe im Besitz diesbezüglicher Kenntnisse sind. Inwieweit sie den in der Information genannten personellen Zusammenhang erkannt und aufgeklärt haben, ist gegenwärtig nicht bekannt.

Bis zum gegenwärtigen Zeitpunkt ist von westdeutscher Seite noch kein Gebrauch von eventuell vorhandenen Kenntnissen gemacht worden.

Die entsprechenden Archivunterlagen über Titel, Adolf befinden sich alle im Besitz des MfS, sodass für unberechtigte Personen keine Einsichtmöglichkeiten mehr bestehen.

Im Verlaufe der bisher geführten Überprüfungen wurde festgestellt, dass Dr. Titel, Werner zusammen mit seiner Mutter laut Sprechgenehmigung am 30.12.1946 und am 24.3.1947 seinen Vater während der Untersuchungshaft im Krankenhaus Potsdam-Babelsberg besucht hat.

Da Dr. Titel zu diesem Zeitpunkt knapp 16 Jahre alt war, ist mit hoher Wahrscheinlichkeit anzunehmen, dass er über die 1948 erfolgte Verurteilung seines Vaters informiert ist.

Über die Motive, diese Tatsache im Fragebogen nicht aufzuführen, liegen dem MfS keine Angaben vor.

Auf der Grundlage der in der Information genannten Umstände müsste entschieden werden, wie – besonders im Hinblick auf die verantwortungsvolle Funktion Dr. Titels – weiter verfahren werden soll.[16]

16 Titel blieb in seinem Ministeramt. Die SED und das MfS vertrauten darauf, dass die familiäre Belastung Titels unbekannt bleiben würde. Titel starb wenige Wochen später, am 25. Dezember 1971, an einem Herzinfarkt. Vgl. Möller, Christian: Umwelt und Herrschaft in der DDR. Politik, Protest und die Grenzen der Partizipation in der Diktatur. Göttingen 2019, S. 191–193

[ohne Datum]

Information Nr. 1113/71 über den Versuch des ungesetzlichen Grenzübertritts durch eine Gruppe Jugendlicher im Kreis Neuhaus, [Bezirk] Suhl am 19. November 1971

Quelle: BArch, MfS, ZAIG 1989, Bl. 23–27 (3. Expl.).
Serie: Informationen.
Verteiler: Kein Nachweis für externe und interne Verteilung (siehe Vermerk).
Datum: Datierung und Einsortierung durch den Bearbeiter: 21.11.1971.
Vermerk: Im Dokumentenkopf: »nicht rausgegangen« – ebenda nicht realisierter Verteilervorschlag: Margot Honecker, Wansierski – MfS: Ablage.

Am 19.11.1971 wurden durch Kontrollkräfte der DVP in der Nähe des Kontrollpunktes Sülzfeld (KP zum 5-km-Sperrgebiet)[1] die Jugendlichen [Name 1, Vorname], geboren [Tag, Monat] 1956, wohnhaft [Ort], Kreis Bad Salzungen, beschäftigt im VEB Leimbach als Betonwerkerlehrling, und [Name 2, Vorname], geboren [Tag, Monat] 1956, wohnhaft [Ort], Kreis Bad Salzungen, beschäftigt im VEB Leimbach als Betonwerkerlehrling, festgenommen.

Beide gaben zu, mit weiteren Jugendlichen ihres Umgangskreises die DDR verlassen zu wollen. Zu diesem Zweck wollten sie sich bei Henneberg, Kreis Meiningen treffen, um dann gemeinsam die Staatsgrenze nach der BRD zu durchbrechen. Die in diesem Zusammenhang und aufgrund von Vermisstenanzeigen einiger Eltern eingeleitete Fahndung führte noch am gleichen Tage gegen 21.00 Uhr zur Festnahme weiterer Jugendlicher im Raum Lichte, Kreis Neuhaus.

Dabei handelt es sich um folgende fünf Personen:

[Name 3, Vorname], geboren [Tag, Monat] 1956, wohnhaft Meiningen, [Straße, Nr.], beschäftigt im VEB Straßen- und Tiefbaukombinat Suhl als Betonfacharbeiterlehrling; [Name 4, Vorname], geboren [Tag, Monat] 1956, wohnhaft Meiningen, [Straße, Nr.], beschäftigt im VEB BMK Suhl als Betonfacharbeiterlehrling; [Name 5, Vorname], geboren [Tag, Monat] 1956, wohnhaft Meiningen, [Straße, Nr.], beschäftigt im VEB Straßen- und Tiefbaukombinat Suhl als Betonfacharbeiterlehrling; [Name 6, Vorname], geboren [Tag, Monat] 1957, wohnhaft Meiningen, [Straße, Nr.], Schüler einer 8. Klasse, und *Raabe,* Martin,[2] geboren [Tag, Monat] 1957, wohnhaft Meiningen, [Straße, Nr.], Schüler einer 7. Klasse.

1 Mit dem Ausbau des Grenzregimes an der innerdeutschen Grenze wurde 1952 ein fünf Kilometer breites Sperrgebiet geschaffen, das nur mit besonderer Genehmigung zu betreten war.

2 Martin Raabe, Jg. 1957, nach der Verhaftung zwei Wochen Untersuchungshaft, Entlassung in die Obhut der Eltern, Abbruch des Schulbesuches und anschließend Gelegenheitsarbeiter. 1982 unter anderem wegen versuchter Republikflucht erneut festgenommen und zu einer Haftstrafe verurteilt.

Die Jugendlichen waren am 19.11.1971 mit dem Zug von Meiningen nach Suhl gefahren, von wo aus sie dann mit dem Bus nach Neuhaus fuhren und sich zu Fuß nach Lichte, Kreis Neuhaus, begaben.

Der ursprünglich zu dieser Gruppe Jugendlicher gehörende [Name 7, Vorname], geboren [Tag, Monat] 1957, wohnhaft Meiningen, [Straße, Nr.], Schüler einer 8. Klasse, fuhr von Neuhaus aus wegen eines Streites mit den anderen Jugendlichen nach Meiningen zurück.

Diese Gruppe Jugendlicher traf sich am 19.11.1971, gegen 20.00 Uhr, in Lichte mit einem gewissen [Name 8, Vorname], geboren [Tag, Monat] 1956, wohnhaft Lichte, [Straße, Nr.], beschäftigt im BMK Suhl als Betonfacharbeiterlehrling, der ebenfalls festgenommen wurde.

Die bisher durchgeführten Untersuchungen ergaben Folgendes:

Der Initiator dieser Handlung war [Name 3], der die mit ihm in der BBS Meiningen internatsmäßig untergebrachten Jugendlichen seit ca. drei Wochen für einen ungesetzlichen Grenzübertritt zu gewinnen versuchte und in diesem Zusammenhang zu [Name 8] Verbindung aufnahm. Der [Name 8] zeichnete [Name 3] auf einer Autokarte den Weg zur Staatsgrenze ein, wobei der genaue Durchbruchsort bei Spechtsbrunn, Kreis Neuhaus, liegen sollte. Der [Name 8] wollte die Jugendlichen für eine Nacht in einer Waldhütte unterbringen und am Morgen des 20.11.1971 über die Staatsgrenze bringen.

Die ebenfalls festgenommenen Schüler [Name 6] und *Raabe* hatten sich aufgrund ihrer Bekanntschaft mit [Name 2] und [Name 1] diesem Vorhaben angeschlossen.

Die Jugendlichen führten bei ihrer Festnahme ein Beil und zwei Fahrtenmesser mit, die nach bisherigen übereinstimmenden Aussagen zum Aufbau eines ebenfalls mitgenommenen Zeltes sowie zum Bau von Hütten dienen sollten.

Die Jugendlichen beabsichtigten, sich mehrere Monate in der BRD illegal aufzuhalten und in Hütten, Höhlen oder Bunkern zu leben. Der Polizei wollten sie sich nicht stellen, da sie eine Rückführung in die DDR befürchteten. Einer Kontrolle durch Erwachsene wollten sie aus dem gleichen Grunde ausweichen.

Das Tatmotiv und diese Zielvorstellungen lassen erkennen, dass es sich fast durchgängig um unausgereifte, unerfahrene Jugendliche handelt, die sich von abenteuerlichen Erwägungen leiten ließen. Konkrete Vorstellungen über die Realisierbarkeit ihres Vorhabens und die Lebensweise in der BRD hatten sie nicht. Sie waren aufgrund von Gesprächen mit gleichaltrigen Freunden und untereinander der Meinung, dass das Leben in der BRD »einfacher und angenehmer« sei. Insbesondere erwarteten sie günstige Kaufmöglichkeiten.

Eine durchdachte politische Motivation konnte bisher nicht erarbeitet werden.

Bei allen wirkte wesentlich die Aufforderung zum gemeinsamen ungesetzlichen Grenzübertritt durch [Name 3] bzw. später durch [Name 8] als auslösender Umstand. Die entsprechende Entschlussfassung liegt außer bei

[Name 8] bei keinem der Täter weiter zurück als 14 Tage bis maximal vier Wochen. [Name 8] gibt an, den Entschluss vor ca. fünf Wochen gefasst zu haben.

Eine erste analytische Einschätzung der Persönlichkeitsbilder dieser neun genannten Jugendlichen lässt erkennen, dass bei einem großen Teil eine soziale Fehlentwicklung zu verzeichnen ist bzw. zumindest Anfänge dazu vorliegen.

Insgesamt sechs der Täter – [Name 3], [Name 5], [Name 4], *Raabe,* [Name 6], und [Name 7] – sind in der Vergangenheit zum Teil wiederholt und trotz Auswertung mit dem Elternhaus und dem Referat Jugendhilfe, wegen kleinerer Diebstähle aus Verkaufsstellen, Lauben u. Ä. angefallen. Keiner der Täter hat eine höhere Schulbildung erreicht als die 8. Klasse, wobei alle lediglich durchschnittliche bis schlechte schulische Leistungen erreichten, die meist durch Desinteresse am Unterricht bedingt waren.

[Passage mit schutzwürdigen Informationen nicht wiedergegeben]

Aus den Aussagen der Beschuldigten ist weiter ersichtlich, dass die Eltern nur geringen bzw. gar keinen Einfluss auf die politische Erziehung ihrer Kinder genommen haben. (Die Väter von [Name 4] und *Raabe* sind Mitglied der SED.)

Sämtliche Täter sind Mitglied der FDJ bzw. des Pionierverbandes. Die meisten gehören weiteren Organisationen wie FDGB, DSF, DTSB oder GST an, leisten aber keine gesellschaftliche Tätigkeit.

Aus den Aussagen der Täter ist in diesem Zusammenhang einzuschätzen, dass außer im Betonwerk Leimbach und an der Theo-Neubauer-Oberschule Meiningen keine groben politischen Versäumnisse in der Erziehung vorliegen, es jedoch häufig nicht gelungen ist, die gesellschaftspolitische Einbeziehung der Jugendlichen interessant und kontinuierlich zu gestalten.

Zum Beispiel wird im VEB Betonwerk Leimbach keine FDJ-Arbeit geleistet, die FDJ-Mitgliedschaft besitzt nur formelle Bedeutung.

An der Theo-Neubauer-Oberschule Meiningen gibt es zwar Bemühungen der Pionierleitung, da die FDJ- bzw. Pionierarbeit jedoch uninteressant ist, haben diese keinen Erfolg. Es gibt keine zielgerichtete Vorbereitung der Pioniere auf eine spätere FDJ-Mitgliedschaft.

Außer den angeführten neun Personen wurden im Zuge der Überprüfungen fünf weitere Jugendliche des Umgangskreises der Täter zugeführt.

Dabei ergab sich, dass *Matz, Rolf,* geboren [Tag, Monat] 1957, wohnhaft Lichte, [Straße, Nr.], beschäftigt im VEB BMK Erfurt als Betonfacharbeiterlehrling, und *Hieronymus, Klaus-Dieter,* geboren [Tag, Monat] 1956, wohnhaft Meiningen, [Straße, Nr.], Schüler einer 7. Klasse, ebenfalls Kenntnis vom Vorhaben der anderen Jugendlichen hatten. (Gegen beide wurde jeweils ein Ermittlungsverfahren ohne Haft gemäß § 225 StGB – Unterlassung der Anzeige[3] –

3 Der § 225 StGB – Unterlassung der Anzeige, lautete: »(1) Wer von dem Vorhaben, der Vorbereitung oder der Ausführung 1. eines Verbrechens gegen den Frieden oder die Menschlichkeit [...] 2. eines Verbrechens gegen die Deutsche Demokratische Republik [...] 3. eines Verbrechens gegen das Leben [...] 4. eines Verbrechens oder Vergehens gegen die allgemeine

eingeleitet. Der H. wird in eine Erziehungseinrichtung der Volksbildung eingewiesen.)

Gegen die in der Information genannten Täter wurde – mit Ausnahme des Schülers [Name 7] – ein Ermittlungsverfahren mit Haft gemäß § 213 StGB – Ungesetzlicher Grenzübertritt –[4] eingeleitet. Der Schüler [Name 7] wurde seinen Eltern übergeben. Es ist jedoch vorgesehen, ihn ebenfalls in einer Erziehungseinrichtung unterzubringen.

Sicherheit oder gegen die staatliche Ordnung [...] 5. eines Vergehens oder Verbrechens des Missbrauchs von Waffen oder Sprengmitteln [...] 6. eines Verbrechens oder Vergehens der Fahnenflucht [...] vor dessen Beendigung glaubwürdig Kenntnis erlangt und dies nicht unverzüglich zur Anzeige bringt, wird mit Freiheitsstrafe bis zu fünf Jahren oder mit Verurteilung auf Bewährung, Geldstrafe oder öffentlichem Tadel bestraft [...]«.Strafgesetzbuch der Deutschen Demokratischen Republik – StGB – und angrenzende Gesetze und Bestimmungen. Textausgabe mit Anmerkungen, Hinweisen und Sachregister. Hg. v. Ministerium der Justiz. Berlin 1969, S. 109.

4 Der § 213 StGB – Ungesetzlicher Grenzübertritt, lautete: »(1) Wer widerrechtlich in das Gebiet der Deutschen Demokratischen Republik eindringt oder sich darin widerrechtlich aufhält, die gesetzlichen Bestimmungen oder auferlegte Beschränkungen über Ein- und Ausreise, Reisewege und Fristen oder den Aufenthalt nicht einhält oder wer durch falsche Angaben für sich oder einen anderen eine Genehmigung zum Betreten oder Verlassen der Deutschen Demokratischen Republik erschleicht oder ohne staatliche Genehmigung das Gebiet der Deutschen Demokratischen Republik verlässt oder in dieses nicht zurückkehrt, wird mit einer Freiheitsstrafe bis zu zwei Jahren oder mit Verurteilung auf Bewährung, Geldstrafe oder öffentlichem Tadel bestraft. (2) In schweren Fällen wird der Täter mit einer Freiheitsstrafe von einem Jahr bis zu fünf Jahren bestraft. [...]« Strafgesetzbuch der Deutschen Demokratischen Republik – StGB – und angrenzende Gesetze und Bestimmungen. Textausgabe mit Anmerkungen, Hinweisen und Sachregister. Hg. v. Ministerium der Justiz. Berlin 1969, S. 105.

24. November 1971

Information Nr. 1119/71 über den Generalsekretär und 1. Stellvertreter des Präsidenten der Deutschen Akademie der Wissenschaften (DAW), Prof. Dr. Lauter

Quelle: BArch, MfS, ZAIG 1974, Bl. 1–13 (6. Expl.).
Serie: Informationen.
Verteiler: Stoph, Hager – MfS: Schröder (über HA XVIII), Ablage.
Vermerk: Im Dokumentenkopf zusätzliche Datierung: »6.2.72.«
Verweis: Information 66/71.

Dem MfS liegen Hinweise vor, wonach Prof. Dr. Ernst-August *Lauter,*[1] geboren 1.12.1920, wohnhaft Kühlungsborn, [Straße, Nr.], 2. Wohnsitz Berlin, Mitglied der SED, zu einer Reihe von Problemen eine Haltung erkennen lässt, die der Verwirklichung der Aufgaben, die von Partei und Regierung der DAW gestellt sind und insbesondere der Erfüllung der Verpflichtungen der DAW gegenüber anderen sozialistischen Ländern, vor allem der UdSSR, teilweise entgegenwirkt.

Das zeigt sich u. a. in
- seiner nicht parteimäßigen Position zur Partei- und Staatsführung,
- seiner Unterschätzung der wissenschaftlich-technischen Zusammenarbeit mit der UdSSR und den anderen RGW-Ländern,
- seinem Wirken gegen die weitere Konzentration des Potenzials der kosmischen Forschung in der DDR auf die im Rahmen des Interkosmos-Abkommens[2] konzipierten Forschungsvorhaben sowie in
- seiner Ablehnung der Abgrenzung zu der BRD.

So bezeichnet Prof. Lauter z. B. die staatliche Führungs- und Leitungstätigkeit gegenüber der DAW als »Hineinregieren in die Wissenschaft«.

Die bei der Durchführung der Akademiereform[3] auftretenden Schwierigkeiten seien nach Prof. L. auf die »Reglementierung der Akademie durch Regierungsstellen« zurückzuführen.

1 Ernst Lauter, Jg. 1920, Physiker, 1951–65 Direktor des Observatoriums für Ionosphärenforschung in Kühlungsborn, 1967–70 sowie 1972–76 Direktor des Zentralinstitutes für solarterrestrische Physik, 1968–72 Generalsekretär der AdW.

2 Das Interkosmos-Programm wurde 1967 mit dem Ziel der Einbindung wissenschaftlicher Expertise und Technik nicht-sowjetischer Forschungs- und Entwicklungseinrichtungen ins Leben gerufen. Die DDR war bereits zuvor am sowjetischen Raumfahrtprogramm beteiligt. Buthmann, Reinhard: Versagtes Vertrauen. Wissenschaftler der DDR im Visier der Staatssicherheit. Göttingen 2020, S. 613–914.

3 In der Akademiereform von 1968 wurde die Organisation der Akademie tiefgreifend verändert. In der Gelehrtengesellschaft wurden aus sechs fachorientierten Klassen elf problemgebundene Klassen gebildet, während die eher themenorientierten kleineren Institute der Forschungsgemeinschaft in wenigen zentralistisch strukturierten Zentralinstituten zu-

Sowohl Richtung als auch Inhalt der Forschung müssten durch die Wissenschaft selbst bestimmt werden, die »Regierung sei lediglich als Geldgeber zu betrachten«.

Deutlicher Ausdruck einer solchen Einstellung war auch die Orientierung von Prof. L. zur Ausarbeitung einer Ministerratsvorlage über das Programm der kosmischen Forschung in der DDR. An die Spitze des Programms sei eine Aufgabe zu stellen, die für den Ministerrat so »schmackhaft sei, dass alle nachfolgenden Punkte pauschal gebilligt und entsprechende Mittel zur Verfügung gestellt würden«.

Darüber hinaus formulierte Prof. L. die Aufgabenstellung in dieser Vorlage so, dass von ihm gewünschte Forschungen, die faktisch Bestandteil weltweiter wissenschaftlicher Programme internationaler Organisationen sind, als Arbeiten am Interkosmos-Programm erschienen.

Bezeichnend für die Einstellung Prof. L. zur Partei- und Staatsführung und ihrer Wissenschaftspolitik war sein Verhalten anlässlich des Besuches der Genossen Honecker,[4] Stoph,[5] Dr. Mittag[6] und Dr. Weiz[7] im Zentralinstitut für solar-terrestrische Physik (ZISTP) der DAW und in den Akademiewerkstätten für Forschungsbedarf am 2.2.1971.

Prof. Lauter orientierte in seiner persönlichen Umgebung und in Leitungssitzungen des Bereiches der kosmischen Forschung darauf, diesen Besuch nicht als bedeutsam zu bewerten und ihn nicht zu popularisieren.

Profilierte Wissenschaftler des Bereiches der kosmischen Forschung schätzen ein, dass diese Haltung Prof. Lauters offensichtlich mit dadurch be-

sammengefasst wurden. Vgl. Kocka, Jürgen; Nötzoldt, Peter; Walter, Peter Th. (Hg.): Die Berliner Akademien der Wissenschaften im geteilten Deutschland 1945–1990 (Forschungsberichte der Interdisziplinären Arbeitsgruppen der Berlin-Brandenburgischen Akademie der Wissenschaften). Berlin 2002.

4 Erich Honecker, Jg. 1912, kommunistischer Politiker und SED-Funktionär, 1930–33 Funktionär des KJVD, 1933–35 illegale Parteiarbeit, 1935 Verhaftung durch die Gestapo und bis 1945 politische Haft, 1946–55 Mitbegründer und erster Vorsitzender der FDJ, 1958–89 Mitglied des Politbüros, seit 1971 Erster Sekretär, seit 1976 Generalsekretär der SED, 1971–89 Vorsitzender des Nationalen Verteidigungsrates, 1976–89 Vorsitzender des Staatsrates, am 18.10.1989 Rücktritt von allen Ämtern, am 3.12.1989 Ausschluss aus der SED.

5 Willi Stoph, Jg. 1914, SED-Partei- und DDR-Staatsfunktionär, 1953–89 Mitglied des Politbüros der SED, 1956–60 Minister für Nationale Verteidigung der DDR, 1962 1. Stellvertreter, 1964–73 und 1976–89 Ministerpräsident der DDR.

6 Günter Mittag, Jg. 1926, SED-Funktionär, 1947–50 Mitglied der SED-Kreisleitung Greifswald, 1952/53 Instrukteur im Apparat des ZK, 1953–61 Leiter der ZK-Abteilung Eisenbahn, Verkehr und Verbindungswesen, 1958–61 Sekretär der von Erich Apel geleiteten Wirtschaftskommission beim Politbüro, 1961/62 Sekretär des Volkswirtschaftsrats, 1962–73 und 1976–89 Sekretär des ZK für Wirtschaft, 1966–89 Mitglied des Politbüros des ZK der SED.

7 Herbert Weiz, Jg. 1924, SED-Funktionär und Ingenieur, 1953–55 Leiter der Hauptverwaltung Leichtmaschinenbau im Ministerium für Maschinenbau, 1955–62 stellvertretender Werkleiter im VEB Carl Zeiss Jena, 1962–67 Staatssekretär für Forschung und Technik, 1967–89 stellvertretender Vorsitzender des Ministerrates, 1963–82 Mitglied des Forschungsrates, 1974–89 Minister für Technik und Wissenschaft.

stimmt wurde, dass bei der Würdigung der bisherigen Ergebnisse der kosmischen Forschung seine Person nicht im Vordergrund stand.

Die von Repräsentanten der Partei- und Staatsführung gegebene Orientierung auf die weitere Entwicklung der Zusammenarbeit mit der UdSSR und auf die Konzentration der Forschungsarbeiten auf Vorhaben mit volkswirtschaftlichen Nutzen stimmt nicht mit Prof. Lauters Linie – Betonung der vorwiegend theoretischen Forschungen in den unteren Schichten der Atmosphäre – überein.

Konkreten Ausdruck fand diese Auffassung Prof. Lauters bei der einen Tag nach dem Besuch der führenden Genossen im Zentralinstitut für solarterrestrische Physik erfolgenden Bewertung der Arbeitsergebnisse des Instituts. Unter maßgeblichen Einfluss Prof. Lauters wurden Leistungszuschläge zum Gehalt zu ungunsten der Wissenschaftler und Arbeitsgruppen verteilt, die konkrete Beiträge zu Ergebnissen der Interkosmos-Experimente geleistet haben.

Der Auftrag an die DAW, Anfang des Jahres 1971 mit der sowjetischen Akademie der Wissenschaften das Abkommen über die Zusammenarbeit in der Grundlagenforschung abzuschließen, wurde von Prof. Lauter so bewertet, dass die »Minister alle versagt hätten und er nun die verfahrene Situation retten solle«. Prof. Lauter nutzte im gleichen Zusammenhang verschiedene Gelegenheiten, um zum Ausdruck zu bringen, dass die Beteiligung staatlicher Funktionäre an der Vorbereitung und Unterzeichnung des Vertrages überflüssig sei.

Zwischen Prof. Lauters Bemühen, sich zumindest nach außen hin selbst Verdienste um die Entwicklung der wissenschaftlich-technischen Zusammenarbeit mit der UdSSR und den anderen sozialistischen Ländern zuzuschreiben und seiner tatsächlichen Haltung und Wirksamkeit in Bezug auf die internationale sozialistische Kooperation und Integration besteht ein offensichtlicher Widerspruch.

So erweckte er z. B. auf der Tagung der Generalsekretäre der Akademien der sozialistischen Länder im Jahre 1969 durch sein im Widerspruch zur Direktive des Ministerrates stehendes Verhalten bei Vertretern anderer sozialistischer Länder den Eindruck, dass die DAW sich von der multilateralen Zusammenarbeit zurückziehen wolle. Unter anderem wurden Bemerkungen von Mitgliedern der sowjetischen und der ungarischen Delegation bekannt, wonach sich Prof. Lauter wenig um die Klärung inhaltlicher Probleme der Zusammenarbeit bemühe. Delegationsmitglieder anderer sozialistischer Länder äußerten die Meinung, dass bei Prof. Lauter als Vertreter der DDR nur wenig Verständnis für bestimmte Fragen der einzelnen sozialistischen Länder sowie für deren notwendige Beachtung in der Zusammenarbeit spürbar sei.

Teilweise macht sich bei der Zusammenarbeit mit Partnern im sozialistischen Ausland – insbesondere in der UdSSR – eine gewisse Überheblichkeit Prof. Lauters bemerkbar.

Befremden rief in seinem Mitarbeiterkreis insbesondere eine den Tatsachen widersprechende Äußerung Prof. Lauters hervor, wonach im Verlaufe der Interkosmos-Zusammenarbeit den sowjetischen Partnern erst gezeigt worden sei, wie man richtig arbeiten müsse.

Maßgeblich an den erzielten Ergebnissen der Interkosmosarbeit in der DDR beteiligte Wissenschaftler weisen in diesem Zusammenhang darauf hin, dass Prof. L. – abgesehen von einer solchen Fehleinschätzung – für eine derartige Feststellung nicht kompetent sei, da er weder durch seine Orientierung noch durch eigene wissenschaftliche Leistungen zu diesen Ergebnissen beigetragen habe.

Prof. Lauter orientierte die am Interkosmos-Programm mitarbeitenden DDR-Wissenschaftler darauf, an die sowjetischen Wissenschaftler nur unbedingt notwendige Forschungsergebnisse mitzuteilen. Hauptaugenmerk sei vielmehr darauf zu legen, die Ergebnisse der UdSSR in Erfahrung zu bringen.

Wissenschaftler des Bereiches kosmische Forschung schätzen allgemein ein, dass Prof. Lauters Wirken nicht darauf gerichtet sei, gemeinsame Projekte der sozialistischen Länder zum gemeinsamen Nutzen zu verwirklichen. Er verfolge bei der Zusammenarbeit vielmehr vorrangig das Ziel, Zugang zur sowjetischen Technik zu erhalten und mit deren Hilfe eigene wissenschaftliche Vorhaben zu realisieren.

Diese Vorhaben werden von Prof. Lauter offensichtlich als Beitrag der DDR zu weltweiten Forschungsprogrammen internationaler wissenschaftlicher Organisationen geplant. Entsprechende Zusagen hat Prof. Lauter auf internationalen wissenschaftlichen Konferenzen wiederholt gegenüber westdeutschen und USA-Wissenschaftlern wie Prof. Rawer,[8] Prof. Dieminger,[9] Prof. Tepper[10] und Prof. Nordberg[11] gegeben, obwohl er durch die vom Ministerrat für diese Tagungen festgelegten Direktiven dazu nicht berechtigt war.

Prof. Lauter setzt sich in vielfältiger Weise dafür ein, dass sich die DDR mit ihrem Potenzial auf dem Gebiet der kosmischen Forschung aktiv an wissenschaftlichen Programmen und Vorhaben beteiligt, zu denen die Initiative von Raumforschungseinrichtungen imperialistischer Staaten, insbesondere der USA und Westdeutschlands, ausgeht.

8 Karl Rawer, Jg. 1913, Physiker, während des Zweiten Weltkriegs Forschungen für die Luftwaffe auf dem Gebiet der Kurzwellen, 1946–56 vergleichbare Aufgaben in der französischen Marine, 1963 Gründung der Arbeitsgruppe für Physikalische Weltraumforschung (APW), 1969–79 Mitbegründer und Direktor des Fraunhofer-Instituts für physikalische Weltraumforschung, wichtige Funktionen in URSI und COSPAR.

9 Walter Dieminger, Jg. 1907, Geophysiker und Hochfrequenztechniker, während des Zweiten Weltkriegs Forschungen für die Luftwaffe auf dem Gebiet der Kurzwellen, nach Kriegsende Fortsetzung der Forschungen zunächst für die britische Armee, 1946 Gründung eines Instituts, das ab 1958 als Max-Planck-Institut für Aeronomie firmierte und dessen Leiter Rawer wurde.

10 Morris Tepper, Jg. 1916, amerikanischer Meteorologe, 1959–80 leitende Funktionen in der amerikanischen Raumfahrbehörde NASA.

11 Wilhelm Nordberg, Jg. 1930, österreichisch-amerikanischer Physiker, ab 1959 in leitenden Funktionen der amerikanischen Raumfahrtbehörde NASA tätig.

Zum Beispiel orientierte er Wissenschaftler des Zentralinstituts für solar-terrestrische Physik der DAW darauf, in Auswertung von Vorschlägen amerikanischer Wissenschaftler zu prüfen, wie weit an solchen Projekten wie

- »Earth Resources Technology Satellites«[12] (ein von den USA für 1972/73 geplanter Nutzsatellit) und
- »Skylab«[13] (ein durch die USA für Ende 1972 geplanter bemannter Satellit)

eine Beteiligung erfolgen könne. Das würde bedeuten, von den mit sowjetischen Wissenschaftlern durchzuführenden Kooperationsarbeiten Kräfte abzuziehen, obwohl bereits jetzt die in der DDR für die kosmische Forschung vorhandenen personellen Kapazitäten nicht ausreichen, um alle durch die UdSSR zur Bearbeitung empfohlenen Aufgaben zu lösen.

Von Prof. Lauter geht auch keine Initiative aus, um wiederholt geäußerte Wünsche der sowjetischen Interkosmos-Partner zu realisieren, die DDR stärker an solchen Geräteentwicklungen für die Raumforschung zu beteiligen, die industriell verwertbar sind.

Aufgrund von Meinungsäußerungen maßgeblicher sowjetischer Wissenschaftler, denen die Einstellung Prof. Lauters bekannt ist, befürchten leitende Mitarbeiter des ZISTP, dass Prof. Lauters Wirken die gute Zusammenarbeit der sowjetischen und der DDR-Wissenschaftler auf dem Gebiet der kosmischen Forschung belasten könne. Sie begründen Ihre Bedenken damit, dass auf sowjetischer Seite Vorstellungen über weitergehende aktive Experimente vorhanden sind, die in der UdSSR strategische Bereiche berühren und wegen des damit verbundenen hohen Sicherheitsbedürfnisses eine exakte Abgrenzung von westlichen Projekten erfordern.

Die von Prof. Lauter verfolgte Zusammenarbeit mit Einrichtungen und Forschungsprogrammen des kapitalistischen Auslandes wird besonders deutlich auf dem Gebiet der bodengebundenen Messprogramme. Im Zentralinstitut für solar-terrestrische Physik der DAW werden ca. 80 derartige Programme bearbeitet. (Die DDR leistet damit neben Japan in der Welt die umfangreichste Arbeit auf diesem Gebiet. Die erzielten Ergebnisse in der DDR sind aufgrund der Breite, der langjährigen Kontinuität und der Qualität der Messungen z. T. Spitzenleistungen.)

Die Messergebnisse werden neben der UdSSR regelmäßig an Datenzentren in Westdeutschland, den USA, den Niederlanden, der Schweiz u. a. kapitalistischen Ländern übermittelt. Obwohl z. T. auch aus kapitalistischen Ländern Messdaten zurückfließen, bezweifeln zahlreiche Wissenschaftler des ZISTP, dass ein derartiger Umfang der aufwendigen Bodenprogramme und

12 Das »Earth Resources Satellites Program« wurde 1966 von der amerikanischen Regierung mit dem Ziel gestartet, durch Satelliten Daten über geologische und klimatische Verhältnisse auf der Erde zu gewinnen. Daraus entstand ab 1971 das Landsat-Programm, dessen erster Satellit am 23. Juli 1972 gestartet wurde.

13 Das »Skylab« war die erste und bislang einzige bemannte amerikanische Raumfahrtstation. Sie bestand zwischen 1973 und 1974 für acht Monate.

die nicht auf vertraglicher Basis erfolgende Übersendung der Ergebnisse in kapitalistische Länder für die DDR vertretbar sind.

Prof. Lauter unternimmt und veranlasst zahlreiche Aktivitäten, um die Mitarbeit der DDR in solchen internationalen wissenschaftlichen Organisationen wie
- Komitee für Raumforschung (COSPAR),[14]
- Internationale Union für Geodäsie und Geophysik (IUGG)[15] und
- Internationale Radiowissenschaftliche Union (URSI)[16]

zu verstärken.

Auf seine Initiative wurde der Umfang der Mitarbeit von DDR-Wissenschaftlern in Kommissionen und Arbeitsgruppen dieser Organisationen, in denen Vertreter imperialistischer Staaten Einfluss ausüben, erweitert.

In mehreren Fällen wurde bekannt, dass Prof. Lauter den Einsatz von Wissenschaftlern der DDR in diesen Gremien vorher mit maßgeblichen westdeutschen Wissenschaftlern abgesprochen hat.

In der Regel unterlässt es Prof. Lauter, über derartige Aktivitäten und Verfahrensweisen die zuständigen wissenschaftsleitenden Organe in der DDR zu informieren. Kann er dies nicht umgehen, so stellt er sein Vorgehen als im Rahmen von Interkosmos abgestimmt dar, obwohl dafür keine Grundlage gegeben ist.

Prof. Lauter, dem mehr an der persönlichen Anerkennung durch prominente Wissenschaftler des kapitalistischen Auslandes gelegen ist, bemüht sich vor allem um den Ausbau seiner persönlichen Positionen in den genannten internationalen Vereinigungen.

Er hat brieflichen und persönlichen Kontakt zu führenden Vertretern der westdeutschen Raumforschung, speziell zu Prof. Rawer, Ruhr-Universität, Bochum, und Prof. Dieminger, Max-Planck-Institut für Aeronomie, Lindau/Harz (arbeitet u. a. für die Bundeswehr).

Prof. Rawer und Prof. Dieminger, mit dem Prof. Lauter gemeinsam bei der faschistischen Luftwaffe war, nehmen in internationalen wissenschaftlichen Organisationen wie COSPAR, IUGG und URSI führende Funktionen ein.

Mit Dieminger und Rawer sowie ihren Mitarbeitern werden durch Prof. Lauter und ihm unterstellte Wissenschaftler insbesondere bei internationalen wissenschaftlichen Veranstaltungen enge Kontakte gepflegt. Im Rahmen von Kommissionen und Arbeitsgruppen der internationalen wissenschaftlichen Gesellschaften werden Forschungsarbeiten abgestimmt und Informationen

14 Committee on Space Research (COSPAR), 1958 gegründeter internationaler Dachverband für Weltraumforschung mit Sitz in Paris.

15 Internationale Union für Geodäsie und Geophysik (IUGG), 1919 gegründeter europäischer Dachverband für Geodäsie und Geophysik.

16 International Union of Radio Science (URSI) (französisch: Union Radio-Scientifique Internationale), 1919 gegründeter Wissenschaftlerverband zur Erforschung der Funktechnik.

über wissenschaftliche Ergebnisse ausgetauscht. Abstimmung aus Ergebnisaustausch betreffen bodengebundene Messprogramme und teilweise auch solche Aufgaben, die Bestandteil von Interkosmos-Projekten sind.

Durch Prof. Rawer wurde Prof. Lauter z. B. aufgefordert, sich in der DDR für eine wissenschaftliche Zusammenarbeit BRD – DDR einzusetzen und für die Verwirklichung dieses Vorhabens das ganze Gewicht seiner Funktion als Generalsekretär des DAW zu nutzen.

Durch Prof. Lauter werden bei der Einschätzung des Standes der Akademiereform und der Forschung in der DAW Auffassungen vertreten, die von der prinzipiellen Orientierung der Partei- und Staatsführung abweichen.

Im Gegensatz zu der hohen Bewertung der in den letzten Jahren in der Arbeit der DAW erzielten Fortschritte bezeichnet Prof. Lauter die Akademiereform als »gescheitert«.

Vor Leitungskadern der DAW hielt Prof. Lauter 1970 in diesem Sinne einen Vortrag, was dazu führte, dass diese Meinung als Einschätzung der DAW-Leitung in den Forschungseinrichtungen der DAW verbreitet wurde.

Auch gegenüber Repräsentanten der Akademie der Wissenschaften der UdSSR äußerte sich Prof. Lauter während seines Aufenthaltes in Moskau und Nowosibirsk Anfang 1971 ähnlich. Diese Gespräche mit sowjetischen Akademikern nutzte er wiederum, um innerhalb der DAW zu verbreiten, führende sowjetische Wissenschaftler – darunter auch Akademiepräsident Keldysch[17] – würden angeblich mit Prof. Lauters negativer Einschätzung der Reform der DAW übereinstimmen.

Während Prof. Lauter einerseits die DAW-Reform diskreditiert, ist er andererseits bemüht, erzielte Erfolge bei der Reform mit seinem Namen zu verknüpfen, obwohl festzustellen ist, dass er durch seine umfangreiche Reisetätigkeit – im Gegensatz zu anderen führenden Wissenschaftlern der DAW – wenig an der Leitung der DAW teilnimmt und in seinem eigenen Unterstellungsbereich keine kontinuierliche Leitungstätigkeit leistet.

Prof. Lauter hat seit der Übernahme der Funktion des Generalsekretärs der DAW im Jahre 1968 Reisen nach Japan, Österreich, Belgien, England, der ČSSR, Westdeutschland, Ungarn, Kanada, der UdSSR, Polen, Spanien, Frankreich, den USA und Rumänien unternommen.

Zum Beispiel nahm Prof. Lauter vom 2.10. bis 11.10.1971 in Paris an einer Weltkonferenz der UNESCO über ein geplantes international einheitliches System der Information und Dokumentation in Wissenschaft und Technik (UNISIST-Projekt)[18] teil, obwohl er nach eigenen Aussagen »davon nicht das Geringste verstehe«.

17 Mstislaw W. Keldysch, Jg. 1911, sowjetischer Mathematiker, 1944–53 Leiter des Instituts für Mechanik und des Instituts für Angewandte Mathematik (IAM) der sowjetischen Akademie der Wissenschaften, 1961–75 Vorsitzender der Akademie der Wissenschaften der UdSSR.

18 Das UNISIST-Projekt (United Nations International Scientific Information System) ist ein seit 1968 von der United Nations Educational and Scientific Organization (UNESCO) und

Bezeichnend ist die durch Prof. Lauter am 15.10.1971 in der Sekretariatssitzung der Kreisleitung der SED der DAW vorgenommene Auswertung seiner Tätigkeit während dieser Weltkonferenz. Er brachte u. a. zum Ausdruck, dass »man nicht viel von der Sache verstehen braucht, um mitreden zu können«. Die Hauptsache sei, dass man »die Spielregeln beherrsche« wie z. B. die USA und die UdSSR. Diese ließen andere reden und würden dann doch »Ihre Meinung durchsetzen«.

Die von der UdSSR und den USA geförderte Idee eines Weltinformationssystems »reiße eine Kluft zwischen den Industrienationen und den weniger entwickelten Ländern auf. Das sei ein zutiefst ideologisches Problem, weil mitunter der Eindruck entstehen könne, dass die UdSSR mit den USA paktiere.«

Soweit Prof. Lauter in der DAW-Leitung wirksam wurde, hat er durch sein Vorgehen wesentlich verursacht, dass bestimmte Schwierigkeiten bei der Konsolidierung der Leitung der Akademie und ihrem einheitlichen Wirken auftraten.

Zum Beispiel verbreitete Dr. Lauter, er – und nicht der parteilose Präsident – habe den Auftrag, als staatlicher Leiter der DAW zu wirken und ihre Entwicklung gegenüber Partei- und Staatsführung zu verantworten.

Durch Prof. Lauter wurden darüber hinaus in der DAW-Leitung wiederholt Vorschläge unterbreitet, die auf eine Teilung der Leitung zwischen dem Präsidenten der DAW und Prof. Lauter zielten und zum Teil geeignet waren, dem Präsidenten der DAW nur noch eine repräsentative Funktion zu überlassen. Verbunden wurden diese Aktivitäten mit verächtlichen Bemerkungen gegenüber Mitarbeitern zur Person des Präsidenten der DAW, Prof. Klare.[19]

Wiederholt war Prof. Lauter Initiator von Strukturdiskussionen in der Leitung der DAW, die von der Lösung inhaltlicher Probleme ablenkten.

Gleichzeitig beeinflusste Prof. Lauter jüngere befähigte Wissenschaftler wie Prof. Stiller[20] und Prof. Walter,[21] keine Leitungsfunktionen in der DAW zu übernehmen bzw. solche Funktionen wieder abzugeben, da diese nur Undank einbrächten und der wissenschaftlichen Entwicklung abträglich seien.

dem International Council of Scientific Unions (ICSU) entwickeltes Projekt zur Schaffung eines weltweit einheitlichen Informationssystem für Naturwissenschaften, Medizin und Technik. Es wurde 1971 auf der UNESCO-Konferenz 1971 in Paris ins Leben gerufen.

19 Hermann Klare, Jg. 1909, Chemiker, 1961–69 Direktor des Akademieinstituts für Faserstoff-Forschung in Teltow, 1954–61 Professor an der Technischen Hochschule für Chemie Leuna-Merseburg, 1962–64 Professor an der Humboldt-Universität zu Berlin, 1968–79 Präsident, 1979–84 Vizepräsident der Akademie der Wissenschaften der DDR.

20 Heinz Stiller, Jg. 1932, Geophysiker, Anfang der 1960er-Jahre Gruppenleiter am Geomagnetischen Institut Potsdam, 1966 Direktor des Instituts für Geodynamik der Akademie der Wissenschaften der DDR in Jena, 1969–88 Direktor des Zentralinstituts für Physik der Erde (ZIPE) in Potsdam, 1984–88 Vizepräsident der Akademie der Wissenschaften der DDR

21 Prof. Walter, weitere Angaben zur Person konnten nicht ermittelt werden.

Durch diese Aktivitäten Prof. Lauters wurde die Stabilisierung der DAW-Leitung und deren Führungs- und Leitungstätigkeit behindert.

Während Prof. Lauters Aktivitäten 1969/70 darauf gerichtet waren, sich selbst als die einzige geeignete Person für die Funktion des Präsidenten der DAW zu präsentieren, wird in den letzten Monaten eine andere Richtung des Wirkens von Prof. Lauter sichtbar. Er unternimmt vielfältige Anstrengungen, sich die Schlüsselposition auf dem Gebiet der kosmischen Forschung in der DDR bzw. für die internationalen Beziehungen auf diesem Gebiet zu sichern.

Prof. Lauter hat wiederholt die Absicht geäußert, sich nach Ablauf der gegenwärtigen Legislaturperiode der DAW-Leitung im Jahre 1972 wieder ganz der wissenschaftlichen Arbeit zu widmen und keinesfalls erneut die Funktion des Generalsekretärs der DAW anzunehmen.

24. November 1971

Information Nr. 1123/71 über die Verhinderung eines gewaltsamen Grenzdurchbruches nach Westberlin unter Verwendung eines durch die NVA ausgesonderten Hubschraubers

Quelle: BArch, MfS, ZAIG 1990, Bl. 25–33 (5. Expl.).
Serie: Informationen.
Verteiler: Hoffmann – MfS: HA I/AIG, BV Cottbus/AIG, Ablage.
Vermerk: Im Dokumentenkopf zusätzliche Datierung: »6.1.72«.

Am 6.11.1971 wurden durch das MfS gegen den [Name1, Vornamen], geboren [Tag, Monat] 1944 in [Ort], Beruf: Kraftfahrzeugschlosser, zuletzt ohne Beschäftigung, wohnhaft Tauer, Kreis Guben, wegen dringenden Verdachts der Vorbereitung eines ungesetzlichen Grenzübertritts sowie gegen den [Name 2, Vorname], geboren [Tag, Monat] 1940 in [Ort], Beruf: Autolackierer, zuletzt Transportarbeiter im VEB Textilkombinat Cottbus, wohnhaft Peitz, Kreis Cottbus, [Straße, Nr.], wegen dringenden Verdachts der Beihilfe zum ungesetzlichen Grenzübertritt Ermittlungsverfahren mit Haft eingeleitet.

Die bisherigen Untersuchungen durch das MfS ergaben, dass [Name 1] seit Juli 1971 fortgesetzt und zielgerichtet handelnd Vorbereitungen getroffen hatte, um einen von der NVA ausgesonderten und im Mai 1971 im Hof des Kindergartens Wilhelm-Pieck-Stadt Guben, Marcelli-Nowotko-Straße,[1] zu Demonstrationszwecken abgestellten Hubschrauber wieder in einen einsatzbereiten und flugtüchtigen Zustand zu versetzen und mittels desselben die DDR ungesetzlich zu verlassen.

[Name 1] teilte dieses Vorhaben im August 1971 seinem langjährigen Bekannten [Name 2] mit, der ihn in der Folgezeit aktiv bei den Instandsetzungsarbeiten unterstützte.

Ohne über spezielle Kenntnisse des Aufbaus und der Funktionsweise des Hubschraubers zu verfügen, hat [Name 1] in fünf bis sechs Fällen jeweils während der Nachtstunden und unter mehrmaliger Beteiligung des [Name 2] Instandsetzungsarbeiten am Hubschrauber durchgeführt, wie z. B.

- Entwicklung und Anbau einer kompletten Anlassanlage unter Verwendung von zwei Akkumulatoren;
- Anfertigung und Einbau eines Kraftstoffmengenverteilers;
- Entfernung der Blockierung der Motorwelle;
- Anbringen von Blindverschlüssen für Leitungen von entfernten Kraftstoff- und Schmierstoffdruckgebern;

1 Die Marcelli-Nowotko-Straße wurde nach 1990 in Uferstraße umbenannt.

- Anfertigung eines Blindverschlusses für das Kraftstoffsystem zwecks Benutzung des Zusatz-Treibstoffbehälters;
- Anfertigung und Anbringen einer Schlauchverbindung zum Ölkühler;
- Anfertigung und Anbringen einer Ablassschraube am Brandhahn und Vergaser.

Die Anfertigung der Einzelteile nahm [Name 1] in einer im Keller seines Wohnhauses durch ihn eingerichteten Werkstatt vor.

Darüber hinaus überprüfte er im Hubschrauber die Funktionstüchtigkeit verschiedener Einzelteile, wie z. B. der Welle für die Heckschraube, die Kerzen und die Düsen.

Im Ergebnis dieser Handlungen gelang es [Name 1], den Hubschrauber am 5.11.1971 in einen flugfähigen Zustand zu versetzen.

Am 5.11.1971, gegen 22.00 Uhr, fuhr [Name 1] gemeinsam mit dem [Name 2] mit dessen Pkw Wartburg unter Mitnahme von ca. 130 Litern Vergaserkraftstoff, der vorwiegend durch [Name 2] auftragsgemäß an einer Tankstelle gekauft worden war, von seinem Wohnort nach Wilhelm-Pieck-Stadt Guben, um den Hubschrauber in Gang zu setzen.

Nachdem [Name 1] den Hubschrauber mit dem Vergaserkraftstoff aufgetankt hatte, schob er ihn unter Mithilfe des [Name 2] ca. 20 bis 30 Meter von seinem Standort auf einen freien Platz und sägte von den umstehenden Bäumen die Äste ab.

Während sich [Name 2] nach Hause begab, versuchte [Name 1] danach allein, etwa eine Stunde lang, den Motor des Hubschraubers zu starten.

Nachdem ihm das nach zweimaligen erfolglosen Versuchen am 6.11.1971 gegen 4.45 Uhr gelungen war, setzte er durch Einkuppeln die Tragschraube in Bewegung, wobei sich der Hubschrauber nach seinen Aussagen ca. einen Meter vom Boden abhob und anschließend von ihm wieder aufgesetzt wurde, da [Name 1] aufgrund wahrgenommener Geräusche der Meinung war, an die umstehenden Bäume gestoßen zu sein.

Die bisherigen Untersuchungen des MfS ergaben eine Reihe wesentlicher begünstigender Bedingungen für die Vorbereitung und Realisierung des Verbrechens, die ihren Ausgangspunkt in der Unterlassung bzw. nur oberflächlichen Ausführung der im Zusammenhang mit der Aussonderung dieses Hubschraubers erteilten Weisungen hatten.

Der Hubschrauber wurde Anfang Mai 1971 auf Veranlassung des Chefs der Luftstreitkräfte/Luftverteidigung zu Demonstrationszwecken an den Kindergarten Wilhelm-Pieck-Stadt Guben, Marcelli-Nowotko-Straße, übergeben.

Dazu erteilte der Chef der Luftstreitkräfte/Luftverteidigung am 29.4.1971 an den Kommandeur des Hubschraubergeschwaders 34 in Brandenburg, Bezirk Potsdam, die Weisung, den Hubschrauber MI-I, SM-1 bis 6.5.1971 in den Standort des Jagdgeschwaders 7 zu überfliegen und nach Aussonderung aus dem Geschwader zur weiteren Verwendung im Hof des angeführten Kindergartens aufzustellen.

Der Stellvertreter des Chefs der Luftstreitkräfte/Luftverteidigung präzisierte befehlsgemäß diesen Auftrag und erteilte gleichfalls am 29.4.1971 die Weisung an den Kommandeur des Hubschraubergeschwaders 34,

- »Hubschrauber am 5.5.1971 auf dem Luftwege in das Jagdgeschwader 7 überführen,
- anschließend das Triebwerk so unbrauchbar machen, dass ein Fliegen damit unmöglich ist, Trag- und Heckschraube sind stabil zu arretieren,
- alle Geräte und Kabinenausrüstung sind auszubauen und zur Weiterverwendung innerhalb der Luftstreitkräfte einzusetzen, die Kabinenausrüstung ist durch defekte Anzeigegeräte und ein Gehäuse für die Funkausrüstung zu komplettieren,
- der Hubschrauber ist vollständig zu enttanken. Alle Behälter sind auszuspülen und unbrauchbar zu machen.

Alle pyrotechnischen Mittel sind zu entfernen. Alle Druckbehälter (Triebluft- und Stoßdämpfer) sind zu entlasten und unbrauchbar zu machen.«

Diese Weisungen des Stellvertreters für Luftstreitkräfte wurden, ohne weitere Präzisierungen vorzunehmen, vom Kommandeur des Hubschraubergeschwaders 34 an den Leiter des Fliegeringenieurdienstes und von diesem an den Major Diplom-Ingenieur oec. [Name 3] vom Hubschraubergeschwader 34 »weitergeleitet«.

Eine Kontrolle der von Major [Name 3] durchgeführten Arbeiten zur Unbrauchbarmachung des Hubschraubers, insbesondere seines Triebwerkes, erfolgte nicht.

Am 6.5.1971 wurde durch das Hubschraubergeschwader 34 Vollzug der gegebenen Weisungen gemeldet.

Die durch eine Sachverständigenkommission des Ministeriums für Nationale Verteidigung, Kommando Luftstreitkräfte/Luftverteidigung, geführten Überprüfungen des technischen Zustandes des Hubschraubers ergaben, dass die vom Stellvertreter des Chefs der Luftstreit-kräfte/Luftverteidigung am 29.4.1971 an den Kommandeur des Hubschraubergeschwaders 34 erteilten Weisungen nicht im vollen Umfang durchgeführt wurden.

Das wird u. a. durch folgende Feststellungen der Sachverständigen bestätigt:

- Das Triebwerk wurde nicht unbrauchbar gemacht, da lediglich das Anlasssystem teilweise demontiert wurde und nur Teile an einem Zylinder ausgebaut wurden (Kipphebel und Stößelstange). Am Vergaser wurde ein Teil ausgebaut.
- Die Trag- und Heckschraube wurde nicht stabil arretiert, sondern nur oberflächlich gegen Verdrehen gesichert.
- Die Spezialausrüstung des Hubschraubers (Elektro- und Funk) wurde so zerstört, dass die Inbetriebnahme unmöglich wurde. Gleichzeitig wurden zum Teil funktionstüchtige Anzeigegeräte im Hubschrauber belassen.
- Es wurden nicht alle Kraftstoffbehälter unbrauchbar gemacht, der Kraftstoffzusatzbehälter blieb einsatzbereit. Zerstörungen am Schmierstoff-

hauptbehälter erfolgten oberflächlich. Ein Betanken mit Schmierstoff war in minimalen Mengen möglich.
- Ein Teil der Pressluftbehälter wurde in unbeschädigtem Zustand im Hubschrauber belassen, während alle Leitungen des Systems zerstört wurden.

Damit war der Hubschrauber nach Durchführung der Aussonderungsmaßnahmen durch das Hubschraubergeschwader 34 vom 5.5.1971 zwar fluguntauglich, jedoch bestand die Möglichkeit, den Hubschrauber – wie von [Name 1] durchgeführt – durch Vornahme bestimmter technischer Veränderungen in einen flugtauglichen Zustand zu versetzen.

Nach Einschätzung der Gutachter war der Hubschrauber im Ergebnis der von [Name 1] durchgeführten Instandsetzungsarbeiten flugfähig.

Ein Flug mit ihm wäre jedoch infolge der Kompliziertheit der Technik nur einem ausgebildeten versierten Hubschrauberpiloten möglich gewesen. [Name 1] verfügte nicht über die Fähigkeiten und Kenntnisse eines ausgebildeten Hubschrauberpiloten. Deshalb kuppelte er auch das Getriebe zur Tragschraube unsachgemäß ein, sodass Risse in den Tragschraubenblättern hervorgerufen wurden. Diese hätten bei einem Flug nach einer nicht bestimmbaren Zeit zum Absturz des Hubschraubers geführt.

In Auswertung der bisherigen Untersuchungsergebnisse wurde durch den Chef der Luftstreitkräfte/Luftverteidigung angewiesen, sämtliche aus dem Bestand der Luftstreitkräfte ausgesonderte und an den zivilen Sektor übergebene Flugtechnik auf ihre wirksame Unbrauchbarmachung zu überprüfen.

Zur Täterpersönlichkeit:

Der [Name 1, Vornamen] war vom 2.5.1968 bis 18.6.1968 Angehöriger der NVA und versah seinen Dienst als Wachsoldat im 7. LVD Drewitz-Süd der 1. LVD.

In dieser Zeit kam er nicht unmittelbar mit Hubschrauber-Technik in Berührung, hatte jedoch die Möglichkeit, sich allgemeine Kenntnisse auf flugtechnischem Gebiet anzueignen. [Name 1] besitzt eine negative Einstellung zur sozialistischen Staats- und Gesellschaftsordnung.

Das findet seinen Ausdruck besonders im dreimaligen Versuch des ungesetzlichen Verlassens der DDR.

Bereits 1964 unternahm er gemeinschaftlich handelnd mit dem ihm bekannten [Name 2] – den er aufgrund beruflicher Gemeinsamkeiten und Interessen Anfang der 1960er-Jahre kennengelernt hatte – den Versuch eines ungesetzlichen Grenzübertritts. [Name 1] wurde dafür vom Kreisgericht Cottbus zu einer Freiheitsstrafe von acht Monaten verurteilt.

Einen weiteren Versuch des ungesetzlichen Grenzübertritts unternahm [Name 1] während seiner Zugehörigkeit zur NVA im Jahre 1968, indem er nach unerlaubter Entfernung von seiner Einheit die Staatsgrenze DDR – ČSSR mit dem Ziel durchbrach, nach Westdeutschland zu gelangen. Er konnte nach umfangreichen Fahndungsmaßnahmen in der ČSSR festgenommen werden und wurde vom Militärobergericht Berlin wegen Fahnenflucht im schweren Fall zu zwei Jahren und sechs Monaten Freiheitsentzug verurteilt, die im Januar 1970 auf Bewährung ausgesetzt wurde.

Der [Name 2, Vorname] hat ebenso wie [Name 1] eine ablehnende Einstellung zu den gesellschaftlichen Verhältnissen in der DDR. Seit Beendigung seiner schon mehrfach aus den verschiedensten Gründen unterbrochenen Lehre im Jahre 1962, wechselte [Name 2] ständig seine Arbeitsstellen und war in den letzten Jahren fast ausschließlich als Transport- oder Hilfsarbeiter tätig. Den »Hauptverdienst« verschafften sich [Name 1] und [Name 2] unter Ausnutzung ihrer Kenntnisse und Fertigkeiten auf Kfz-technischem Gebiet durch nebenberufliche Arbeiten.

[Name 2] ist ebenfalls mehrfach vorbestraft. 1960 wurde er vom Kreisgericht Cottbus-Land wegen Verletzung inländischer Hoheitszeichen zu elf Monaten Freiheitsentzug verurteilt, 1964 – gemeinsam mit [Name 1] – wegen versuchten ungesetzlichen Grenzübertritts zu zwölf Monaten Freiheitsentzug und 1965 wegen Staatsverleumdung abermals zu zwölf Monaten Freiheitsentzug.

Die Untersuchungen des MfS zur umfassenden Aufklärung der Ursachen, Motive und begünstigenden Bedingungen des versuchten gewaltsamen Grenzdurchbruches werden fortgeführt.

24. November 1971

Information Nr. 1124/71 über Ursachen und begünstigende Bedingungen beim Diebstahl von Sprengmitteln, Waffen und VS-Materialien auf dem Minensuch- und -räumschiff (MSR) 331 der 1. Flottille der Volksmarine

Quelle: BArch, MfS, ZAIG 1975, Bl. 1–7 (5. Expl.).
Serie: Informationen.
Verteiler: Hoffmann – MfS: HA I/AIG, HA IX/AIG, Ablage.
Vermerk: Im Dokumentenkopf zusätzliche Datierung: »6.2.[1972].«
Verweis: Information 1126/71.

Am 29.10.1971 wurde durch das MfS gegen den Stabsmatrosen *Leisner,* Manfred,[1] geboren 19.9.1949 in Cottbus, Beruf: Maschinist, Angehöriger der NVA seit 3.11.1969, wohnhaft Cottbus, [Straße, Nr.] wegen des dringenden Verdachts der Fahnenflucht und terroristischer Handlungen ein Ermittlungsverfahren mit Haft eingeleitet.

Leisner war seit Anfang 1970 fest entschlossen, nach der BRD fahnenflüchtig zu werden und dieses Vorhaben mittels eines gewaltsamen Grenzdurchbruches, unter Anwendung von aus den Beständen der NVA zu beschaffenden Waffen und Sprengmitteln, durchzuführen.

Die bisherigen Untersuchungen durch das MfS ergaben, dass eine Vielzahl von Mängeln und Unzulänglichkeiten auf dem MSR-331 die aktiven Vorbereitungen des *Leisner* auf die Realisierung des verbrecherischen Vorhabens, insbesondere den Diebstahl von Sprengmitteln, Waffen, Munition und Verschlusssachen, begünstigten.

Bereits Anfang November 1970 verschaffte sich *Leisner* aus den in einem Munitionszelt des Flottenmunitionslagers Peenemünde eingelagerten Beständen des Munitionskampfsatzes des MSR 331 – fünf Handgranaten RGD-5, zehn Zünder USRGM.

Dabei nutzte er die von ihm mehrfach beobachtete vorschriftswidrige Dienstdurchführung der an diesem Munitionslager eingesetzten Wachposten, die sich bei regnerischem Wetter etwa 200 Meter von dem zu bewachenden Objekt unterstellten, aus, um ungesehen den Stachel- und Maschendrahtzaun des Munitionslagers zu übersteigen und sicher aus einer – entgegen bestehenden Weisungen – unverplombt gelagerten Kiste die Handgranaten und Zünder anzueignen. Während ein Teil der Spreng- und Zündmittel von *Leisner* in der Folgezeit am Liegeplatz des MSR-331 in das Hafenbecken geworfen wur-

1 Manfred Leisner, Jg. 1949, Maschinist, 1969 zum Wehrdienst in die NVA eingezogen, am 23. Oktober 1971 bei einem Fluchtversuch verhaftet, 1972 wegen Terror in besonders schwerem Fall, Spionage, vorbereiteten und zweifach versuchten Mordes sowie Fahnenflucht vor dem Militärsenat des Obersten Gerichts der DDR angeklagt und am 20. Juli 1972 zum Tode verurteilt. Das Urteil wurde am 17. November 1972 in Leipzig vollstreckt.

de, lagerte er fünf Handgranaten und sechs Zünder unter Putzlappen versteckt in der Sperrlast des Schiffes und verbrachte sie später während eines Urlaubes an den Wohnort seiner Großeltern, wo er sie sorgfältig konserviert versteckt lagerte.

Dieser Diebstahl von Spreng- und Zündmitteln wurde am 2.12.1970 während der Aufmunitionierung des MSR-331 festgestellt und konnte erst im Zusammenhang mit den jetzigen Untersuchungen aufgeklärt werden.

Die Untersuchungen dieses Diebstahls durch das MfS führten zur Feststellung einer ganzen Reihe tatbegünstigender Bedingungen, wie z. B.

- mehrere Behältnisse mit Handgranaten und Zündern im Munitionslager Peenemünde wurden entgegen bestehender Weisungen im unverplombten Zustand aufbewahrt;
- lückenhafte Nachweisführung und eine oberflächliche Kontrolltätigkeit im Munitionslager begünstigten die nicht sofortige Feststellung des Diebstahls;
- die von *Leisner* hinterlassenen Spuren zwischen Stacheldraht- und Maschendrahtzaun wurden von den eingesetzten Wachposten zwar festgestellt, aber keine Meldung erstattet, da wiederholt die Wachposten selbst befehlswidrig in diese Sperrzone eindrangen;
- durch Vernachlässigung der Kontrolltätigkeit der Wachvorgesetzten wurden die Wachvergehen am Munitionslager, besonders das Verlassen der Postenbereiche, nicht festgestellt.

Leisner war – in Kenntnis und unter Ausnutzung der angeführten sowie weiterer Mängel und Unzulänglichkeiten – entschlossen, sich nunmehr auch Schusswaffen aus den Beständen des MRS-331 zu beschaffen, um bei der von ihm geplanten Fahnenflucht gegenüber Fahndungs- und Sicherungskräften bewaffneten Widerstand leisten zu können.

Seinen Erfahrungen zufolge erschien ihm dafür der Tag des alljährlichen Bordfestes am günstigsten, bei dem gewohnheitsgemäß *alle* Besatzungsmitglieder das Schiff verlassen und die Funktion des Diensthabenden von der Besatzung des Nachbarschiffes übernommen wird.

Zum Zeitpunkt der Festlegung des Bordfestes auf den 23.10.1971 verpackte er die in Vorbereitung auf die Fahnenflucht unberechtigt an Bord befindliche Zivilkleidung (die er in der Sperrlast versteckt aufbewahrt hatte) in seine Reisetasche und nahm an dem in der Gaststätte »Pilsator« in Wolgast stattfindenden Bordfest teil.

Leisner entfernte sich gegen 21.30 Uhr aus der Gaststätte und gelangte gegen 22.00 Uhr unbemerkt an Bord des MSR-331. Begünstigend darauf wirkte die vorschriftswidrige Übertragung der Aufgaben des Diensthabenden auf den Diensthabenden des Nachbarschiffes V-32, der außerdem nur oberflächlich eingewiesen wurde und lediglich um 22.00 Uhr und 24.00 Uhr Kontrollgänge auf dem MSR-331 durchführte.

Diese Situation nutzte *Leisner,* um sich bis gegen 24.00 Uhr in den Besitz von

- 1 MPi »Kalaschnikow«,
- 216 MPi-Patronen,
- 3 Pistolen »Makarow«,
- 174 Pistolen-Patronen,
- 3 MPi-Magazinen,
- 13 Pistolen-Magazinen,

sowie 4 VS-Dokumenten zu bringen.

Zur Inbesitznahme dieser Waffen, Munition und VS-Dokumente verwandte der Täter den vorschriftswidrig im Geschirrschrank des Offiziersaufenthaltsraumes »versteckt« aufbewahrten Schlüssel für den versiegelten Schlüsselkasten, in dem die Schlüssel für den Pistolenschrank und das Waffenhellegatt[2] sowie das zugehörige Petschaft aufbewahrt wurden.

Nach dem durchgeführten Diebstahl der Waffen und Munition petschierte der Täter den Pistolenschrank wieder und brach gewaltsam den VS-Schrank auf, entnahm vier VS-Dokumente, drückte anschließend die Tür zu und petschierte diese ebenfalls. Gegen 24.00 Uhr verließ *Leisner* unbemerkt das Schiff und anschließend das NVA-Objekt Wolgast durch ein unbewachtes Tor, das – wie er vorher bereits ausprobiert hatte – mit einem in seinem Besitz befindlichen Schlüssel geöffnet werden konnte.

Die Tatbegehung des *Leisner* wurde besonders durch folgende weitere Mängel und Unzulänglichkeiten auf dem MSR-331 ursächlich begünstigt:

- Nach Rückkehr vom Bordfest am 24.10.1971, gegen 2.00 Uhr, führte der Anwesenheitsoffizier, Leutnant [Name], die vom Kommandanten befohlene Vollzähligkeitskontrolle nicht durch.
- Bis zum 25.10.1971, 7.00 Uhr, war der Mannschaftsbestand des MSR-331 sich selbst überlassen. Während sich der Kommandant und ein weiterer Offizier in Greifswald aufhielten, verließ der befohlene Anwesenheitsoffizier am 24.10.1971 von 19.00 Uhr bis 23.00 Uhr ebenfalls das Schiff. Bis zum 25.10.1971 bestand keine Übersicht und Kontrolle über die Besatzung und deren Aufenthalt.
- Die vom Diensthabenden, Leutnant [Name], bereits am 24.10.1971, 12.00 Uhr, festgestellte Abwesenheit des *Leisner* wurde von diesem aufgrund der insgesamt fehlenden Übersicht über den Personalbestand nicht beachtet und erst am 25.10.1971, 7.00 Uhr, dem Kommandanten gemeldet.
- Vom 23.10.1971, 7.00 Uhr, bis 25.10.1971, 7.00 Uhr, wurde entgegen bestehender Weisungen die tägliche Kontrolle der Vollzähligkeit der Waffen und Munition nicht durchgeführt. Der am 24.10.1971, gegen 19.30 Uhr,

2 Das Waffen- oder Feuerwerkshellegatt ist eine verschließbarer Raum im unteren Teil des Vorschiffes von Kriegsschiffen, in welchem Munition und Ausrüstung aufbewahrt werden.

vom Waffenwart festgestellte Siegelbruch am Waffenhellegatt wurde erst am Morgen des 25.10.1971 dem Kommandanten gemeldet.

Aufgrund der fehlerhaften Nachweisführung und der oberflächlichen Vollzähligkeitskontrolle wurden der Diebstahl der 174 Pistolen-Patronen erst am 4.11.1971 und der Diebstahl der VS-Dokumente erst nach Überprüfung diesbezüglicher Aussagen des *Leisner* bemerkt.

Die aufgezeigten tatbegünstigenden Umstände und Bedingungen bewirkten, dass erst *30 Stunden* nach der Tatbegehung die ersten Fahndungsmaßnahmen nach *Leisner* eingeleitet werden konnten. Damit wurde zugleich den verbrecherischen Handlungen des L. Vorschub geleistet, die er bis zu seiner Festnahme am 29.10.1971 beging, indem er sich mehrmals durch Schusswaffen- und andere Gewaltanwendung dem Ergreifen durch die Fahndungs- und Sicherungskräfte entziehen konnte.

Die Untersuchungen des MfS zur umfassenden Aufklärung der Straftaten des *Leisner* sowie der Ursachen, Motive und begünstigenden Bedingungen werden fortgeführt.

Es wird empfohlen, die in der Information aufgezeigten Mängel und Unzulänglichkeiten mit den Chefs und Kommandeuren aller Teilstreitkräfte der Nationalen Volksarmee auszuwerten und Maßnahmen zu veranlassen, die zur Erhöhung der Sicherheit im Umgang mit Waffen, Munition, Spreng- und Zündmittel sowie Verschlusssachen führen.

24. November 1971

Information Nr. 1126/71 über Mängel und Unzulänglichkeiten in der Führung und Durchführung der Fahndungsmaßnahmen nach dem Stabsmatrosen Leisner

Quelle: BArch, MfS, ZAIG 1975, Bl. 8–13 (4. Expl.).
Serie: Informationen.
Verteiler: Kein Nachweis für externe Verteilung. – MfS: Mielke, FFG, HA VII/AIG, Ablage.
Vermerk: Im Dokumentenkopf zusätzliche Datierung: »6.2.[1972]«.
Bemerkung: Beigefügtes undatiertes Anschreiben: »Genosse Minister, es wird gebeten, Ihrerseits über die Notwendigkeit der Übergabe dieser Information an die Genossen Bornig und Dickel zu entscheiden.«
Verweis: Information 1124/71.

In der Zeit vom 25.10.1971 bis 29.10.1971 wurden durch die BDVP Cottbus umfangreiche Fahndungsmaßnahmen nach dem Stabsmatrosen *Leisner*, Manfred,[1] geboren 19.9.1949 in Cottbus, Beruf: Maschinist, Angehöriger der NVA seit 3.11.1969, wohnhaft Cottbus, [Straße, Nr.] durchgeführt.

Leisner hatte sich am 23.10.1971, gegen 24.00 Uhr, nach vorherigem Einbruch in die Waffenkammer des Minensuch- und Räumschiffes 331 der 1. Flottille der Volksmarine, unter Mitführung von einer Maschinenpistole, drei Pistolen und der dazugehörigen Munition unerlaubt von seiner Einheit entfernt.

Durch die Vernachlässigung der Kontroll- und Dienstaufsichtspflicht auf dem MSR 331 begünstigt, konnten die ersten Fahndungsmaßnahmen nach L. erst mit 30 Stunden Verzögerung veranlasst und eingeleitet werden.

Leisner beabsichtigte – wie die bisherigen Untersuchungen durch das MfS ergaben – durch einen gewaltsamen Grenzdurchbruch nach Westdeutschland fahnenflüchtig zu werden und dabei die mitgeführten Schusswaffen rücksichtslos gegen Fahndungs- und Grenzsicherungskräfte zur Anwendung zu bringen.

Im Ergebnis der bisherigen Untersuchungen sowie der Unterstützung der Fahndungsarbeit durch das MfS wurde festgestellt, dass im Rahmen der Fahndungshandlungen eine Reihe Mängel und Unzulänglichkeiten auftraten, die offensichtlich auf eine mangelhafte stabsmäßige Fahndungsarbeit des VPKA Cottbus und auf eine ungenügende Einweisung und Instruierung der

1 Manfred Leisner, Jg. 1949, Maschinist, 1969 zum Wehrdienst in die NVA eingezogen, am 23. Oktober 1971 bei einem Fluchtversuch verhaftet, 1972 wegen Terror in besonders schwerem Fall, Spionage, vorbereiteten und zweifach versuchten Mordes sowie Fahnenflucht vor dem Militärsenat des Obersten Gerichts der DDR angeklagt und am 20. Juli 1972 zum Tode verurteilt. Das Urteil wurde am 17. November 1972 in Leipzig vollstreckt.

Fahndungskräfte der Deutschen Volkspolizei bezüglich der zu lösenden Aufgaben zurückzuführen waren.

Diese Feststellungen beziehen sich – ohne die Wirkungsweise und Planmäßigkeit der durch die BDVP Cottbus geleiteten Fahndungsmaßnahmen allumfassend einschätzen zu können – besonders auf folgende Fakten und Vorkommnisse:

– Obwohl seit Auslösung der ersten Fahndungsmaßnahmen durch das VPKA Cottbus am 25.10.1971, gegen 18.00 Uhr, bekannt war, dass die zur Fahndung stehende Person bewaffnet ist, wurde festgestellt, dass zahlreiche Fahndungskräfte der DVP, die erst in der Nacht vom 25. zum 26.10.1971 als Kontrollposten oder gedeckte Posten zum Einsatz gekommen waren, ihren Dienst nachlässig und pflichtwidrig durchführten, indem mehrfach keine Fahrzeugkontrollen durchgeführt und zum Teil längere Gespräche mit weiblichen Personen und Kindern geführt wurden.
– Im Rahmen der aktiven Fahndungsmaßnahmen erhielten die Abschnittsbevollmächtigten [Name 1] und [Name 2] vom Operativen Diensthabenden des VPKA Cottbus am 25.10.1971, gegen 21.00 Uhr, den Auftrag, das in Burg bei Cottbus gelegene Gehöft der Großeltern des *Leisner* aufzusuchen. Beide trafen in Begleitung von drei freiwilligen Helfern der DVP und ausgerüstet mit Sprechfunkgeräten gegen 22.30 Uhr an diesem Ort ein.

Während [Name 2] die Großeltern des L. befragte, bemerkte [Name 1] beim Ableuchten des zum Gehöft gehörenden Stallgebäudes mittels Taschenlampe in einer offenen Bodenluke den flüchtigen *Leisner.* Der mündlichen Aufforderung herunterzukommen, leistete L. nicht Folge, sondern lud seine Pistole durch, sprang aus ca. zwei Metern Höhe auf den Hof, gab einen ungezielten Schuss ab und ergriff die Flucht.

Weder [Name 1] noch [Name 2] ergriffen Maßnahmen zur Festnahme oder Verfolgung des *Leisner.*

Ihren eigenen Angaben zufolge sei eine Verfolgung aufgrund der Dunkelheit aussichtslos gewesen.

Die von [Name 1] und [Name 2] anschließend über Sprechfunk beim VP-Gruppenposten in Burg angeforderte Verstärkung traf nicht ein. Die beiden VP-Angehörigen und die drei VP-Helfer hielten sich noch ca. 30 Minuten am Tatort auf und besetzten anschließend weisungsgemäß die in der Nähe befindliche Straßenkreuzung der Verbindungsstraße Cottbus – Burg – Lübbenau.

Erst 2½ Stunden nach dem vorgenannten Tatgeschehen wurde ein Fährtenhund zum Einsatz gebracht, der die Spur des L. nach wenigen Hundert Metern verlor.

Am 26.10.1971, gegen 17.00 Uhr, wurde in einer Hauptverkehrsstraße in Lübbenau der VP-Meister [Name 3] durch zwei Schüsse lebensgefährlich verletzt.

Aufgrund des dringenden Verdachts, dass es sich bei dem Täter um *Leisner* handelt, wurde auf Empfehlung des MfS im VP-Revier Lübbenau eine zentrale Fahndungsgruppe der BDVP Cottbus eingesetzt.

Außer der Ermittlung der vermutlichen Fluchtrichtung, die Schlussfolgerungen auf den wahrscheinlichen Aufenthaltsort zuließ, konnten die Kräfte der DVP am Tatort keine auswertbaren Spuren festgestellt werden.

Eine in der Nacht zum 27.10.1971 durch Kräfte des MfS am Tatort vorgenommene Untersuchung führte zur Sicherstellung eines Projektils und zwei Hülsen, deren Überprüfung ergab, dass sie die gleiche Seriennummer aufweisen wie die Munition der NVA-Diensteinheit des *Leisner.*

Die in der Nacht vom 26. zum 27.10.1971 in der Nähe des Tatortes durchgeführten Suchmaßnahmen führten nicht zur Ergreifung, obwohl durch zwei Zeugen und das Auffinden eines Nylonmantels Hinweise vorlagen, dass sich L. dort aufgehalten haben musste, was durch die spätere Aussage des *Leisner* bestätigt wurde. An diesem Ort hatte L. auch die Tatwaffe versteckt, um nicht als Täter erkannt zu werden. Einem vom schwerverletzten VP-Meister [Name 3] gegebenen Hinweis, der gewisse Zusammenhänge vermuten ließ, wurde nicht konsequent nachgegangen.

Seitens der DVP bestand völlige Unklarheit über den Tathergang.

Durch die am Vormittag des 27.10.1971 durch das MfS geführten Untersuchungen konnten folgende Zusammenhänge herausgearbeitet werden.

Am 26.10.1971, gegen 17.00 Uhr, war am Kontrollpunkt Zerkwitz bei Lübbenau, der durch die VP-Angehörigen [Name 4], [Name 5], [Name 6], [Name 7] und [Name 8] besetzt war, aus dem Linienbus Lübbenau-Lübben eine männliche Person ausgesetzt worden, die sich nicht legitimieren konnte.

Obwohl den angeführten VP-Angehörigen bekannt war, dass der zur Fahndung stehende *Leisner* schwer bewaffnet ist und jede sich nicht ausweisende Person als Fahndungsobjekt dringend verdächtig ist, nahmen sie weder eine Durchsuchung dieser Person vor noch handelten sie entsprechend den notwendigen Einsatz- und Sicherheitsprinzipien.

Unter dem Vorwand des Leiters des Kontrollpunktes, VP-Meister [Name 4], nicht zusätzlich zwei Kräfte abstellen zu können, um die verdächtige Person mit einem am Kontrollpunkt vorhandenen Lkw zum VP-Revier Lübbenau zuzuführen, ersuchte dieser den zufällig mit einem Krad eingetroffenen VP-Meister [Name 3], die festgenommene Person auf dem Sozius zum VP-Revier zu fahren. Nach anfänglichem Zögern erklärte sich dieser schließlich dazu bereit.

Während der Fahrt bedrohte die festgenommene Person – bei der es sich um *Leisner* gehandelt hatte – den VP-Meister [Name 3] und versuchte anschließend zu flüchten. Als [Name 3] bei der Verfolgung stürzte, gab *Leisner* auf ihn zwei gezielte Schüsse ab, wodurch [Name 3] schwer verletzt wurde.

Die am Kontrollpunkt Zerkwitz eingesetzten VP-Angehörigen unterrichteten weder das VP-Revier Lübbenau von der beabsichtigten Zuführung einer festgenommenen Person noch erkundigten sie sich – selbst dann nicht, als sie von einer Zivilperson erfuhren, dass in Lübbenau ein VP-Angehöriger angeschossen worden ist – danach, ob dieses Vorkommnis mit der von [Name 4] veranlassten vorschriftswidrigen Zuführung stehen kann.

Bei der zeugenhaften Vernehmung dieser VP-Angehörigen durch das MfS am 27.10.1971 konnte dieser Tathergang erstmals überschaubar aufgeklärt werden.

Die VP-Angehörigen vom Kontrollpunkt Zerkwitz sagten aus, dass sie keine Verbindung zwischen der veranlassten Zuführung und der ihnen bekannt gewordenen Schusswaffenanwendung auf einen VP-Angehörigen in Lübbenau erkannt haben wollen und daher keine Meldung erstatteten.

Durch den Chef der BDVP Cottbus wurden gegen die VP-Angehörigen [Name 4], [Name 5], [Name 6], [Name 7] und [Name 8] Disziplinarverfahren eingeleitet.

Es wird empfohlen, die in der Information aufgezeigten Mängel und Unzulänglichkeiten in der Durchführung der Fahndungsmaßnahmen in geeigneter Form auszuwerten.

24. November 1971

Information Nr. 1129/71 über einen Schusswaffengebrauch zwischen Angehörigen der NVA-Grenztruppen mit Todesfolge

Quelle: BArch, MfS, ZAIG 1976, Bl. 1–5 (4. Expl.).
Serie: Informationen.
Verteiler: Hoffmann – MfS: HA I/AIG, HA X/AIG, Ablage.
Vermerk: Im Dokumentenkopf zusätzliche Datierung: »6.1.72«.

Am 7.11.1971, gegen 16.45 Uhr, wurden die NVA-Angehörigen der 7. Grenz-Kompanie Groß-Thurow, 6. Grenzregiment Schönberg, [Kreis] Gadebusch, [Bezirk] Schwerin, Gefreiter *Bäckler,* Klaus,[1] geboren 11.6.1951, wohnhaft Ravensberg, [Kreis] Bad Doberan, Maschinenschlosser, parteilos, Mitglied der FDJ, ledig, NVA seit 3.11.1970, und Soldat *Delvoigt,* Heinz,[2] geboren 14.6.1947, wohnhaft Berlin-Friedrichshain, [Straße, Nr.], Maschinenschriftsetzer, parteilos, Mitglied der FDJ, verheiratet, ein Kind, NVA seit 3.5.1971, in ihrem Postenbereich, 300 m von der Staatsgrenze zur BRD entfernt, an der Straße Gadebusch in Richtung Staatsgrenze (Ratzeburg/BRD) von einer Alarmgruppe der 7. Grenzkompanie mit Schussverletzungen tot aufgefunden.[3]

Die durch das MfS durchgeführten Untersuchungen ergaben Folgendes:

Der *Bäckler* (Postenführer) und *Delvoigt* (Posten) waren am 7.11.1971 für die Zeit von 10.00 bis 18.00 Uhr im vorgenannten Abschnitt als gedeckte Beobachtungsposten eingesetzt.

Gegen 16.30 Uhr nahmen die Nachbarposten – Gefreiter [Name 1] und Soldat [Name 2] – einen Schuss und Sekunden später mehrere Schüsse im Postenbereich von *Bäckler* und *Delvoigt* wahr und meldeten dies über das Grenzmeldenetz an den Führungspunkt der Grenzkompanie. Von dort aus erfolgte der sofortige Einsatz der Alarmgruppe.

Die Alarmgruppe sicherte den Ereignisort bis zum Eintreffen der Untersuchungskommission ab.

Durch die Untersuchungskommission wurde festgestellt, dass die Leichen der NVA-Angehörigen sich im angewiesenen Postenbereich befanden. Während *Bäckler* drei Meter vom gedeckten Beobachtungspunkt entfernt in Rückenlage auf der asphaltierten Straße lag, befand sich *Delvoigt* in 7,50 Meter

1 Klaus Bäckler, Jg. 1951, Maschinenschlosser, 1970 zum Wehrdienst in die NVA eingezogen, am 7. November 1971 während einer Auseinandersetzung mit dem Grenzsoldaten Heinz Delvoigt, der vermutlich versuchte zu fliehen, ums Leben gekommen.

2 Heinz Delvoigt, Jg. 1947, Schriftsetzer, im Mai 1971 zum Wehrdienst in die NVA eingezogen, August 1971 Antrag auf Entlassung aus dem Wehrdienst, der abgelehnt wurde, Entschluss zur Flucht, die am 7. November 1971 vermutlich nach einer Auseinandersetzung mit seinem Postenführer Klaus Bäckler tödlich endete.

3 Zu Heinz Delvoigt und Klaus Bäckler vgl. die Einträge in der Datenbank der Todesopfer des Grenzregimes der DDR des Forschungsverbundes SED-Staat an der Freien Universität Berlin, online abrufbar unter: https://www.fu-berlin.de/ (letzter Abruf: 20.1.2021).

Entfernung von *Bäckler,* ebenfalls auf dem Rücken liegend, am Rand der Straße.

Die Dienstwaffe des *Bäckler,* Maschinenpistole Typ »Kalaschnikow«, war auf Einzelfeuer gestellt, entsichert und lag mit dem Kolben zum Körper, der Trageriemen war um die Schulter gelegt. Von der zur Waffe gehörenden Munition fehlten zehn Patronen. Der Handschutz der Waffe war durch Schusseinwirkung zerstört.

Die Dienstwaffe des *Delvoigt,* Maschinenpistole Typ »Kalaschnikow«, lag 1,45 Meter von der Leiche entfernt. Sie war entsichert und auf Einzelfeuer gestellt. Von der zur Waffe gehörenden Munition fehlten fünf Patronen.

Bei der gerichtlichen Obduktion ist bei beiden NVA-Angehörigen als Todesursache Herzzerreißung infolge je eines Brustdurchschusses festgestellt worden.

Außerdem wurden an beiden Leichen noch weitere Verletzungen festgestellt.

(*Bäckler:* Hämatome am Kopf | *Delvoigt:* Durchschüsse am Unterarm, Oberschenkel, Knie, Wange, Gesäß, Hals-Schulterbereich)

Aus den durchgeführten Untersuchungen am Ereignisort, den gutachterlichen Befunden an den Leichen und den Waffen, der Fundsituation der Patronenhülsen und ihrer Zuordnung zu den Waffen sowie den Zeugenaussagen der Nachbarposten ist zweifelsfrei zu erkennen, dass sich die NVA-Angehörigen *Bäckler* und *Delvoigt* gegenseitig beschossen haben und dabei tödliche Verletzungen erlitten.

Die Schussverletzungen an den Leichen – Einschuss, Schusskanal und Ausschuss – bestätigen den Befund, dass sich beide Posten aufrecht gegenüberstanden, als sie sich verletzten.

Es sind bei den Untersuchungen keinerlei Anhaltspunkte, die einen Angriff von gegnerischer Seite oder aus dem Grenzhinterland begründen, festgestellt worden.

Die Grenzsicherungsanlagen, insbesondere der 3,50 m hohe Streckmetallzaun, wiesen keine Beschädigungen auf.

Aus den Untersuchungen zu den Persönlichkeitsbildern des *Bäckler* und *Delvoigt* ist ersichtlich, dass *Bäckler* einen guten Grenzdienst versah, eine positive Einstellung zu unserer Staats- und Gesellschaftsordnung besaß und im Kollektiv geachtet wurde.

Es gab keinerlei Anzeichen oder Hinweise auf einen Fahnenfluchtverdacht.

Delvoigt hatte familiäre Schwierigkeiten. Während seiner Zugehörigkeit zur Armee hatte die Ehefrau Scheidungsklage eingereicht, worüber sie ihn am 4.11.1971 anlässlich eines Kurzaufenthaltes in Berlin – [Passage mit schutzwürdigen Informationen nicht wiedergegeben] unterrichtete.

Diesbezügliche Aussagen der Ehefrau sowie Genossen seiner Einheit ergaben, dass *Delvoigt* darüber sehr bedrückt war und äußerte, dass das Leben für ihn keinen Sinn mehr habe.

Diese Konfliktsituation – [Passage mit schutzwürdigen Informationen nicht wiedergegeben] hat offenbar den *Delvoigt* zu solchen Handlungen veranlasst, die den *Bäckler* zum Eingreifen mit der Waffe zwang.

Es ist dabei nicht ausgeschlossen, dass *Delvoigt* Vorbereitungen zur Selbsttötung bzw. zur Fahnenflucht traf. Diese Version wird erhärtet durch die Tatsache, dass *Delvoigt* bereits 1966 einen Selbsttötungsversuch mit Leuchtgas unternommen hatte [Passage mit schutzwürdigen Informationen nicht wiedergegeben].

Es ist vorgesehen, die Untersuchungsergebnisse in geeigneter Form mit den verantwortlichen Kommandeuren der NVA-Grenztruppen auszuwerten mit dem Ziel, entsprechende Schlussfolgerungen zu treffen und Maßnahmen zur weiteren Festigung der Militärkollektive einzuleiten.

1. Dezember 1971

Information Nr. 1145/71 über die Situation im Bereich Edelmetall des VEB Berliner Metallhütten- und Halbzeugwerk

Quelle: BArch, MfS, ZAIG 1979, Bl. 1–4 (4. Expl.).
Serie: Informationen.
Verteiler: Rauchfuß, Böhm (über HA/XVIII/4) – MfS: Schröder/HA XVIII, Mielke, Ablage.

Wie dem MfS bekannt wurde, sind seit dem Jahr 1968 größere Mengen Gold und Platin aus dem Berliner Metallhütten- und Halbzeugwerk (BMHV) entwendet worden. Die Untersuchungen ergaben, dass diese wertvollen Edelmetalle von Betriebsangehörigen entwendet und zum Teil über Mittelspersonen nach Westberlin und Westdeutschland verbracht wurden.

Vom Ministerium für Staatssicherheit wurde im Zusammenhang mit diesen Vorkommnissen im VEB Berliner Metallhütten- und Halbzeugwerk Folgendes festgestellt:

Insgesamt wurden aus dem VEB Berliner Metallhütten- und Halbzeugwerk 79,52 kg Platin und 5,16 kg Gold (Industrieabgabepreis von 1 785 000 M) gestohlen.

Nach einem Ministerratsbeschluss aus dem Jahre 1954, in dem für Platin und Gold bei freiem Verkauf über die Staatliche Münze der DDR andere Preise festgelegt wurden, beträgt der Gesamtwert der ermittelten Fehlmengen 6 191 000 Mark.

Bei den Untersuchungen wurde eine Reihe begünstigender Umstände festgestellt, die mit diesen umfangreichen Diebstählen ermöglicht haben, so u. a. folgende:

Von der zuständigen Bereichsleitung im VEB BMHV wurden seit Jahren in unverantwortlicher Art und Weise grundlegende Mängel und Lücken im Belegwesen, bei Inventuren, bei der Durchsetzung von Ordnung, Sicherheit und Disziplin geduldet.

So gibt es z. B. im Produktionsbereich Edelmetalle weder Materialverbrauchs- noch Verlustnormen, sodass ein sofortiger Soll-Ist-Vergleich bei Verlusten auf dieser Grundlage nicht möglich ist.

Für den notwendigen exakten Nachweis dieser unvertretbar hohen Fehlmengen wurde deshalb eine den spezifischen Bedingungen entsprechende maximale Sollgröße für eine vertretbare Verlusthöhe von 2,5 % des Anteils an der Warenproduktion zugrunde gelegt. Diese 2,5 % sind bei den o. a. Verlustmengen nicht enthalten.

Bei anderen gleichgelagerten Betrieben liegt der vertretbare Verlust an Platin bei etwa 1,5 %.

Von einem Arbeitsgang zum anderen erfolgt keine belegmäßig gesicherte Übergabe bzw. Übernahme des Edelmetalls, sodass mögliche Verluste erst nach Monaten und Jahren als Gesamtsumme erfasst werden.

Die Durchführung der Inventuren war unter ständiger Verletzung gesetzlicher Bestimmungen so organisiert, dass Minusdifferenzen verschleiert werden konnten.

Diese Inventuren wurden ausschließlich von Mitarbeitern des VEB Berliner Metallhütten- und Halbzeugwerkes selbst durchgeführt.

1966 wurde vom Werkdirektor eine Organisationsanweisung über die Sicherung, den Verkehr und die Lagerung von Edelmetallen erlassen. Diese Anweisung wurde im Bereich Edelmetall kaum beachtet. Den Mitarbeitern des Betriebsschutzes war die Organisationsanweisung überhaupt nicht bekannt.

Die Versäumnisse bei der Sicherung des Edelmetallbereiches im VEB BMHW bestanden vor allem darin, dass

- die Kontrolle zum Betreten des Produktionsbereiches Edelmetalle nur ungenügend erfolgte;
- Genehmigungen zum Betreten des Bereiches meist nicht eingehalten wurden und es auch keinen lückenlosen Nachweis über den Besucherverkehr gibt;
- zwischen 17.00 und 5.00 Uhr die Wache überhaupt nicht besetzt worden war;
- seit ca. zwei Jahren keine Taschenkontrollen durchgeführt wurden;
- die Besucher lediglich in ein Buch eingetragen, gesonderte Passierscheine jedoch nicht ausgestellt wurden;
- in der 2. Schicht die Wache überhaupt nicht besetzt war;
- Transporte von Edelmetallen mit Handwagen zwischen den Betriebsteilen von zwei Mitarbeitern des Bereiches durchgeführt worden waren;
- die Fertigerzeugnisse z. T. durch eine Mitarbeiterin des Edelmetallbereiches zum Postamt gebracht und von dort einfach mit Einschreibepäckchen an die Kunden verschickt wurden;
- eine planmäßige Kaderüberprüfung der Mitarbeiter im Edelmetallbereich ebenfalls nicht durchgeführt wurde;
- zu bestimmten Räumen der Edelmetallabteilung alle Mitarbeiter, auch Handwerker aus anderen Abteilungen und z. T. betriebsfremde Personen, unkontrolliert Zutritt hatten.

Im Ergebnis dieser Untersuchungen wurden drei verantwortliche Mitarbeiter des Edelmetallbereiches zunächst von ihren Funktionen entbunden.

Durch zusätzliche Untersuchungen einer vom Zentralkomitee der SED eingesetzten Kommission wurden im Zusammenhang mit den Vorkommnissen auch ernsthafte Versäumnisse des Werkleiters festgestellt, dass er vorläufig von seiner Funktion entbunden werden musste.[1]

1 Vgl. die Untersuchungen des ZK zu den Vorfällen in: BArch, DY 30/5478 u. 62181.

18. Dezember 1971

Information Nr. 1209/71 über einen ungesetzlichen Grenzübertritt DDR – BRD mit Auslösung einer Minendetonation am 14. Dezember 1971

Quelle: BArch, MfS, ZAIG 1989, Bl. 29–34 (5. Expl.).
Serie: Informationen.
Verteiler: Borning, Hoffmann – MfS: HA I, HA VII, Ablage.
Vermerk: Im Dokumentenkopf zusätzliche Datierung: »17.12.71«.
Bermerkung: Ablagexemplar der HA I ist überliefert in BArch, MfS, HA I 5865, Teil 1.

Am 14.12.1971, gegen 18.00 Uhr, erfolgte im Grenzabschnitt Jützenbach, Ortsteil Zwinge, Kreis Worbis, Bezirk Erfurt, ein ungesetzlicher Grenzübertritt DDR – BRD durch die DDR-Bürger [Name, Vorname 1], geboren [Tag, Monat] 1950 in [Ort], wohnhaft Großbogungen,[1] Kreis Worbis, [Straße, Nr.], beschäftigt gewesen als Arbeiter in [Betrieb] in Großbodungen, dessen Ehefrau [Name, Vorname 2, Geburtsname], geboren [Tag, Monat] 1951 in [Ort], wohnhaft wie Ehemann, nicht berufstätig, und deren gemeinsames Kind [Vorname] [Alter].

Die Täter lösten bei der Überwindung der Grenzsicherungsanlagen eine Minendetonation aus, wodurch sie vermutlich schwer verletzt wurden.[2]

Die bisherigen Untersuchungen durch das MfS ergaben:

Zum Zeitpunkt des ungesetzlichen Grenzübertritts waren in der Nähe der Durchbruchstelle keine Grenzposten eingesetzt.

Der nächste Grenzposten der Grenzkompanie Silkerode, GR 4 Heiligenstadt, befand sich ca. 2000 m vom Tatort entfernt im Abschnitt Ziegelei Zwinge. Durch diesen Grenzposten wurde die gegen 18.30 Uhr erfolgte Minendetonation wahrgenommen und eine diesbezügliche Meldung an die Grenzkompanie erstattet. Die vom Kompaniechef zum Einsatz befohlenen Kontroll- und Bergungskräfte stellten gegen 19.25 Uhr im Durchbruchabschnitt zwei Spuren DDR – West fest.

Gegen 21.45 Uhr wurden im Ergebnis der vom Kommandeur des Grenzregiments befohlenen Maßnahmen durch die Bergungstruppe die Detonationsstelle und in deren Umgebung folgende Dokumente und Gegenstände gefunden, die zur Identifizierung der Täter führten:

- zwei Personalausweise,
- ein Damenstiefel (stark zerrissen),

1 Im Original durchgehend: »Groß Bodungen«.

2 Nach westlichen Presseberichten wurde die Frau schwer, der Mann nur leicht verletzt. Das Kind überstand die Flucht körperlich unbeschadet. Vgl. Ehepaar aus DDR-Minenfeld verletzt entkommen. In: Der Tagesspiegel v. 15.12.1971, S. 1; Im »DDR«-Minenfeld schwer verletzt. In: Die Welt v. 15.12.1971, S. 1.

- eine Herrenjacke (stark mit Blut beschmutzt),
- eine kunstlederne Dameneinkaufstasche mit Inhalt (Familienstammbuch, Kinderpullover, Kinderkleid und Kinderunterwäsche).

Die bisherige Rekonstruktion des Grenzdurchbruchs ergab, dass die Annäherung der Grenzverletzer zu Fuß erfolgte und der freundwärtige Streckmetallzaun überstiegen wurde.

Nach Überwindung des Minenfeldes, bei der die Detonation einer Mine ausgelöst wurde, haben die Täter den feindwärtigen Maschendrahtzaun offensichtlich durch Unterkriechen überwunden. Inwieweit und in welcher Art und Weise sie dabei Unterstützung von westlicher Seite erhielten, wird noch untersucht.

Zum Zeitpunkt des Eintreffens der Grenzsicherungskräfte am Tatort, gegen 19.15 Uhr, befanden sich in dem feindwärts der Grenzsicherungsanlagen vorgelagerten Gebiet der DDR bis zum eigentlichen Grenzverlauf (ca. 60 m) keine Personen.

Im westlichen Vorfeld befanden sich zu diesem Zeitpunkt in einer Entfernung von 150 m zum Tatort auf der Straße Fuhrbach – Brochthausen ca. 30 Zivilfahrzeuge (Pkw) und Kfz des BGS. Gegen 19.35 Uhr hielten sich ca. zehn BGS- und BGS-Angehörige auf westlichem Gebiet in der Nähe des Tatortes auf, die den Durchbruchsabschnitt mit Spurenlampen ableuchteten. Zu Provokationen oder Kontaktversuchen kam es dabei nicht.

Am 15.12.1971 wurden auf westlicher Seite des Tatortes umfangreiche Aktivitäten gegnerischer Kräfte beobachtet.

Von 7.30 bis gegen 16.30 Uhr wurden ca. 150 Zivilpersonen von ZGD-Angehörigen an der Durchbruchstelle eingewiesen. Vorwiegend handelte es sich hierbei um Zivilpersonen, die mit Pkw bis in unmittelbare Nähe des Durchbruchortes fuhren.

Gegen 10.45 Uhr überflogen zwei englische Militärhubschrauber diesen Grenzabschnitt und standen ca. drei Minuten über dieser Stelle.

Im Verlaufe des Nachmittags wurden mehrere Schulklassen aus den umliegenden Orten Fuhrbach und Brochthausen an den Durchbruchsort geführt. Von ZGD-Angehörigen wurden die Schulkinder (9 bis 14 Jahre) eingewiesen.

Die Grenzsicherungskräfte der NVA wurden von diesen Kindern in übelster Weise beschimpft. Anwesende Erwachsene unterstützten die Kinder.

Auffällig war, dass sich die auf westdeutscher Seite anwesenden BGS-Angehörigen nicht an den Einweisungen beteiligten und sich auch gegenüber den Zivilpersonen zurückhielten.

Die Durchbruchstelle war ganztägig besetzt durch drei Angehörige des BGS und drei Angehörige des ZGD. Gegen 16.45 zogen sich die ZGD-Angehörigen in gedeckte Beobachtungspunkte zurück, während die BGS-Angehörigen in das Hinterland zurückfuhren. Gegen 23.00 Uhr hielt sich der ZGD noch in den Beobachtungspunkten auf.

Angaben zur Person der Täter:

[Name] und seine jetzige Ehefrau hatten bereits am 7.5.1968 im Grenzabschnitt Silkerode, Kreis Worbis, die DDR ungesetzlich verlassen und waren am 23.7.1968 über die Grenzübergangsstelle Oebisfelde wieder in die DDR zurückgekehrt.

Sie wurden bedingt verurteilt [Passage mit schutzwürdigen Informationen nicht wiedergegeben]. Für den [Name, Vorname 1] wurde für die 2-jährige Bewährungszeit bis 1970 Arbeitsplatzbindung angeordnet.

[Passage mit schutzwürdigen Informationen nicht wiedergegeben]

Er war politisch nicht organisiert und politisch desinteressiert. Seine Einstellung zu unseren gesellschaftlichen Verhältnissen war negativ.

Die Ehefrau des [Name] arbeitete bis zum ersten ungesetzlichen Grenzübertritt und nach der Rückkehr aus der BRD [Passage mit schutzwürdigen Informationen nicht wiedergegeben] als wirtschaftliche Hilfskraft im VEB Kaliwerk »Karl Liebknecht« in Bleicherode.

[Passage mit schutzwürdigen Informationen nicht wiedergegeben]

Die Untersuchungen des MfS zur umfassenden Aufklärung der Ursachen und begünstigenden Bedingungen für diesen Grenzdurchbruch werden im Zusammenwirken mit den zuständigen Organen der Grenztruppen der NVA fortgeführt.

27. Dezember 1971

Information Nr. 1231/71 über schwere Verbrechen des NVA-Angehörigen Soldat Meyer, Gerhard in der Zeit vom 24. bis 25. Dezember 1971

Quelle: BArch, MfS, ZAIG 1980, Bl. 1–8 (8. Expl.).
Serie: Informationen.
Verteiler: Hager, Dickel, Keßler (über HA I) – MfS: Mielke, AGM, FFG, HA I/AIG, HA VII/AIG, Renckwitz, Schröder, Ablage.
Vermerk: Im Dokumentenkopf zusätzliche Datierung: »28.12.« – ebenda handschriftlich: »siehe auch Inf[ormation] 1238/71«.
Bemerkungen: Spätere, ergänzte Fassung des Berichtes ohne Datum ist überliefert, dort Notiz auf erster Seite: »geht nicht raus, mündliche Absprache Gen. Beater/Hager erfolgt«, Bl. 10–24 – Schreiben der ZAIG an Mielke, 26.12.1971.
Verweis: Information 1238/71.

Am 24.12.1971, um 0.05 Uhr, hat der Soldat *Meyer,* Gerhard,[1] geboren [Tag, Monat] 21.7.1952, wohnhaft Kieselbach, [Kreis] Bad Salzungen, [Straße, Nr.], NVA seit 1.11.1971 (GWD), Pionier in der PiK-15 Sonneberg, GR-15, Grenzkommando Süd, bewaffnet mit einer MPi und 60 Schuss Munition, seine Einheit verlassen und in der Folgezeit

- den Arzt Dr. [Name 1, Vorname], geboren [Tag, Monat] 1892 in [Ort], wohnhaft Sonneberg, [Straße, Nr.], verheiratet, durch Schlag mit MPi-Kolben schwer verletzt (Schädelfraktur);
- den Unterleutnant der VP *Michaelis,* Günther[2], geboren [Tag, Monat] 1933, wohnhaft Sachsenbrunn, [Kreis] Hildburghausen, ABV in Sachsenbrunn, verheiratet, zwei Kinder durch MPi-Schüsse tödlich verletzt;
- die Säuglingsschwester [Name 2, Vorname], geboren [Tag, Monat] 1952 in [Ort], wohnhaft [Ort, Nr.], [Kreis], mit MPi-Kolben verletzt (Kopfplatzwunde).

Im Ergebnis der sofort eingeleiteten umfangreichen Fahndungsmaßnahmen in den Bezirken Suhl und Gera wurde der *Meyer* am 25.12.1971, um 10.06 Uhr, in einem Wochenendhaus in Saalfeld, Am Lärchenhölzchen, festgestellt.

Bei der versuchten Festnahme kam es zu einem gegenseitigen Schusswechsel, bei dem der Major der VP, *Adam,* Helmut,[3] geboren [Tag, Monat]

1 Gerhard Meyer, Jg. 1952, Maschinist, 1971 Wehrdienst, am 24. Dezember 1971 während eines Desertionsversuches ums Leben gekommen. Vgl. Staadt, Jochen; Schroeder, Klaus: Die Todesopfer des DDR-Grenzregimes an der innerdeutschen Grenze 1949–89. Ein biographisches Handbuch. Bonn 2017, S. 520–522.

2 Günther Michaelis, Jg. 1933, bis 1971 Abschnittsbevollmächtigter in Sachsenbrunn, weitere Angaben zur Person konnten nicht ermittelt werden.

3 Helmut Adam, Jg. 1929, bis 1971 1. Stellvertreter der VPKA Saalfeld, weitere Angaben zur Person konnten nicht ermittelt werden.

1929 in Rudolstadt, wohnhaft Saalfeld, [Straße, Nr.], erlernter Beruf: Tischler, 1. Stellv. des Leiters des VPKA Saalfeld, verheiratet, fünf Kinder [Alter], durch einen MPi-Schuss des *Meyer* tödlich verletzt wurde.

Meyer erlitt bei diesem Schusswechsel ebenfalls Verletzungen, die zum sofortigen Tod führten.

Die Fahndung nach dem M. und die ersten Untersuchungen seiner Verbrechen führten zu folgenden Feststellungen und Rekonstruktionen:

M. wurde am 23.12.1971 erstmalig mit einer Waffe (Maschinen-Pistole M 43 und 60 Schuss Munition) ausgerüstet und von 22.00 bis 24.00 Uhr als Wachposten in der Pionierkompanie am Kfz-Park eingesetzt. Bei seiner Ablösung um 24.00 Uhr entfernte sich *Meyer* von seiner Diensteinheit. Nach längerem Suchen wurde um 1.20 Uhr der Operative Diensthabende des Grenzregimentes Sonneberg verständigt, der entsprechende Fahndungsmaßnahmen einleitete.

Um 1.05 Uhr teilte die Ehefrau des Arztes [Name 1, Vorname] aus Sonneberg dem dortigen VPKA mit, dass ihr Ehemann nicht nach Hause gekommen sei. Um 2.00 Uhr wurde das VPKA Hildburghausen verständigt, dass auf dem Gelände des Krankenhauses Eisfeld ein heller Pkw Typ Opel-Kapitän aufgefunden wurde. Die Überprüfung des Kennzeichens ergab, dass es sich um den Pkw des Arztes [Name 1] aus Sonneberg handelte.

Gegen 6.30 Uhr wurde [Name 1] mit einer stark blutenden Platzwunde am Kopf in einer aufgebrochenen Gartenlaube in Eisfeld (ca. 150 m vom Pkw entfernt) aufgefunden.

Aufgrund der in dieser Gartenlaube sichergestellten Kleidungsgegenstände der NVA und der Zeugenaussagen des [Name 1] wurde zweifelsfrei festgestellt, dass es sich bei dem Täter um den *Meyer* handelt.

[Name 1] war von *Meyer* unter Waffenandrohung gezwungen worden, ihn mit seinem Pkw nach Eisfeld zu fahren.

Am 24.12.1971, gegen 4.50 Uhr, wurde im 2,5 km entfernten Sachsenbrunn von mehreren Bürgern der ABV *Michaelis,* Günther – der im Rahmen der Fahndungsmaßnahmen wirkte – schwer verletzt aufgefunden. Der ABV war voll bei Bewusstsein und gab an, dass er angeschossen worden sei. Auf dem Transport ins Krankenhaus verstarb Genosse *Michaelis* (Verblutung infolge eines Lungendurchschusses) gegen 5.20 Uhr.

Die am Tatort aufgefundenen zwei Patronenhülsen M 43 und ein Projektil vom Typ M 43 beweisen eindeutig, dass die Schüsse aus der Waffe des *Meyer* abgegeben worden waren.

Am 24.12.1971, gegen 20.05 Uhr, wurde die Säuglingsschwester [Name 2, Vorname] in der Nähe des Kreiskrankenhauses Saalfeld durch *Meyer* mit der MPi bedroht und in einem Handgemenge am Kopf verletzt (Kopfplatzwunde).

Danach flüchtete *Meyer* erneut.

Bei der sofort vorgenommenen Tatortuntersuchung wurden ein Seitengewehr für Maschinenpistole, Modell Kalaschnikow, mit der Nummer Z 6748 und eine hellblaue Dreifarben-Taschenlampe sichergestellt.

Im Rahmen der präzisierten Fahndungsmaßnahmen wurde *Meyer* am 25.12.1971, um 10.06 Uhr, in einem unbewohnten Wochenendhaus in Saalfeld, Am Lärchenhölzchen, ca. 200 m südwestlich des Kreiskrankenhauses Saalfeld, festgestellt.

Auf der Grundlage der Weisungen des Ministers des Innern wurde der Kommandeur der 10. VP-Bereitschaft Rudolstadt, Oberstleutnant *Hennig*,[4] beauftragt, mit Teilkräften der Bereitschaft und mittels SPW den Widerstand des Täters risikolos zu brechen und keine weiteren Verbrechen zuzulassen.

Zur Realisierung der Aufgabe wurde dem Kommandeur der 10. VP-Bereitschaft Rudolstadt der 1. Stellvertreter des Leiters des VPKA Saalfeld, Major der VP *Adam*, zugeordnet.

Meyer wurde mehrfach über ein Hand-Megaphon aufgefordert, die Waffe abzulegen und das Objekt zu verlassen, was von ihm mit den Worten abgelehnt wurde: »Ich komme nicht heraus, wenn Sie mich haben wollen, müssen Sie mich erschießen, dann brauche ich es nicht selbst zu tun.«

Nach weiteren Aufforderungen, sich zu ergeben und nach Einsatz von Reizkörpern hat M. zwei weitere Schüsse abgefeuert. Aufgrund des dabei wahrgenommenen dumpfen Klanges der Schüsse und der in der Folge eingetretenen relativ längeren Ruhe vermutete Oberstleutnant der VP *Hennig*, dass der *Meyer* Selbstmord begangen hat. Diese Schlussfolgerung veranlasste ihn, die Eingangstür des Hauses, die der Täter von innen verbarrikadiert hatte, unter Zuhilfenahme von Werkzeug gewaltsam öffnen zu lassen. Zur Unterstützung der Handlungen befahl Oberstleutnant der VP *Hennig* dem Major *Adam*, mit einem weiteren SPW an die Giebelseite des Hauses heranzufahren. Bei Annäherung dieses SPW an das Objekt wurde von *Meyer* ein weiterer Schuss abgegeben.

Nach einem erneuten Einsatz von Reizkörpern begaben sich Oberstleutnant der VP *Hennig*, Major der VP *Adam*, Hauptmann der VP *Samper*[5] und Oberwachtmeister der VP *Meinhardt*[6] unter gegenseitigem Feuerschutz in das Objekt. Im oberen Stockwerk stand Oberstleutnant der VP *Hennig* nach Öffnen der Tür sofort dem *Meyer* in einer Entfernung von ca. 3,5 m gegenüber. In dieser Situation richtete *Meyer* die MPi auf Oberstleutnant *Hennig* und sagte: »Schießen Sie!«

Durch Oberstleutnant der VP *Hennig* und Major der VP *Adam*, die beide ihre Maschinenpistolen ebenfalls in Anschlag hielten, wurde ständig auf *Meyer* mit Worten eingewirkt, die Waffe wegzulegen und sich zu ergeben.

4 Hennig, weitere Angaben zur Person konnten nicht ermittelt werden.
5 Samper, weitere Angaben zur Person konnten nicht ermittelt werden.
6 Meinhardt, weitere Angaben zur Person konnten nicht ermittelt werden.

Um *Meyer* zum Niederlegen der Waffe zu bewegen, legte Oberstleutnant der VP *Hennig* selbst seine mitgeführte MPi im gesicherten Zustand ab und forderte *Meyer* auf, ebenso zu handeln. Auf mehrere Versuche der Genossen Oberstleutnant der VP *Hennig* und Major der VP *Adam,* auf *Meyer* zuzugehen, reagierte dieser sofort, indem er mit seiner Maschinenpistole auf diese zielte. Beim plötzlichen Versuch von *Meyer,* durch das Fenster zu flüchten, sprang Major der VP *Adam* auf *Meyer* zu – vermutlich in der Absicht, diesen zu entwaffnen.

Meyer wandte sich im gleichen Moment dem Major der VP *Adam* zu, und beide schossen – nach übereinstimmenden Aussagen der Genossen Oberstleutnant der VP *Hennig* und Hauptmann der VP *Samper* – fast im gleichen Augenblick aufeinander und brachen sofort zusammen. *Meyer* erlag den erlittenen Schussverletzungen sofort am Tatort. Major der VP *Adam* wurde durch einen Unterleibsschuss schwer verletzt und nach Erste-Hilfe-Leistung durch den am Einsatzort befindlichen Arzt in das Kreiskrankenhaus Saalfeld überführt, wo er während der sofort durchgeführten Operation an den Folgen der Verletzungen verstarb.

Zur Person des Täters:

M. besuchte die Polytechnische Oberschule in Kieselbach bis zum Abschluss der 10. Klasse im Jahre 1969. Anschließend lernte er als Aufbereitungslehrling im VEB Kalikombinat Werra, Objekt »Ernst Thälmann«.

Er entstammte einer Arbeiterfamilie. Sein Vater ist Genossenschaftsbauer in der LPG Kieselbach. Seine Erziehung im Elternhaus erfolgte im Sinne unseres Staates. Während seiner Schulzeit gehörte er der Pionierorganisation an und wurde 1967 Mitglied der FDJ.

Während seiner Lehrzeit zeigte M. wenig Interesse für seinen Beruf und erreichte nur befriedigende theoretische und fachliche Leistungen.

Bereits während seiner Schulzeit, aber auch während seiner Lehrzeit lebte er sehr zurückgezogen und fand keinen richtigen Kontakt zum Kollektiv. Er hatte einen sehr ruhigen und verschlossenen Charakter. Er ist als ausgeprägter Einzelgänger zu bezeichnen, der sich fast vollkommen abkapselte und keinen Umgang pflegte. Selbst gegenüber seinen Eltern war er sehr wortkarg und verschlossen.

M. besuchte keine Gaststätten, auch keine Veranstaltungen, trank keinen Alkohol und war Nichtraucher. Auch zu dem anderen Geschlecht pflegte er keinen Kontakt. Seine Freizeit verbrachte er meist zu Hause, betätigte sich aber auch zeitweilig in der LPG des Ortes. In der Freizeit beschäftigte er sich noch mit utopischer Literatur, sah Fernsehen, auch Westfernsehen.

Negatives über ihn war nicht bekannt. Er war sonst freundlich und hilfsbereit.

Nach seiner Einberufung zur NVA am 2.11.1971 stand er postalisch mit seinen Eltern in Verbindung und brachte auch zum Ausdruck, dass es ihm bei der NVA gefällt. Die von ihm zuvor geäußerten Voreingenommenheiten zur NVA bezeichnete er in diesem Zusammenhang als unberechtigt.

Auch während der kurzen Zugehörigkeit zur NVA zeigten sich die bereits erwähnten Charaktereigenschaften. Er fügte sich nur schwer in das Kollektiv ein und reagierte auf Kritik aufbrausend. Teilweise trat er undiszipliniert auf, musste jedoch disziplinarisch nicht zur Rechenschaft gezogen werden.

Seine politischen Grundkenntnisse wurden als unzureichend eingeschätzt. Er besaß aufgrund geistiger Unbeweglichkeit nur ein schlechtes Aufnahmevermögen.

Als Hinweise auf das mögliche Motiv seiner Verbrechen liegen bis jetzt nur die von dem verletzten [Name 2] wiedergegebenen Äußerungen vor, wonach *Meyer* »das Leben bis oben hin satthabe und ihm daran nichts mehr liege«.

Von seiner Mutter wird noch angegeben, dass *Meyer* vor ca. zwei Jahren einen Badeunfall (Gehirnerschütterung) erlitten und seitdem häufig über Kopfschmerzen geklagt habe.

Die Untersuchungen zu den von M. begangenen Verbrechen, zu den Tathergängen und Tatmotiven, den tatbegünstigenden Umständen und Bedingungen sowie die Auswertung der Führung und Realisierung der Fahndungsmaßnahmen und des Zusammenwirkens der einbezogenen Schutz- und Sicherheitsorgane werden fortgeführt.

7. Januar 1972

Information Nr. 1243/71 über Probleme bei der Schaffung von Dienst- und Unterkunftsobjekten für das MfS in Berlin-Hohenschönhausen, Arendsweg

Quelle: BArch, MfS, ZAIG 1982, Bl. 1–7 (3. Expl.).
Serie: Informationen.
Verteiler: Kein Nachweis für externe Verteilung. – MfS: Mielke, Beater, Ablage.
Vermerk: Im Dokumentenkopf handschriftlich: »wird vom Min[ister] erledigt«.
Anlage: Die im Dokument erwähnte Skizze des Flurplanes ist nicht überliefert.

[Faksimile von Blatt 1]

Auf der Grundlage des Beschlusses des Präsidiums des Ministerrates »über die materielle Sicherstellung der erforderlichen Baumaßnahmen an den Grenzübergangsstellen zur Gewährleistung des Transitverkehrs zwischen der BRD und Westberlin sowie des Reiseverkehrs von Bürgern Westberlins in die DDR einschließlich ihrer Hauptstadt« vom 24.11.1971 (B2–287/71)[1] ergibt sich mit großer Notwendigkeit die Schaffung von Dienst- und Unterkunftsobjekten für die zusätzlichen Sicherungskräfte des MfS.

Aus diesem Grund haben Beauftragte des MfS mit den zuständigen Mitgliedern des Magistrats Verhandlungen aufgenommen, vor allem mit dem Oberbürgermeister, Gen. *Fechner,*[2] Stadtrat Gen. *Kümmel,*[3] Leiter der Bezirksplankommission und dem stellv. Leiter der Bezirksplankommission und Leiter der Abt. Räumliche Struktur, Gen. [Name].

Es bestand zunächst die Absicht, vom Magistrat zwei Wohnblöcke für die Unterbringung der zusätzlichen Sicherungskräfte des MfS aus dem Berliner Wohnungsbauprogramm 1971 zu erhalten.

1 Vgl. Anlage DD: GVS B 2–287/71: Beschluss über die materielle Sicherstellung der erforderlichen Baumaßnahmen an den Grenzübergangsstellen zur Gewährleistung des Transitverkehrs zwischen der BRD und Westberlin sowie des Reiseverkehrs von Bürgern Westberlins in die Deutsche Demokratische Republik einschließlich ihrer Hauptstadt (einschließlich Materialien); BArch, DC 20-I/4/2559.

2 Herbert Fechner, Jg. 1913, SED-Funktionär, 1948–50 Sekretär der SED-Kreisleitung Berlin-Lichtenberg, 1950/51 Sekretär der SED-Kreisleitung Berlin-Treptow, 1951–61 Stadtrat für Volksbildung bzw. Gesundheits- und Sozialwesen, 1953–61 stellvertretender Oberbürgermeister von Ostberlin, 1961–67 Bezirksbürgermeister Berlin-Köpenick, 1967–74 Oberbürgermeister von Ostberlin und Mitglied des Sekretariats der SED-Bezirksleitung Berlin, 1967–76 Kandidat des ZK der SED.

3 Horst Kümmel, Jg. 1925, SED-Funktionär, 1947–48 Sekretär im Zentralrat der FDJ, 1949–51 Abteilungsleiter Transportzentrale Berlin, 1951–53 Betriebsleiter VEB Kraftverkehr Berlin, 1954/55 Leiter der Verkehrsinspektion Berlin, 1955–59 Abteilungsleiter Verkehr des Magistrats von Berlin, 1959–61 Stellvertreter des Vorsitzenden des Wirtschaftsrates Berlin, 1961–79 Stellvertreter des Oberbürgermeisters und Vorsitzender der Bezirksplankommission, 1979–80 amtierender Oberbürgermeister von Berlin, 1980–90 Professor an der Hochschule für Ökonomie Karlshorst, 1962–80 Mitglied der SED-Bezirksleitung Berlin.

Wie Gen. Fechner jedoch überzeugend nachwies, bereitet ein derartiges Anliegen dem Magistrat und den nachgeordneten staatlichen Einrichtungen fast unlösbare komplizierte Situationen. Aus diesem Grund schlug das MfS vor, an einem geeigneten Standort kurzfristig ein Dienst- und Unterkunftsobjekt zu errichten. Dieser Vorschlag wurde von allen Beteiligten gebilligt und Gen. Fechner sicherte alle notwendigen Maßnahmen zur Unterstützung zu.

Das MfS schlug als Standort für dieses Objekt vor, eine ca. 2 ha große landwirtschaftlich genutzte Fläche (400 × 50 m) in Berlin-Hohenschönhausen südlich des Verbindungsweges Arendsweg – Ferdinand-Schultze-Straße als Baugelände für diese speziellen Zwecke zu nutzen (siehe auch Lageskizze/rot schraffierte Zone). Dieser Standort bietet unter den gegenwärtigen Bedingungen außerordentlich günstige Voraussetzungen, um in kürzester Zeit und mit den geringsten Kosten ein derartiges Objekt zu errichten, da

- das Objekt durch das Heizhaus des MfS versorgt werden kann,
- sich die Anschlüsse für die Be- und Entwässerung in unmittelbarer Nähe befinden,
- durch den komplexen Charakter des im Aufbau befindlichen Objektes sich nur ein minimaler Sicherungsaufwand erforderlich macht (in der Nähe befinden sich weitere Objekte des MfS).

Da außerdem auf der nördlichen Seite des Verbindungsweges ein Unterkunfts- und Küchenkomplex gegenwärtig errichtet wird, wurde beim Magistrat/Bezirksplankommission beantragt, für beide Vorhaben,

- Dienstobjekt auf der südlichen Seite und
- Unterkunfts- und Küchenkomplex,

eine Standortgenehmigung zur Errichtung eines Dienst- und Unterkunftsobjektes an das MfS zu erteilen.

Die Verhandlungen mit der Bezirksplankommission von Groß-Berlin haben sich in den letzten Wochen so schwierig gestaltet, insbesondere über das als sehr geeignet anzusehende Baugelände in Berlin-Hohenschönhausen, Arendsweg, dass aufgrund der fehlenden Standortgenehmigung nun bereits ein mehrwöchiger Zeitverzug für die Errichtung der einzelnen Bauwerke besteht und die Endtermine auf das ernsthafteste gefährdet sind.

Die Verhandlungen über die Realisierung des Beschlusses des Präsidiums des Ministerrates (insbesondere Pkt. 6) begannen bereits am 25.11.1971 und 26.11.1971 mit einer Aussprache beim Gen. Fechner.

Obwohl Gen. Fechner zu Beginn eine unbürokratische und schnelle Erledigung aller mit der Erteilung der Standortgenehmigung zu klärenden Fragen zusagte, hat der mit den Sachfragen beauftragte Leiter der Bezirksplankommission, Stadtrat Gen. Kümmel, und sein Stellvertreter, Gen. [Name], bis zum gegenwärtigen Zeitpunkt wegen angeblich nicht zu klärender Probleme der Geländebereitstellung die Erteilung der Standortgenehmigung verzögert.

Bereits in der ersten Beratung mit Gen. Kümmel (29.11.1971) forderte dieser, das nördlich des Verbindungsweges im Aufbau begriffene Objekt des

MfS enger zu bebauen, um zusätzliches Bauland nicht in Anspruch zu nehmen. Dafür wolle er auch die Standortgenehmigung erteilen.

Die Ablehnung der Bereitstellung von 2 ha Baugelände südlich des Verbindungsweges begründete er mit einem »Magistratsbeschluss über die Errichtung von Gewächshäusern« für den Kooperationsverband VEB Gartenbau und GPG »Weiße Taube«. Für diese Projekte wäre bereits die Standortgenehmigung erteilt und dabei auch das vom MfS beanspruchte Gelände mit einbezogen.

(Dem Gen. Kümmel war bereits bekannt, dass das MfS bis Mitte 1970 mehrfach versucht hatte, den jetzt erneut vom MfS beanspruchten Geländestreifen zu erwerben.)

In diesem Zusammenhang unternahmen beide Genossen der Bezirksplankommission den Versuch, »anderes geeignetes Gelände« dem MfS zur Verfügung zu stellen.

Die Abteilung »Räumliche Struktur« der Bezirksplankommission unterbreitete folgende Vorschläge, denen das MfS aufgrund der kurzfristig zu realisierenden Termine letztendlich nicht zustimmen kann:

1. Kohlenplatz des MdI und Gelände der Firma Reiser, Hohenschönhausen, Werneuchner Straße/Gensler Straße

Vorteile:

Die Inanspruchnahme dieses Geländes würde es gestatten, für die Perspektive das Dienstobjekt Hohenschönhausen, Freienwalder Straße, klar zu gliedern und zu strukturieren.

Nachteile:
- Das Gelände befindet sich z. T. in Rechtsträgerschaft eines anderen bewaffneten Organs.
- Das Gelände müsste geräumt werden, außerdem müssen Ersatzflächen und Ersatzräumlichkeiten für die Firma Reiser geschaffen werden.
- Die Versorgung mit Wärme gestaltet sich hier zzt. noch schwieriger, da die nächste Anschlussstelle weiter entfernt ist.

2. Kleingartenanlage »Zum gemütlichen Hasen«, Hohenschönhausen, Gensler Straße/Arendsweg/Plauener Straße

Nachteile:
- MfS würde wieder als Veranlasser der Beräumung auftreten müssen, in diesem Falle wäre auch keine kurzfristige Inanspruchnahme durchzusetzen.
- Es gibt ca. 40 Dauerbewohner, für die Ersatzwohnungen bereitgestellt werden müssten.
- Das Anschließen von Versorgungseinrichtungen ist umfangreicher und schwieriger.

3. Vom MfS bereits in Anspruch genommenes Gelände der Falkenberger-/Wartenbergerstraße

Nachteile:
- Die Wärmeversorgung ist nicht gegeben.
- Die sicherheitsmäßigen Belange sind nur mit großem Aufwand zu gewährleisten.

Dem Leiter der Abteilung »Räumliche Struktur«, Gen. [Name], wurde vonseiten des MfS als Kompromiss folgende Variante vorgeschlagen:

1. Dem MfS wird das geforderte Baugelände südlich des Verbindungsweges umgehend zur Verfügung gestellt.

2. Den Pächtern der Kleingartenanlage »Zum gemütlichen Hasen« wird zu einem späteren Zeitpunkt gekündigt (etwa 1973/1974).

Die freiwerdenden Flächen erhält der Kooperationsverband ersatzweise übergeben und kann dann seine für diesen Zeitraum geplanten Investitionen realisieren.

Gegen die Umwandlung der landwirtschaftlichen Nutzfläche in Baugelände soll ein Einspruch des RLN[4] von Groß-Berlin vorliegen, sodass die Entscheidung über die Erteilung der Standortgenehmigung wegen der ungeklärten Baulandfläche weiter verzögert wird.

Die laut Beschluss des Präsidiums des Ministerrates gebildete Arbeitsgruppe »Staatliche Leiter« unter Leitung des stellvertretenden Ministers für Verkehrswesen, Gen. *Schlimper,*[5] richtete auf Veranlassung des MfS am 6.12.1971 nochmals ein Schreiben an den Oberbürgermeister, Gen. Fechner, in welchem um die Zustimmung für das Erweiterungsvorhaben »Arendsweg« gebeten wurde. Bisher wurde dieses Schreiben noch nicht beantwortet.

Die geschilderten Hemmnisse wirken sich besonders hinderlich auf das Baugeschehen aus. In einer Reihe von Verhandlungen mit dem Metallleichtbaukombinat, einigen Tiefbau- und Montagebetrieben in Magdeburg und Frankfurt/Oder wurden bereits feste Zusicherungen erreicht, sofort nach Erteilung der Standortgenehmigung mit der Erbringung der notwendigen Lieferungen und Leistungen zu beginnen.

Damit wäre binnen kürzester Frist die Errichtung der notwendigen Dienst- und Unterkunftsobjekte gesichert. Lediglich das Verhalten der Bezirksplankommission von Groß-Berlin verhindert gegenwärtig die Weiterführung der vorgesehenen Baumaßnahmen.

4 Gemeint ist der Rat für Landwirtschaft und Nahrungsgüterwirtschaft des Bezirkes Berlin, der zwischen 1962 und 1971 anstelle der Landwirtschaftsabteilungen des Magistrates existierte.

5 Horst Schlimper, Jg. 1915, SED-Funktionär, 1947–50 Leiter der Hauptabteilung Verkehr der Landesregierung Thüringen, 1950–61 Leiter der Hauptabteilung Kraftverkehr im Ministerium für Verkehrswesen, 1961–80 stellvertretender Minister für Verkehr, 1966–78 Vizepräsident des Allgemeinen Deutschen Motorsport-Verbandes (ADMV).

Aus diesem Grund wird gebeten, schnellstmöglich die Entscheidung über die Erteilung der Standortgenehmigung für das Objekt »Arendsweg« auf der Grundlage der vom MfS vorgeschlagenen Variante herbeizuführen.

Abkürzungsverzeichnis

ABAO	Arbeitsschutz- und Brandschutzanordnung
ABM	Anti Ballistic Missile (Vertrag)
ABO	Absatz- und Bezugsorganisation
Abt.	Abteilung
ABV	Abschnittsbevollmächtigter (DVP)
ADMV	Allgemeiner Deutscher Motorsport Verband
ADN	Allgemeiner Deutscher Nachrichtendienst (DDR)
AdW	Akademie der Wissenschaften
AEG	Allgemeine Elektrizitäts-Gesellschaft
AeO	Arbeitsgemeinschaft ehemaliger Offiziere
AG	Aktiengesellschaft
AG	Arbeitsgruppe
AGM	Arbeitsgruppe des Ministers
AHB	Außenhandelsbetrieb
AHU	Außenhandelsunternehmen
AIG	Auswertungs- und Informationsgruppe
AKG	Auswertungs- und Kontrollgruppe
AOP	Archivierter Operativer Vorgang
AP	Allgemeine Personenablage (bei Archivsignaturen)
AP	Associated Press
APuZ	Aus Politik und Zeitgeschichte
BArch	Bundesarchiv
BASF	Badische Anilin- und Sodafabriken
BdL	Büro der Leitung
BDVP	Bezirksbehörde der Deutschen Volkspolizei
BEK	Bund der Evangelischen Kirchen (in der DDR)
BEWAG	Berliner Elektrizitätswerke AG
BGBl.	Bundesgesetzblatt
BGS	Bundesgrenzschutz
BL	Bezirksleitung
BME	Büromaschinenexport
BMHW	Berliner Metallhütten und Halbzeugwerke
BMK	Bau- und Montagekombinat
BMSR	Betriebs-, Mess-, Steuer- und Regelungstechnik
BMVg	Bundesministerium für Verteidigung
BND	Bundesnachrichtendienst
BPO	Betriebsparteiorganisation
BRD	Bundesrepublik Deutschland
BStU	Bundesbeauftragte(r) für die Unterlagen des Staatssicherheitsdienstes der ehemaligen Deutschen Demokratischen Republik
BV	Betriebsverordnung
BV	Bezirksverwaltung
BVG	Berliner Verkehrs-Gesellschaft (später -Betriebe)
CD	Corps diplomatique
CDU	Christlich Demokratische Union Deutschlands

CFK	Christliche Friedenskonferenz
CIA	Central Intelligence Agency
CKB	Chemiekombinat Bitterfeld
COSPAR	Committee on Space Research – Internationales Komitee für Weltraumforschung
CSU	Christlich-Soziale Union
ČSSR	Tschechoslowakische Sozialistische Republik
DAW	Deutsche Akademie der Wissenschaften
DBD	Demokratische Bauernpartei Deutschlands
DDR	Deutsche Demokratische Republik
DEWAG	Deutsche Werbe- und Anzeigengesellschaft [wird als Kurzwort gesprochen]
DFF	Deutscher Fernsehfunk der DDR
DHfK	Deutsche Hochschule für Körperkultur
DK	Dieselkraftstoff
DKK	Deutsche Kühl- und Kraftmaschinen
DM	Deutsche Mark
DR	Deutsche Reichsbahn
DSF	Deutsch Sowjetische Freundschaft
DTSB	Deutscher Turn- und Sportbund
DVP	Deutsche Volkspolizei
DWK	Deutsche Wirtschaftskommission
EAW	Elektro-Apparate-Werke
EB	Elektronischer Buchungsautomat
EBM	Eisen-, Blech- und Metallwaren
EDV	Elektronische Datenverarbeitung
EKU	Evangelische Kirche der Union
ESEG	Einheitliches System der Elektronik und des Gerätebaus
EV	Ermittlungsverfahren
EWG	Europäische Wirtschaftsgemeinschaft
FC	Fußballclub
FDGB	Freier Deutscher Gewerkschaftsbund
FDJ	Freie Deutsche Jugend
FDP	Freie Demokratische Partei
FFG	Fahndungsführungsgruppe
FU	Freie Universität (Westberlin)
GAS	Gorkowski Awtomobilny Sawod (Gorkier Automobilwerk)
GAW	Gustav-Adolf-Werk
GBl.	Gesetzblatt
Gen.	Genosse
Genn.	Genossin
GISAG	Gießereianlagenbau und Gusserzeugnisse
GmbH	Gesellschaft mit beschränkter Haftung
GPG	Gärtnerische Produktionsgenossenschaft
GR	Grenzregiment
GSSD	Gruppe der Sowjetischen Streitkräfte in Deutschland
GST	Gesellschaft für Sport und Technik
GÜST	Grenzübergangsstelle

GVS	Geheime Verschlusssache
GWD	Grundwehrdienst
HA	Hauptabteilung
Hg.	Herausgeber/herausgegeben …
HO	(staatliche) Handelsorganisation
HU	Humboldt-Universität
HV	Hauptverwaltung
HV A	Hauptverwaltung A (Aufklärung)
IBM	International Business Machines Corporation (Büromaschinengesellschaft)
IM	Inoffizieller Mitarbeiter
IMF	Infoffizieller Mitarbeiter mit Feindverbindung
IMS	Internationaler Militärstab
IUGG	Internationale Union für Geodäsie und Geophysik
IZ	Ingenieurzentrale
K-Bericht	ZAIG-Ablage K (Verschiedenes)
KB	Kleinbuchungsautomaten
KBL	Kleinbuchungsautomaten mit Lochkartenanschluss
KD	Kreisdienststelle
KEK	Konferenz Europäischer Kirchen
Kfz	Kraftfahrzeug
KGB	Komitet Gossudarstwennoj Besopasnosti (pri Sowjete Ministrow SSSR) – (russ.) Komitee für Staatssicherheit (beim Ministerrat der UdSSR)
KJVD	Kommunistischer Jugendverband Deutschlands
KL	Kreisleitung
KP	Kontrollpunkt
KPD	Kommunistische Partei Deutschlands
KPSU	Kommunistische Partei der Sowjetunion
KZ	Konzentrationslager
LFM	Leipziger Frühjahrsmesse
Lkw	Lastkraftwagen
LPG	Landwirtschaftliche Produktionsgenossenschaft
LVD	Luftverteidigungsdivision
MAD	Militärischer Abschirmdienst
MAW	Messgeräte- und Armaturenwerk
MdB	Mitglied des Bundestages
MdI	Ministerium des Innern
MfAA	Ministerium für Auswärtige Angelegenheiten
MfS	Ministerium für Staatssicherheit
MGB	Ministerstwo Gosudarstwennoj Besopastnosti (Ministerium für Staatssicherheit)
MPi	Maschinenpistole
MSR	Minensuch- und -räumschiff
MVM	Militärverbindungsmission
NASA	National Aeronautics and Space Administration Nationale Aeronautik- und Raumfahrtbehörde)
NATO	North Atlantic Treaty Organization

ND	Neues Deutschland
NPD	Nationaldemokratische Partei Deutschlands
NS	Nationalsozialismus/nationalsozialistisch
NSDAP	Nationalsozialistische Deutsche Arbeiterpartei
NSW	nichtsozialistisches Wirtschaftsgebiet
NVA	Nationale Volksarmee
OB	Oberbürgermeister
OHG	offene Handelsgesellschaft
OKW	Oberkommando der Wehrmacht
PB	Politbüro
PCK	Petrolchemisches Kombinat
PE	Polyethylän
PiK	Pionierkompanie
Pkw	Personenkraftwagen
PMVG	Parlamentarisches Vertrauensmännergremium
PS	Personenschutz
PSV	Psychologische Verteidigung
PU	Polyurethan
RAF	Rote-Armee-Fraktion
RAW	Reichsbahnausbesserungswerk
RFT	Rundfunk- und Fernmeldetechnik
RGD	sowjetische Distanzhandgranate
RGW	Rat für Gegenseitige Wirtschaftshilfe
RIAS	Rundfunk im amerikanischen Sektor
SAG	Sowjetische Aktiengesellschaft
SA	Sturmabteilung
SALT	Strategic Arms Limitation Talks
SBZ	Sowjetische Besatzungszone
SC	Sportclub
SdM	Sekretariat des Ministers – für Staatssicherheit
SDP	Sozialdemokratische Partei (DDR)
SED	Sozialistische Einheitspartei Deutschlands
SFRJ	Sozialistische Föderative Republik Jugoslawien
SPD	Sozialdemokratische Partei Deutschlands
SPW	Schützenpanzerwagen
SSR	Sozialistische Sowjetrepublik
SS	Schutzstaffel
StEGS	Strafrechtsergänzungsgesetz
StGB	Strafgesetzbuch
StPK	Staatliche Plankommission
StUG	Gesetz über die Unterlagen des Staatssicherheitsdienstes der ehemaligen Deutschen Demokratischen Republik
SU	Sowjetunion
TGL	Technische Normen, Gütevorschriften und Lieferbedingungen
TM	Tausend Mark
Trapo	Transportpolizei
TU	Technische Universität
UdSSR	Union der Sozialistischen Sowjetrepubliken

UNESCO	United Nations Educational, Scientific and Cultural Organization
UPI	United Press International
URSI	Union Radio-Scientifique Internationale – Internationale Union für Radiowissenschaften
USRGM	sowjetisches Zündsystem für Handgranaten
US	United States
USA	United States of America
UV	Untersuchungsvorgang
VAR	Vereinigte Arabische Republik
VEB	Volkseigener Betrieb
VEK	Volkseigenes Kombinat
VELK	Vereinigte Evangelisch-Lutherische Kirchen
VE	Volkseigen...
VOS	Vereinigung der Opfer des Stalinismus
VP	Volkspolizei
VPI	Volkspolizeiinspektion
VPKA	Volkspolizeikreisamt
VR	Volksrepublik
VS	Verschlusssache
VVB	Vereinigung Volkseigener Betriebe
VW	Volkswagen
WBK	Wohnungsbaukombinat
WB	Westberlin
WD	Westdeutschland
ZAIG	Zentrale Auswertungs- und Informationsgruppe
ZEFYS	Zeitungsinformationssystem der Staatsbibliothek zu Berlin
ZGD	Zollgrenzdienst
ZIG	Zentrale Informationsgruppe
ZISTP	Zentralinstitut für solar-terrestrische Physik
ZK	Zentralkomitee
ZOS	Zentraler Operativstab

Gesamtübersicht der Dokumente 1971

Alle im folgenden Verzeichnis aufgelisteten Dokumente befinden sich neben den übrigen Texten dieses Buches in der unter https://1971.ddr-im-blick.de aufzurufenden Online-Datenbank und sind dort über verschiedene Ansichts-und Suchfunktionen erschlossen. Die im Verzeichnis fett hervorgehobenen und mit einer Seitenzahl versehenen Dokumente sind im vorliegenden Buch abgedruckt.

Dezember 1971